兰州大学文库
A LIBRARY OF LANZHOU UNIVERSITY

兰州大学史学理论及史学史研究所

赵梅春　屈直敏　主编

中国史学史研究丛书

史学史论文自选集

汪受宽　著

兰州大学出版社
LANZHOU UNIVERSITY PRESS

图书在版编目（ＣＩＰ）数据

史学史论文自选集 / 汪受宽著. -- 兰州 : 兰州大
学出版社，2015.1
　（中国史学史研究丛书）
　ISBN 978-7-311-04391-9

　Ⅰ. ①史… Ⅱ. ①汪… Ⅲ. ①史学史－中国－文集
Ⅳ. ①K092-53

　中国版本图书馆CIP数据核字(2015)第011012号

策划编辑　王永强
责任编辑　马继萌
封面设计　郇　海

书　　名　史学史论文自选集
作　　者　汪受宽　著
出版发行　兰州大学出版社　（地址:兰州市天水南路222号　730000）
电　　话　0931-8912613(总编办公室)　0931-8617156(营销中心)
　　　　　0931-8914298(读者服务部)
网　　址　http://www.onbook.com.cn
电子信箱　press@lzu.edu.cn
印　　刷　甘肃北辰印务有限公司
开　　本　710 mm×1020 mm　1/16
印　　张　21.5
字　　数　374千
版　　次　2015年12月第1版
印　　次　2015年12月第1次印刷
书　　号　ISBN 978-7-311-04391-9
定　　价　65.00元

前　言

20 世纪 20 年代梁启超在《中国历史研究法补编》中提出："史学,若严格的分类,应是社会科学的一种。但在中国,史学的发达,比其他学问更利(厉)害,有如附庸蔚为大国,很有独立做史的资格。""中国史书既然这么多,几千年的成绩,应该有专史去叙述。"并就如何研究与撰写中国史学史提出了具体的、系统的意见,指出史官、史家、史学之成立及发展、最近史学的趋势是中国史学史应特别注意的内容。在他的影响下,中国史学史的研究引起了学者们极大的关注,姚名达、何炳松、周谷城、蒙文通、姚从吾、卫聚贤、郑鹤声、陆懋德、傅振伦、魏应麒、王玉璋、朱谦之、金毓黻、白寿彝等学者都从事过这方面的研究与教学,从而使中国史学史逐渐发展为一门独立的专史。20 世纪 40 年代出版了魏应麒《中国史学史》、王玉璋《中国史学概论》、朱希祖《中国史学通论》、金毓黻《中国史学史》等著作。其中,金毓黻的《中国史学史》被学者誉为中国史学史学科草创时期的代表著作。对此书,白寿彝曾评价道："金毓黻的书,是在梁启超设计的蓝图上写出来的……这部书带有浓厚的史部目录学的气味。"(白寿彝:《中国史学史》第 1 册,上海人民出版社 1986 年,第 166 页)这一评价也反映了草创期中国史学史研究与撰述的特点。

20 世纪 60 年代召开的全国文科教材会议将史学史列入文科教材之一。配合教材的编写,史学界对中国史学史研究及学科建设进行了热烈的讨论,探索的问题主要集中在中国史学史研究的内容、对象、任务、目的、分期,以及中国史学史教材的撰写原则与方法等方面。经过讨论,中国史学史的研究开始脱离梁启超设计的蓝图,关注历史理论、史学思想、史学发展规律、史学与时代等问题。这一研究风格的变化对 20 世纪 80—90 年代的中国史学史科学的发展产生了深刻的影响。

20 世纪 60 年代有不少高校开设了中国史学史课程,张孟伦先生也在兰州

1

大学历史系开设此课,并从事相关研究。20世纪70年代末高考制度恢复,1978年一些高校招收中国史学史专业的硕士、博士研究生。张孟伦先生被批准为"文革"后第一批硕士研究生导师,招收中国史学史专业研究生。年逾古稀的张先生再次焕发出学术青春,出版了《中国史学史论丛》(兰州大学历史系印行)、《中国史学史》(上下册)等著作,发表了多篇中国史学史方面的论文,培养了10余名史学史专业的硕士研究生。1985年北京师范大学史学研究所举办第一届全国史学史座谈会,旨在交流学术,切磋问题,促进史学史学科的健康发展。此时张先生已年届八旬,应邀赴京,与白寿彝、陈千钧、张芝联、郭圣铭、高国抗等著名学者共同商讨史学史学科的教学与研究工作。座谈会上,张先生提出的研究生要读经书的主张,得到了与会学者的共鸣。张孟伦先生去世之后,由汪受宽先生继续主持硕士点的工作。经过张孟伦先生、汪受宽先生两代学者的努力,兰州大学的史学史研究和学科建设取得了一定的成就。现有从事史学史研究的教师多人,主要从事中国史学史、中国少数民族史学、四库学,以及西方史学史与史学理论研究。

本丛书收录了张孟伦《中国史学史论丛》、汪受宽《史学史论文自选集》和《历史学基础》,以及朱慈恩《二十世纪中国通俗史学研究》四部著作,是兰州大学史学理论及史学史学科点三代学人在中国史学史研究方面重要成果的一次阶段性汇集。《中国史学史论丛》在20世纪80年代兰州大学历史系印行的《中国史学史论丛》的基础上,增加了发表在报纸杂志上的若干篇论文,为张孟伦先生中国史学史研究论文的结集,反映了其在中国史学史研究领域中的创建与成就。张先生治学贵自得之学,独到之见,这部论文集体现了这一治学特点,其中关于孔子史学、《左传》、《汉书》、《三国志》裴注、隋代史学、唐代史学、《史通》、宋代国史撰述、《资治通鉴》、《续资治通鉴长编》、《文献通考》、《日知录》、王夫之史论、《廿二史札记》、章学诚史学等诸多论说,资料丰富,观点独特。汪受宽先生从事史学研究30余年,在中国史学史、历史文献学、西北地方史等研究领域辛勤耕耘,《史学史论文自选集》是其中国史学史研究成果之荟萃。汪受宽先生在从事史学研究的同时,还关注史学人才的培养。其在总结自己治史经验并吸收学界有关成果基础上所撰写的《历史学基础》一书,系统地阐述了史学研究与论文撰写的规律、技巧与方法,为史学新人进入史学殿堂之指南、门径。求真是史学的学术品格,致用则是史学的社会要求,历史知识的普及是史学发挥社会作用的重要途径。朱慈恩撰写的《二十世纪中国通俗史学研究》对20世纪中国通俗史学的发展历程进行较为全面和系统的梳理,并对其基本特征、主要功能以及发展趋势进行探讨,还选择有代表性的历史学家进行个案研究,全面分析其编撰特征、流通传播以及社会影响等因素,反映了中国史学史在脱离史部目录解题后研究的深入与发展,对当前的历史知识普及工作有着诸多的借鉴和启示。这套丛书的出版,对促进兰州大学史学理论及史学史学科点史学史研究的发展与人才的培养,将具有重要的意义。

赵梅春
2015 年 1 月 4 日于兰州大学一分部陋室

引　言

　　我出生于江苏省东台县安丰镇。1963 年起在兰州大学历史系读本科,两年半后经历"社教"和"文化大革命"。1968 年毕业,到青海省兴海县的解放军农场劳动。1970 年分配到化隆回族自治县当中学教师,在县文教科当干事。1978 年被录取到兰州大学历史系"回炉班",学习考古文物学。1979 年考为张孟伦教授的中国史学史专业研究生,1981 年底毕业留校任教。1983 年起为本科生开设中国史学史课程,1989 年开始带史学史研究生,以中国史学史作为专业已经 30 多年。

　　史学史被前人称为"史的史",就是历史学的学科史。中国史学史,是指中国人对历史的观察、认识、讲说、撰述和研究的历史。学科的研究对象,包括史家、史著、史体、史学思想、史学流派、史学方法、撰史制度机构等等。目的是通过研究和总结,揭示我国史学的丰硕成果,阐明我国史学的传统,从历史编纂的经验教训中,找出发展新史学的方向途径,推动史学的发展繁荣。由于中国史学的无比丰富,史学史研究的难度极大,要求研究者必须首先研究历史理论、历史教育,以及史学的辅助学科:史料学、文献学和目录学。白寿彝先生创办《史学史研究》,刊头署为"历史理论、历史教育、历史文献学、历史编纂学的专门刊物",对史学史内涵的定位具有重大指导意义。

　　从 1981 年在郑天挺先生主编的《中国古代史论丛》中刊出《〈左传〉结尾年

1

代辨正》起，我已经发表了80余篇相关论文，时间涉及先秦至当代，内容包括史学理论、史书编纂、史学发展、少数民族史学和文献学等多方面。以对中国史学的探究思索为基础，我开设了中国史学史、中国历史文选、历史论文写作、历史名著选读等课程，与东北师范大学宋衍申先生合作主编了《中国史学史纲要》，撰成了《中国史学史》《读史基础手册》《中国历史文选》《历史研究基础》等讲义、教材和论著，点校、选讲了几种古籍，为中国史学史的学科建设略尽己力。长期浸淫于浩如烟海的中国典籍和史家命运的追寻，使我对历代史家的敬业与无奈、史著的丰富与庞杂、史法的精妙与阙失、史学在极权下的奴婢地位，有深切的体会，对我几十年间阅世、为人、做事、教书和治学影响极大。

感谢"兰州大学文库"计划，使我得以在古稀之年，回望自己在中国史学史学科领域跋涉的足迹，从历年发表的论文中选出部分文章，编成这部集子。所收作品，多是通过对相关典籍资料的细心阅读、分析，反复思考，有了创见，才精心构架，形诸文字的。个中艰辛，相信许多朋友都有同感。这些别出机杼的东西，虽说不一定受人赏识，却敝帚自珍，以为有益世道学问。希望集子的出版，对学科积累、他人治学及大众知识能有所帮助。

汪受宽

2013 年 10 月 8 日

目　录

史学大用论

从事历史研究工作,不能不解决对史学工作功用的认识问题。十几年前学界就有"历史无用论"之说,历史系的大学生也有困惑,宣称要跳出"史坑"。确实,由于"文革"前片面强调史学为政治服务,十年动乱中"四人帮"又大搞影射史学,使社会对历史学丧失了信任。改革开放以来,商品经济大潮的冲击,又使一般不能直接创造经济价值的历史学受到"冷遇"。历史学界存在一定的冷落感和危机感。但是危机预示着转机,社会的冷落促进了史学工作者反省——历史学究竟有什么价值?历史研究工作如何适应新时代对史学的要求?

马克思主义经典作家以及党和国家的领导人一贯重视历史研究工作。马克思、恩格斯在《德意志意识形态》中说:"我们仅仅知道一门唯一的科学,即历史科学。"在延安时期,毛泽东同志就强调:"今天的中国是历史的中国的一个发展;我们是马克思主义的历史主义者,我们不应当割断历史。从孔夫子到孙中山,我们应当给予总结,承继这一份珍贵的遗产。这对于指导当前的伟大的运动,是有重要的帮助的。"[①]邓小平同志一贯重视中国历史的学习和研究,指出:"要用历史教育青年,教育人民。"[②]"要懂得些中国历史,这是中国发展的一个精神动力。"[③]江泽民同志更是多次强调史学工作的重要性,在 1999 年 4 月 25日给白寿彝先生的祝贺信中,指出:"以史为鉴,可以知兴替。我国的历史,浩渺博大,蕴含着丰富的治国安邦的历史经验,也记载了先人们在追求社会进步中遭遇的种种曲折和苦痛。对这个历史宝库,我们应该运用历史唯物主义的观点不断加以发掘,在前人研究的基础上不断作出新的总结。这对我们推进今天祖

---

①《中国共产党在民族战争中的地位》,载《毛泽东选集》第 2 卷,人民出版社,1991 年,第 534 页。
②《用中国的历史教育青年》,载《邓小平文选》第 3 卷,人民出版社,1993 年,第 206 页。
③《振兴中华民族》,载《邓小平文选》第 3 卷,第 358 页。

国的建设事业,更好地迈向未来,具有重要意义。"①江泽民同志精辟地阐述了史学工作的重要性,指出中华民族史学是一座丰富的知识宝库、思想宝库和智慧宝库,对我们史学工作者是一个巨大的鼓舞和激励,使我们更加坚定地献身21世纪中国新史学的建设。我们要大声而自豪地说,史学不是无用,而是大有其用!

不管人们承认与否,历史学历经数千年而不衰,并且有了巨大发展的事实,证明了历史学在人类文明史中是一门有着重要社会价值和学术价值的学科。

历史学的社会价值和学术价值表现在,第一它具有教育的价值。

人总是要有一点精神的。为了维系社会的安定和发展,国家必须对社会成员进行各种道德规范的教育。在实现现代化的过程中,对全体人民、广大干部,特别是青少年进行思想政治教育已成为党风建设和社会主义精神文明建设的重要内容。而历史教育则是这种思想政治教育的基本环节。江泽民同志在给白寿彝先生的信中说:"我一直强调,党和国家的各级领导干部要注重学习中国历史,高级干部尤其要带头这样做。领导干部应该读一读中国通史。这对于大家弄清楚我国历史的基本脉络和中华民族的发展历程,增强民族自尊心、自信心和奋发图强的精神,增强唯物史观,丰富治国经验,都是很有好处的。我提倡领导干部'讲学习、讲政治、讲正气',而讲政治、讲正气,也是要以丰富的历史知识作基础的。"

这种历史教育,一是爱国主义的教育。我们的民族有着悠久的历史、灿烂的文化,在世界四大文明古国中,是唯一没有中断的延续下来的文明,在世界历史上有着独特而崇高的地位,正如黑格尔所说,"实为任何民族所不及"。② 产生过许多伟大的政治家、思想家、军事家、科学家、文学家和爱国者,他们在生活和政治斗争中所表现的改造社会的激情、忧国忧民的胸襟、革新进取的毅力和爱国主义的精神,以及为了维护祖国的安全和统一,为了反击外族的欺侮和侵略,进行过异常艰苦卓绝和长期殊死的斗争。了解这些,知道我们的民族经过怎样的艰难曲折才发展到今天的水平,必将引发青少年的民族自尊心和自豪感,克服民族虚无主义,振奋民族精神,增强民族凝聚力,更加热爱我们的国家,与李登辉的"两国论"以及一切破坏民族团结和国家稳定的行为做坚决的斗争。而地方史的研究,在爱国主义的教育中更占有重要位置。我们甘肃省有着古老而悠久的文化和历史,被称为人文始祖的伏羲氏就是天水人。在几千年的中华文明史上,甘肃的先人们不仅以其早期的科技发明著称于世,而且出现过李广、

---

① 载《史学史研究》1999年第3期。
② 《历史哲学》第一部第一节,商务印书馆万有文库本。

王符、张芝、皇甫谧、宋云、牛弘、牛僧孺、吴玠、汪世显、彭泽、段续、吴镇等许多著名人物，通过对这些桑梓先贤的褒扬，对培养青少年热爱家乡、建设家乡的豪情壮志也有着极为重要的教育作用。

二是历史唯物主义的教育。历史研究通过对历史的分析，说明历史的进步是不以人们的意志为转移的客观规律，人类从无阶级的社会中来，最终将走向社会产品极大丰富、科学技术高度发展、没有阶级没有压迫、没有国家没有军队的共产主义社会。这种对人类美好前途的教育，可以使人们更科学地认识历史、社会和人生，克服各种悲观和颓废没落的思想，以充沛的信心去建设我们的未来。历代史学家、思想家以睿智的目光、广阔的视野、实事求是的态度和发展的观点分析研究历史，坚持唯物论，反对唯心论的实例，给我们留下了丰富的历史哲学遗产。王符的《潜夫论》中就有许多批判封建迷信的内容，他认为吉凶在人，不能相信神秘无稽的梦中吉凶预兆和相术、卜筮，只要自己努力，谨慎从事，就能逢凶化吉。[1] 通过对历史上唯心主义和唯物主义斗争史的研究，也可以帮助我们培养提高理论水平和思维能力，树立唯物主义的历史观和世界观，科学地辨析现实生活中某些方面的历史根源。例如，对李洪志的"法轮功"邪教和社会上盛嚣一时的某些伪气功，如果掌握了历史唯物主义的认识论，了解历史上那些方术士、神仙家、算命先生的骗人伎俩，就会对其有所认识和揭露，而不会相信他的歪理邪说。

三是道德品质的教育。历史研究，说到底是讲历史上人与人及人与自然的关系。人与人的关系，有阶级关系、民族关系、集团关系，也有亲属关系、朋友关系、同事关系、邻里关系、服务关系等。《易经·大畜》称："君子多识前言往行，以畜其德。"历史上的人际关系，有正面的也有反面的。孔子创立的儒家学派，以"仁"为中心，就是提倡人们应该将心比心，相互尊重，相互爱护。他提倡的"礼"，实际上就是给人们规定了一系列自我修养和待人处世的道德行为规范。历史研究，对历史人物在历史活动中表现出的道德品质进行评论，提倡好的、正义的思想和行为，鞭笞不好的、丑恶的思想和行为，对现实中的人们是很好的榜样，将使青年继承我们民族的优秀文化传统，提高其道德修养，摒弃腐朽没落的旧道德观念，做一代社会主义新人。

四是理想情操的教育。中国古代的志士仁人一向以治国平天下为其最高理想，以培养高尚的情操作为治国平天下的基础。《礼记·大学》中说："意诚而后心正，心正而后身修，身修而后家齐，家齐而后国治，国治而后天下平。"历史

---

① 见《潜夫论》之《卜列》《正列》《相列》《梦列》等篇。

研究总结伟人的成长道路,讴歌他们的行为所表现出的高尚的志向、情感和操守,引导人们珍惜生命,认识自己的历史责任,培养高尚的情操,树立正确的人生观和世界观,为实现远大的理想去奋斗,对现实的人们是一种最有效的潜移默化的教育,从而树立崇高的理想,为民族和人类的更加美好而献身。

五是审美观念的教育。历史创造了无数美好的事物,充满了善恶美丑的斗争。历史教育,向人们展现什么是真善美和假恶丑,可以提高人们辨别是非、审察美丑的能力,培养高尚的情趣。

第二,它具有经验借鉴的价值。

历史与现实有着密切的联系。李大钊说:"把人类的生活整个纵着去看,便是历史;横着去看,便是社会。"①现实是历史的发展,是历史发展长河中的一定阶段。《吕氏春秋·长见》中说:"今之于古也,犹古之于后世也。今之于后世,亦犹今之于古也。故审知今则可以知古,知古则可知后,古今前后一也。"古今中外,人们为了解现实,把握现实和预见未来,总要去研究历史。所谓"鉴往知来""经世致用""古为今用""历史的启示""总结历史经验"都是这个意思。不了解中国的昨天和前天,怎么可能正确地认识今天?只有从历史的发展中认识了解国情、省情,并借鉴外国和外地的成功经验,才能制定出适合中国和本省实际所需要的各种对策。美国历史学家鲁滨孙说:"历史可以帮助我们了解我们自己,我们的同类,以及人类的种种问题和前景。这是历史最主要的功用,但一般人所忽略的恰恰就是历史所产生的这种最大效用。"②

历史的经验借鉴,最根本的是历史上兴衰得失的规律和倾向的借鉴;也包括了解历史背景、根源,以提供解决问题的依据;还有采用古今历史或人物的对比法,在相似的某个环节、某个方面、某种动向、某些政策上,做历史的客观分析,使人们得到启迪,开阔眼界,或受到鼓舞,或当作警诫,或予以批判,使它们作用于当时的社会政治、经济、文化、生活等各个方面,予以参考、警诫。例如历史上的官箴可以对我们加强廉政建设有所帮助,从汉代以后的任官回避制度对今天的人事工作会有所启迪,社会上封建余毒的肃清有利于杜绝"文革"悲剧的重演,甘肃历代的生态环境演变、经济结构、科技教育发展等方面的研究,对国家实施西部大开发战略有重大的借鉴意义。

这种历史的检讨和借鉴在当代世界的政治上也有突出的表现。第二次世界大战给人类造成了巨大灾难。从 20 世纪 60 年代起,德国以弗里茨·菲舍尔为代表的史学家深刻挖掘和反思纳粹主义的历史根源和社会根源,使日耳曼民

---

① 《史学要论》,载《李大钊史学论集》,河北人民出版社,1984 年,第 199 页。
② 鲁滨孙:《新史学》中译本,商务印书馆,1964 年,第 20 页。

族能够面对历史,正视现实,受到全世界的赞誉。其首相甚至在以色列被害犹太人纪念碑前下跪,德国人还决定在柏林市中心建立一座欧洲被害犹太人纪念广场,以永记国耻。日本则不然,其国内的一部分学者将日本现代史写成了从贫穷到富裕的历史,千方百计美化日本法西斯的侵略战争,无视日本的侵略事实和责任,甚至专门研究日本如何从二战中吸取教训,在下次战争中争取获胜,给亚洲和平造成严重的威胁。一正一反两个例子,证明历史的借鉴对任何一个民族的生存、发展和未来都有着极为重要的意义。

第三,它具有益人思智、提高民族文化素质的价值。

人们常说:"读史使人明智,问古可知兴替。"历史知识是具体真实的形象与理论抽象的统一。它从偶然事件中抽出历史的必然,又再现到具体的历史事件中去。它是生活中的真实形象,是曾经真实存在过的人和事。它于具体历史现象中融进了理论抽象的力量。因此,历史研究和历史知识能够扩大人们的眼界,启发人们的智慧,提高人们的思辨能力,增进人们的文化素养,从而最终提高全民族的文化素质。人的素质不是表面的肤浅的,而是其各方面综合知识和能力的表现。我们中国有着深厚的历史沉淀,懂得历史,知道中国与外国历史上的各种人和事,遇到问题必然会以史为镜,从多层次多侧面加以思考,从而想出办法,提出建议或者理智地做出自己的选择,这就是高素质的表现。21世纪中华民族的复兴,必须实现精神文明建设和物质文明建设的双重任务。而最根本的是人的素质问题,人的素质不提高,无论文明公约还是技术创新都只能是空谈。所以党中央特别强调科教兴国。抓好教育,尤其是历史教育,提高全民族科学文化知识水平,我们的两个文明建设和民族复兴一定能够实现。

第四,它具有发掘历史文化资源、促进经济发展的价值。

我国的历史文化遗产十分丰富,它是我们促进经济发展的重要因素。江泽民同志提出"再造一个山川秀美的西北地区",就是根据历史上西北地区尤其是甘肃曾经是山川秀美而且富裕才提出的。在《汉书·娄敬传》中就说过,西汉初年的西北,"被山带河,(有)甚美膏腴之地,此所谓天府"。①《资治通鉴·唐纪三十二》玄宗天宝十二载记道:"是时中国盛强,自(京师)安远门西尽唐境万二千里,间阎相望,桑麻翳野,天下称富庶者无如陇右。"②在中央西部大开发战略的实施中,只要抓住退耕还林、种草种树这个根本,就可以实现再造秀美山川,从而使西部地区人民富裕起来。就甘肃而言,有着丰富的远古和汉唐考古遗存,有被推为世界文化遗产的敦煌莫高窟等佛教文化艺术,对它们的研究和开

①《汉书》,中华书局,1962年,第2120页。
②《资治通鉴》,中华书局,1956年,第6919页。

发,是得天独厚的旅游资源,如果进行很好的挖掘,一定能大大地增加甘肃旅游事业的发展。本人搜集了许多资料,要对中国历代的贡品进行研究。贡品实际上是古代各地的名优土特产品。例如唐代的甘肃,许多地方有龙须席,宁县、靖远等地有五色覆鞍毡、柔毛毡,礼县、成县一带有蜡烛、鹿茸、防葵,文县有绸、绵、柑,武都有花椒、羚羊角,临潭有甘草、麝香,迭部有松香、麝香,武威有白小麦、白绫,敦煌有棋子、石膏,张掖有枸杞子和冬奈,酒泉有肉苁蓉、砺石,我们难道不能打贡品牌,将其中的许多特产打出去,促进甘肃市场经济的发展吗?

第五,它具有舒缓社会矛盾,宣泄人们对某些社会问题的情绪的价值。

历史研究揭示历史上如何惩治贪官污吏,见义勇为,除暴安良,劫富济贫,平反冤狱等等的史事。而当今社会,老百姓最恨的就是贪污受贿、媚上压下、恃强凌弱的小人,以及抢劫、奸淫、拐卖、欺诈、偷盗等等扰乱社会治安的歹徒,其实这些是古今中外都可能存在的社会问题。人们在现实生活中的愤懑,通过阅读史书,觉得其针砭了现实,从而引起共鸣,得到宣泄,可以在一定程度上舒缓社会矛盾,维护社会的安定。

第六,它具有促进其他学科发展的价值。

从历史学科与其他学科的关系看,历史学科具有基础性与综合性的特点。自然科学和人文社会科学的任何一个专门学科,都是建立在历史与现实这两块基石上的。历史知识是其他各个专门学科的基础,对其发展有着积极的推动作用。而这些学科的既往发展形态,如科学史、文化史、政治史、经济史、法制史等,又综合地构成了历史学的整体。没有一个科学家不通晓它本学科的发展历史。因为舍此他就不可能从历史的经验教训中,在前人的基础上,去弊就利,少走弯路,做出新的贡献。其他各门学科也是如此,交通史的研究能向交通部门提供进行交通建设的历史依据。矿业史的研究,可以为发现新的矿藏有所启迪。古代服饰的研究,不仅可以使文化艺术作品更真实地表现过去,还可以为新的服装设计提供灵感和参照。历史研究的深入和进步,对其他各门学科的发展,有着积极的推动作用。就我们甘肃来说,敦煌壁画和文书的研究,对文献、体育、健身、中医、美术和戏剧的发展所起的巨大推动作用,就突出地体现了历史研究具有促进其他学科发展的价值。

第七,它具有服务自身,进行文化积累的价值。

历史研究的一个基本方面,是进行具体历史问题的考察,从事史料的整理、考据、校勘、编纂,揭示历史的真实和探求历史的规律。这类工作,恐怕很难直接服务于现实和创造经济效益。但它是史学工作的基础,是科学地认识历史的保证。另外,"一时代有一时代比较进步的历史观。一时代有一时代比较进步的知识。史观与知识不断的进步，人们对于历史事实的解喻自然要不断的变动"。① 这些，对丰富人们的历史知识，对撰述专门史、断代史、通史都具有参考价值。而且它也是一种必要的文化积累，到一定的时候或某些特定的场合，就会产生重要的作用。例如20世纪50年代初，有学者考证洪秀全是否留胡子，而受到郭沫若的指责，但不久在南京建立太平天国历史博物馆，要为洪秀全塑像，这位专家的考证就发挥了作用。

总之，历史工作有着很高的社会价值和学术价值。这种价值的实现，一方面取决于社会认识史学的程度，另一方面也决定于史学服务于社会，努力贴近于现实生活的程度。应当看到，随着社会的进步和全民族文化水准的提高，人们的历史兴趣会逐渐增长，历史学科在人类知识宝库中永远有着其他学科无法替代的重要作用。我们史学工作者任重而道远！

《兰州铁道学院学报》2000年第2期

---

① 李大钊：《史学要论》，载《李大钊史学论集》，第202页。

培养适应信息化时代要求的历史学人才

一

从事史学工作必须具备合乎其专业需要的知识、品质和能力,这就是史学工作者的专业素养。专业素养的高低,是其史学研究工作能否适应时代要求,取得成果的关键。

唐代史学理论家刘知几第一次全面地提出了史家修养的标准。当时,礼部尚书郑惟忠问他:"自古已来,文士多而史才少,何也?"刘知几回答道:"史才须有三长,世无其人,故史才少也。三长:谓才也,学也,识也。夫有学而无才,亦犹有良田百顷,黄金满籯,而使愚者营生,终不能致于货殖者矣。如有才而无学,亦犹思兼匠石,巧若公输,而家无楩柟斧斤,终不果成其宫室者矣。犹须好是正直,善恶必书,使骄主贼臣,所以知惧,此则为虎傅翼,善无可加,所向无敌者矣。脱苟非其才,不可叨居史任。自敻古以来,能应斯目者,罕见其人。"[①]这段文字中关于史家素养的要求,古人简称为"史学三长"。元代史学家揭傒斯在此基础上又提出史家心术要正。他说:"修史之道,以收书、用人为先。用人先论心术。心术者,修史之本也。心术不正,其他虽长不可用。"[②]清代史学理论家章学诚把心术归结为史德,论道:"虽刘氏之所谓才学识,犹未足以尽其理也。""能具史识者,必知史德。德者何?谓著书者之心术也。盖欲为良史者,当慎辨于天人之际,尽其天而不益以人也。尽其天而不益以人,虽未能至,苟允知之,

①《旧唐书·刘子玄传》。
②欧阳玄:《揭公墓志铭》,见《揭傒斯全集》附录。

8

亦足以称著述者之心术矣。"①至此,中国古代史学家素养的四长——才、学、识、德就全面地提出来了。

近代史学家梁启超在《中国历史研究法补编》总论第二章里,说:"史德,乃是对于过去毫不偏私,善恶褒贬,务求公正。"史学"贵在精专不贵杂博","有了专业学问,还要讲点普通常识","史识,是讲历史家的观察力","史才,专门讲作史的技术",并指出,"要想做一个史家,必须具备此四种资格"。② 梁氏实际上是用资产阶级史学观,对史才四长进行了新的阐释。

新中国成立以后,许多学者对此问题也有论说。范文澜先生 1957 年给北京大学历史系同学做《历史研究中的几个问题》的讲演,提出"学习理论""掌握资料""文字表达"和"言行一致"这四个史学工作必须注意的问题。翦伯赞于 1963 年讲,历史学者的基本功,是"基本理论、基本知识和基本技能"。③ 白寿彝先生主编的《史学概论》第十章认为,历史学工作者的素养,除了德、学、识、才以外,"一个很重要的方面,就是史学上的创新精神,敢于不断地从理论上和学术上提出新的创见"。这些意见,从本质上看,大体不出史才四长的窠臼,只是随着时代的不同,而各有其侧重点或不同的解释,赋予新的含义罢了。

从梁启超开始,学者多将史德置于史才四长的首位,强调为史者心术必须端正。史德对于史学工作者,确实是一个至关重要的问题。但是我们也应看到,与其他三者相比,它不是基础,而是出发点和归宿。没有其他三长,史德就无从谈起。从史学人才素质的顺序来说,四者是齐头并进不可分离的。从治史能否出成果看,四者是相辅相成不可或缺的。如果硬要将四者在史学工作上的功效加以区分的话,可否说,学是素养的基础,识是素养的核心,才是素养的表现,德是素养的灵魂。

近年来,史学工作又遇到了信息化的挑战。从 20 世纪 80 年代以来,计算机和网络技术的发展与普及,正在迅速改变人类获得、拥有、利用、处理、交流知识的方式,同时也带来了各个学科研究方法和技术的革命性变化。自然科学如此,作为传统学科的历史学也不例外。随着电脑的普及、上网查找资料交流学术成果和发送电子邮件的方便、数字图书馆的建设、电子化文献和出版物的大量开发,信息化对历史学的影响正在日益显露出来。中外史学史无不证明,科学和技术的进步,会对历史学的发展产生一定的推动作用。纸的发明和普遍应

①《文史通义·内篇·史德》。

②梁启超著,汤志钧导读:《中国历史研究法》,上海古籍出版社,1998 年,第 157、160、161、164、167、156 页。

③《关于历史学的"三基问题"》,载《史料与史学》第 1 页。

9

用,是魏晋南北朝史学大发展的原因之一。而雕版印刷术的进步,则促进了宋代史学的繁荣。可以预料,信息化时代的到来,必将推动21世纪中国史学的大发展,或者说,21世纪的史学必将是信息化的史学。

必须明白,信息化史学对史学工作者才、学、识、德这四才的要求,不是降低了,而是提高了。因为信息化技术,不可能代替以上任何一方面的学术素养和能力,反而是要求学者们在四才的基础上,还要掌握信息工作的能力。

二

信息化时代,从事历史学研究,首先必须能熟练地操作电脑和进入网络,在网络或光盘上搜寻学术研究信息,查找、检索和下载文献史料,进行学术讨论,利用电脑进行资料的整理、分析和研究,在电脑上撰写研究文章,进行编辑、存盘和打印,用电子邮件发送稿件和交流研究成果。可以说,电脑操作和网络运用,是信息化时代史学工作者必备的基本能力。为适应信息化时代对历史学的挑战,无论是史学工作者自我业务能力的提高,还是未来历史人才的培养,都应该将电脑和网络运用摆在突出的位置,使现在和未来的历史学工作者个个都成为使用电脑和网络的高手。在目前的历史系教学计划中,计算机应用列为一般公共课程,放在可有可无的位置,显然是落后时代要求的一种陈旧的模式。我们呼吁,为了学生的未来,历史系必须加强学生电脑和网络课程的教学。由于历史研究工作者对电脑和网络的使用,有着非常显著的专业特点,开设这门课程的教师就不能只懂得计算机,还必须具备丰富的历史知识,并且有运用电脑和网络从事历史研究的实践。这样,在给学生上课时,就可以现场演示、操作,讲清其中的关键和奥妙,让学生耳濡目染,不仅具备理论知识,还能拥有实践能力。为此,历史系给学生开设的应该是一门必修的专业基础课,课名可为“历史专业计算机和网络应用”。

电脑和网络中的信息都是以某种语言载体存在的。据统计,在互联网上,英文信息占97%,法文信息占2%,中文信息只占千分之几。近年来,中文信息资源的开发和建设已经引起有关部门和学界的重视。1997年国家开始实施中国数字图书馆的建设工程。该工程的实施将会从根本上改变我国文化信息资料保存、管理、传播、使用的传统方式和手段,为知识创新和两个文明建设营造一个汲取文化信息的良好环境,还可以用现代信息技术把中华民族的文化精华和当代文化教育、经济建设和科学研究成就等各方面的重大进展全面地展示出来,并通过网络将其传送到世界各地。就历史研究的信息和资料来说,由清华大学主办的中国学术期刊光盘版和中国期刊网,自 1996 年推出,几年间有了很大的发展,其中以 900 种人文社科期刊为来源的《中国人文社科引文数据库》及《光盘版专题文献数据库系列光盘》中的历史专辑,更为我们查检有关学术信息提供了极大的方便。台湾学者在 20 多年前已经完成了二十五史、十三经、诸子19 种、古籍 18 种、大正新修大藏经、台湾方志、台湾档案的电子文本,有的还贴到了国际互联网上,可以全文检索。大陆学者也开发出了自己的四库全书、二十六史、全唐诗等文献的电子出版物。不少光盘版都实现了书名、著者、类目和全文中字、词、语等的多途径检索。《光明日报》2001 年 3 月 22 日的《中国基本古籍库光盘将面市》文中说:"日前,中国基本古籍库光盘演示及学术讨论会在北京人民大会堂召开。该工程 1998 年经全国高校古籍整理委员会批准正式启动,目前学术性最强的编目和版本选定工作已基本就绪,其内容总量相当于三部《四库全书》,预计全文二十亿字,版本图像二千万页,它采用基于国际编码的超大字库及简便的结构输入法,使古籍中的冷僻字得以顺利录入和显示,同时错误率被严格控制在五万分之一以内,确保了数据的准确可靠。据演示盘的操作显示,检索系统具备了分类、条目、全文三个全方位的检索功能,可以把学人从搜集资料的繁重体力劳动中解放出来。"以往,历史学者为了查找某一专题的研究资料,不得不皓首穷经,花费极大的时间和精力去到处搜寻,反复翻阅。有了全文检索的这些电子化古籍文献,只要上网与其数据库联通或拥有其光盘,几秒钟内就可以查到自己所需的资料,而且不会有遗漏。这就为我们从事历史研究提供了极大的方便。在这种情况下,如果我们还要求学生像 30 年代的学者那样,花几年、十几年或几十年时间去通读二十五史或其他典籍,恐怕不仅是时间的浪费,甚至可以说是一种生命的奢侈了。

但是,为了在网上能迅速查找到并能顺利阅读和使用有关典籍资料,必须克服两大障碍。第一是查找能力的障碍。互联网上的信息如汪洋大海铺天盖地,要找到自己所需要的历史信息资料,除了积累一定的上网经验、了解有关学术网站的站址外,必须懂得一些历史文献学和历史书籍目录学的知识。因此,这两门课程,即使在电脑和网络普及的时候,也是不可废弃的。第二是阅读能力的障碍。"五四"以前的书籍文章都是用文言文写成的,近几十年中还有人用文言文写作。因此无论是从事中国古代史、近代史还是现代史的研究,都必须具有较高的古文阅读能力。否则从网络上下载的古文资料就无法读懂,研究更无从谈起了。对于现在的学生来说,这是一个非常重要的问题,而且时代愈后,问题愈突出。即使从事世界史的研究,为了利用文言文的外国史资料或进行比较研究,也必须下功夫学习古文。同样,外文的水平不仅对于世界史研究者,而且对中国史研究者，都是一个重要的问题。因为互联网的使用，使世界变得更小，交流更加方便快捷。不懂外文，不仅无法阅读大量的研究资料和信息，而且无法与国外同行进行学术交流。可以说，在信息化时代，古文和外文，是史学工作者从事学术研究的必备能力。不懂得古文和外文，简直就是瞎子、聋子加哑巴，不可能成为一名优秀的史学家。为了适应信息化时代要求，对未来的史学人才必须加强古文和外文的教学。

三

计算机和互联网普遍运用于史学工作，意味着史料的查找和利用将更为便捷，学者花不太多的时间，就可以搜集到以前花几十倍、几百倍的时间所难以搜寻到的资料，于是，史实的比对和考证将变得较为容易，撰写专题研究和断代研究的史学著述也不像以前那样旷日持久耗费太多时日了。但是，资料工作，并非史学工作的全部内容，电脑可以帮助学者对资料进行整理和一些分析，却不可能完全代替人脑去思索，也无法代替人去进行文章的撰写。因此在信息化时代，史学工作者思维能力的强弱和文字表达能力的高下，就成为决定其历史研究成果水平高低的关键。

史学工作者的思维能力，古代学者称为"史识"，就是对史料的辨析能力和对历史的观察、分析、概括、提炼、辩证的能力。只有具备丰富的历史知识和高超的思考力和辩力，才能站得高，看得深，对复杂的历史现象见微知著，深察底蕴，发现其内在本质和规律性。反之，即使从电脑中搜集到再多的资料，也不过如吃了无数桑叶却不会吐丝的蚕，在史学领域不会有多大建树。历史思维能力的提高，首先取决于研究者是否有丰富的知识积累。人类历史无限丰富复杂的内涵，决定了历史研究者必须有广博的知识，不仅要有主体学科——历史的知识，而且要有一般社会科学和人文科学知识，甚至要有一定的自然科学知识。杨向奎先生说："历史学本身要求一个历史学家一定要懂得多，一定要广博。因为历史学是综合性的科学，什么问题都可能涉及；而涉及某一方面的问题时，如果你不懂，这就发生问题了。"[①]宋人罗大经深有感触地指出："凡作文章，须要胸中有万卷书为之根柢，自然雄浑有筋骨，精明有气魄，深淳有意味，可以追古作者。"[②]事实证明，历史系开设的中外通史课、各种专史课对学生将来从事史学

---

① 《杨向奎先生访问记》，载《史学史研究》1984年第2期。
② 《鹤林玉露》丙编卷6。

研究是非常重要的,有了这些知识做基础,学生遇到历史问题时,才可能触类旁通,高屋建瓴,在事业上取得成就。当代学术研究的深入,很大程度上取决于各学科的交叉和渗透,所以信息化时代的历史系学生,必须掌握一些其他学科的知识。当然这些知识不一定都必须通过专业课教学获得,还可以通过选修课或自学解决。丰富的人生阅历,也是决定史学工作者治学水平的重要条件。张舜徽先生说,社会和人生,是无字的书,学者应该"通过多读无字书来丰富自己的见闻,充实自己的著述"。①

至于个人思维能力的培养,一要学习马克思主义哲学,掌握历史唯物主义的原理和方法;二要学习逻辑学,掌握逻辑的分析方法;三要学习和吸收国外新的史学理论和方法,通过改造、创造、深化和完善的手段,为我所用;四要学习前人、时人的经验和积累个人的经验,以人之长,补己之短,逐渐形成自己独特的观察研究路数。为此,历史系史学理论的教学,尤其是马克思主义历史唯物论的教学,不仅不能削弱,反而应该加强。

史学工作者撰写史学著述的能力,古代学者称为"史才",就是组织和运用历史资料,撰写有感染力的史学论著的能力。历史论著与其他著述最大的不同,在于其主要凭资料说话。因此,前人讲史家作文的技术,首先就是组织和运用历史资料的技术。一方面对搜集到的大量材料要善于辨析和剪裁,有所去取,弃其渣滓,留其精华。另一方面,要用合适的体裁,巧妙的方法,联络熔铸,以这些材料为根据,阐述个人的见解,构成漂亮的著述。史学论著是写给别人看的,论著是否写得漂亮,使人爱读,是其发挥社会和学术效果好坏的重要因素。古人说:"言以足志,文以足言。言之无文,行而不远。"②治史者的语言文字表述能力显然是非常重要的。

电脑的特点是将一切都变得程式化和标准化。对于学术和著作来说,这不是优点,而是缺点。因为学术著述一旦程式化,其生命力也就终止了。我们现在看到的那些味同嚼蜡、面目可憎、难以卒读的史学文章简直太多了。在电脑中,史学论著必须由研究者将自己的思想变成一个一个的数码敲出来,信息化的史学论著也有表现手法的高下之分。梁启超讲历史论著在文字表达上,一要简洁,"文章以说话少,含义多为最妙",要使文章达到"章无剩句,句无剩字"。二要飞动,使"文章生动,字字都活跃纸上,使看的人要哭便哭,要笑便笑。不能使人感动,算不得好文章"③,要提高写作技巧,就必须加强自己的文学修养,还

①《学人谈治学》,浙江人民出版社,1982年,第240页,张舜徽文。
②《左传》襄公二十五年。
③《中国历史研究法补编》总论第二章五。

要多做,对做出的论著多改。欧阳修对人介绍他自己做文章的经验时说:"无它术,唯勤读书而多为之,自工。世人患作文字少,又懒读书,每一篇出,即求过人,如此少有至者。疵病不必待人指摘,多作自能见之。"①我们应以之为座右铭。从历史系的教学说,应该开设史学论文写作课,对学生进行历史论文撰写的教育,指导他们构建合理的知识结构,学习撰写论文的一般方法,提高其写作水平。

四

医生要讲医德,教师要讲师德,史家要讲史德。所谓史德,不是指作史者为人的道德品行,而是指其作史的心术,即史学论著中所体现出的作者的道德水准。唐人韦安石说过:"世人不知史官权重宰相,宰相但能制生人,史官兼制生死,古之圣君贤臣所以畏惧者也。"②由于史学论著是对前人千秋功罪的评说,所以史家的职业道德极为重要。历代学者论史才四长,多以史德为首,即基于此。

史德的范围很广。古代评论史德,主要从史家记史是直笔还是曲笔来衡量。史家应该坚持实事求是,忠实地记载历史。既不因其权势或私情而为之溢美,也不因个人的怨恨不满而为之增恶,善善恶恶,务求公正无私。古今许多史家为了坚持历史记载真实和学术见解的独立而受当权者的打击甚至杀害,他们"宁为兰摧玉折,不作瓦砾长存"的崇高史德为我们树立了榜样。崇高的历史责任感和社会责任感,也是史德的一个重要方面。顾炎武说:"君子之为学,以明道也,以救世也。徒以诗文而已,所谓雕虫篆刻,亦何益哉!"③中国古代有过垂鉴史学、惩劝史学、经世史学等多种流别,其共同点是,都认为历史家要有崇高的历史和社会责任感,不能为学术而学术,必须重视史学的历史价值和社会价值,借助历史著述,实践个人对社会和民族的责任。历史责任是史家根本的责任。人类要不断前进,就必须将一代代的文明和经验予以总结、记录,留给后世。司马谈临死前对其子司马迁说:"自获麟以来,四百有余岁,而诸侯相兼,史记放绝。今汉兴,海内一统,明王贤君忠臣死义之士,余为太史而弗论载,废天下之史文,余甚惧焉!汝其念哉!余死,汝必为太史。为太史,无忘吾所欲论著矣!"④司马迁念念不忘父亲遗言,在遭受人间奇耻大辱的腐刑后,还坚持完成了

①苏轼:《东坡志林》卷1。
②《新唐书·朱敬则传》。
③《亭林文集》卷4《与人书二十五》。
④《史记·太史公自序》。

《史记》的著述。其动力，就是这种历史责任感。社会责任也是史学工作者义不容辞的。当年孔子笔削《春秋》，就是为了挽救世风的颓废，使"乱臣贼子惧"①。21世纪的史学工作者面临着中华民族复兴的伟大任务，要对几千年的文明史做出新描述和新评价，要给后人留下中国社会巨大转变的真实历史，要构建适合中国实际的史学理论和史学方法，任重而道远，为此必须重视自己的史德修养。

在信息化时代，历史资料的采集、学术信息的获取和论著的发表更为容易，史学工作者的职业道德比以往任何时代都显得更加重要。首先，我们不希望自己的学生成为未来的黑客，动辄对史学研究的网点和系统进行无端的攻击，给史学研究造成无可挽回的巨大损失。另外，互联网的普遍应用，使学术信息的传播极为快捷，不仅期刊网、信息化图书馆，而且学者个人的史学研究成果也比过去更多地贴到网上，供人检索、阅读和下载。有的人可能会为了个人目的，而将网上刊出的学术文章著述篡改涂抹、改头换面，加上自己的名字，投到其他地方发表。有的人可能会成段成篇地拷贝别人的学术成果，粘贴到一起，拼凑出自己的"大部头"专著。有的人可能剽窃网上刊发的文章的观点，重新加工，低水平重复，浪费读者的时间。有的人可能将自己平庸的著述通过网络大肆宣传，抬高身价，欺世盗名。有的人可能将自己的文章在网络上倒来倒去，以一当十，骗取学术地位。有的人可能将自己水平低劣、谬误百出的垃圾文章，甚至有严重政治问题的反动文章贴到网上，坏人耳目。诸如此类的现象，都是信息化时代可能出现的学术道德腐败的表现。如果我们现在不对学生加强史德修养的教育，信息化时代的史学界，学术违规、道德低下的现象将会比以往任何时代更为严重，我们必须对此给予足够的重视。

信息化时代在向我们招手，作为传统学科的历史学，完全可以大有作为。《中国劳动保障报》2000年3月1日发表《网络正向传统人才送秋波》的文章中说道："学历史的可能比学计算机的多挣2000元，这在网络公司并不是什么新鲜事。"其原因就在于优秀的历史人才具备一般专业技术人员所缺乏的综合素质。作为国家历史学科人才培养基地，培养适应信息化需要的史学人才是我们责无旁贷的任务。

《国家历史学基地建设研究论文集》，兰州大学出版社，2000年

史学史论文自选集

---

① 《史记·孔子世家》。

二十五史的书名称谓

自《史记》蝉联而下的二十五史,以基本相同的体例,记载了自黄帝至清末总计5000年的中华文明史,不仅是冠盖中国史坛的巨著,在世界历史上也是绝无仅有的。研究二十五史的学者代不乏人,成就很大。然而,关于二十五史各书的名称何以称记、称书、称志、称史,而杂驳如此,却罕有涉足。本文试图对此予以诠释,以就教于方家。

《史记》的名称,是经过几百年才确定下来的。司马迁在《太史公自序》中称自己的著作为《太史公书》,是因其父及本人先后任太史令,而以官职名书。西汉人往往径以《太史公》称其书。例如,《史记索隐》卷130按语引桓谭说,扬雄《法言》卷5"问神篇",刘歆《七略》等皆是,此乃认同其以官名书。司马迁的外孙杨恽,是《史记》传世的功臣。《汉书·杨恽传》称其"读外祖《太史公记》",这是时人对司马迁著作的又一称呼。"史记"本是秦汉及其以前人对一般史书的通称。《史记》中有7处言及"史记",皆为此义。将司马迁的著作称为《史记》,始于东汉献帝间荀悦的《汉纪》。其卷14言:"司马子长既遭李陵之祸,喟然而叹,幽而发愤,遂著《史记》,始自黄帝,以及秦汉,为《太史公记》。"看来,荀悦是以《史记》为《太史公记》的互文,很难说已将《史记》作为司马迁著作的定名。所以魏晋间人虽多有直称该书为《史记》的,如《三国志·王肃传》、葛洪《西京杂记》卷4等,亦有仍以《太史公书》与《史记》互称者,如荀勖《穆天子传序》。最终以《史记》定为司马迁著作专名的,是《隋书·经籍志》。其"史部"首录《史记》一百三十卷",且在《小序》中言:"其子司马迁又为太史令,嗣成其志……谓之《史记》。"梁启超在《要籍解题及其读法》中说,《史记》"实《太史公记》之省称耳",当为确论。由此言之,《史记》之"史",仍为史官之义。而"记",《左传》僖公七年载,管仲言:"夫诸侯之会,其德刑礼义,无国不记。"则"记"乃记载、记录之义。

16

《汉书》之名，为班固自定。其《汉书·叙传》言："探撰前记，缀辑所闻，以述《汉书》，起元高祖，终于孝平王莽之诛。"我们知道，《汉书》的写作，肇始于班固之父班彪。班彪所撰《略论》，述及《史记》时，称之为《太史公书》，本传称他续补《史记》之作名为《太史公书后篇》或《太史公书后传》。① 班固祖述司马迁，改通史为断代，仍以其父书名为名当然不合适。而且他开始写作《汉书》是居丧在家，并非史官，亦不可以官名书。于是他取《太史公书》之"书"字，而以朝代名冠于前，遂成《汉书》之名。《说文解字·序》云："著于竹帛谓之书。"显然，《汉书》即汉代史事记载的意思，十分确切。

自班固以"书"为断代皇朝史书名称，其后的《后汉书》《晋书》《宋书》《南齐书》《梁书》《陈书》《魏书》《北齐书》《周书》《隋书》《旧唐书》《新唐书》等12部纪传体"正史"都循例确定书名，从一个侧面体现了班固断代为史创造的强大生命力。

陈寿写史，也是认同班固创造的。他将三国历史各自成书，命名为《魏书》《蜀书》《吴书》，而分别流传。《旧唐书·经籍志上》因之将《魏书》著录于正史类，将《蜀书》和《吴书》著录于伪史类。三书合起来，又统名为《三国志》。这个统名，当系陈寿自定。晋人常璩所撰《华阳国志·后贤志·陈寿传》言："吴平后，寿乃鸠合三国史，著魏、吴、蜀三《书》六十篇，号《三国志》。"陈寿病逝后，晋梁州大中正尚书郎范頵上表朝廷，称："臣等按，故治书侍御史陈寿作《三国志》，辞多劝诫，明乎得失，有益风化。虽文艳不若相如，而质直过之。愿垂采录。"② 这样，《三国志》为一代统史，而魏、蜀、吴《书》为断代皇朝史，可分可合。既然其为一代统史，当然不宜再以"书"来命名，故改称"志"，以表明统史与皇朝史之不同。《周礼·春官·小史》言："小史掌邦国之志。"郑玄注："志，谓记也。《春秋经》所谓《周志》，《国语》所谓《郑书》之属也。"既然先秦已将各国史书统称为"志"，而由王朝设小史掌管，则陈寿以《三国志》作为魏、蜀、吴三国史书之统名，是合乎经典之义的。

陈寿以"志"作为一代并立数朝史书统史的名称，后人再未写过同类史书，故无再以"志"命名的纪传体"正史"。况且，《汉书》中已将礼制文化的篇卷称为"志"，若书名再称为"志"，岂不易于将书名与篇名混淆？故而，唐初李延寿写南朝和北朝的统史，命名为《南史》和《北史》。《北史·序传》载其上表言："臣轻生多幸，运奉千龄，从贞观以来，屡叨史局，不揆愚固，私为修撰。起魏登国元年，尽隋义宁二年，凡三代二百四十四年，兼自东魏天平元年，尽齐隆化二

---

① 《后汉书·班彪列传》。
② 《晋书·陈寿传》。

年,又四十四年行事,总编为本纪十二卷、列传八十八卷,谓之《北史》;又起宋永初元年,尽陈祯明三年,四代一百七十年,为本纪十卷、列传七十卷,谓之《南史》。凡八代,合为二书,一百八十卷,以拟司马迁《史记》。"李延寿的这两部史书,分别记载了几个前后相接的朝代的历史,因之自称"拟司马迁《史记》"之作。范文澜在《正史考略》中不称《南史》《北史》为断代史,而名其为"通史"。当时的史家,有称多朝史书为"史"的说法。南朝梁武帝所撰起三皇迄梁的皇皇600卷的仿《史记》之作,即名为《通史》。李延寿所著,亦为"拟司马迁《史记》"之作,但并不通古今,仅通数朝,故而取《通史》之"史"字,再冠以方位,而命名自己的著作为《南史》和《北史》。这个"史"字,已从"史官"之义转化为"史书"之义。

二十五史中,同一朝代而有两部史书并存的,始于《旧唐书》《新唐书》。其"新""旧"二字的由来,亦有一段曲折。刘昫监修的唐代史书,原称《唐史》或《新修李氏书》。① 北宋欧阳修、宋祁奉诏重修唐代史书,遂以《唐书》为名。中华书局点校本《新唐书》内页标名仍为《唐书》,即循旧刊之称。曾公亮嘉祐五年《进唐书表》云:"……共加删定,凡十有七年,成二百二十五卷。其事则增于前,其文则省于旧。"其所谓"前""旧",都是对刘昫《唐史》的省称。有别于"旧"者,新也。故其后不久,吴缜作《新唐书纠谬》,已直称欧、宋之史为《新唐书》。晁公武《郡斋读书志》、高似孙《史略》、陈振孙《直斋书录解题》,皆称刘书为《唐书》,欧、宋书为《新唐书》。郑樵《通志》卷65"艺文三",已著录刘书为《旧唐书》。《藏园群书经眼录》卷3载,傅增湘先生于乙卯(1915)年八月三十日,在常熟瞿氏铁琴铜剑藏书楼,见到南宋高宗时绍兴府镇越堂刊刻的《旧唐书》残本69卷,而北京图书馆所藏残北宋嘉祐本欧、宋,即以《新唐书》为名。可见,宋代已经定《旧唐书》《新唐书》之名。

北宋薛居正受诏监修梁、唐、晋、汉、周史,仿《三国志》各朝为史之例,分别名为《梁书》《唐书》《晋书》《汉书》《周书》及世袭、僭伪、外国"列传"和"志",合称为《梁唐晋汉周书》②,或《五代史》③。欧阳修因薛史"繁猥失实",而私撰五代史书,自名为《五代史记》。范文澜《正史考略》认为,"欧公此书,意欲追纵《太史公书》,故亦以《史记》为名"。《藏园群书经眼录》卷3所录宋、元、明诸刊本,皆称欧史为《五代史记》。但时人亦有称欧史为《五代史》的,如吴缜撰《五代史纂误》,其"五代史"即为对欧史之称。《四库全书总目》"史部正史类"提要

①《册府元龟》卷554"恩奖",卷557"采撰"。
②《郡斋读书志》。
③《直斋书录解题》及《群书考索·正史门》。

称："［欧史］世称《五代史》者,其省文也。"但这一称呼,完全与薛史一样,很难流行。为区别于薛史,宋高似孙《史略》卷2,称欧史为《五代新史》,《直斋书录解题》卷4,称欧史为《新五代史》。"新"字当系仿《新唐书》之称。欧史既名为"新",薛史当为"旧"了。但该"旧"字何时才加于薛史书名之前呢?纪昀等所上《请照殿版各史例刊刻旧五代史奏章》①云:"薛居正等《五代史》一书,宋开宝中奉诏撰述,在欧阳修《五代史》之前……当时称为《旧五代史》,与欧阳修之本并行"。这一判断显然是错误的。查宋人诸书目中均无《旧五代史》之称。元修《宋史·艺文志二》著录,"薛居正《五代史》一百五十卷"。20世纪30年代,张元济曾以高价征募薛书,据说当时有先后为汪允中、丁乃扬收藏的金承安四年(1199)南京路转运司刊本薛史,亦名《五代史》。② 金章宗泰和七年(1207)下诏:"新定学令内削去薛居正《五代史》,止用欧阳修所撰。"③此后,薛史遂逐渐湮没无闻,学者罕睹。明《文渊阁书目》不著录该书。④ 焦竑《国史经籍志》卷3"通史"类收"《五代史》一百五十卷,宋薛居正","《五代史记》七十四卷,欧阳修"。《旧五代史》之名,最早见于吴任臣所称。康熙初,吴任臣撰《十国春秋》,向黄宗羲商借其所藏《旧五代史》。《南雷文定》附录有吴任臣致黄宗羲书,云:"拙著《十国春秋》,专俟薛居正《旧五代史》,略为校雠,遂尔卒业。前已承允借,今因仇沧兄之便,希慨寄敝斋,一月为期,仍从沧兄处璧上,断不敢浮沉片纸只字。切祷!切祷!"《十国春秋·凡例》列其参考书籍目录,亦有"薛氏《旧五代史》"。虽然我们并不能据此遽定黄宗羲藏本即名《旧五代史》,但该名在当时已为学者所习称,当是毫无疑义的。清乾隆间修《四库全书》,无论内府本,还是各省采进本、私人进献本中,均无《旧五代史》,于是由邵晋涵主持,从《永乐大典》及《册府元龟》等书中,辑录编定成《旧五代史》。《请照殿版各史例刊刻旧五代史奏章》中称:"伏查《永乐大典》散片内所有薛居正等《五代史》一书。……兹者恭逢圣主,稽古右文,网罗遗佚,获于零缣断简之中,搜辑完备……拟仍昔时之称,标为《旧五代史》。"从此,《旧五代史》之名始正式标于刊本封面。

《元史·顺帝纪四》载,至正三年三月"诏修辽、金、宋三史,以中书右丞相脱脱为都总裁官,中书平章政事铁木儿塔识、中书右丞太平、御史中丞张起岩、翰林学士欧阳玄、侍御史吕思诚、翰林侍讲学士揭傒斯为总裁官"。三史先后于至正四年三月、十一月和至正五年十月修成进呈,皆定名为"史",而称《辽史》《金

---

①中华书局点校本《旧五代史》附录。
②杨震方:《薛居正〈旧五代史〉之谜》,载《学林漫录》9集。
③《金史·章宗纪四》。
④《文渊阁书目》卷5著录10部《五代史》皆不署作者,当应为欧史,而非薛史。

史》《宋史》。其名当系顺承修史诏书而定，但亦别有原因。其一，金、元时习惯称辽、金、宋史书为"史"。金时曾两修辽代史书，皆以《辽史》为名①；元世祖时，"王鹗请修辽、金二史，又言：'……乞以右丞相史天泽监修国史，左丞相耶律铸、平章政事王文统监修辽、金史，仍采访遗事。'并从之"②，王鹗随之撰成《金史》③，并成为脱脱署名之《金史》的主要参考。修端《辨辽金宋正统》中亦屡言《宋史》《北史》诸名。④ 其二，以前之"正史"中已有沈约所撰南朝之皇朝史《宋书》，若新撰赵宋皇朝史仍循《汉书》例称《宋书》，则两书重名。只有定名《宋史》才可区别。既然《宋史》之名非如此不可，其他两种皇朝史书随之以"史"为名，当是顺理成章之事。否则同时所修三部史书竟有两种不同的命名方式，岂不别扭！

元代以"史"字命名所修三部皇朝"正史"，其"史"字已与《南史》《北史》《旧五代史》《新五代史》之"史"字含义大别，由包含几个前后相承小朝廷的"通史"之称，变为某一皇朝兴亡史的专称。其后所修《明史》《清史稿》皆顺承而下，终成今天我们所见到的二十五史的杂驳名称。

《史学论丛》(七)，兰州大学出版社，1997 年 6 月

① 《金史·熙宗纪》皇统八年四月甲寅"《辽史》成"，《金史·章宗纪一》大定二十九年十一月乙亥"命参知政事移剌履提控刊修《辽史》"，《章宗纪四》泰和七年十二月壬寅朔"《辽史》成"。
② 《元史·世祖纪一》。
③ 王恽：《玉堂嘉话》卷 8"金史"。
④ 载《元文类》卷 45。

中国少数民族史学的产生与初步发展

我国的少数民族,是相对于历史上人口为多数的华夏族或汉族而言的。在长期的历史发展进程中,各民族的分解组合十分复杂,而且始终处于动态之中。有的在历史上曾经颇为强大的民族消亡了,有的以前声息极微的民族壮大起来,有的几个古代民族演聚为一个新的民族,有的一个古代民族分化为几个新的民族。即使当今人口为多数的汉族,也始终处于不断吸收各少数民族的成分,以及不断有成员转变为少数民族的过程。所以,作为我们研究对象的少数民族,都是指特定历史时代的具体的民族,而且许多古代民族都难以找出其相对应的当代民族,这是我们首先必须强调的。

少数民族的史学,指的是以历代少数民族为对象,对历史上少数民族发展历史的观察、认识、传说、记述和研究,其形态,有口耳相传历代承循不绝的口述历史,有用少数民族文字撰写的著述,有用汉文或其他文字撰写的有关少数民族的著述。

一、先秦的少数民族史学

先秦时期,华夏族与其他民族并无截然区别,而是居住地交错,不断相互影响、相互融合。既有所谓"用夏变夷",也有"以夷变夏"者。童书业先生指出:"其实西周春秋时所谓'诸夏'与'蛮夷'往往以经济文化之差异为别,未必尽是血缘之名词……春秋战国间由于兼并、会盟、朝聘往来以及通商等原因,中原地区各族各国已渐混化为一体,真正之'华夏族'于是出现,亦即后世汉族之前身形成。其居于四周边疆地区而经济文化较为落后者,遂被看成所谓'四裔'之'蛮族',且以旧日杂居中原及边区之夷蛮戎狄等族之名分被之东南西北四方,而有所谓'东夷''南蛮''西戎''北狄'之称,其说盖始见于战国中期书。《礼记·王制》等书沿之,遂成所谓'常识'。"①有了诸夏与蛮夷的概念,其中一些民族就开始了自别于他族的种群意识,从而也就有了他们各自的历史,而对民族历史有意识的记忆、记述、评判与传布,就是该民族的历史学。其他民族出于和平交往或进攻防御的需要,有了对周围民族的认识、了解和记述,也是所记述民族的历史学。

每个民族都有自己历史口耳相传的时代,而且始终有口耳相传的历史。正如侗歌中唱的:"古人讲,老人谈,一代一代往下传。树有根,水有源,好听的话儿有歌篇。没有文字好记载,侗家无文靠口传。"②这些口述历史,有的讲述本族首领的世系传承,有的讲述本族发生过的重大事件,有的讲述重要首领的生平事迹,有的讲述与其他族的恩怨交往,有的传承历代精英的创造及思想、文化成果。由于经过无数代的口耳相传,逐渐放大或神化,而成为仅余合理内核的失实故事。先秦各少数民族口耳相传的历史,有的为华夏史家所记录,有的为其本民族的学者用中原文字(汉文)记录下来,有的继续流传至几百年后当其本民族有了文字时方予记录。

殷商甲骨文中涉及许多周边民族的历史。董作宾《甲骨文断代研究例》专列"方国"一节③,其中罗列之舌方、土方、沚、肃(肃慎氏)、兒、井方、戈、鬼方、羌方、见乘、下召、蒙等就是武丁时殷的方国,亦可谓当时的周边少数民族。如"甲午卜,亘贞:翌乙未翌日,王占曰:'坐求,丙其坐来娓。'三日丙申允坐来娓,自东肃,告曰:'兒(下缺)'"(前7.40.2)即言武丁时某月丙申日东肃来报告与兒方某事。

《周礼·春官宗伯》言:"外史掌书外令,掌四方之志,掌三皇五帝之书……"其"四方之志",郑玄注:"谓若鲁之《春秋》、晋之《乘》、楚之《梼杌》",即诸侯国史书。当时的诸侯国既有兄弟同姓姻亲之国,也有蛮夷之国(如楚、鲜虞、陆浑)。可以说,周王室外史之职,也包括管理诸蛮夷国的史书。大约《国语》之《楚语》《越语》即其孑遗。先秦典籍《尚书》《诗经》《逸周书》《山海经》《春秋》及三传中有许多涉及少数民族历史的内容。如周武王伐纣誓词《牧誓》中问候其盟邦诸君及将士,言:"嗟我友邦冢君,御事:司徒、司马、司空、亚旅、师氏、千夫长、百夫长,及庸、蜀、羌、髳、微、卢、彭、濮人。"所谓庸、蜀、羌、髳等,都是当时生活于西部的少数族。《山海经》中有更多的关于周边各少数民族的历史及情况的记载,然而其中有真实记述,也有传闻失实颇涉荒诞的故事。《逸周

---

①童书业:《春秋左传研究》,上海人民出版社,1980年,第252页。
②转引自朱崇先主编:《中国少数民族古典文献学》,民族出版社,2005年,第6页。
③刘梦溪主编:《中国现代学术经典·董作宾卷》,河北教育出版社,1996年,第58-70页。

书·王会篇》是关于洛邑王城筑成以后,周成王大会天下诸侯及四夷的篇章。其中记载了稷慎(肃慎)、秽人(韩秽)、良夷、禺禺、发人、鹿人、俞人、青丘、周头、黑齿、白民、东越、瓯人、于越、姑妹、且瓯、若人、海阳、目深、会稽、义渠、央林、北唐、渠叟、楼烦、卜卢、区阳、规规、西申、氏羌、巴人、方扬、蜀人、方人、卜人、夷、康人、州靡、都郭、奇干、高夷、独鹿、孤竹、不令支、不屠何、东胡、山戎、般吾、屠州、禺氏、大夏、犬戎、数楚、匈奴、权扶、白州、禽人、路人、长沙、鱼复、蛮扬、仓吾、南人等国族名称及其贡物。惜其内容过于简略,除其所贡献特产的描述外,别无记说。从该篇所叙族名分析,其最后成书不早于战国后期。《春秋》及三传中有不少少数民族史事的记录,《榖梁传》宣公十五年总结《春秋》书"日月时例"称:"中国谨日,卑国月,夷狄不日。"[1]在这里,榖梁氏曲解了史例,因为"夷狄"史事不书日期,是少数民族史事多得自传闻,很难说出准确日期的缘故。

先秦少数民族语言的史诗流传至今的,是壮侗语族的《越人歌》,描述一位撑船者(榜枻)对乘船之楚王之弟鄂君子皙的爱慕之情。该诗被西汉后期学者刘向收录于《说苑·善说》篇,以汉文记录的越语音歌词是:"滥兮抃草滥予?昌桓泽予?昌州州食甚。州焉乎秦胥胥缦,予乎昭澶秦踰渗。惿随河湖。"时人译其歌意为:"今夕何夕兮,搴中洲流。今日何日兮,得与王子同舟。蒙羞被好兮,不訾诟耻。心几顽而不绝兮,知得王子。山有木兮木有枝,心说君兮君不知。"[2]此歌词在一定程度上表现了先秦楚地同性恋盛行的真实历史。先秦南越(今广西一带)受后母虐待的女孩叶限终于嫁给陀汗国国主的故事,流传千余年以后,被唐人段成式收录于《酉阳杂俎续集》中的《支诺皋上》,因其颇为曲折动人而传至欧洲,演变为《格林童话》中灰姑娘的故事。

先秦时期,各少数民族的历史都依靠口耳相传。而记述历史的后来被称为汉字的文字,其实是各原始部落在陶器上刻画符号的规范和总结,虽然在长期的历史发展过程中这些文字成为夏、商、周史官的专利,却很难说是华夏一族创造的。这种文字,春秋以后因"礼崩乐坏""学在民间"而为当时诸国学者所掌握,包括被称为蛮夷的一些发展程度较高的民族。例如楚人,在春秋时还自称"蛮夷"[3],中原诸国也视其为夷,管仲"尊王攘夷"之策,所攘之"夷"就是已经强大了的楚人。楚人有自己的民族历史记忆,如《左传》宣公十二年晋将军栾书转述楚军情况时说:"训之以若敖、蚡冒,筚路蓝缕,以启山林。"[4]就是讲楚人的先君熊仪、蚡冒如何艰难创业的。楚国也有自己的史官,如左史倚相,"是能读三坟、五典、八索、九丘",而被称为"良史"。①真正以自己对历史的辨析而影响古代史学的,是战国后期的屈原,其史诗《天问》,借楚国神庙内的历史和神话图画加以发问,对涉及天、地、人、自然、社会,以及从传说时代到夏、商、周的历史提出173个值得思考的问题。它的出现,反映了战国时代对自然和历史认识的进步,大开人们的眼界,也对人们认识社会历史的深刻内涵起着催醒作用。诗中保存的丰富史料,有些已由甲骨文证实。由此可见,先秦某些所谓蛮夷有着较中原毫不逊色的史学,其理论的思维,甚至高于一般中原史家之上。

二、两汉的少数民族史学

两汉时期,诸少数民族有语言,而没有文字②,在需要记述时,则借助于汉字。如两汉最为进步与强大的匈奴,史书称其"毋文书,以言语为约束"。匈奴与汉朝的文书往来十分频繁,如文帝时"单于遗汉书曰:'天所立匈奴大单于敬问皇帝无恙……使者至,即遣之。'"单于与汉廷往来的书信,似乎都是用汉文书写的。中行说就曾为单于回复汉廷书信出主意,"汉遗单于书,牍以尺一寸,辞曰'皇帝敬问匈奴大单于无恙',所遗物及言语云云。中行说令单于遗汉书以尺二寸牍,及印封皆令广大长,倨傲其辞曰'天地所生日月所置匈奴大单于敬问汉皇帝无恙',所以遗物言语亦云云"③,由汉人代单于以汉文书写信件当是情理之中的事。在出土文物中,也有证据表明匈奴曾使用汉字。目前已发现和出土的匈奴官印有20多枚,印文均为汉字,如在东胜采集的"汉匈奴栗借温愚印""四角胡王印""匈奴破长印"等等。在建筑材料和日用器物上也多发现汉字,包头昭湾西汉墓出土了有"单于天降"字样的瓦当,伊沃尔加城址发现有器物底部戳印汉字和刻画有"岁""仇""党"等汉字。因此可以断定,匈奴族的历史文献材料,主要是汉文书写的。匈奴人以岩画反映了自己的历史,在祭祀活动中表现出历史意识。乐府诗中的《匈奴歌》④以悲壮的咏叹,表现了匈奴人对祁连畜牧与生活的追念,可以称为史诗。各少数民族中颇有汉文化修养较深者,如汉武帝时犍为郡鳖县(今贵州遵义)夷人舍人,汉文化水平很高,曾任郡文学、卒

---

① 《左传》昭公十二年,第1340页。

② 有言彝文产生于先秦,然其所流传之作品,无法断代,故不论。又《汉书·西域传》称"安息国……书革,旁行为书记"(第3890页),按,安息故址在今伊朗一带,不为汉西域都护所属,故亦不论。

③ 《史记》卷110《匈奴列传》,第2879、2896、2899页。

④ 《乐府诗集》卷84《匈奴歌》:"亡我祁连山,使我六畜不蕃息;失我焉支山,使我妇女无颜色。"

史,官至武帝待诏。① 他注的《尔雅》颇受后来学者称道,却没有关于本民族的历史著述。

东汉明帝时,白狼王②唐菆"慕化归义",率其种人到东都朝贡,作诗三章,献给朝廷。其诗本属于藏缅语系的白狼语写成,由犍为郡掾田恭以汉字记音并译义,前人命名为《白狼王歌》。③ 章怀太子注称"《东观记》载其歌,并载夷人本语,并重译训诂为华言"。该诗共三章,分别题为"远夷乐德歌诗""远夷慕德歌诗""远夷怀德歌"。其中除表示对大汉天子的仰慕及叙述朝奉之程的艰辛外,以较多篇幅叙述了白狼国的地理环境、气候、人口、生活、生产等,可以视为较早的西南少数民族自述历史。

最早建立少数民族初步历史体系的是司马迁。《史记》中以《匈奴列传》《南越列传》《东越列传》《朝鲜列传》《西南夷列传》《大宛列传》等 6 篇专传,构建了当时各主要少数民族(无羌族)史及其与中原交往史的框架。他从传统的"王者一统"及"用夏变夷"的理论出发,将许多民族都说成是黄帝的支裔。《匈奴列传》称"其先祖夏后氏之苗裔也"。《越王勾践世家》称"越王勾践,其先禹之苗裔,而夏后氏少康庶子也"。《东越列传》称"闽越王无诸及越东海王摇者,其先皆越王勾践之后也"。《朝鲜列传》称"朝鲜王满者,故燕人也"。《楚世家》称"楚之先祖出自帝颛顼高阳,高阳者,黄帝之孙,昌意之子也"。《西南夷列传》称"楚之先岂有天禄哉?……秦灭诸侯,唯楚苗裔尚有滇王"。只有西域诸国,因前史无记载,他只好依据张骞出使报告,如实撰述。司马迁根据自己长期的考察调查,结合石室金匮之书、将领官员的章奏报告,以及随时的问询了解,比较详细地叙述了各族的历史、政治、经济、军事、民俗等方面的情况,尤其是与汉朝的交往、冲突。对少数民族,司马迁并非一味斥其愚昧落后,而是承认其历

①陆德明:《经典释文·叙录》注。
②学者称白狼部属古氏羌人族群。见王静如:《东汉西南夷白狼慕汉歌诗本语译证》,中央研究院历史语言研究所集刊甲种之八《西夏研究》第一辑,1932 年。
③《后汉书》卷 86《西南夷列传》及注(第 2856 页)载《远夷乐德歌诗》曰:"大汉是治,与天合意。吏译平端,不从我来。闻风向化,所见奇异。多赐赠布,甘美酒食。昌乐肉飞,屈申悉备。蛮夷贫薄,无所报嗣。愿主长寿,子孙昌炽。"(堤官隗构,魏冒逾糟。罔驿刘脾,旁莫支留。征衣随旅,知唐桑艾。邪毗继缭,推潭仆远。拓拒苏便,局后仍离。偻让龙洞,莫支度由。阳雒僧鳞,莫稚角存。)《远夷慕德歌诗》曰:"蛮夷所处,日入之部。慕义向化,归日出主。圣德深恩,与人富厚。冬多霜雪,夏多和雨。寒温时适,部人多有。涉危历险,不远万里。去俗归德,心归慈母。"(偻让皮尼,且交陵悟。绳动随旅,路且拣洛。圣德渡诺,魏菌度洗。综邪流藩,苲邪寻螺。藐浔泸漓,菌补邪推。辟危归险,莫受万柳。术叠附德,仍路孳摸。)《远夷怀德歌》曰:"荒服之外,土地墝埆。食肉衣皮,不见盐谷。吏译传风,大汉安乐。携负归仁,触冒险陕。高山岐峻,缘崖磻石。木薄发家,百宿到洛。父子同赐,怀抱匹帛。传告种人,长愿臣仆。"(荒服之仪,犁籍怜怜。阻苏邪犁,莫砀粗沐。罔译传微,是汉夜拒。踪优路仁,雷折险龙。伦狼藏幢,扶路侧禄。息落服淫,理历髭洛。捕苣菌毗,怀檎匹漏。传室呼敕,陵阳臣仆。)

25

史功绩的。如《越王勾践世家》太史公曰:"越虽蛮夷,其先岂尝有大功德于民哉,何其长久也!"《史记》在其通史式史书中特别撰写一系列民族专传,体现了司马迁撰写多民族国家历史的自觉意识。司马迁为汉朝外伐四夷的成就欢欣鼓舞,称"汉兴以来,至明天子……泽流罔极,海外殊俗,重译款塞,请来献见者,不可胜道。臣下百官力诵圣德,犹不能宣尽其意"。① 司马迁的民族思想,是强调中华一统,各民族都应该归附汉皇朝,和平往来,就是兄弟,若有离心背汉的思想和行为,就要予以坚决打击。正如《鲁仲连邹阳列传》中录引邹阳《狱中上梁王书》所言:"……秦用戎人由余而霸中国,齐用越人蒙而强威、宣。此二国,岂拘于俗,牵于世,系阿偏之辞哉?公听并观,垂名当世。故意合则胡越为昆弟,由余、越人蒙是矣;不合,则骨肉出逐不收,朱、象、管、蔡是矣。今人主诚能用齐、秦之义,后宋、鲁之听,则五伯不足称,三王易为也。"潘光旦先生阐述:"'意合,胡越为昆弟'大是原则语,以今语言言之,犹曰:政治目的相同,则可为兄弟民族也。"②

　　班固《汉书》对《史记》民族传加以补充,合并为三大传(《匈奴传》《西南夷两粤朝鲜传》《西域传》),资料更加丰富,观点却倒退了许多。在《匈奴传赞》中称:"夷狄之人贪而好利,被发左衽,人面兽心……是故圣王禽兽畜之,不与约誓,不就攻伐……外而不内,疏而不戚……"③从此开丑化少数民族之史例。东汉官修国史《东观汉记》在唐初以前被称为"前三史"之一。该书虽已佚失,其篇目尚可考见,其中有少数民族传《匈奴南单于列传》《西羌列传》《西域列传》《西南夷列传》等,别具特色。其改《史记》《汉书》之《匈奴列传》为《匈奴南单于列传》显然是顺应东汉匈奴分裂、南匈奴"归附"东汉政权的历史事实。《西羌列传》的写作,在少数民族历史记述中功绩卓著。羌族在先秦两汉影响巨大,尤其是东汉羌人的一次次大规模反抗,导致皇朝的衰败。但不知因何缘故,《史记》和《汉书》中竟然都没有设羌族的传记。现在有了羌族的专传,就使《史记》初步建立的早期少数民族历史体系趋于完善。

　　东汉时还产生了一些在历史上虽被视为蛮夷却很有影响的民族的专史,如袁康和吴平辑录《越绝书》、赵晔撰《吴越春秋》、杨终撰《哀牢传》等。杨终是东汉明帝时蜀郡上计吏,受命带领哀牢(在今云南西部)使臣到洛阳奉献,见三府为哀牢传而不能成,遂进行调查了解,作此书上之朝廷,受到汉明帝的重视,以

①《史记》卷130《太史公自述》,第3299页。
②潘光旦:《中国民族史料汇编》,天津古籍出版社,2006年,第8页。
③《汉书》卷94下《匈奴传下》,第3834页。

其为兰台令史。① 该书祖述哀牢世系,自沙壹、九隆以下直至扈栗的传说、事迹及其疆域风土物产。其书为应劭《风俗通义》所引录,成为范晔《后汉书·西南夷·哀牢传》的主要参考材料。该书隋以前亡佚。

三、魏晋南北朝的少数民族史学

从公元 2 世纪末起,中国少数民族在国家政治生活中的作用逐渐突出,在十六国北朝时期,还长期左右北中国的政局,其文化也在加速发展,尤以其史学焕发出奇异的光彩。

古彝文的《妥阿哲记功碑》,刻于蜀汉建兴四年(226),记述夷族首领妥阿哲协助诸葛亮南征而被封为罗甸国国王的事迹,是研究彝族社会历史和水西彝族世袭首领安氏源流的重要史传。

公元 4—5 世纪,在中国西部和北部传统的皇朝统治区域内,先后有賨族的成汉(302—347),匈奴族的汉(前赵)(304—329)、夏(407—431)、北凉(401—460),羯族的后赵(319—351),氐族的前秦(351—394)、后凉(386—403),羌族的后秦(384—417),鲜卑族的西秦(385—431)、南凉(397—414)、前燕(352—370)、后燕(386—407)、西燕(384—394)、南燕(398—410),鲜卑拓跋族的代国(338—376)政权等。这些民族政权的首领,往往具有一定的汉文化修养,尤其重视史学建设,以从中吸取巩固统治的经验。例如,鲜卑吐谷浑族首领叶延"好问天地造化、帝王年历。司马薄洛邻曰:'臣等不学,实未审三皇何父之子,五帝谁母所生。'延曰:'自羲皇以来,符命玄象昭言著见,而卿等面墙,何其鄙哉!语曰夏虫不知冬冰,良不虚也。'"② 汉开国之君刘渊,"幼好学,师事上党崔游,习《毛诗》《京氏易》《马氏尚书》,尤好《春秋左氏传》《孙吴兵法》,略皆诵之,《史》《汉》、诸子,无不综览"。他曾评论古史说:"吾每观书传,常鄙随、陆无武,绛、灌无文。道由人弘,一物之不知者,固君子之所耻也。二生遇高皇而不能建封侯之业,两公属太宗而不能开庠序之美,惜哉!"从历史的研习中,树立了抓住历史机遇建功立业的志向。他学习汉朝制度,设置百官,包括以鲜于修之为太史令,吸取历史借鉴,用于皇朝政治。其子刘宣,熟悉《毛诗》《左传》《汉书》,曾叹息道:"宣若遇汉武,当逾于金日磾也。"果然助其父建国。③ 汉国嘉平初,就命

---

① 《论衡》卷 20《佚文篇》,《汉魏丛书》,吉林大学出版社 1992 年影印本,第 848 页。
② 《晋书》卷 97《四夷·吐谷浑传》,第 2539 页。
③ 《晋书》卷 101《载记·刘元海》,第 2645、2653 页。

"公师彧以太中大夫领左国史,撰其国君臣纪传"。① 后赵主石勒,十分重视史学,"虽在军旅,常令儒生读史书而听之,每以其意论古帝王善恶,朝贤儒士听者莫不归美焉"。他的史学见解十分高明,如在侍臣读到《汉书》中郦食其劝刘邦立六国之后时,他说:"此法当失,何得遂成天下!"认识到历史是不会倒退的。后赵政权中专门设置史学祭酒一职,是中国古代唯一以该名称呼的专司史学官职。他还"命记室佐明楷、程机撰《上党国记》,中大夫傅彪、贾蒲、江轨撰《大将军起居注》,参军石泰、石同、石谦、孔隆撰《大单于志》"。② 南凉秃发乌孤刚刚称王,就"欲造国纪,以其参军郭韶为国纪祭酒,使撰录时事"。③ 北凉王沮渠蒙逊"博涉群史,颇晓天文"④,其子沮渠茂虔重视文化建设,派使者向南朝宋"献方物,并献《周生子》十三卷,《时务论》十二卷,《三国总略》二十卷,《俗问》十一卷,《十三州志》十卷,《文检》六卷,《四科传》四卷,《敦煌实录》十卷,《凉书》十卷,《汉皇德传》二十五卷,《亡典》七卷,《魏驳》九卷,《谢艾集》八卷,《古今字》二卷,《乘丘先生》三卷,《周髀》一卷,《皇帝王历三合纪》一卷,《赵畉传》并《甲寅元历》一卷,《孔子赞》一卷,合一百五十四卷。茂虔又求晋、赵《起居注》诸杂书数十件,太祖赐之"。⑤ 前燕皇帝慕容皝"亲造《太上章》以代《急就》,又著《典诫》十五篇,以教胄子"⑥,其中《典诫》当是杂述历代典型史事,以教训子弟的历史教科书。《隋书·经籍志》霸史类,收录《赵书》《汉之书》《燕书》《秦记》《拓跋凉录》等东晋时列国史书27部335卷,通计亡书,合33部346卷。大部分都是民族政权的史书。北魏崔鸿就是在这些史书的基础上撰成了120卷的《十六国春秋》。

南北朝时期,北方少数民族在历史舞台上占有特殊地位,以民族语流传的民歌,除了吐谷浑的"阿干之歌"以外,就是敕勒族(又称铁勒、高车)人斛律金所唱的《敕勒歌》。据《北齐书》卷2《神武帝纪下》,武定四年(546)高欢率军进击西魏,屡屡受挫。"是时,西魏言神武中弩,神武闻之,乃勉坐见诸贵。使斛律金《敕勒歌》,神武自和之,哀感流涕。"其词云:"敕勒川,阴山下。天似穹庐,笼盖四野。天苍苍,野茫茫,风吹草低见牛羊。"⑦《乐府广题》说:"其歌本鲜卑语,易为齐言,故其句长短不齐。"该歌至今还能使我们深切地感受古代敕勒川草原

①《史通》卷11《史官建置》,上海古籍出版社,1985年,《史通通释》本,下册,第313页。
②《晋书》卷105《载记·石勒下》,第2741、2735页。
③《史通》卷11《史官建置》,第313页。
④《晋书》卷129《载记·沮渠蒙逊》,第3189页。
⑤《宋书》卷98《氐胡胡大沮渠蒙逊传》,第2416页。
⑥《晋书》卷109《载记·慕容皝》,第2826页。
⑦《乐府诗集》卷86《敕勒歌》。

的美景，难怪高欢要"哀感流涕"了。当今环境史学正兴，这是南北朝时期北方环境史的民族史料。

北朝时，少数民族史学得到初步发展。北朝诸帝很重视史学，北魏"太祖常引（崔宏）问古今旧事、王者制度、治世之则。玄伯陈古人制作之体，及明君贤臣，往代废兴之由，甚合上意"。[①] 北魏正式设置了修史局，后来还以权贵监修史书，以拓跋族学者任国史官，培养了一批少数民族的史学人才。刘知几称："元魏……别置修史局，其职有六人。当代都之时，史臣每上奉王言，下询国俗，兼取工于翻译者，来直史曹。及洛京之末，朝议又以为国史当专任代人，不宜归之汉士。于是以谷纂、山伟更主文籍。"[②]北魏修史局是历史上第一次常设的专门修史机构。北魏孝文帝鼓励史官直笔修史，要他们"直书时事，无讳国恶。人君威福自己，史复不书，将何所惧"[③]，对史学的监督与鉴借作用有深切认识。

北魏宗室元晖"颇爱文学，招集儒士崔鸿等撰录百家要事，以类相从，名为《科录》，凡二百七十卷。上起伏羲，迄于晋、宋，凡十四代"。[④] 北周明帝宇文毓"集公卿已下有文学者八十余人于麟趾殿，刊校经史。又捃采众书，自羲、农以来，讫于魏末，叙为《世谱》，凡五百卷云"。[⑤] 这两部体例不同、规模很大的通史，表现了少数民族史家对中华民族历史的认同，以及在历史著作体裁上的不懈创新。

安定（今甘肃泾川）学者邓渊，"博览经书，明解制度，多识旧事"，在北魏时任著作郎，受太祖拓跋珪诏命，撰写魏朝《国记》（又称《代记》）10余卷[⑥]，以编年的形式，记载了自代人先祖，直至明元皇帝时的历史。其后，崔浩在该书基础上撰成《国书》30卷，却因为言拓跋为李陵匈奴妻（名拓跋）之后[⑦]，而引起拓跋贵族众怒，被夷三族。直到北齐天保五年（555），魏收撰成《魏书》130卷，记载了从北魏道武帝开始直到东魏灭亡的170年历史。这是中国古代以少数民族（鲜卑拓跋族）为正统的第一部纪传体正史，其入传人物多数为少数民族，可以说是一部少数民族的专门史书。根据记载对象的实际，该书体例颇多创新。在《帝纪》前别立《序纪》，系统地追述了拓跋珪23位先辈的事迹，是拓跋族长期口传历史的著录。最难能可贵的是《序纪》摒弃传说的神话色彩，宁可无事实可

---

① 《魏书》卷24《崔玄伯传》，第621页。

② 《史通》卷11《史官建置》，第315页。

③ 《魏书》卷7下《高祖孝文帝纪下》，第186页。

④ 《魏书》卷15《昭成子孙列传常山王遵》，第380页。

⑤ 《周书》卷4《明帝纪》，第60页。

⑥ 《魏书》卷24《邓渊传》，第635页。

⑦ 据宋罗泌《路史·余论三·拓跋氏》，中华书局《四部备要·史部》本，第180页。

叙，而仅列其名。首创《释老志》，从宗教与政治相互关系的角度，叙述了佛教和道教的消长及僧道事迹。改诸正史之"职官志"为"官氏志"，其中之"姓氏部"列举拓跋部和所属各部原来的姓氏及所改的汉姓，基本上反映了鲜卑拓跋族的形成和各氏族间的离合过程。唐初史家李延寿称赞魏收《魏书》"追踪班、马，婉而有则，繁而不芜，持论序言，钩深致远"。①

这一时期，南方民族在史学上也颇有成绩。例如南朝时的彝族经师举奢哲，著有《祭天大经书》《祭龙大经书》《做斋大经书》《天地的产生》《降妖捉怪》《侯塞与武琐》《里娄阿菊的爱情与战争》等，记录了彝族长期传颂的从天地产生到历代首领的史事，颇多哲理性。其诗中唱道："天未产之时，地未开之际，整个天宇呀，一切黑黢黢。整个大地呀，一片黑漆漆。由于没有天，地也不存在。后来有了天，地才长出来。"举奢哲还专门对历史写作提出了三条原则："人物身世明，代数要叙清，时间要弄准。"②是古代史学理论上的经典之说。成汉史官常璩（约291—361），在汉时就致力于西南民族地区和少数民族历史的撰述，著有《梁益二州地志》《巴汉志》《蜀志》《南中志》等书。347年，桓温灭蜀。入晋后，常璩裒削旧作，为《华阳国志》。该书共12卷，前4卷《巴志》《汉中志》《蜀志》《南中志》，叙述今陕西汉中、四川、重庆至云南、贵州等传统西南夷地区的历史及地理情况。后8卷记载了上述地区自远古的蚕丛、鱼凫至东晋咸康五年（339）的重大历史事件和人物。此书体制完备，资料丰富，考证详赡，文笔富丽，是我国现存最早的地方志之一，更是最早的西南地区民族通史。

应该说明，以上所说十六国及南北朝的少数民族历史都是借助于汉字加以记录的。其实，在这一时期及其后不久，许多民族创造了自己的文字，从而为少数民族史学的真正发展奠定了基础。最早是汉代以前产生，以后一直沿用的古彝文（又称爨文、倮文、罗罗文）。其次是公元2世纪以后西域一些国家创立和使用的属于印欧语系的文字，如佉卢文、粟特文、焉耆—龟兹文、于阗文等，这些文字在今新疆吐鲁番、焉耆、库车、于阗等地使用了几个世纪，其出土文献成为被当代学者称为敦煌吐鲁番文书的重要组成部分。文字是历史的最佳载体，历史一旦用文字记载下来，就可能永远流传，而不失其原貌。

佉卢文文书主要是公元2世纪末至4、5世纪于阗、鄯善国时期的文献，以世俗文书为主，包括国王敕谕、公私信札、契约借券、簿籍账历等，为研究这一时期西域国家的历史提供了极为珍贵的第一手资料。焉耆—龟兹文的文献，包括

①《北史》卷56《魏收传》，第2048页。
②祝注先：《彝族大毕摩举奢和阿买妮》，载《中国历代少数民族英才传》，甘肃人民出版社，2000年，第403－404页。

宗教文献、文学作品、世俗文献，其中已经有史书。于阗文的《甘州回鹘纪事》，是于阗使臣出使甘州、沙州回国后，叙述所见甘州回鹘统治集团内讧情况的报告。粟特文文献中的《粟特古书简》，全部涉及汉魏时代史事，例如其第二封书简所述洛阳被焚、天子出亡、匈奴入据等事，为世人所瞩目。

晋僧法显于后秦弘治元年（399）从长安出发，由陆路去天竺求法，东晋义熙八年（412）由海路返至崂山登陆。《佛国记》（又名《法显传》）即其长途旅行的记录，其中的乾归、耨檀、鄯善、焉夷、于阗等陇右至葱岭以东诸国的行记，是西部民族历史、环境、宗教信仰的重要历史记载。

四、隋唐五代的少数民族史学

隋唐皇朝，实现了 300 余年的大一统，五代时期，虽陆续有皇朝更替，但统一的旗号仍在支撑。这个时期，各少数民族在统一皇朝里争相发展自己的文化，史学呈现出初步繁荣的景象。

隋朝时期，史学得到较大发展，推动这种发展的，除了许多汉族史家以外，也有少数民族的史家。例如鲜卑学者宇文恺，在隋历任左庶子、将作大匠等职，却也精于史学，著有《东宫典记》70 卷。拓跋族学者于仲文，"少聪敏，髫龀就学，耽阅不倦"，在高祖及炀帝时屡为大将，"撰《汉书刊繁》三十卷、《略览》三十卷"。[1] 唐代，少数民族史家在朝廷主流史学队伍中占据重要位置。拓跋宗室后裔的长孙无忌，撰有《太宗实录》40 卷、《永徽留本司行格》18 卷、《唐律疏义》30 卷，更主持了《隋书》诸志（《五代史志》）的撰写。刘知几的朋友元行冲，名澹，拓跋族，北魏常山王素连之后，博学多通，撰编年体的《魏典》30 卷，倡修通古今书目的《群书四录》200 卷，为唐玄宗御注《孝经》作疏。匈奴族学者宇文籍，"性简澹寡合，耽玩经史，精于著述"，唐文宗时与韩愈同修《顺宗实录》，又与韦处厚等人同修《宪宗实录》，专掌史笔。[2]

隋唐五代，回鹘、突厥、吐蕃、傣等民族，创造了自己的民族文字，并且以民族文字撰写出本民族的一些重要史传，成为后来研究古代民族的重要资料。这些民族文字，是 6 世纪开始使用、9 世纪初形成规范化书面语的古藏文，6—16 世纪使用的老傣文（傣仂文、傣哪文、金平傣文），7—10 世纪使用的突厥文，9—15 世纪使用的回鹘文等。于阗文的文献中，有写于后唐同光三年（925）的《于

---

①《隋书》卷 60《于仲文传》，第 1450、1455 页。
②《旧唐书》卷 160《宇文籍传》，第 4209 页。

阗沙州纪行》,是于阗王使节出使沙州的行程及活动的记录。突厥文的《阙特勤碑》《毗伽可汗碑》《暾欲谷碑》《翁金碑》《阙利啜碑》①;回鹘文的《圣徒传》《铁木耳世系表》《回纥英武威远毗伽可汗碑》《九姓回鹘爱登里罗汩没密施合毗伽可汗圣文神武碑》等,都是其民族历史人物有价值的传记。古藏文的历史文献最为丰富,碑铭如《桑鸢寺碑》《穷结赞普碑》《大昭碑》(又名《唐蕃会盟碑》)《工布摩岩碑》,钟铭如《耶尔巴钟》《昌珠钟》,敦煌和南疆发现了大量吐蕃文书,为我们了解公元 7 至 9 世纪藏族史学提供了资料。巴考、托马斯编译《吐蕃历史文书》分三篇:纪年,世系,传略。纪年用编年的形式,记录了吐蕃王朝每年发生的大事,包括会盟、狩猎、征伐、税收等。世系有赞普世系和论尚世系,传略有聂弃赞普、止贡赞普及诸相、达布聂斯与囊日论赞等共 10 节,是唐时期藏族史学的重大成果。② 敦煌发现的《吐谷浑(阿柴)纪年》《北方若干国君之王统叙记》,都是用吐蕃文撰写的反映北方民族历史的重要典籍。前者记载了吐谷浑灭亡后附蕃的吐谷浑王室和国家自公元 706 年至 715 年间发生的大事,是与吐谷浑历史有关的唯一编年体史书。后者则是五位回鹘使臣撰写的出使吐蕃等地的报告,记载了吐蕃北方的突厥、默啜、契丹、乌护、回鹘等 30 余大小部族的名称、地理位置及其生活习俗,是研究唐代北方诸民族的重要历史文献。从敦煌发现的吐蕃文文书中,还有印度长篇史诗《罗摩衍那》的译本,儒家经典《尚书》中的《泰誓》(中、下)、《牧誓》及《武成》四篇,以及《春秋后语》,表明了 7 至 9 世纪的藏民族,还善于学习印度和中原的历史学。③ 这些历史学文献证明,在吐蕃时期,藏族学习和吸收汉地以及印度的历史编纂方法,已经有了清晰的历史意识和进步的记史方法,藏族的这些史学成就丰富了中国古代史学史的内容。

其他一些少数民族也产生了自己民族的史家,并撰写出了有价值的民族历史文献。武周时期,壮族澄州大首领韦敬办撰《六合坚固大宅颂》摩崖碑,宣扬其丰功伟业。其同宗韦敬一撰《智城碑》,歌颂韦敬办的业绩。两碑均用汉字手书刻就,是唐前期壮族的重要历史传记。后晋天福五年(940),湘西土家族首领彭士愁与楚国君主马希范饮血为盟,镌其誓词于铜柱一隅,其辞总 2614 字,内容涉及土家族的政治、历史、人口、经济、民族关系等,是土家族早期历史的金石文献。云南南诏白族用汉字记录白族语言,称白文或僰文。最古老的白文文献是收于《全唐诗》卷 732《骠信和清平官星回节唱和诗》,为南诏时期通过君臣赋

①芮传明:《古突厥碑铭研究》,上海古籍出版社,1998 年,第 217 – 304 页。
②王尧:《藏文古代历史文献述略》,载《西南民族学院学报》1980 年第 2 期。
③杨富学:《20 世纪国内敦煌吐蕃历史文化研究述要》,载《中国藏学》2002 年第 3 期。

诗反映其思想与历史的篇章。另有《白古通》(又名《白古通记》或《僰古通记》)一书长期流传,是古代白族的历史著作。据《读史方舆纪要》所引该书概要[1],历述战国时庄蹻据滇,汉武帝时白人仁果立为滇王,仁果传 15 代为龙祐那当,被诸葛亮立为酋长,赐姓张氏,世据云南。唐贞观间,张乐进求让位于乌蛮别种蒙舍酋细农罗,直至蒙氏 14 氏及郑、赵、杨事迹,至大理段氏亡。该书主要叙述南诏、大理时期历史,充满神话色彩。估计是南诏、大理历代史官的作品,最后成书当在元朝初年。

　　一些旅行家和处理民族事务的官员,撰写了不少有关少数民族的历史著述。隋炀帝初立,委派裴矩到张掖负责西域诸国事务,裴氏在与各国商人接触的过程中,向他们了解到西域 44 国的君长姓族、山川物产、风俗民情、交通道路,撰成《西域图记》3 卷,是西域民族历史的重要著作。贞观元年(627),玄奘由长安启程赴天竺"求法",途经新疆、中亚阿富汗等地,到达巴基斯坦和印度。此次旅行历时 19 年,跋涉 5 万余里。玄奘及其弟子辩机所撰的行记《大唐西域记》,所记地域广大,涉及山川地形、城邑关防、交通道路、风土习俗、物产气候、文化政治等诸多方面,内容丰富,是西域民族及南亚诸国古代历史、地理的珍贵资料,历来为学术界所重视。贞观二十二年(648),梁建方受命率军南征松外(今四川盐边县西北)蛮和西洱河(今云南洱海一带)蛮,事后将此役情况及见闻撰成一书。原书已佚,方国瑜先生从《通典》及唐宋史书、类书中辑佚出有关西洱河民族风土历史数条,并命名为《西洱河风土记》[2],是云南民族史的重要资料。德宗贞元十年(794),祠部郎中袁滋受命到云南,册封异牟寻为南诏王,遂撰成关于云南地方及南诏历史的《云南记》。学者从《太平御览》等书中辑出《云南记》佚文 21 条[3],内容是关于雅州、名山、新安、会川、云南、平琴、巂州、羊苴咩等地的道路、出产及南诏民族生活习俗等。懿宗时,夔州都督府长史樊绰"问蛮夷巴、夏四邑根源,悉以录之","录蛮界程途,及山川城镇、六诏始末、诸种名数、风俗条教、土宜物产、六贝金名号、连接诸蕃"[4],于咸通五年(864)撰成的《蛮书》,吸收了袁滋《云南记》的精华,加上自己采访所得,内容丰富,是流传至今的最重要的云南地方和民族志书。懿宗咸通间,京兆万年县尉段公路因事"南游五岭间,常采其民风土俗、饮食衣制、歌谣哀乐,有异于中夏者,录而志之。

①顾祖禹:《读史方舆纪要》(点校本)卷 113,《云南一》,中华书局,2005 年,第 5030 页。
②方国瑜:《云南史料目录概说》第 1 册,中华书局,1984 年,第 147 – 150 页。
③屈直敏:《袁滋〈云南记〉辑考》,载《中国边疆史地研究》2009 年第 3 期。
④《蛮书》卷 10,景印文渊阁四库全书本。

至于草木、果蔬、虫鱼、羽毛之类,有瑰形诡状者,亦莫不毕载"①,成《北户录》3卷,是一部专门记载岭南越、壮诸族物产风俗的笔记体著作。后晋天福三年至七年(938—942)冬,彰武军节度判官高居诲随供奉官张匡邺出使于阗,册封李圣天为大宝于阗国王,撰《使于阗国记》,书中记述了沿途地理交通、物产风情、政治社会、宗教信仰等,是 10 世纪前后新疆南部地区民族的重要历史著作。②

　　唐、五代所撰九部正史(《晋书》《梁书》《陈书》《齐书》《周书》《隋书》《南史》《北史》《旧唐书》)中都有少数民族史传,记述了各朝与诸民族的交往及对诸民族历史的认识。《唐会要》在卷 94 至 100 中专门撰写了当时 79 个民族或外国的传记及与皇朝交往的历史。杜佑的《通典》是分量最大、资料最全的唐代全国少数民族史传。杜佑(735—812)经历了唐皇朝由盛转衰的玄、肃、代、德、顺、宪六朝,贞元十九年入相。眼见从前震慑于朝廷声威的边疆各族,如今颇为多事,为了寻求挽救帝国的良方,他悉心搜集各族各国的资料,在 200 卷的政书《通典》中,以仅次于"礼门"(100 卷)、"职官门"(22 卷)的篇幅,撰写了 16 卷的"边防门"(第 185 卷至 200 卷)。边防门,分东夷、南蛮、西戎、北狄四类,分族(国)叙述古今各少数民族的历史,颇为详细,其中许多资料不见于他处,盖取自于朝廷档案或中秘典籍,可以说是唐代民族史传的总结。《通典总序》中指出撰述"边防门"的原因,是为了"遏戎狄焉",说明处理好民族问题,是皇朝安全的关键之一。其《边防门序》,在论说华夏与蛮夷诸多不同之后,总结历代对待少数民族的政策,强烈批评自秦始皇至唐初穷兵黩武讨伐戎夷导致了皇朝的祸患,充分肯定前贤"外而不内,疏而不戚,来则御之,去则备之"的对待少数民族的策略,慨叹"前事之元龟,足为殷鉴者矣"。

　　中国少数民族史学自先秦产生,历经两汉、魏晋北朝、隋唐五代,终于得到初步发展。

《史学史研究》2008 年第 1 期

---

①《北户录》原序,见《四库全书精品文存》27,团结出版社,1997 年,第 32 页。
②《新五代史》卷 74《四夷附录·于阗》,第 917—919 页。

《孝经》的作者、流传与影响

《孝经》作为儒家十三经之一,在中国传统文化体系中占有重要位置。它以简要通俗的文字,阐述古人视为一切道德根本的孝道,古代学者将其称作儒家六经的总汇。古代社会以孝立国,故而历代皆以《孝经》作为皇太子教育的主要教材,为此先后有魏文侯、晋元帝、晋孝武帝、梁武帝、梁简文帝、唐玄宗、清世祖、清圣祖、清世宗等帝王君主和 500 多位学者为该书作注解释义,在中国古代有极为深刻的影响。

一、孝、孝道和《孝经》

简单说,《孝经》就是孝道的经典。但要认真抠起来,其中的问题很多。例如,什么是孝? 什么是经? 该书何以称为《孝经》,而不称为《孝论》《孝说》《孝学》? 等等,都是需要辨明的问题。

孝是中国古代子女善待父母长辈的伦理道德行为的称谓。一般人以为孝就是赡养父母,其实这是片面的。孔子在《论语·为政》中说:"今之孝者,是谓能养。至于犬马,皆能有养,不敬,何以别乎?"孔子给孝赋予了崇敬父母的内容,以便与一般动物的赡养父母相区别。孔子的后学,更对孝进行了全面的定义。在《礼记·祭义》中,曾参说:"孝有三,大孝尊亲,其次弗辱,其下能养。"这样,所谓孝有三等:最上是尊亲,即爱戴和崇敬父母,立身行道以扬名显亲和传宗接代;其次是不辱,即不亏身体,不辱自身和为亲复仇;最后是养亲,即养口体,侍疾病,顺其意,乐其心,重其丧。

孝这一道德意识,是原始先民生殖崇拜和祖先崇拜的发展。大约在 8000 至 1 万年前,中华大地的许多地方已经开始了农业生产,并逐渐形成了农业社会。在落后的生产力条件下,从事农业生产必须有足够的劳动力,从而造成了华夏先民很早就有了生殖崇拜,以祈求人类自身繁衍能力的加强。另外,从事农业劳动,必须有丰富的经验和技能,这就造成了先民对家中年长者的尊敬,因为年长者有很丰富的劳动经验和高明的技术。而在老人死后仍继续这种崇敬,就成为祖先崇拜。《尚书·尧典》中记载四岳推荐虞舜担任帝尧的继承人,说他是"瞽子。父顽,母嚚,象傲,克谐以孝,蒸蒸乂(yì 音义,治理、安定),不格奸",意思是说,他是一个瞎子的儿子,父亲固执,母亲放肆,弟弟象傲慢,他却能以孝道使得家庭安定和睦,不至于出乱子。据说,帝尧任命虞舜协调人伦关系,引导民间父义、母慈、兄友、弟恭、子孝。可见,至迟在传说的五帝时期已经有了孝的概念。

周初制定以血缘关系为纽带的宗法制度,使孝成为一种正式的人伦规范和礼仪制度。春秋战国时代,儒家、道家、墨家、纵横家、法家都讲孝道。儒家将孝视为"三皇五帝之本务而万事之纲纪也"①,"夫孝,天之经也,地之义也,民之行也"②,将孝提到了非常高的位置。墨家也不甘落后,提出"孝,利亲也"③,又说:"君子莫若欲为惠君、忠臣、慈父、孝子、友兄、悌弟,当若兼之不可不行也,此圣王之道,而万民之大利也。"④道家虽然反对儒家伦理道德的说教,却仍然提倡孝行,在《老子》第十九章中提出:"绝仁弃义,民复孝慈。"纵横家也以孝道作为其主张之一,《战国策·楚策三》载,苏秦对楚王说:"孝子之事亲也,爱之以心,事之以财。"甚至法家也认定孝在治国中极为重要,而声言:"臣事君,子事父,妻事夫,三者顺,则天下治,三者逆则天下乱。""孝子不非其亲","家贫则富之,父苦则乐之"⑤。可见,到秦统一以前,孝已成为当时诸家公认的一种道德观念。在汉武帝"废黜百家,独尊儒术"以后,孝道正式成为统治者教化的根本和治国的有力武器,并随着历史的发展,而日渐深入人心,成为一种民族道德观点和文化心理,而历久常新地沉淀了下来。

《孝经》是儒家阐述其孝道和孝治观的一部著作。我们知道,先秦时儒家的六部经典《诗》《书》《易》《礼》《春秋》《乐》皆不称"经",为什么唯独《孝经》以"经"为名呢?所谓经,本来指织布时拴在织机上的竖纱,编织物的纵线。与纬(横线)相对。织物没有经线就无法造成布帛,而且在织布时,经线始终不动,只有纬线在不停地穿插于经线之中。因而经就有了纲领的意思,有了常的意思,

---

①《吕氏春秋·孝行览》。
②《孝经》。
③《墨子·经上》。
④《墨子·兼爱下》。
⑤《韩非子·忠孝》。

有了根本原则的意思。故而,《释名·释典艺》言:"经,径也,常典也。如径路无所不通,可常用也。"以此推之于社会,要实现国家的治理,有千头万绪,必须为之建立纲领,行事才有条理和规矩,所以将治理天下称为"经纶天下"。如《周礼·天官大宰》言:"以经邦国,以治官府。"以此推之于人的行为,如果没有一条贯通的道德标准原则,人们就不知道如何去做,因而当时将圣哲者阐述其基本思想理论,可以垂训天下的书籍称为经。如《国语·吴语》中有"十行一嬖大夫,建旌提鼓,挟经秉枹",称兵书为经。甘公和石申的天文学著作合编,称为《甘石星经》。相传为古医书的,称《内经》《难经》。墨子自著之《墨经》中有《经上》《经下》《经说上》《经说下》诸篇名。先秦诸家在学术上互相驳难,亦相互侵染。在这种情况下,儒家将自己关于孝道观的著作称为《孝经》,也就不足为奇了。

对《孝经》之命名,前人多有诠释。班固《汉书·艺文志》孝经类小序言:"夫孝,天之经,地之义,民之行也。举大者言,故曰《孝经》。"敦煌本郑氏序言:"夫孝者,盖三才之经纬,五行之纲纪。若无孝,则三才不成,五行僭序。是以在天则曰至德,在地则曰愍德,施之于人则曰孝德。故下文言,夫孝者,天之经,地之义,人之行,三德同体而异名,盖孝之殊途。经者,不易之称,故曰《孝经》。"由此说来,《孝经》之"经"字,是指孝为贯通天地人三者的一种大经纬大道理,是做人的准则和行为规范,也是人们如何行孝的具体方法说教。

《孝经》有今文本和古文本的不同。本注讲所用正文底本,为清阮元校勘的唐玄宗"御注"的《今文孝经》十八章本。《孝经》十八章,大体可分为六个部分,其内容是:第一章《开宗明义章》,是全书的总纲,总述孝的宗旨和根本,阐明孝道是做人的最高的道德,是治理天下最好的手段。第二章至第六章,分别论说天子、诸侯、卿大夫、士、庶人这五种贵贱不同者孝行的不同要求,统称为"五孝"。第七章至第九章,阐述孝道对政治的意义和作用,是该书孝治观的主要部分。第十章和第十一章,进一步从正反两方面论说如何行孝。第十二章至第十四章,是对第一章中的三句话予以进一步阐述,论说君主如何利用孝道治理国家、感化民众。第十五章至第十八章,论述行孝道的几个具体做法,包括事父、事君时要敢于谏争,在办理父母丧事和祭祀时应有的表现和具体做法,以作为孝论的总结。

二、作者的考订

《孝经》历来不标作者。故而关于其作者和成书年代问题,历代学者聚讼不已,看法颇多。最早提及《孝经》作者的是《史记·仲尼弟子列传》,说该书为曾参所作。而班固在《汉书·艺文志》孝经类小序和《白虎通义·五经》中都称该书为孔子自作。宋司马光《古文孝经指解序》、清毛奇龄《孝经问》和《四库全书总目提要》都认为是孔子的弟子当时所记，或事后所作。南宋晁公武《郡斋读书志》、南宋王应麟《困学纪闻》卷7引胡寅语认为是曾参弟子所作。《困学纪闻》卷7引冯椅说，指实该书为曾参弟子、孔子之孙子思所作。宋朱熹《孝经刊误后序》引胡宏、汪应辰语，认为此书多出后人附会。近人王正己《孝经今考》认为是孟子弟子所作。明吴廷翰《吴廷翰集·椟记》卷上"孝经"条、清姚际恒《古今伪书考》、今人黄云眉《古今伪书考补证》言为汉人所伪托。

要弄清《孝经》的作者，必须先设法确定该书撰成年代的大体坐标。成书于秦王政六年(公元前241年)的《吕氏春秋》①，几次征引《孝经》的文字。其《察微》篇言："《孝经》曰：'高而不危，所以长守贵也；满而不溢，所以长守富也。富贵不离其身，然后能保其社稷，而和其民人。'"其《孝行》篇有"故爱其亲，不敢恶人；敬其亲，不敢慢人。爱敬尽于事亲，光耀加于百姓，究于四海，此天子之孝也"，与《孝经》之《诸侯章》《天子章》除个别文字有异外，基本相同，明显系引自该书。由此可知，《孝经》最迟撰成于公元前241年以前。汉儒伪撰说是站不住脚的。

另外，《汉书·艺文志》中著录有《杂传》4篇，王应麟《汉书艺文志考证》断言："蔡邕《明堂论》引魏文侯《孝经传》，盖杂传之一也。"清人王谟辑有魏文侯《孝经传》1卷，收于《汉魏遗书抄》中，清人马国翰也辑有魏文侯《孝经传》1卷，收于《玉函山房辑佚书》中。在汉唐人的著作中，对魏文侯《孝经传》屡有引述。如《后汉书·祭祀志中》注引蔡邕《明堂论》言："魏文侯《孝经传》曰：'太学者，中学明堂之位也。'"贾思勰《齐民要术·耕田》引述："魏文侯曰：'民春以力耕，夏以强耘，秋以收敛。'"可见，魏文侯撰《孝经传》(古称注为"传")乃为不争之事实。魏文侯名斯(又作"都")，为战国初魏国君主，《史记·魏世家》说他在位38年(前445—前408)，而《世本》云其在位51年(前445—前396)。魏文侯礼贤下士，任用李悝、翟璜、吴起、乐羊、西门豹、卜子夏、段干木等人改革政治，发展经济，使魏国在战国初年成为最强的一个国家。当时，诸侯争相攻战，唯有魏文侯好学，他曾向孔子的高足弟子卜子夏(前507—?)学习经艺，又以子贡的弟子田子方和子夏的弟子段干木为师。《汉书·艺文志》诸子略儒家类，著录有"《魏文侯》六篇"，其中即包括《孝经传》4篇。既然魏文侯能为《孝经》作注，则

---

①《吕氏春秋·序意》言："维秦八年，岁在涒滩，秋甲子朔。"学者每据之以为该书撰成于秦王政八年。然而秦王政八年干支为壬戌，而君滩为申，二者不合。清孙星衍考订"八"为"六"之误，定该书撰于秦王政六年。今据是说。

《孝经》的成书时间最迟也应在公元前396年以前。而孟子约生于公元前372年，逝于公元前289年。他的弟子一般应比他的年龄为轻，多生于魏文侯之后百年。故孟子弟子作《孝经》说，亦属无稽之说。

排除了第七、八两种说法，第六种后人附会说，因其难以明晰，亦可置而不论。其他五说的作者，孔子（前551—前479）生活于魏文侯之前，曾参（前505—前436）、子思（前483—前402）大体与魏文侯同时或稍早。《史记·仲尼弟子列传》一文，记载有孔子的35名高足的年龄，其中最年幼的楚人公孙龙（非战国名家代表人物之赵人公孙龙）比孔子小53岁，即出生于公元前499年。至于曾参弟子，年龄应该与魏文侯大体相近或稍幼。两者皆不可排除。

研究《孝经》中的人名称谓，是解决其作者问题的途径之一。古代著作对人的称谓十分重视。称名，称字，称君，称子，各有不同。何况孔子是史家书法的创始者。孔子在《论语·子路》中言："名不正，则言不顺；言不顺，则事不成。"他作《春秋》："约其文辞而旨博。故吴楚之君自称王，而《春秋》贬之曰子；践土之会实召周天子，而《春秋》讳之曰'天王狩於河阳'：推此类以绳当世。贬损之义，后有王者举而开之。"①《春秋》中："凡弑君，称君，君无道也；称臣，臣之罪也。"②既然《孝经》是孔子或孔门弟子之作，当亦十分注意人名的称谓问题。《孝经》中关于具体人的称呼，仅有称孔子的"仲尼""子（曰）"，称曾参的"曾子""参"。仲尼为孔子的字。《仪礼·士冠礼》言："冠而字之，敬其名也。"字是供他人称呼以示敬重的别名。既然《孝经》中有称孔子之字"仲尼"的，则该书显然不是孔子所作。再说书中多次出现的"子曰"的说法，其"子"当指孔子而言。邢昺《疏》云："《正义》曰，子者，孔子自谓。"查《十三经》中，出现有数百次"子曰"，皆是在各种场合孔子言论的标示，很难找到孔子用"子曰"来称呼自己言辞的。故而，"子曰"二字，不能成为孔子作《孝经》的证据。至于"曾子"二字，当然是曾参的敬称。我们查阅《论语》各章，孔子话语中对其学子的称谓，都是称名。如，称子贡为"赐"，称颜回为"回"，称仲由为"由"，称子夏为"商"，称曾参为"参"，无一例外。若《孝经》真是孔子所作，他怎么可能竟然以弟子的口吻称自己的学生曾参为"曾子"？由此，可以肯定，《孝经》绝不是孔子自作。此例同时也可以否定曾参作《孝经》说。因为，曾参不可能在自己的著作中自称为"曾子"。至于书中"参"之一名，仅在《开章明义章》中出现一例。其文为"曾子避席曰：'参不敏，何足以知之？'"显然不是《孝经》作者对曾参的称谓，而是曾参在对孔子问话答词中的自称。古代有讳名的习惯，即不可直呼尊者敬者之

①《史记·孔子世家》。
②《左传》宣公三年。

名。但是在尊者敬者同辈面前，却应自称己名，以示谦恭。但此称谓为引语，因而，此例不能作为《孝经》为曾参所作的证据。从书中作者称孔子为"仲尼""子"，称曾参为"曾子"看，其人有可能是曾参的弟子。但也不排除是孔子门人的可能。

然而，能否在孔子弟子或曾参弟子中实指某人为《孝经》作者呢？《困学纪闻》卷7言："冯氏曰：子思作《中庸》，追述其祖之语，乃称字，是书当成于子思之手。"此乃冯椅推测子思作《孝经》之言，无多证据。子思是孔子的孙子，曾参的学生，儒家学派的重要传人。《史记·孔子世家》附有其简传，言："伯鱼生伋，字子思，年六十二。尝困于宋。子思作《中庸》。"《史记·孟子荀卿列传》言："孟轲受业子思之门人。"前一段记载据后人研究，有错误之处。梁玉绳《史记志疑》考订，子思当享年82岁。《汉书·艺文志》诸子略儒家类有《子思》23篇，且自注云："名伋，孔子孙，为鲁缪公师。"《孔丛子》以1/4以上的篇幅记载了子思的言行①，包括其撰《中庸》之书49篇的事。《大戴礼记》中所收《曾子》10篇，其中的《曾子本孝》《曾子立孝》《曾子大孝》《曾子事父母》4篇，都是论孝道的，而且内容"与《孝经》相表里"②。但上文已经考订，《孝经》不可能是曾参所作。故而有必要从思想上考证，《孝经》是否为曾参弟子子思所作。《子思》一书久已佚失。《隋书·音乐志上》载沈约言："汉初典章灭绝，诸儒捃拾沟渠墙壁之间，得片简遗文，与礼事相关者，即编次以为礼，皆非圣人之言。《中庸》《表记》《防（坊）记》《缁衣》，皆取《子思子》。"查今本《礼记》上述4篇，有多处论及孝道。《坊记》载："子云，善则称亲，过则称己，则民作孝。""从命不忿，微谏不倦，劳而不怨，可谓孝矣。""子云，小人皆能养其亲，君子不敬，何以辨？""子云，长民者，朝廷敬老，则民作孝。""子云，祭祀之有尸也，宗庙之有主也。示民有事也。修宗庙，敬祀事，教民追孝也。""子云，孝以事君，弟以事长，示民不贰也。丧父三年，丧君三年，示民不疑也。"《中庸》载："子曰，舜其大孝也与，德为圣人，尊为天子，富有四海之内，宗庙飨之，子孙保之。""周公成文、武之德，追王大王、王季，上祀先公以天子之礼。""子曰，武王、周公，其达孝矣乎！夫孝者，善继人之志，善述人之事者矣。爱其所亲，事死如事生，事亡如事存，孝之至矣。"《表记》载："子言之，君子之所谓仁者，其难乎！《诗》云：'凯弟君子，民之父母。'凯以强教之，弟以悦安之，乐而毋荒，有礼而亲，威庄而安，孝慈而敬，使民有父之尊，

---

①《孔丛子》一书，世称为伪作。西北大学黄怀信同志发表文章，提出今本23篇的最终编定在东汉桓、灵之际。李学勤先生在《小尔雅校注序》中指出："无论如何，《孔丛子》是孔子后裔的言行、作品的汇集。"

②阮沅：《曾子十篇叙录》。

有母之亲,如此而后可以为民父母矣。非至德,其孰能如此乎!"皆与《孝经》有相近相似之处,或可与《孝经》相发明。在这种情况下,子思完全有可能追述其祖孔子的思想,依据其师曾参的传授,再加上自己的发挥,撰作《孝经》。

总之,无论从时间上、传授上,还是从思想上,子思都可能是《孝经》的作者。子思的年龄大体与魏文侯相当,而逝世于其前后数年。由于魏文侯有尊贤之名,子夏等人都在魏受到厚遇,子思就有可能到过魏都安邑。魏文侯为《孝经》作注,就不足为怪。而在当时,该书从撰成到传至魏文侯之手当需要时日,而魏文侯为其作注又需时日。故而,子思撰写《孝经》可能在魏文侯逝世之前10年至20年,即公元前428年至前408年之间。

三、《孝经》今古文及其传承

和其他先秦儒家经典一样,《孝经》也存在着今古文之争。

秦始皇焚书,给中国文化典籍的传承造成极坏的影响。许多先秦古籍,因为焚书和藏书之禁而被毁灭或遭散乱。《孝经》亦在禁书之列,但有人冒着生命危险将其予以收藏。汉惠帝四年(前192)废除禁止挟书的律令,儒生重又在民间传授儒家经籍。据说河间(今河北献县东南)人颜芝收藏的《孝经》,由其子颜贞传出,共18章。河间献王刘德将此书献于朝廷,遂为学者用以授业。为了传授方便,学者将该《孝经》用当时通行的隶书体书写,后人称之为《今文孝经》。汉文帝倡导儒学,设置供顾问的博士70余人,就包括《孝经》博士。汉武帝时经学得到更大的发展。当时以传授《今文孝经》名家的,有长孙氏、博士江翁、少府后仓、谏议大夫翼奉、安昌侯张禹等人。

汉景帝的儿子刘余分封于鲁,称鲁恭王。他为了扩大其宫室,而拆毁了孔子故宅,在一堵旧墙中发现了一批古竹简书,据说包括《尚书》《左传》《论语》《孝经》和《逸礼》等,大概是秦焚书时孔家人藏起来的。鲁恭王将这批古书送还孔家。著名学者、侍中孔安国对这些竹简书进行了整理研究,发现此《孝经》与通行的《今文孝经》不完全相同,总共有22章。除了将今文的2个章节分为5个章节以外,还多出了《闺门》章。由于该《孝经》是用先秦籀文写成的,故而后来称之为《古文孝经》。孔安国为该书做了传注,并且由鲁三老孔子惠将其献于天子。由于当时《今文孝经》已列为官学,研习者有利可图,故而他们反对将诸古文列入官学。《古文孝经》始终深藏中秘,而未得流传。

西汉成帝时,宗室刘向奉命主持整理中秘藏书。他以《今文孝经》为主本,用《古文孝经》对其进行了整理删定,定为18章,而通行于世。刘向之子刘歆所撰《七略》，专门在"六艺略"中列"孝经"一类①。收入《孝经古孔氏》1篇，22章，即相传为孔安国作注的《古文孝经》。又收入《孝经》1篇，18章，有长孙氏、江氏、后氏、翼氏四家，这是《今文孝经》。经刘向整理的《今文孝经》有郑众、马融的注，据传还有东汉大经学家郑玄的注。但从今传所谓郑序看，更可能是郑玄之孙郑小同所作。当时今古文《孝经》的差别，只在于分章的多少、个别文字的差异，以及讲说的不同。这就是西汉今、古文《孝经》源流的大概情况。

魏晋南北朝时，今古文《孝经》并行于世。曹魏郑称、王肃，孙吴韦昭，晋殷仲文、谢万，南齐永明诸王、刘献等人皆为之作注。梁武帝更是大倡《孝经》，他将孔注古文和郑注今文《孝经》都立于国学，且亲自作《孝经义疏》18卷。同时，萧子显、严植之、皇侃、周弘正等也各自为《孝经》作注。梁简文帝即位，出现侯景之乱。萧绎在江陵即位，为梁元帝。他平定侯景之乱，将建康（今南京）的藏书都运至江陵，总数达14万卷。公元554年，西魏军队围攻江陵。在城将陷落时，梁元帝将所有图书全部焚毁。据说，《古文孝经》自此失传。

隋朝建立后，大力搜求古籍，弘扬学术。开皇十四年（594），秘书学士王孝逸在京师（今陕西西安）街市上买到一册《古文孝经》，送给了著作郎王劭。王劭将该书交给经学大家刘炫进行校定。刘炫于是作《孝经述议》5卷，且作序，说明该书的来龙去脉，并以之对学生进行讲授。隋文帝下诏将刘炫校定的《古文孝经》与郑氏注的《今文孝经》都著于官籍，并颁行天下。但当时的学者纷纷传说该《古文孝经》为刘炫伪撰，而不是孔氏的旧本。但唐代曾多次出土帛书《古文孝经》，与刘炫本同，可见，刘炫伪撰《古文孝经》说是站不住脚的。

《孝经》在唐代极为盛行。贞观间，魏征主持编定的《群书治要》收有《今文孝经》17章及郑氏注，缺第18章。开元七年（719），唐玄宗诏令群儒讨论《孝经》今古文的优劣。左庶子刘知几力主《古文孝经》孔传，上书玄宗，以12条理由论所谓《孝经》郑注并非郑玄所注，因而请求废郑行孔。而国子祭酒司马贞力主今文，言《今文孝经》郑注流传有绪，而《古文孝经》本已佚失，今传者为近儒伪作，"非宣尼正说"，尤以《闺门》章为鄙俗。唐玄宗听从司马贞等人所议，去《闺门》章，以18章本《今文孝经》为定本，于开元十年（722）和天宝二年（743）两次亲自对其进行注释，且撰成《孝经制旨》1卷。天宝四年，玄宗亲自以八分书写《孝经》，由太子李亨撰额，刊勒《御制孝经注》于四面宽9尺高5尺的石板上，连成一圈，上有大亭，下为石台，通高2丈，立于京师国学②，人称为《石台孝经》，以供学子对勘抄正。自此以后，《今文孝经》凭借着唐玄宗的提倡，广为流

---

①《七略》后遗失，其大体情形，见班固《汉书·艺文志》。
②此石今尚存于西安碑林之中。

传。《古文孝经》逐渐不为人所重。

唐玄宗《御注孝经》，当时就诏令元行冲为之作疏。此本在敦煌遗书伯3274号有存，见《敦煌古籍叙录新编》经部四。北宋咸平间，邢昺受诏以唐玄宗所定《孝经》正文及注为基础，据元行冲《疏》，撰成《孝经注疏》3卷，这就是收于《十三经注疏》中的《孝经注疏》。据说，《古文孝经》孔注在五代时已经亡佚。北宋至和元年（1054），司马光见秘阁所藏《古文孝经》有经无传，遂作《古文孝经指解》献于仁宗。不久，范祖禹又进《古文孝经说》。自此以后，不少学者据司马光之说，驳今文而尚古文，成为学界一大公案。南宋朱熹于淳熙十三年（1186）作《孝经刊误》，以今文前6章、古文前7章合为经1章，以其他部分并为传14章，删改经文223字，从而开删改《孝经》之端。人称其为《孝经》学之宋学。其后之讲学者，颇以朱氏之本为据。元明清三代，更有不少学者遵从朱熹的路子，或主古文，或主今文，率以己意对《孝经》正文及诸家疏传进行删削补缀。清毛奇龄撰《孝经问》1卷，从10个方面批驳朱熹《孝经刊误》和吴澄《孝经定本》，论《孝经》非伪书，刘炫无伪造《孝经》事，朱、吴二氏删经之弊等。《四库全书提要》卷32该书提要，论汉宋之学云："汉儒说经以师传，师所不言，则一字不敢更。宋儒说经以理断，理有可据，则六经亦可改。然守师传，其弊不过失之拘。凭理断者，其弊或至于横决而不可制。王、柏诸人点窜《尚书》，删削《二南》，悍然欲出孔子上，其所由来渐矣。奇龄此书，负气叫嚣，诚不免失之过当。而意主谨守旧文，不欲启变乱古经之习，其持论则不能谓之不正也。"

清朝建立，统治者属意于以孝道来平息汉族的反抗。顺治皇帝亲自用石台本，对《今文孝经》进行注释，称《御注孝经》1卷。康熙皇帝又诏令臣工，仿《大学衍义》体例，成《钦定孝经衍义》100卷，镂板颁行。[①] 雍正皇帝又诏令儒臣比照诸家《孝经》注传，"精为简汰，刊其糟粕，存其菁华"，于雍正五年（1727）编成集注，称《御纂孝经集注》。

历代为《孝经》今古文二者之优劣争论不休，不知费了多少笔墨和口舌。平心而论，二者仅有分章和个别用字的不同，以及古文多《闺门》章22字，思想和宗旨并无差别，不必骤分门户、势如水火。

在隋唐以前，《古文孝经》孔氏注和《今文孝经》郑氏注角力争先，各有所宗。孔注于梁末失传。郑注自唐玄宗以后，亦渐危殆，至五代亦在中土失传。据说，周显德（954—960）中，新罗献《别序孝经》，即为郑氏注。而《崇文总目》又言，北宋咸平中，日本僧人奝然献郑注《孝经》。乾道中，熊克子复从袁枢处得

---

①《养吉斋丛录》卷20。

郑氏注,刻于京口。① 熊刻本郑注,后亦遗失。清朝乾隆间,歙县鲍廷博委托其友汪翼沧乘海舶到日本时,代为搜寻。汪氏在长崎购得日本人太宰纯刊于享保十七年(1732)的《古文孝经孔注》一部,鲍氏于乾隆四十一年(1776)将其影刻于《知不足斋丛书》中。太宰纯之《序》言:"夫古书之亡于中夏而存于我日本者颇多。"且断言:"孔传者,安国所作,无疑也。"嘉庆年间,乌程郑氏又从日本得刊本魏征《群书治要》,其中的《孝经》17章,有郑氏注。嘉庆六年(1801),鲍廷博又得到日本人冈田挺之于宽政癸丑(1793)所刊《孝经郑注》,据冈田挺之《尾识》言,他是以《群书治要》本《孝经》为主,补以注疏本而成是书。鲍氏将该书又在《知不足斋丛书》中刊布。至此,失传已久的孔、郑二注,皆重又在中国学人前露面。《四库全书提要》首先否定日本《古文孝经》孔注本为真本,继而臧庸认为日本郑注本非真郑注,而自据诸古籍辑成《孝经郑氏解》1卷。现在看来,不仅日本之孔传为真古本,日本郑注本亦基本保存了古本郑注之要貌,是可以信赖的。后来,在日本陆续发现《古文孝经》的多个抄本,敦煌遗书中亦有郑氏注本及其序文,现在已经可以恢复隋唐时代通行之《孝经》郑注本的原貌了。

四、皇太子学《孝经》及其在当代精神文明建设中的作用

汉代纬书《孝经钩命决》言:"孔子曰:吾志在《春秋》,行在《孝经》。"②意思是,孔子的政治理论寄托在《春秋》之中,孔子的实践方法著明在《孝经》之中。《孝经》论说人们要行孝道、如何行孝道,并鼓吹统治者以孝道治天下,将道德、伦理和政治社会糅为一体,适应了古代立国之本的农业经济和以宗法家族为基础的社会结构的需要,因而受到历代统治者的尊崇和提倡,成为对皇太子教育的基本教材。孝道成为教化的根本和治国的基本方略。

汉高祖在称帝后,马上高举孝道的旗帜,尊称其父为"太上皇",且下诏言:"人之至亲,莫亲于父子。故父有天下传归于子,子有天下尊归于父,此人道之极也。"③自汉惠帝始,汉代诸帝的谥号中都有一"孝"字,称孝惠帝、孝武帝等。颜师古解释说:"孝子善述父之志,故汉家之谥,自惠帝已下,皆称孝也。"原来,汉代皇帝谥号用孝字,是表明其坚持继承和执行了乃父的事业和意志。文帝开始设置《孝经》博士,给研究《孝经》有成绩者以优厚的俸禄,给孝悌者赐予布帛,让他们在民间作为倡导孝行的榜样。汉武帝独尊儒术,更以"旅耆老,复孝

①上说皆见《直斋书录解题》卷3。
②据邢昺《孝经序疏》所引。
③《汉书·高帝纪下》六年冬十月。

敬,举孝廉"作为其提倡和贯彻孝道的具体措施,并将《孝经》作为对太子、诸王进行教育的主要教科书,形成制度。宣帝在继位前即遵照要求,跟随经师学习《孝经》。平帝元始三年(3)立学官,规定"郡国曰学,县、道、邑、侯国曰校。校学置经师一人。乡曰庠,聚曰序。序、庠置《孝经》师一名"①,《孝经》成为官定的学校教本,迅速传播开来。两年后,征召天下有学问者及以《五经》《论语》《孝经》《尔雅》教授者到京师,总计竟达数千人之多。东汉诸帝不仅要求皇太子学习《孝经》,而且要求天下人都讲诵《孝经》,以《孝经》师主持监试,经常褒奖孝行卓著者,以孝道作为皇朝的国策。

魏晋南北朝时,各王朝都将《孝经》立于学官,而广加传播。晋代帝王不仅亲自讲习《孝经》,而且多次举行皇太子讲《孝经》的活动。南朝的好几位帝王亲自注释和宣讲《孝经》,太子、诸王乃至群臣亦时时集会讨论《孝经》。梁武帝创设《孝经》事务的专门官职——置制《孝经》助教。梁昭明太子3岁时就听师傅讲授《孝经》,几年后就尽通其大义,而于寿安殿讲《孝经》。为了普及《孝经》和孝的伦理,学者编出了《孝经图》《大农孝经》《正顺孝经》《女孝经》等书。《孝经》之学成为显学。北朝《孝经》也得到广泛传播。北魏孝文帝下诏,要求侯伏侯可悉陵将《孝经》译成鲜卑语,以便对皇太子和贵族子弟进行教育。宣武帝和孝明帝都曾亲自主讲《孝经》。北齐皇太子司马正道不仅自己学习《孝经》,而且在任太子监国的天保九年集诸儒讲《孝经》。北齐后主高纬亲自选请马元熙为太子师,给太子讲授《孝经》。

唐代从高祖李渊起,就卖力地提倡《孝经》,宣扬孝道。高祖下诏称:"民禀五常,仁义斯重;士有百行,孝敬为先。"②唐太宗亲自到太学听经师孔颖达讲《孝经》。高宗李治幼年,由著作郎萧德言向他讲授《孝经》,唐太宗问他:"此书中何言为要?"李治回答:"夫孝,始于事亲,中于事君,终于立身。君子之事上,进思尽忠,退思补过,将顺其美,匡救其恶。"太宗高兴地说:"行此,足以事父兄,为君子矣。"高宗一继位就下令,以《道德经》和《孝经》为上经,作为贡举者的必修之课。唐玄宗于天宝三年下诏,令"天下家藏《孝经》,精勤教习。学校之中,倍加传授。州县官长,申劝课焉"。唐代科举考试中设童子科,规定10岁以下,能通一经及《孝经》《论语》,每卷诵文十通者与官,通七经者与出身。自此以后,《孝经》更加广为流传,民间纷纷传抄诵读。连当时僻居西陲的敦煌,学子也大量抄录该书。在敦煌遗书中,我们就捡出26个编号的《孝经》卷子。受唐朝影响,日本天长十年(833)仁明天皇作为皇太子行"御读书始"之礼,讲习《孝

①《汉书·平帝纪》元始三年夏。
②《全唐文》卷1,李渊《旌表孝友诏》。

经》,以后成为定制。

宋太宗说:"《孝经》百行之本,朕当躬书勒之碑阴。"①而两次亲自书写《孝经》。宋真宗在当太子时,就请当世名儒为其讲授《孝经》,即位后亲自作《孝经诗》三章,与群臣唱和。宋仁宗召集辅臣到崇政殿观讲《孝经》。南宋高宗亲书《孝经》赐给大臣,刻于金石,颁于天下州学。

辽、金、西夏、元等民族政权的统治者,也无不以提倡孝道作为其治国之本。西夏帝元昊以亲自创制的西夏文字翻译汉文《孝经》,供国人阅读。金朝有以女真文翻译的《国语孝经》,国学刊刻唐玄宗注《孝经》,颁发各级学校。元世祖颁定国子学学制,规定"凡读书,必先《孝经》《论语》《孟子》……"②元成宗大德十一年(1307)中书右丞相孛罗铁木儿译成《蒙古字孝经》,进献,受到褒奖。

明太祖称《孝经》是"孔子明帝王治天下之大经大法,以垂万世"。明孝宗在即位前就已熟读《孝经》等书。清朝统治者更是不遗余力地倡导孝行、推崇《孝经》。清顺治帝、圣祖和世宗皆亲自注释《孝经》。清朝规定书院"读书之法,经为主,史副之。四书本经、《孝经》,此童而习之者"。③国子监之书籍有康熙帝钦定《孝经衍义》,又有雍正帝《御纂孝经》书版,随时刻印供教学之用。

孝道和《孝经》在中国历史上的影响巨大。从一方面看,它是统治者欺骗民众的精神枷锁,用以强化专制皇权巩固其统治的政治工具。从另一方面看,它以尊老敬老为核心,以稳定家庭和社会为目标,经过两千多年的提倡和传播,已经沉淀为我们民族道德观点和文化心理的重要内容。在建设社会主义精神文明的过程中,孝道作为我们民族的传统美德之一,有许多值得发扬的东西。当然对其也不可一概肯定,而应该有分析、有批判地予以发扬或摒弃。首先,要发扬尊亲的美德。至于"不孝有三,无后为大"的说法,就应该予以摒弃。因为历史发展至今天,人们早已不把生命的延续与儿孙满堂联系在一起,人们更讲究的是不断提高的生活质量和健康水平。其次,要注意不辱父母。为了父母,为了自己,我们都要尽量防止身体受到伤害,不轻易冒险。要遵法守纪,爱国爱民,敬于所事,讲求信誉,廉洁自律,勇敢无畏,在任何时候、任何地方,都不给生养自己的父母丢脸。在日常生活中,要讲究文明礼貌,对别人尽量礼让,不要秽言满口,恶语伤人,甚至动辄老拳相向,以至辱身羞亲。但古人不顾一切地追杀父母仇人的行为,是现代法制社会绝对不能允许的,只能求诸法律去解决问题。要勇于担负供养年老父母的责任。父母含辛茹苦养育了儿女,在父母丧失劳动

①《玉海》卷33《御书》。
②《元史·选举志一》。
③鄂尔泰:《征滇士入书院敕》。

能力,或生活自理能力以后,理应得到儿女的尽心供养,使其生活有保障,享受天伦之乐,安度晚年。这种供养要求并不很高,尽心尽力而已。至于像东汉郭道那样为了省下钱供养继母而活埋了刚出生的儿子,像晋人王祥那样去卧冰求鱼,像唐人何澄粹那样割大腿上的肉煮了给父亲治病,是绝对不可取的。因为这样做既毫无作用,也是违背孝的根本宗旨的。即使"父母在,不远游,游必有方"的孔子之语①,也要看实际情况,如果国家、事业需要,父母在,也应远游,舍小家而顾大家。孝道中关于葬礼和守丧的规定,更是现代社会应该予以扬弃的。且不说放弃工作和事业,守丧三年,现代人无法做到。棺椁土葬,也是以死人害活人的不义之举。试想,中国每年死亡的数百万人如果都要厚棺土葬,过不了100年,有限的耕地就将全部变成坟园,活着的人吃什么?

物质生活的现代化,呼唤着新型伦理道德的建设,传统孝道的继承和创新是其重要环节。让我们取其精华、去其糟粕,使《孝经》和孝道在传统伦理道德向现代道德规范的转变中发挥其应有的作用。

《历史文献研究》总第 18 辑,1999 年 9 月

---

①《论语·里仁》。

《左传》史学理论初探

自梁启超"司马迁以前无所谓史学"一说出①,学者多以为中国的史学理论肇自西汉。近十几年来,随着史学史研究的深入,孟子及先秦诸子的历史观得到不同程度的阐发,丰富了古代史学理论的宝库。其实,在孟子以前一个多世纪撰成的《左传》中,已有了系统而明确的史学观点,我国古代的史学理论是紧随着历史著述的产生而产生的。

我国古代第一部称得上历史著述的,是《春秋》,它略具编年体史书的雏形,开创了私人撰史之风,受到历代学者的推崇。但书中的史学思想,如果不是三传和孟子的阐发,人们很难明其所以。《左传》则不同,它首创史书中的作者评论,以"君子曰""君子谓"等形式,表达作者对历史和史学的看法,还总结历代史官记史法则的"五十凡",表明作者对史家书法和文字要求的见解。"君子曰"和"五十凡"等,向我们提供了研究《左传》史学主张和历史观点的最重要最直接的资料。

我国古代史学家的史学主张,往往是通过对以前史学的反思总结和评论来表现的。《左传》也是如此。书中两次以"君子曰"的形式,评论《春秋》史学的特点。一次在成公十四年,君子曰:"《春秋》之称,微而显,志而晦,婉而成章,尽而不污,惩恶而劝善,非圣人谁能修之?"一次在昭公三十一年,君子曰:"《春秋》之称,微而显,婉而辨,上之人能使昭明,善人劝焉,淫人惧焉,是以君子贵之。"这两段文字,既是对《春秋》的赞扬,更是《左传》作者自觉史学主张的集中表现。其中共提出史学三个方面的明确主张,一是史学的目的与作用,二是史家著史的态度,三是史书的文字表达。

我国古代的统治者,很早就对历史的作用有所认识。产生于西周初年的

①《中国历史研究法》第二章《过去之中国史学界》。

《诗·大雅·荡》中，就有"殷鉴不远，在夏后之世"的话头，批评殷人没有吸取夏朝灭亡的教训。《尚书·召诰》中，召公姬奭以夏商兴亡的历史警告周成王，"我不可不监于有夏，亦不可不监于有殷"。孔子说："周监于二代，郁郁乎文哉！吾从周。"①肯定统治者吸取前代兴亡教训，学习治世的统治经验，就可以使政治安定、社会兴旺发展。《左传》作者将前人对历史鉴戒作用的认识予以归纳提高，作为历史著作编纂的目的明确地提了出来，指出《春秋》这样的史书"上之人能使昭明"和"惩恶劝善"。

"上之人能使昭明"中的"上之人"，杜预解释为"在位者"②，就是从周王、诸侯到卿、大夫等各级掌权的人。在《左传》作者看来，历史家撰写历史著作，记载各个王朝兴衰的历史和统治方法的得失，是要向在位的和将来的统治者提供历史借鉴，让其学习好的经验，警惕恶的教训，头脑更加清醒，统治更为清明，政权巩固发展。这种对史学经世作用的认识，明确地将史学对统治者的教育作用提了出来，表现了《左传》作者高度的社会责任感，是其史学观点初显成熟的标志。为了使统治者"昭明"，《左传》中特别注意历代统治经验和兴亡教训的总结。《左传》作者反复对历史进行考察，为什么"纣有亿兆夷人"却成了亡国之君，周仅有"虎贲三千人"却取得了天下？历史上的兴亡之道究竟在哪里？《左传》成公二年"君子曰"总结道："众之不可以已也。大夫为政，犹以众克，况明君而善用其众乎？《大誓》所谓'商兆民离，周十人同'者，众也。"民心向背，决定了战争的胜负、政治的成败、王朝的兴亡，这是历史规律的总结。正是在对兴亡之道认识的基础上，《左传》桓公六年借季梁之口，提出了"夫民，神之主也"的命题，指出："所谓道，忠于民而信于神也。上思利民，忠也；祝史正辞，信也。"将民看成了比神灵更重要的历史的主宰，而统治者的任务，则是为民谋利。《左传》文公十三年，通过对邾国迁都问题的争论，赞扬邾文公"命在养民"的认识和行动，说他是"知命"。《左传》中表彰了一系列恤民、重民的事例，说明统治者要取得民心，必须从思想上"爱民如子"，在生产上"因民以时"，在政治上允许民众议论③，《左传》中的民本思想，是先秦史学家历史哲学所能达到的最高认识。

"惩恶劝善"，书中又说成"善人劝焉，淫人惧焉"，是指历史著作对人们行为的约束和社会风气的指导作用。青史留名，是世人的梦想。但留什么样的名，却是其中的关键问题。《左传》昭公三十一年说到《春秋》"黑肱以滥来奔"的记载时，发表了大段的评论，指出："名之不可不慎也如是，夫有所有名而不如

---

① 《论语·八佾》。
② 《春秋左传集解》昭公三十一年杜预注。
③ 见《左传》襄公二十五年、昭公七年、襄公三十一年。

其已。以地叛，虽贱，必书地，以名其人。终为不义，弗可灭已。……或求名而不得，或欲盖而名章，惩不义也。"意思是说，郏大夫黑肱是个小人物，他带了滥地投奔鲁国，背叛了自己的国家。《春秋》中要记载各国得地这一大事，进而写上了献地者的名字，这就使他叛离祖国的不义之名永远钉在历史耻辱柱上了。看来，称名不能不慎重啊，对黑肱来说，史书留名还不如不留名哩。君子评论接着列举卫国大夫齐豹，因杀齐侯之兄絷，《春秋》就称其为"盗"的例子，赞扬《春秋》严格褒贬，"惩不义，数恶无礼，其善志也"。这是两件史书"惩恶"的典型。至于"劝善"的事例，则在书中举不胜举。例如襄公五年，表彰季文子相三君却无私人积蓄；昭公十二年，赞扬子产"无毁人以自成"；昭公十五年，盛誉叔向执行刑律严厉处分徇私枉法的亲弟弟叔鱼。事实上，史书直书史事完全能够起到使"善人劝焉，淫人俱焉"的作用。《左传》襄公十四年，卫国大夫孙林父、宁殖将卫献公驱逐到齐国。襄公二十年，宁殖病死之前，耿耿于怀的是自己有逐君之名记载于各国史策中，希望儿子宁喜能设法替他纠正这个错误，把卫献公接回国来。他说："吾得罪于君，悔而无及也。名藏在诸侯之策，曰'孙林父、宁殖出其君'。君入则掩之。若能掩之，则吾子也。若不能，犹有鬼神，吾有馁而已，不来食矣。"悼子许诺，惠子遂卒。后来，宁喜果然遵照父亲遗嘱，将卫献公迎回国复位。

应该指出，不同时代不同阶级的善恶观是不同的。《左传》强调的善恶标准是"礼"。君子曰："礼，经国家，定社稷，序民人，利后嗣者也。"[①]书中，将是否合乎"礼"这一社会伦理道德规范，作为评论历史是非的根本准则。对于那些只注意礼的形式而忽视其实质内容的做法，《左传》作者给予了严厉的批评。昭公五年，鲁昭公到晋国去，"自郊劳至于赠贿，无失礼"。女叔齐认为，鲁昭公置国内危机于不顾，而把演习礼的仪式作为要务，"言善于礼，不亦远乎"。君子为此称赞道"叔侯于是乎知礼"，充分肯定了女叔齐对礼的根本在于治国的解释。在《左传》作者评论中，把凡是有利于民众有利于治国的行为都视为"知礼"，反之，则称为"非礼"，其有意于为社会的长治久安而引导社会风气的态度是十分明显的。

人们常说，历史的判决是最公正无情的。在一定意义上说，历史家是铁面无私的审判官，而历史著作就是公正无情的判决书。史书中"褒见一字，贵逾轩冕；贬在片言，诛深斧钺"[②]，以《左传》为代表的历史著作，敢于无情揭露丑恶的社会现实和坏人坏事，表彰美好正义的事业和好人好事。这样，在现实社会中，

---

① 《左传》隐公十一年。
② 《文心雕龙·史传》。

恶人可能由于害怕遗臭万年的历史惩罚而不得不收敛自己的行为,志士仁人由于垂青史册的鼓励而更加坚定了斗争的决心。一般人将会以史书中的善恶事例作为自己的鉴戒,"以其善行,以其恶戒"①,从而"动则思礼,行则思义,不为利回,不为义疚"。② 这样,历史著作就真正对人们的行为起到引导和规范的作用了。

要达到史书使统治者"昭明"的目的和"惩恶劝善"的作用,就必须保证史书记载的真实性,因为只有史书毫不隐讳地记载历史上的真善美和假丑恶,才能使人们从中取得经验教训、获得榜样和劝诫。为此,《左传》提出史家著史必须秉笔直书"尽而不污"。杜预解释,"尽而不污"就是"直言其事,尽其事实,无所污曲"③,后人称之为"直笔书法"。本来,商周史官"左史记言,右史记动""君举必书"④,就意味着史官要直笔记事。《左传》中说《春秋》"尽而不污",是肯定其"以一字为褒贬"⑤的明确是非观点。然而,《春秋》为了"免时难"和"为尊者讳""为亲者讳""为贤者讳"⑥,却又有不少隐讳的地方。从孔子以礼教为核心的政治伦理道德规范分析,其隐讳与褒贬史观并不矛盾。《论语·子路》记载:"叶公语孔子曰:'吾党有直躬者,其父攘羊,而子证之。'孔子曰:'吾党之直者异于是。父为子隐,子为父隐,直在其中矣。'"意为,隐讳是服从于"父慈子孝"伦理的一种直道。所以,唐人刘知几在论述直笔和曲笔时,就挑明:"史氏有事涉君亲,必言多隐讳。虽直道不足,而名教存焉。"从而,将曲笔界定为"舞文弄札,饰非文过","事每凭虚,词多乌有"。⑦ 显然,在古代社会,绝不存在完全意义上的"直言其事,尽其事实,无所污曲"的史书。《左传》作者也意识到了这一点,所以书中虽然补充了不少被《春秋》隐讳了的史实,却每每为之辩解,而没有一句批评之词。在"五十凡"中,还将一定条件下的隐讳,视为史家准则。如文公十五年,"凡诸侯会,公不与,不书,讳君恶也"。准确地说,"尽而不污"是《左传》作者借评论《春秋》,提出的一般史家著史态度,是要求史家在封建礼教的大框架下,记史尽量合乎事实,不带个人成见。

《左传》中特别推崇为了保证历史记载真实性而不畏强横不怕杀头的史官董狐和齐太史兄弟。董狐的事迹见宣公二年。晋灵公奢侈暴虐,赵盾多次劝

①《国语·晋语七》。
②《左传》昭公三十一年。
③《春秋左传集解序》。
④《左传》庄公二十三年。
⑤杜预:《春秋左传序》。
⑥《公羊传》闵公元年。
⑦《史通·曲笔》。

51

史学史论文自选集

谏。灵公不仅不听,反而一再派人要杀害他,赵盾只好逃亡。赵盾的族弟赵穿在桃园杀死了灵公。赵盾闻讯,未出境而返。臣子杀死国君是违背君臣规范的行为,而赵穿又与赵盾有特殊的亲族关系,于是晋太史董狐在史策上写下:"赵盾弑其君",并公布予朝廷。赵盾辩解道:"不然。"董狐回答:"子为正卿,亡不越境,反不讨贼,非子而谁?"《左传》转引了孔子对董狐坚持史官职责的赞扬:"董狐,古之良史也,书法不隐。"齐太史兄弟的事迹见襄公二十五年。为了取悦晋国和夺得齐国大权,崔杼利用齐庄公与己妻姜氏私通的关系,将庄公骗来崔宅杀死。事件发生后,齐国太史在史策中记下:"崔杼弑其君。"崔杼残暴地将太史杀死。太史的两个弟弟接上去重写,都被杀死。太史的小弟弟,毅然拿起刀笔,坚持书写崔杼弑君事。崔杼为太史弟兄的浩然正气所摄,不得不放下屠刀。南史氏得到太史三兄弟遇难的消息,愤然"执简以往",见到太史幼弟已记下崔杼弑君事,才欣慰地返回家中。《左传》记载的董狐和齐太史弟兄的事迹,为古代史家树立了"书法不隐"的榜样。

《左传》本身就是"直笔"的典范。刘知几曾高度评价道:"使善恶毕彰,真伪尽露……《左传》所录,无愧斯言。"①《左传》不仅将《春秋》所记载的事件予以详述,而且将其颇有"微言"或漏记的史实予以叙说,使人们得知历史真相,还无情地揭发了统治者的骄奢淫逸、虚伪凶残,更记载了劳动人民饥寒交迫、道殣相望的苦难生活和他们各种形式的反抗斗争。这些对春秋历史的真实记录,不仅可以起到惩恶劝善的作用,也为我们研究春秋一代的历史提供了不可或缺的宝贵资料。

要达到史学使统治者"昭明"的目的并起到对世人"惩恶劝善"的作用,还有个史书的文字表达问题。《左传》作者认为,史家应该以《春秋》为榜样,在文字上狠下功夫,做到"微而显,志而晦,婉而成章"。所谓"微而显",是说用词虽细密,但意义要显明,不能含含糊糊,犹抱琵琶半遮面。这是历史散文专门记事的特点所必须的要求,它不同于哲学文章可以深奥难懂,也不同于文学作品可以恣意驰骋,历史散文必须简洁而又能准确地记述历史,使读者一看就明白所记事实,而不必披沙拣金百计寻觅。所谓"志而晦",刘知几解释道:"晦也者,省字约文,事溢于句外。夫能略小存大,举重明轻,一言而巨细咸该,片语而洪纤靡漏,此皆用晦之道也。"又说:"善作者言虽简略,理皆要害,故能疏而不遗,俭而无阙。"②简言之,就是史家要善于对历史事实进行剪裁和讲究文字的表述,达到以最简洁的文字和最精练的篇什,尽量全面地反映复杂的历史。为了使文字

---

①《史通·申左》。
②《史通·叙事》。

简洁却又含义丰富,《左传》很注意修史中对史实"该书""不书""先书""后书"的选择和修史用词的解释。在"五十凡"中就有 22 条关于史官修史属辞的说明。如隐公十一年,"凡诸侯有命,告则书,不然则否。师出臧否,亦如之。虽及灭国,灭不告败,胜不告克,不书于策"。庄公二十九年,"凡师有钟鼓曰伐,无曰侵,轻曰袭"。宣公十八年,"凡自虐其君曰弑,自外曰戕"……这些凡例,是解开史文含义的钥匙。根据凡例来写史,使史文中的用词简约,而其内容或作者褒贬的观点却能一目了然,实在是一种创造。所谓"婉而成章",是讲文字表达要有文采,婉转曲折,又顺理成章。孔子对历史著作的文字表达非常重视,说:"《志》有之,'言以足志,文以足言'不育谁知其志? 言之无文,行而不远。非文辞不为功,慎辞哉!"①还说:"质胜文则野,文胜质则史。文质彬彬,然后君子。"②意思是,史观、史实、史文的关系,犹人体之与衣裳,食物之与甘味。著史要讲求内容,又要考究文字表达,要通过对文字的修饰和锤炼,用简洁、流畅、优美的文笔,准确、鲜明、信达地表现历史。文笔不佳,即使内容再好,该史书也难以永远流传。《左传》中"婉而成章"四字,就是对孔子关于历史文学要求的高度概括。

《左传》在历史文学方面可以说是"微而显,志而晦,婉而成章"的典范。它在史料剪裁上狠下功夫,使叙事有简有繁,繁简得当。通过对众多历史事件和形形色色历史人物的叙述,展示出春秋列国在政治、经济、军事、文化各方面的斗争和广阔的社会现实。它还善于以凝练的文字,形象地描述复杂纷繁的历史,特别长于用简洁的语言描述紧张的战争场面。它善于用极少的笔墨,通过语言、动作和心理活动来刻画人物的性格特征和思想感情,展现不同阶级地位人物的风貌。它采用许多谚语、歌谣、口语、俗语,用以代替空洞的评论和无味的叙述,使文笔简洁、准确、鲜明、生动。难怪近人林纾盛赞该书为"万世古文之祖"。③

我国古代史学有着经世致用、直笔真实和文字优美的传统,而这些传统的最早倡导者和实践者是《左传》。《左传》的史学理论与实践,是中国古代史学史园地的瑰宝。

《兰州大学学报》1996 年第 1 期

①《左传》襄公二十五年。
②《论语·雍也》。
③《左传撷华·序》。

《左传》在历史文学上的两大特色

　　历史文学是史学史研究的一项重要内容。1981 年,白寿彝先生的《谈史学遗产答客问》就以专门的一篇,阐述历史文学,亦即历史家对历史的文字表述问题,号召我们总结我国历史文学的优良传统。回顾十几年来的中国史学史研究状况,可以说是硕果累累,成绩很大,但关于历史文学的研究却与白先生的期望差距甚大。本文在前贤的启发下,试图对《左传》文字表述的特色予以总结,以抛砖引玉,促进对古代历史文学史的研究。

　　先秦著作的一个重要特点是文字质朴,孔子说:"辞,达而已矣。"①认为文章不必浮华,唯以能信达地表述思想为要。孔子还说:"《志》有之,'言以足志,文以足言'。不言,谁知其志。言之无文,行之不远。……非文辞不为功,慎辞哉!"②阐明优美的文字表述,是著述和思想能否永远流传的关键。《左传》作者将孔子对一般文章的文字要求运用到史学上,说:"《春秋》之称,微而显,志而晦,婉而成章,尽而不污,惩恶而劝善,非圣人谁能修之!"③《春秋》确实微而显,志而晦,惩恶劝善,但其文字过于简单,根本不能说其"婉而成章"。因此,我们与其将这段话说成是对《春秋》的赞辞,毋宁说是《左传》对历史著述的基本要求,尤其是对史书文字表述的认识。

　　白寿彝先生指出:"《左传》最大成就在历史文学方面。……《左传》在历史文学上的成就,成为以后史学家和文学家学习的典范。而史学和文学的密切联系,也是《左传》所创始的中国历史著作上的一个传统。"④《左传》无愧于中国古代第一部以文辞见长的史书的称誉,其中的许多篇章,两千多年来一直为学者

---

①《论语·卫灵公》。
②《左传》襄公二十五年。
③《左传》成公十四年。
④《史学的童年》,载《史学史资料》1979 年第 1 期。

所传诵。清人吴楚材、吴调侯选编的《古文观止》，共收散文220篇，从《左传》中所选就有34篇，近1/6。刘知几在略述《左传》文学特点后，说："若斯才者，殆将工侔造化，思涉鬼神，著述罕闻，古今卓绝。"①对《左传》的文笔给予了极高的评价。

长期以来，文学史家对《左传》的文学特点有很多研究。著者以为，《左传》历史文学的特色在详略得当和行文练达两个方面，从文史结合上来说，试论述于下。

一

历史事实纷纭复杂主次杂糅，一部史书无论以多大篇幅，也难以完全反映客观的历史，因此史文的繁简就成了史书文字表述中的一个重要问题。刘知几指出："夫国史之美者，以叙事为工，而叙事之工者，以简要为主。……文约而事丰，此述作之尤美者。"②将简而要，文约而事丰，作为史文繁简的最高标准。与《左传》所说的"微而显，志而晦，婉而成章"，是大体一致的。

要使史文简要，文约事丰，关键在于对史料的剪裁。西汉严彭祖说："孔子将修《春秋》，与左丘明乘，如周，观书于周史，归而修《春秋》之经，丘明为之传，共为表里。"③《公羊疏》隐公第一，疏引闵因叙云："昔孔子受端门之命制《春秋》之意，使子夏等十四人求周史记，得百二十国宝书。"唐陆淳、宋苏轼都据《春秋》和《左传》，列出124国之名，苏轼并说："百二十四国，正合百二十国宝书之数。"④可见，左丘明撰《左传》时参考了丰富的材料。如果这些材料不加以选择，认真剪裁，该书将会臃肿杂乱而无法阅读。《左传》摒弃了流水账式的记史方法，在"五十凡"中确定了8条"书"与"不书"之例，以贯彻著书宗旨，减省史书篇幅。更在材料剪裁上狠下功夫，使叙事有简有繁，繁简得当。

《左传》剪裁史料，使史书繁简得当，有以下几个特点。

从年代分配说，前代历史适当从简，而近代历史则尽可能周详。《左传》以196845字，记载了从鲁隐公元年（前722）到鲁悼公四年（前464）共259年的历史。如果平均使用笔墨，每年的史文只能有763字。我们统计，该书从隐公到宣公7世132年，共用57241字，占全书总字数的29%，成公到悼公四年127

---

① 《史通·杂说上》。
② 《史通·叙事》。
③ 《春秋左传正义·杜预序疏》。
④ 《春秋列国图说》。

年,共用 139604 字,占全书总字数的 71%。前后两部分时间相差不多,后者却为前者篇幅的 2.4 倍。该书内容的详近略远,固然与前代册文坠脱、史实湮没有关,更反映了作者历史观中对近代历史的重视。《左传》"君子曰"中说史书要"上之人能使昭明,善人劝焉,淫人惧焉"①,讲史学的目的作用,一是要给统治者提供借鉴,二是要惩恶劝善挽救世风。"殷鉴不远,在夏后之世。"近代历史对现实社会有更直接的借鉴作用,因此,《左传》才详近略远,将古代的篇幅减少以便更充分地撰写近代历史。《左传》详近略远的史书写作方法,是中国古代史学的优秀传统之一。

从对各诸侯国和周王朝历史的叙述说,一般国家和已经式微的周王朝叙述简略,对迭起称霸和在春秋历史上起重要作用的几个诸侯国却不惜篇幅,大书特书,从而更好地表现了历史的主线。《左传》中一共叙述了春秋时期 120 多个诸侯国的历史,如果平均使用力量,每国只能写 1000 余字。但国家有强有弱,历史影响有大有小,不能平均使用力量。据卫聚贤统计,各国在《左传》中所占篇幅,晋国第一,为 26.5%;楚国第二,为 18%;鲁国第三,为 14%;齐国第四,为 10%;郑国第五,为 10%;卫国第六,为 6%;宋国第七,为 5%;其他 110 余国,总共只占全书的 10.5%,绝大部分小国都只是一笔带过。② 这一安排是极有眼光的。春秋时代,齐、楚、晋是力量最强大的国家,并曾先后称为霸主,在历史上有重要影响,其中又以晋国后期最为突出,三家分晋,开始了新的历史时期,所以《左传》对晋、楚、齐之事叙述甚详,其中晋事尤详,"晋则每一出师,具列将佐"。③ 郑、卫、宋虽为小国,但地在中原,处于历史旋涡的中心,各国的征战、盟聘都与其有关,况且郑有子产,宋有襄公与子罕,卫多次发生变乱,都很值得载诸史册。而鲁为周公之子伯禽的封国,又为文化之都(所谓"周礼尽在鲁矣"),而且是孔子和左丘明的父母之邦,记鲁事较详亦是情理中事。至于周王室,"春秋时,周已衰落,与大事不甚生关系,故《左传》记周事颇略"。④

从对每一国家历史的叙述说,并不是面面俱到,而是各有侧重。对晋国史的叙述,重点放在文公、襄公和厉公、悼公的两次霸业和三家分晋形势的造成上。对楚国史的叙述,突出了楚庄公的霸业。对齐国史的叙述,主要为齐桓公创霸和陈氏势力的发展。对郑国史的叙述,重点为郑庄小霸和子产相郑。对吴、越两国史的叙述,着重于两国力量的此长彼消和互为水火上。

①《左传》昭公十一年。
②《古史研究》,第 128 页。
③《春秋唉赵集传纂例》卷 1"三传得失议第二"。
④童书业:《国语与左传问题后案》,载《浙江省立图书馆馆刊》第 4 卷第 1 期。

从对历史事件的叙述说，一般事件或省略不记，或一笔带过，对特殊问题或有影响的大事件则备述原委，务求周详。春秋时期发生的事件很多，弑君36起，亡国72起，大小军事行动480多起，朝聘盟会450余起。《左传》重点叙述的不过50余事。清人高士奇成《左传纪事本末》53卷，记53件大事，即使"《左氏传》文罕有所遗"①，一般称《左传》为解经之作，但《左传》叙事自有成法，对《春秋》并非亦步亦趋。隐公元年《春秋》"郑伯克段于鄢"一句，《左传》竟写了541字，把事情的来龙去脉交代得一清二楚。庄公二十六年，《春秋》共有5条合计25字的记载。《左传》对此5条史事全部"无传"，却另外记了有关士蒍任晋卿和虢人两次侵晋的4件事共24字，为晋将伐虢、士蒍谏止之事张本。最典型的是城濮之战的记载。这次战役，晋打败它称霸的劲敌楚国，是春秋历史上的大事。僖公二十七、二十八年的《春秋》，共记载了26条史事，《左传》对其中7条史事"无传"，其他事也极为简略，两年中史文共2520字，竟用了2400字详述城濮之战的准备、战况与结果。而且从僖公二十三年晋公子重耳流亡起所记的许多事情，实际上都是城濮之战的铺垫和伏笔，真可谓重彩浓墨了。

从对每一历史事件的叙述说，无论事件大小，文字长短，书中都不平均使用力量，而是注意其特点，在表述其特殊性上下功夫。即以《左传》最擅长的战争描写来说。同样是重大战役，由于考虑到该战役成败的原因及其在历史上的影响，所以城濮之战重点写了战争的前奏，殽之战重点写了战俘的处理，邲之战重点写了双方和战之争与败退情景，鞌之战、鄢陵之战重点写了战争场面，柏举之战重点写了谋略。真是各具特点，各有其妙，又各到好处。蒋伯潜分析《左传》描写战争的特点时解释说："古代战争不若现代之复杂，若必详叙战争情形，则千篇一律矣。"②书中对一般战争，则注重其谋略战法的揭示，如随之战以伪和怠敌；长勺之战以逸待劳；楚伐郑之役郑"悬门疑敌"的空城计，楚庄王有意"七遇皆北"最后一举灭庸；平阴之役晋人多树旃旗并在尘土飞扬中用满载假人的战车来回奔驰吓得齐师连夜逃遁；长岸之战吴公子光潜入楚营使楚军自相火并而乘乱出击；灭鼓之战晋军士身藏兵器伪装成买粮者聚集于敌城门外突然袭击一举灭鼓；侵楚之役吴人以小股兵力反复骚扰"彼出则归，彼归则出"，弄得楚军疲惫不堪；郎之役鲁人以驷赤入城挑拨侯犯与郎人关系，不费一兵一卒而获郎城……《左传》这样寓兵法谋略于一次次战例的叙述之中，难怪后人赞誉"左氏为兵法之祖"。③

①《左传纪事本末·凡例》。
②《十三经概论》第六编第六章《左传之文章》。
③宋徵璧：《左氏兵法测要·凡例》。

从对历史人物的叙述说，一般人物简略带过，重要人物大书特书。《左传》全书共写了 2539 个历史人物[1]，但其着力刻画的人物并不多。冯李骅、陆浩指出："《左传》大抵前半出色写一管仲，后半写一子产，中间出色写晋文公、悼公、秦穆、楚庄数人而已。读其文连性情、心术、声音、笑貌，千载如生，技乃至此。"[2]在对子产的叙述中，先通过略伯石邑，复纳丰卷，放逐子南，诛灭公孙黑，突出了其处理郑国内部族大宠多豪强不法问题的高明手段。又通过定章服，辨庐井，殖田畴，不毁乡校，择能而使，作丘赋，铸刑书，显示了其改革内政强国富民的睿智决断。再通过对晋人征朝，讽晋重币，坏晋馆垣，拒公子围逆亲，不予宣子玉环，争贡赋之次，表现了子产周旋于大国之间竭力维护郑国利益的杰出外交才干。如此等等，大小数十事，约 12000 言，将子产这位救时之相的历史面貌突出地显现在读者面前，所以唐锡周说："后半部《左传》，全赖此人生色。"[3]一部囊括 259 年历史的编年史书，竟然能集中约 1/16 篇幅去写一个历史人物，我们不能不佩服《左传》作者的眼光与技巧。

从对每个人物的叙述说，也不是平铺直叙，而是对其一般活动少叙或不叙，对能表现其性格特征、政治倾向、智慧勇武、历史作用的活动，则尽可能写得淋漓尽致，纤悉异常。郑国老臣烛之武是春秋史上的名臣。在《左传》僖公三十年他第一次出现时已经是一位老人了。当时，晋、秦联军包围了郑国，郑文公请烛之武说退秦师。烛之武："辞曰：'臣之壮也，犹不如人。今老矣，无能为也已。'公曰：'吾不能早用子，今急而求子，是寡人之过也。然郑亡，子亦有不利焉!'"一对一答，就巧妙地将烛之武几十年的不得志概略道出。接着就是烛之武夜缒出城，对秦穆公的大段陈辞，指出晋得郑后必将图秦，对秦极为不利。从容不迫的一段话，使秦穆公心悦诚服，当即与郑国结盟，撤除围郑部队。晋师失去盟军，不得不悻悻退兵了。有许多人物，虽然出场不多，由于《左传》刻画了其一两件突出事例，特色鲜明，从而给读者留下了极深刻的印象。例如，郑商人弦高以犒秦师救国难，成为平民爱国者的典型；晋史董狐以冒死直笔记史，成为历代史家道德的楷模；宋襄公以战争中不肯先发制人失败，被讥为蠢猪式的军事指挥员；骊姬以其奸险毒辣，被称为千古罕闻的阴谋家。

由于作者对纷繁的史料剪裁得当，叙史繁简得宜，各有侧重，使《左传》在历史叙述中有很大的回旋余地，用有限的篇幅，通过对众多历史事件和形形色色历史人物的叙述，展示出列国在政治、军事、文化、经济等各方面的矛盾、斗争、

①张事心：《春秋左氏人物之谱·序》。
②《左绣·读左厄言》。
③《左传管窥》。

影响和广阔社会现实的生动画卷,成为一部包容 120 余国 259 年历史的不朽的史学著作。

二

一部史书仅仅繁简得当,还不能说是文字表述上乘。因为文字表述更主要指的是作者叙史的文字水平。清代史家崔述称:"《左传》记事简洁,措辞亦多体要。"[1]揭示了《左传》历史文学的第二个特色——行文的练达,即其文字经过反复锤炼,尽量简要,却又能信达传神地表现历史。《左传》行文练达,主要表现在以下几个方面。

《左传》很擅长于以简洁凝练的文字,形象准确地描述复杂纷繁的历史事实,说明重要的问题。例如,宣公三年讲晋灵公的残暴,只说:"晋灵公不君,厚敛以雕墙,从台上弹人而观其辟丸也。宰夫胹熊蹯不熟,杀之,置诸畚,使妇人载以过朝。"短短 40 字,就将一个横征暴敛、奢侈无度、残虐百姓、草菅人命的暴君形象跃然纸上。再如春秋时期,各国用历混乱,晋用夏历,宋、卫用殷历,皆与周历不同。作为一部记载 120 国历史的编年体史书,必须严格地以一种历法为准,统一换算各国的历日。《春秋》隐公元年春,用"王正月"三字,引起后代无数经师的争辩,颇有称孔子黜周王鲁者。《左传》在纪年开始就称"元年春王周正月",明确宣称该书纪年采用的周正,受到古今学者的特殊重视。朱彝尊称《左传》:"视经文止益一'周'字耳,而王为周王,春为周春,正为周正,较然著明。后世黜周王鲁之邪说,以夏冠周之单辞,改时改月之纷纶聚讼,得左氏片言,可以折之矣。"[2]

在史实叙述中,《左传》特别善于用简洁的语言描述紧张的战斗场面。鞌之战,"邴夏御齐侯,逢丑父为右。晋解张御郤克,郑丘缓为右。齐侯曰:'余姑翦灭此而朝食。'不介马而驰之。郤克伤于矢,流血及屦,未绝鼓音,曰:'余病矣!'张侯曰:'自始合,而矢贯余手及肘,余折以御,左轮朱殷,岂敢言病。吾子忍之。'"[3]首先,齐侯"灭此朝食"的豪言和不介马而驰的行动,就传神地表现了一个无比鲁莽、骄悍轻敌的主帅形象。其次,书中没有写战车奔突、矢如飞蝗、格斗激烈、杀声震天的战斗场面,只用晋主帅和驭手的受箭伤和主帅鲜血流到鞋上还在播鼓不停,驭手将箭杆折断仍继续驾车,说明战斗的紧张,已经是不容喘

①《洙泗考信余录》卷 3《左子》。
②《经义考》卷 169 按语。
③《左传》成公二年。

息了。再如宣公十二年的邲之战，在楚军的追击下，溃败的晋军慌忙败退过河，舟少人多，军士争抢，书中只用"中军、下军争舟，舟中之指可掬"一句，就把无数士兵争攀船舷，而船上的晋军竟然用刀猛砍攀舷手指的紧张争抢的场面不动声色地讲了出来。还有对赵旃、逢大夫父子逃命的描述："赵旃以其良马二，济其兄与叔父，以他马反，遇敌不能去，弃车而走林。逢大夫与其二子乘，谓其二子无顾。顾曰：'赵傻在后。'怒之，使下，指木曰：'尸女于是。'授赵旃绥以免。明日以表尸之，皆重获在木下。"这一段，没有写追兵如何紧逼，没有写赵旃如何奔命，也没有写逢大夫二子下车后如何立即被杀，只是通过逢大夫及其子逃跑时的简短对话和活动，就把那紧张万分、不容稍息的追逃的情景犹如一幕惊险电影映现到读者面前。

《左传》还善于用极少的笔墨，通过语言、动作和心理活动来刻画人物的性格特征和思想感情，从而展示不同阶级地位的人物风貌。庄公十年的曹刿论战，用了曹刿与其乡人及鲁庄公的总共14句对话，特别是长勺之战的两个"未可"两个"可矣"，把出身下层的曹刿的爱国精神、深谋远虑、大智大勇、军事天才，生动深刻地揭示出来，实在令人拍案叫绝。再如僖公二十八年，叔武为了卫成公的回国而费尽心机，但卫成公并不信任叔武，让公子歂犬、华仲为前驱，突然冲进来，"叔武将沐，闻君至，喜，捉发走出，前驱射而杀之"。好一个"捉发走出"，叔武对成公毫无戒备的赤诚之心不言而明。成公十年，晋景公掉到粪坑里淹死了。事先有一个宫中奴隶（小臣）告诉别人说，他梦见自己背着晋景公上天堂。于是，就让这个奴隶从粪坑里把晋景公背出来，然后又用他为景公殉葬。书中对这件事写得极简单："（景公）如厕，陷而卒。小臣有晨梦负公以登天。及日中，负景公出诸厕，遂以为殉。"没有细节刻画，没有心理描写，寥寥20余字的白描，把一个压在社会最底层者的悲惨结局，写得自然而又揭示深刻。他不愤怒吗？他不贪生吗？不，像牲口一样以头来计数的奴隶，只能任人宰割，谁叫你多嘴多舌告诉别人你做的梦呢！这真是此时无声胜有声了。桓公元年，"宋华父督见孔父之妻于路，目逆而送之，曰：'美而艳。'"仅仅"目逆而送之"5个字，就把华父督从初见孔父之妻到不见时的姿态、眼神、心情，孔父之妻的美丽，全部传神地描绘了出来。

《左传》采用许多谚语、歌谣、口语、俗语，用以代替空洞的评论和无味的叙述，使文笔简洁、准确、鲜明、生动有色。子产在郑国大刀阔斧地推行改革，其效果及人们的反应如何，襄公三十年引用了两首民谣作答。第一首是子产从政一年时，人们唱道："取我衣冠而褚之，取我田畴而伍之。孰杀子产，吾其与之！"到第三年，则唱道："我有子弟，子产诲之。我有田畴，子产殖之。子产而死，谁其嗣之?"人们对子产的改革从不理解到拥护,从要结伙杀他到深情地赞颂他,读了民谣,你能不为子产的政绩所折服吗?再如宋国太宰皇国父负责替平公筑高台,耽误了秋收。子罕请求平公推迟至收割后施工,被否决。筑台的民工们唱道:"泽门之皙,实兴我役。邑中之黔,实慰我心。"①意为:住在南门的白胖子(指皇国父),害得我们在这儿受苦;住在邑里的黑瘦子(指子罕),才真是关心我们的呀!劳动人民的爱憎之情溢于言表。书中,襄公二十四年,子产寓书范宣子,责晋币重,以"象有齿以焚其身"来比喻敛币过重将会使诸侯背叛晋国。襄公二十八年,子产以"饥寒之不恤,谁遑其后",说明老百姓吃不饱肚子,穿不上衣服,哪里还顾及行为的后果!定公四年,柏举之战,夫概劝告吴王先别把楚兵卒逼上绝境,否则"困兽犹斗",增大获胜的难度。哀公八年,子泄用"唇亡齿寒"来比喻鲁与齐、晋相互依存的关系。其他,如桓公十年"匹夫无罪,怀璧其罪",宣公四年"狼子野心",宣公十六年"民之多幸,国之不幸",昭公元年"老将至而耄及之者",昭公三年"非宅是卜,唯邻是卜",定公十四年"民保于信"等等,都是极为深刻的精言妙语。这些歌谣、谚语、口语、俗语,都是在生活实践中产生、流传、修改的民间口头创作,特别富于思想性,善于模拟神情,表达意旨,描绘日常生活现象,是一些特别精粹的语言。《左传》作者花大力气搜集这些语言,恰如其分地予以运用,减省了书的篇幅,并且更为准确而富于感染力和说服力。

我们现在习用的许多成语,诸如众叛亲离、一鼓作气、外强中干、大义灭亲、艰难险阻、鞭长莫及、尔虞我诈、唯命是听、疲于奔命、从善如流、戮力同心、居安思危、举棋不定、食肉寝皮、量力而行、除旧布新、多行不义必自毙、欲加之罪何患无辞、皮之不存毛将安傅,等等,都出自于《左传》。可见该书语言之千锤百炼、丰富多彩而富于生命力了。

生动凝练的语言,绚烂曲折的情节,简洁传神的文笔,是《左传》流传千古的原因之一。清人皮锡瑞说:"左氏叙事之工,文采之富,即以史论,亦当在司马迁、班固之上,不必依傍圣经,可以独有千古。"②的确,两千四五百年了,我们今天读《左传》还觉得比较通俗易懂,深入进去,更能陶冶于美的享受之中,而不像别的先秦古文如《尚书》那样佶屈聱牙、晦涩艰深,也不像《春秋》那样干瘪无味。《左传》真是名副其实的历史和文学并美的史学著作的典范。

《史学史研究》1996 年第 1 期

---

① 《左传》襄公十七年。
② 《经学通论·春秋》。

《左传》结尾年代辨正

《左传》的结尾年代,历来说法不同。

胡三省《新注资治通鉴序》说:"左丘明传《春秋》,止哀之二十七年赵襄子惎智伯事。"

王鸣盛《十七史商榷》卷100"《资治通鉴》上续《左传》"条认为,《左传》"迄于哀公之末……赘以哀公子悼公四年事。而其末段乃云'赵襄子惎智伯,遂丧之。智伯贪而愎,故韩魏反而丧之'"。

刘逢禄《左氏春秋考证》以为该书"始于隐元年而终于悼四年"。

郝经《春秋外传自序》云:"经终孔某卒,传终悼公十四年韩赵魏灭智伯,事在春秋后二十有七年。"

以上是古代学者的说法。现代学者对此也是众说纷纭。

郝建梁、班书阁《中国历史要籍介绍及选读》说:"《左传》则书至鲁哀公二十七年止。"

徐中舒《〈左传〉的作者及其成书年代》说:"[《左传》]记孔子卒后事终于哀公二十七年。"

范文澜《群经概论》第九章第三节认为:"左氏续传至二十七年公逊于邾,又悼之四年一节。"

周予同主编《中国历史文选》云:"[《左传》]起自鲁隐公元年(前722),终于鲁悼公四年(前464)。"

1979年版《辞海》"左传"条写道:"[《左传》]起于鲁隐公元年(前722),终于鲁悼公四年(前464),比《春秋》多出十七年,其叙事更至于悼公十四年(前454)为止。"

上海人民出版社《春秋左传集解·前言》以为:"起自鲁隐公元年(前722),终于鲁悼公十四年(前454)。"

王力主编《古代汉语》认为："[《左传》]起于公元前 722 年……止于公元前 453 年。"以上仅所列现代学者对《左传》结尾年代，就有三种意见，六个说法。

作为一部史书，其起讫年代是十分重要的，对《左传》结尾年代的叙述既然如此不同，就大有辩论清楚的必要。

古今学者对《左传》开始年代的看法基本一致，即鲁隐公元年（前 722）。我们知道《左传》的第一个编年是鲁隐公元年。但是，该书叙述的最早的史事，并不是发生于鲁隐公元年，而是鲁孝公二年（前 805）。桓公二年，"晋穆侯之夫人姜氏以条之役生太子，命之曰仇"。《史记·晋世家》记载条之役发生于晋穆侯七年，即鲁孝公二年。这个年代比鲁隐公元年早 83 年。另外，《左传》卷首所记"惠公元妃孟子。孟子卒，继室以声子，生隐公"，为鲁惠公二十四年事，在隐公元年前 22 年。所有学者不以姜氏生太子仇的年代或惠公元妃孟子卒的年代为《左传》的开始，首先是因为《左传》是编年体史书，该书的第一个编年是鲁隐公元年，卷首所叙"惠公元妃"事，只是要说明隐公摄位的理由，桓公二年叙"姜氏生太子仇"，也只是为师服讽谏晋穆侯追述的。其次，从史实上看，平王东迁以后，各诸侯国起初还承认周王的地位，其时"人习余化，苟有过恶，当以王法正之"。① 但是鲁隐公元年，郑庄公打败其弟共叔段后，力量迅速发展，不仅与周天子交质，而且在繻葛之战中竟敢以箭射中周桓王的肩膀，可见周王地位已下降至与一般诸侯无异。郑庄公的事业，揭开了 242 年春秋争霸史的第一页。明人杨时伟说："《春秋》始隐公，为治郑庄，以强侯跋扈实自寝生始也。"② 可以说，隐公元年是郑庄公霸业的开端，也即周王地位下降之始，因而是一个十分重要的历史年代。古今学者以隐公元年为《左传》的开头，无形中公认了判定该书起讫年代应该有两条相互关联的标准——编年的先后和事件的重要程度。

根据逻辑学上同一律的原则，让我们也按照这两条标准来考察《左传》的结尾年代。

很多学者都以哀公二十七年作为《左传》的结尾年代。那么，哀公二十七年是否是该书的最后一个编年呢？答案是否定的。现行的《左传》大都是"经""传"合编的，即将《春秋》与《左传》合在一起，每年均以先"经"后"传"的次序予以排列，为了区别"经""传"起见，在每一年代后正文前均标出"经"或"传"的字样。西安唐代开成石经《左传》和《左传》的宋刻本、明翻相台本或现代的铅印本，都以哀公二十七年为最后一个带"传"字的年代，而更在其后的"悼之四年"，则是全书唯一不带"传"字的年代。这样做，从正统经学的角度讲是有道理

①陆淳：《春秋啖赵集传纂例·春秋宗指议第一》。
②杨时伟：《春秋编年举要》。

的。因为《左传》"既云释《春秋》,自当以隐元年至哀十四年为起讫之限"。①《左传》不以哀十四年为止已是罪过。

退一步说,《春秋》只记了鲁国隐、桓、庄、闵、僖、文、宣、成、襄、昭、定、哀十二公事,《左传》顶多止于哀公末而已,绝不应该加上悼公,使"是非颇谬于圣人"。于是,就出现了在悼之四年,之前不标"传"字,使其附着于哀公二十七年之内的不平等待遇。但是,我们今天重视《左传》,并不因为它是一部经书,而是因为它是一部史书。研究《左传》的起讫年代,也不应囿于经学的观点,而应从史学的角度出发,从而得出正确的结论。为此,我们就有必要弄清楚《左传》的本来面貌究竟如何。唐陆德明指出:"旧夫子之经与邱明之传各卷,杜氏合而释之。"②孔颖达也说:"邱明作传,不敢与圣言相乱,经传异处。"③从《汉书·艺文志》中"春秋古经十二篇,左氏传三十卷"的篇名,也可以看出,原来《左传》与《春秋》是各自单独成书的。既然单独成书,《左传》原本中所有年号前肯定均无"传"字,"悼之四年"当然和隐元年、桓三年、哀二十七年等年代是平起平坐的了。《四部备要》本洪亮吉《春秋左传诂》,是将"经""传"全部分开的,"经"为前4卷,"传"为后16卷。这16卷的《左传》部分,看来大致是《左传》原貌了。其每卷内各个年代一律不冠"传"字,悼公四年与其他年代是平行的。明万历刻本孙旷评《春秋左传》,对悼公四年与其他年代的标法也是完全相同的。可以肯定,《左传》原本中,悼公四年与《左传》中其他年代是平等的,绝没有附着于哀公二十七年之内,而且,悼公四年,又是《左传》中的最后一个编年。拨开经学的迷雾,还《左传》以历史真相,既然该书最后一个年代是悼公四年而不是哀公二十七年,而且哀公二十七年又没有发生任何有影响的历史事件,我们当然不应该把是年看作该书的结尾年代了。

其次是悼公四年的说法。

编年体史书是以事系年的。由于《左传》悼公四年所述智伯围郑的年代与《史记》不同,而《史记》各篇对此事的年代也说法不一,因此,我们觉得先有必要考订清楚智伯围郑的真实年代。

智伯,又名荀瑶、知伯、智瑶、知伯瑶,谥襄子,故又有称之为智襄子的。据《左传》所记,他曾两次率晋师伐郑,第一次在哀公二十七年夏四月,第二次在悼公四年。然而《史记》只记了其中的一次。究竟谁是谁非呢?我们先把《左传》所记两次战役的情况分析一下。第一次:"晋荀瑶帅师伐郑,次于桐丘。郑驷弘

①梁启超:《要籍解题及其读法》。
②陆德明:《经典释文》卷15。
③孔颖达:《春秋经传集解疏》。

64

请救于齐……（齐）乃救郑……及濮，雨不涉……成子衣制，杖戈，立于阪上；马不出者，助之鞭之。智伯闻之，乃还……中行文子曰：'吾乃今知所以亡。'"这一次是驷弘求救，齐田成子帅兵来救，智伯畏齐师之得众心，故撤军。第二次："晋荀瑶帅师围郑。未至，郑驷弘曰：'智伯愎而好胜，早下之，则可行也。'乃先保南里以待之。"智伯要赵襄子先冲锋，赵襄子不干，因而智伯大骂赵襄子。这次战争的结果，据《史记·郑世家》所记，晋"取（郑）九邑"。从《左传》的记叙看，伐郑和围郑，两次地点、情况、结果和郑驷弘的活动都不相同，时间相隔达 5 年之久，绝不可能是一次战事。《史记》全书中根本没有提到哀公二十七年智伯伐郑事。在《六国年表》周定王五年栏有"智伯伐郑，驷桓子如齐求救"，同栏下有"（齐平公十七年）救郑，晋师去，中行文子谓田常乃今知所以亡"。其记载时间与《左传》之第二次"围郑"同，而情节则全是《左传》中第一次"伐郑"时发生的。况且，司马迁既在年表中说"晋师去"，又在《郑世家》说"取九邑"，这不明明是自相矛盾吗！很显然，司马迁在这儿是误把两次战役合而为一。论者谓《史记·六国年表》"常有差误"[1]，由此也可见一斑了。宋代吕祖谦就不为《史记》谬误所惑，认为哀二十七年的伐郑和悼四年的围郑是两回事。[2]

现在，我们姑将《六国年表》之误搁置，专论智伯围郑年代问题。《史记》有四个地方讲明此事发生的时间。《六国年表》两次，已见上引。又《赵世家》云："晋出公十一年智伯伐郑。"晋出公十一年，即周定王五年。这三处年代是相同的。另有《郑世家》言为"声公三十六年晋智伯伐郑，取九邑"。郑声公三十六年，当周定王四年，即公元前 465 年。这样从《左传》到《六国年表》，再到《郑世家》，一次"智伯围郑"，就出现了三个不同的年代。

陈梦家先生曾经指出"郑表……《史记》颇有错误"。[3] 如以郑公世系为例。《郑世家》记"（在位）三十七年声公卒，子哀公立。哀公八年，郑人弑哀公而立声公弟丑，是为共公"。《六国年表》却记声公在位为 38 年，而且漏掉了在位 31 年的共公。可见，《史记》关于郑的记载是大可怀疑的。但该书对三晋的记载就不一样了，陈先生的评价是"《史记·赵世家》记三晋事较详而少误"。[4] 由于《六国年表》与《赵世家》年代一致，赵又是智伯围郑的直接当事国，据此，我们可以断定，《郑世家》所记智伯围郑的年代是不可信的。

那么，怎么解决智伯围郑按《左传》为鲁悼公四年（前 464），而按《史记》为

①陈梦家：《六国纪年》，1956 年，第 4 页。
②吕祖谦：《春秋左氏传说》，卷 20。
③陈梦家：《六国纪年》，1956 年，第 7 页。
④陈梦家：《六国纪年》，1956 年，第 25 页。

周定王五年（前464）的矛盾呢？我们认为这里有个历法问题。据《史记·历书》："夏正以正月，殷正以十二，周正以十一月"。则周历比夏历先两个月。阎百诗对《春秋》与《左传》对同一事件所记时间偶有不同的情况，指出："大抵《春秋》之《经》，为圣人所笔削，纯用周正；《传》则旁采诸国之史而为之，故其间有杂以夏正而不能尽革者；读者犹可以其意得之也。"①是则《左传》以用周正为主，杂以夏正。汉武帝时制《太初历》，"以正月为岁首"②即用的夏正。司马迁是改定历法的负责人之一，他在《史记》中的年代则用夏正。因此，如果智伯围郑发生于周历的一月或二月，按夏历算，则此事发生于头年之十一月或十二月。看来《左传》记悼公四年智伯围郑仍沿用《春秋》的纪年，即周正。而《史记》将此事入年表，则用当时通行的夏正，由此发生了年代的差异。这个差异告诉我们，智伯围郑发生于周历年初（夏历年底）。因此，《左传》与《史记》所记智伯围郑的年代是一致的，即鲁悼公四年（周定王五年，前464年）。

对悼公四年智伯围郑一事的重要性，历代史家多有阐述。晋自厉公杀三郤之后，七族并盛。到平公时，为六卿。晋定公时逐范氏，剩下智、赵、魏、韩四卿。此时，"晋之兵柄，半归智氏，伐齐伐郑，所向称雄"。③智伯却极其专横跋扈。本来四卿还能维持表面的团结，但悼公四年围郑时，智伯逼迫赵襄子先入南里之门，赵襄子不从，智伯竟大骂赵"恶而无勇，何以为子"，从而引起赵襄子的怨恨，四卿的表面一致被破坏了，最后造成三家灭智以至分晋的后果。洙兰泰指出："惟三家分晋，为春秋后一大事，而伐郑之役，实四族构难之先驱。"④清姜白岩也指出："智氏不灭，则三家犹行牵制而不分晋。此篇（指悼四年荀瑶帅师围郑篇）为分晋起本。"⑤这两说都正确地指出智伯围郑事件的历史作用，说明智伯围郑，赵襄子綦智伯事，是一个重要的历史转折，是以后三家分晋的先驱。既然悼公四年是《左传》的最后一个编年，而所记之事又是一个重要的历史事件，因此，毫无疑问应该把悼公四年（前464）看作《左传》的结尾年代。

关于以悼公十四年为结尾年代之说，牵涉到《左传》最后一段，现先录之于下：

> 悼之四年，晋荀瑶帅师围郑。未至，郑驷弘曰："知伯愎而好胜。早下

---

① 王韬:《春秋历学三种·春秋历》所引。
②《史记·今上本纪》。
③ 马骕:《左传事纬》卷11。
④〔日〕竹添光鸿:《左氏会笺·总论》。
⑤ 姜白岩:《读左补义》卷50。

之，则可行也。"乃先保南里以待之。知伯入南里，门于桔柣之门。郑人俘
酅魁垒，略之以知政，闭其口而死。将门，知伯谓赵孟："入之。"对曰："主在
此。"知伯曰："恶而无勇，何以为子？"对曰："以能忍耻，庶无害赵宗乎！"知
伯不悛，赵襄子由是惎知伯，遂丧之。知伯贪而愎，故韩、魏反而丧之。

本段所记，并非全是悼公四年事，最后所提到的"三晋灭智伯"，《左传》虽
没有讲年代，但《史记》有六个地方明确说明了灭智伯的年代。

《六国年表》："周定王十六年（前453），魏桓子败智伯于晋阳。韩康子败智
伯于晋阳。（赵襄子五年）襄子败智伯晋阳，与魏韩三分其地。"

《晋世家》："哀公四年，赵襄子、韩康子、魏桓子共杀智伯，尽并其地。"按，
晋哀公四年，即周定王十六年。

《赵世家》："襄子立四年……［智伯］率韩、魏攻赵。赵襄子惧，乃奔保晋
阳。三国攻晋阳，岁余。……以三月丙戌，三国反，灭智氏，共分其地。"赵襄子
四年始围晋阳，岁余灭智氏，时在襄子五年，当周定王十六年。

《郑世家》："三十七年声公卒，子哀公易立。哀公八年，郑人弑哀公而立声
公弟丑，是为共公。共公三年，三晋灭知伯。"

前文已指出《史记》年表以郑声公为三十八年卒，且无共公，误。从《郑世
家》推之，则郑共公三年当周定王十六年。

《燕世家》："孝公十二年，韩、魏、赵灭智伯，分其地。"也是周定王十六年。

以上五处所记灭智伯的年代，都是周定王十六年（前453），唯一不同的是
《鲁世家》："（悼）十三年，三晋灭智伯，分其地有之。"按《六国年表》悼公元年当
周定王三年，则悼公十三年当周定王十五年，这个年代比《史记》他篇所记三晋
灭智伯早一年。

《春秋经传集解》悼公四年杜预注云："《史记》晋懿公之四年，鲁悼之十四
年，智伯帅魏、韩围赵襄子于晋阳。韩、魏反与赵氏谋，杀智伯于晋阳之下，在
《春秋》后二十七年。"这个注已声明是据《史记》的。其具体来源，一是《六国年
表》，二是《晋世家》，第三肯定就是《鲁世家》。如果《史记》中《鲁世家》与他处
记载有矛盾，作为一代史学大师的杜预不会不注意到的。因此，可以肯定，杜预
所见到的《史记·鲁世家》所记智伯灭事，是在悼公十四年（前453），后世屡经
抄转，才误为十三年了。这样，《史记》在所有六处所记之灭智伯的年代，原本是
完全一致的。

我们还可以据《竹书纪年》来考订三晋灭智伯的年代。唐司马贞《史记索
隐》中两处摘引《纪年》对灭智伯的记年，其一在《晋世家》"如《纪年》之说，此乃

出公二十二年事";其二在《燕世家》"按《纪年》,智伯灭在成公二年也"。查陈梦家《六国纪年表》,晋出公二十二年、燕成公二年,皆当周定王十六年。这样,《竹书纪年》也证明《史记》所记智伯灭郑的年代是正确的。由于《赵世家》已明言此事发生于"三月丙戌",因此,无论按夏历或周历算,悼公十四年就是周定王十六年,公元前453年。上海人民出版社《春秋经传集解·前言》说"鲁悼公十四年(前454)",显然是错误的。

三晋灭智伯一事,在《左传》文中是无足轻重的。洙兰泰指出:"若'襄子由是甚智伯,遂丧之。智伯贪而愎,故韩魏反而丧之,数句……(为)约略带叙于此者……非正文也。"①《左传》所以在全书之末带叙三晋灭智伯,大约有两个原因。一是《左传》有终前人预言的习惯。襄公二十九年,吴公子札到晋国,预言"晋国其萃于三族乎",交代了三晋丧智伯,就验证了公子札的预言。二是《左传》叙史为了使事情有头有尾,眉目清楚,往往追述往事或预述后事。例如昭公十三年鲁叔弓围费,为费人所败,后来区夫向鲁平子献策,要他用争取民心的办法来瓦解敌军打败南蒯。此法效果如何,本段结尾带叙"费人叛南氏",将昭公十四年才发生的事提前用五个字先做交代,而"费人叛南氏"的详情,到第二年事件发生时才做了叙述。《左传》最末叙及三晋灭智伯,也是用同样的办法,以交代智伯骄横的结果。

由于《左传》叙述三晋灭智伯没有系以年代,也由于该书叙述此事仅仅是作为智伯骂赵襄子,襄子由是甚智伯的补充,因此,以智伯灭年作为《左传》结尾的年代无疑是不恰当的。把悼公十四年作为该书结尾的学者,违背了以编年先后和事件重要性二者统一的标准,开头不以事件涉及的年代为准,结尾却以事件涉及的年代为准,这样自乱体例,无论从逻辑上或常识上都是说不通的。根据同样理由,我们还想指出,《辞海》"左传"条目所添加的"其叙史更至于悼公十四年为止"也是不妥当的。因为书的结尾叙事虽涉及悼公十四年,但其开头却涉及鲁孝公二年,不能只顾一头而忽视另一头。

归结全文,我们认为,对《左传》起止年代的正确说法应该是:起于鲁隐公元年(前722),终于鲁悼公四年(前464)。而其所叙史事的涉及范围是从鲁孝公二年(前805)到鲁悼公十四年(前453)。

郑天挺主编《中国古代史论丛》第3辑,福建人民出版社,1981年

---

①〔日〕竹添光鸿:《左氏会笺·总论》。

《左传》在经学上的地位

　　《左传》全称为《春秋左氏传》或《左氏春秋》，是一部关于春秋时代的编年体史书。西汉平帝时，将《左传》立于学官，设《左传》经学博士，奠定了该书在儒学体系中的地位。唐、宋钦定的《九经正义》和《十三经注疏》，皆将《左传》列于《春秋》三传之首，作为儒学经书之一。

　　本为编年史书的《左传》，虽说经史不分家，却何以能在经学上有如此突出的位置？这是经学史研究中不容回避，而又为前人所未曾深入阐述的一个问题。

一、《春秋》三传之首

　　孔子为了教授弟子和寄托思想的需要，整理编定了《诗》《书》《易》《礼》《春秋》《乐》等6部著作，《乐》后来失传（或本无书），其他5种到汉代以后被称为儒家经典的"五经"。《春秋》是孔子晚年的作品。《孟子·滕文公下》言："［春秋］世衰道微，邪说暴行有作，臣弑其君者有之，子弑其父者有之，孔子惧，作《春秋》。《春秋》天子之事也。是故孔子曰：'知我者，其惟《春秋》乎！罪我者，其惟《春秋》乎！'……孔子成《春秋》，而乱臣贼子惧。"《史记·十二诸侯年表序》中也说："孔子明王道，干七十余君，莫能用，故西观周室，论史记旧文，兴於鲁而次《春秋》，上记隐，下至哀之获麟，约其辞文，去其烦重，以制义法，王道备，人事浃。"孔子以鲁国国史《春秋》为基础，对史事进行整理笔削，使其成为一部有思想有义例的编年史著作。如果说，其他经书是孔子载道之书的话，《春秋》则体现了孔子的"用"。孔子以该书"如用药治病"①，通过对春秋 242 年历史的叙述，按照其"正名"的主张，对各种统治人物进行严格褒贬，既使"乱臣贼子惧"，又为后王树立了为政的榜样。由于著史和对诸侯进行褒贬本是周王室专擅的，所以孔子不敢以撰作自许，而称自己"述而不作"②，即仅为对鲁史予以整理而已。后代儒家因此称孔子为"素王"，因为他是以大夫的身份，在行王者之事。

《春秋》内容过于简单，全书 16572 字，却记有 1800 多条史事。每事 1 条，短则 1 字，最长者 45 字，平均 9 字。其所记史事都仅有标题而无具体内容，使人无法了解历史事件的实情及其因果关系。而且，孔子"以一字为褒贬"③，书中许多"微言大义"不易理解。另外，为了"免时难"，孔子在撰述时"有所褒讳贬损，不可书见，口授弟子"④，这就从史事、寓意和思想三方面产生了解释《春秋》的要求。解释《春秋》的著作，称为"传"。刘知几解释"传者，转也，转受经旨，以授后人"之意。⑤ 在汉代，有《左氏传》《公羊传》《穀梁传》《邹氏传》《夹氏传》等 5 种春秋传。其中，《邹氏传》无师，《夹氏传》未有书，真正有影响并流传至今的，就是《左传》《公羊传》和《穀梁传》，合称春秋三传。

《左传》的作者，相传是鲁国史官左丘明。在《论语·公冶长》中就提到此人，说："巧言令色足恭，左丘明耻之，丘亦耻之。匿怨而友其人，左丘明耻之，丘亦耻之。"说明孔子与左丘明是熟识的。《史记·十二诸侯年表序》中言《左传》的撰述原因，说："鲁君子左丘明惧弟子人人异端，各安其意，失其真，故因孔子史记具论其语，成《左氏春秋》。"西汉严彭祖著《严氏春秋》引《孔子家语·观周篇》说："孔子将修《春秋》，与左丘明乘，如周，观书于周史，归而修《春秋》之经，丘明为之传，共为表里。"⑥但自唐代啖助、赵匡开始，不少学者否认《左传》作者是《论语》中所说的左丘明，而提出孔子、楚左史倚相、子夏、吴起、刘歆等假说。1979 年以后，这一问题又在学术界引起争论。最突出的是四川师院徐仁甫先生，他发表论文并出版《左传疏证》一书，发挥清刘逢禄之说，力主《左传》为刘歆于公元前 8 年伪作。笔者在《古籍整理》杂志 1986 年第 2 期上发表文章，从《左传》本身及其与《史记》关系等方面反驳了徐先生的意见，认为《左传》成书于公元前 5 世纪中晚期，作者为哀悼间人。至于作者的姓名，在没有确凿的证

---

① 《群书考索续集》卷 11，引《伊川经说》。
② 《论语·述而》。
③ 杜预：《春秋经传集解序》。
④ 《汉书·艺文志》春秋类小序。
⑤ 《史通·六家》。
⑥ 《春秋经传集解序》孔颖达疏引。

据之前,还是不要否定左丘明为好。

《左传》还有传经与否,即其与《春秋》关系的问题。从上引《史记》文字可见,司马迁在这一问题上的态度是明确的。但西汉末的今文经学博士,却称"《左氏》为不传《春秋》"①。据说,其主要证据是因为当时《左传》与《春秋》别行,而不是像《公羊传》《穀梁传》那样与《春秋》经文混在一起。其实,熟悉古代文献的学者都清楚,许多解经之作原来是与本经别行的。孔子所作《易传》,就是与《周易》卦辞、爻辞分开的。《尔雅》《经典释文》都是释经之作,但至今别行。只有那些由经师口传,后来才著录为书的传,才保留了经师讲说的形式,将经与传混到一起。《左传》早在先秦就著录成书,怎么能要求其与《公羊传》《穀梁传》的形式相同呢?汉代《左传》传经与否的争论,是今古文学者争夺政治地位的产物。这种意见,虽然在今天仍有市场,但无论在经学还是史学上,都没有多大意义。《汉书·艺文志》"春秋类"小序中说:"《春秋》所贬损大人当世君臣,有威权势力,其事实皆形与传。"2000 年来,一般学者都是据《左传》来研究《春秋》的,能说《左传》不是释经之作吗?

《左传》本来是与《春秋》别行的,《汉书·艺文志》著录的"《春秋古经》十二篇",即是当时《左传》经师所据之经。西晋初年,杜预为《左传》作注,将《春秋古经》与《左传》拆开,"分经之年,与传之年相附"②,使二书合为一书,每年之内,先经后传,并总名之《春秋经传集解》,明确了《左传》为《春秋》正传的地位。而《公羊》《穀梁》二传,原本经传相混。自此以后,《春秋》再也没有单行本流传。古代学者曾试图据三传经文恢复《春秋》"正经",结果发现三传经文颇多异同,而难以折中。马端临《文献通考·经籍考九》说:"《春秋》一书,三传各以其说与经文参错,而所载经文又各乖异。盖事同而字异者,公及邾仪父盟于蔑、于昧之类是也;事字俱异者,尹氏、君氏之类是也;元(原)未尝书其事,而以意增入者,孔子生、孔子卒是也。然则其差可信者而言之,则《左氏》为优。何也?盖《公羊》《穀梁》传直以其所作传文换入正经,不曾别出。而《左氏》则经自经,而传自传。"从保存比较可信的《春秋》经文这一点说,也不能否认《左传》为释《春秋》之作。

二、详明《春秋》的史实

《春秋》叙述 242 年的历史,总共只用了 16572 字,每年平均 68 字,过于简

---

①刘歆:《让太常博士书》,载《汉书·楚元王传》。
②杜预:《春秋经传集解序》。

略。例如发生了长勺之战的鲁庄公十年(前684),《春秋》经文为:"十年春王正月,公败齐师于长勺。二月,公侵宋。三月,宋人迁宿。夏六月,齐师、宋师次于郎,公败宋师于乘丘。秋九月,荆败蔡师于莘,以蔡侯献舞归。冬十月,齐师灭谭,谭子奔莒。"全年经文共 67 字,除去记时间的 19 字,6 件史事仅用了 48 字,平均每事 8 字。难怪宋人要讥《春秋》为"断烂朝报"①。不过,我们将其与《竹书纪年》相比,就可以发现,早期编年史书皆如此。孔子是据鲁国国史删削而成《春秋》的,其简陋也就不足为难。

为了使后人了解《春秋》所记史事的具体内容,扩大编年史体的容量,《左传》在继承《春秋》编年系事体例的同时,对其进行了重大的改造。吸收了当时各种著作体例的长处,打破了古代史官分工的界限,"合言事二史与诸书之体,依经以传,附著年月下"②,从而创造出了容量很大,叙事赡富,兼有传记和纪事本末形式,有论赞和凡例的新型编年史体。

左丘明本为鲁太史,有丰富的历史知识,为了诠释《春秋》,他并不以已有的知识为满足,而是进行了更加广泛的搜集史料的工作。首先,他搜寻到从周史到各诸侯国史的大量史书。《公羊传》隐公元年疏中说孔子曾"求周史记,得百二十国宝书"。唐朝陆淳和宋苏轼都据《左传》列出春秋 124 国国名,苏氏并说:"百二十四国,正合百二十国宝书之数。"③既然《左传》中叙述了 124 国的历史,则其作者必然参考了这些国家的史书。证明此说的,还有一条很重要的材料,就是《汉书·艺文志》所著录的两种《国语》:"《国语》二十一篇,左丘明著","《新国语》五十四篇,刘向分《国语》"。近人廖平和康有为认为,54 篇的《新国语》是原来的真《国语》,刘歆于公元前 8 年将其分为 30 卷的《左传》和 21 篇的《国语》④,成为其刘歆伪作《左传》说的重要论据。事实上,当时参与在中秘校书的学者很多,而且刘向逝世即在公元前 8 年,刘歆怎么可能在那么短的时间里改纂出一部那么大篇幅的简牍古籍?其他学者怎么可能对他的"可耻行径"不闻不问?况且此说也无法解释后书为何名《新国语》? 其实,宋司马池很早就对《春秋》内外传的著作过程进行了合理的解释,在司马光《述国语》一文中说:"先儒多怪左丘明既传《春秋》又作《国语》,为之说者多矣,皆未通也。先君以为丘明将传《春秋》,乃先采列国之史,国别分之,取其菁英者,为《春秋传》,而先所采集列国,因序事过详,不若《春秋传》之简直精明浑厚遒峻也,又多驳杂不

---

①王安石语,见《穆堂别稿》所载周麟之《孙(莘老)氏春秋传后序》。
②陈傅良:《春秋左氏国纪序》,见《经义考》卷 184 所录。
③《春秋啖赵集传纂例》卷 10 及《春秋列国图说》。
④《新学伪经考·汉书艺文志·辨伪第三》。

粹之文,诚列国之史学有薄厚,才有深浅,不能醇一故也。"①这是说,左丘明博采诸国史书,著 30 卷《左传》,剩下的材料编成了 21 篇的《国语》。刘向整理中秘藏书时,又将两书的材料合为 54 篇的《新国语》。此"新"字是为与原《国语》区别而定。这不正是左丘明参考了诸国之史以著《左传》的铁证吗?我们查阅《左传》本文和有关资料,知道著述《左传》至少还依据了以下数十种文籍及大量钟鼎铭文和政府档案甚至囚徒名册,它们是:《虞书》《夏书》《商书》《周书》《夏训》《太誓》《逸书》《训典》《周礼》《礼书》《周易》《易象》《象魏》《乐》《三坟》《五典》《八索》《九丘》《鲁春秋》《郑书》《御书》《前志》《史佚之志》《仲虺之志》《周秩官》《帝系》《春秋列谱牒》《穆天子传》《军志》《禹刑》《汤刑》《九刑》《仆区》《郑刑书》《范宣刑书》《虞箴》《丹书》等。

由于掌握了丰富的史料,《左传》在解释《春秋》时就能详尽、富赡而且周全。

第一,是对《春秋》所述史事经过进行了详尽的阐明。例如成公二年六月之战,《春秋》只有"季孙行父、臧孙许、叔孙侨如、公孙婴齐帅师会晋郤克、卫孙良夫、曹公子首及齐侯,战于鞌,齐师败绩",共 39 字。《左传》却用 1400 余字,对战争的原因、战况做了全面、细致、生动的记述。

第二,对《春秋》未曾提及的春秋重要史事进行了补充。如《左传》隐公元年"夏四月,费伯帅师城郎,不书,非公命也",这就向人们展示了即使在春秋初的鲁国也有大夫不听鲁公之命而私自筑城的事。庄公三十二年经:"秋八月癸亥,公薨于路寝。冬十月己未,子般卒。"读此,人们只知道鲁庄公死了,却不明子般卒与之有何关系。《左传》文云:"八月癸亥,公薨于路寝。子般即位,次于党氏。冬十月己未,共仲使圉人荦贼子般于党氏。成季奔齐,立闵公。"把发生于公元前 662 年的一次鲁国血淋淋的争夺君位史展现到了读者面前。

第三,为了阐明孔子的思想,交代有关史事的来龙去脉,《左传》还适当地扩大了编年的时限。《春秋》断代严格,始于鲁隐公元年(前 722),终于鲁哀公十四年(前 481)。《左传》记事的编年,也开始于隐公元年,但为了叙清隐公摄位的理由,专门追述了鲁惠公二十四年(前 745)声子以继室生隐公息姑之事,此一年代比鲁隐公元年早 23 年。为了述及孔子之卒,《左传》所录《春秋》经文下延至哀公十六年,比《公羊》《穀梁》所述经文多两年。又为了交代吴公子季札"晋其萃于三族乎"的预言②,而将编年的下限延至鲁悼公四年(前 463),并述及悼公十四年(前 453)三晋灭智伯。这样做,就使读者对整个春秋时代的历史有

①《温国文正司马公文集》卷 68。
②《左传》襄公二十九年。

比较全面的认识。

第四，为了使读者了解孔子所一再阐扬的三代和周公等人的事迹，《左传》以人物对话的形式，巧妙地转述了许多春秋以前的历史事件和传说。早期的，如关于黄帝战炎帝，尧、舜禅让，鲧、禹治水，夏启当政，羿、浞代夏，少康中兴，周人先世，文、武之兴，周公东征和摄政，穆王巡游，共和行政，宣王中兴至西周之亡，西周的制度文化，等等，不少内容是其他典籍中缺载的。可以说，《左传》是最早记述华夏上古历史的著作。顾颉刚先生指出："[中国]古史传说和西周史事的较原始史料仍以见于《左传》为最多，运用《左传》等记载才有可能把古史传说和西周史事考证清楚。"①

从篇幅上看，《左传》全196845字，是《春秋》经文的11倍，内容之丰富自不待言。汉桓谭《新论》言："左氏《经》之与《传》，犹衣之表里，相持而成。经而无传，使圣人闭目思之，十年不能知也。"宋郑樵也说："《春秋》得仲尼挽之于前，左氏推之于后，故其书与日月并传。不然，则一卷事目，安能行于世？"②皆可谓确论。孟子、荀子阐述自己的思想，后儒诠释五经之义，无不以三代和春秋历史为其主要例证，而《左传》所载历史资料，为这种阐述和诠释提供了丰富的史实。历代儒家读经，必以《左传》为先导，由此可见《左传》在经学中的重要地位。

三、阐发《春秋》的深刻寓意

《左传》作者曾两次以"君子曰"的形式对《春秋》予以评说。第一次在成公十四年，君子曰："《春秋》之称，微而显，志而晦，婉而成章，尽而不污，惩恶而劝善。非圣人，谁能修之？"第二次在昭公三十一年，君子曰："《春秋》之称，微而显，婉而辨，上之人能使昭明，善人劝焉，淫人惧焉，是以君子贵之。"这两段话的意思是说，《春秋》这部书，言辞不多而意义显豁，记载史实而意义幽深，表达婉转屈曲而顺理成章，直言其事而无所污曲，能使以后的君主统治更加清明，使善良者受到奖劝，使罪恶者受到惩处。现在看来，这实际上是学界对《春秋》宗旨和作用最早的阐述。后来的经师和学者对《春秋》的论评，大体都是这些意思的发挥。

为了使学者明了《春秋》的深切寓意，《左传》除了以丰富的史实予以阐述让读者自行体会外，还特别总结了孔子笔削《春秋》的方法，即其在书中使用具

---

① 顾颉刚：《春秋左传研究·序》（童书业著《春秋左传研究》）。
② 《太平御览》卷610引，及《通志·总序》。

体词语的意义,而成为著名的"五十凡",并将这些凡例随时插入于记叙之中。

《左传》阐明《春秋》用词含义的 50 条凡例,大体可以分为三类。第一类是修史法则,即史法,共有 9 条。如隐公十一年"凡诸侯有命,告则书,不然则否。师出臧否,亦如之。虽及灭国,灭不告败,胜不告克,不书于策",是讲当时诸侯各国都有互相通告史事的习惯,称"赴告",史官即据以写入史策。但当别国未曾赴告,无论其事多么重大,亦不书于史策中。这就解释了《春秋》中为何漏记某些鲁国以外史事的问题。文公十五年"凡诸侯会,公不与,不书,讳君恶也。与而不书,后也",诸侯盟会,是春秋间的大事,参与与否,标志了该诸侯国的地位,凡应当参与的盟会,各诸侯国君都尽可能争取参与。但在齐、楚、晋、秦诸强面前,鲁国早已降为二等之国。孔子撰《春秋》时,为了替父母之邦的鲁国国君隐讳,在记载盟会时,凡鲁君未与会,或迟至者,皆不书与会诸国君名。这就阐明了《春秋》的一条重要原则"为鲁君隐讳"。第二类是修史属辞,即书法,共有 22 条。如庄公二十九年"凡师,有钟鼓曰伐,无曰侵,轻曰袭",将《春秋》中对各次战争用词的褒贬色彩全盘托出。如果说,伐还是一个略带褒义的中性词的话,则侵和袭都是明显的贬义词。再如宣公四年"凡弑君:称君,君无道也;称臣,臣之罪也",就道明了《春秋》中对杀死国君正当与否的评判。第三类是论礼的说辞。如文公二年"凡君即位,好舅甥,修昏姻,娶元妃以奉粢盛,孝也。孝,礼之始也",是讲新君即位后,首先要娶立元妃(正妻),与妻舅家族修好,这是实行孝道的一项重要内容。这类凡例,已经是阐述孔子的思想了。

为了使学者明了《春秋》的深切寓意,《左传》还用作者或前人评论的形式予以阐述。《左传》作者自己的评论在书中共有 84 次,以"君子曰""君子谓""君子以为"等方式开头。如襄公三十年冬经文曰:"晋人、齐人、宋人、卫人、郑人、曹人、莒人、邾人、滕人、薛人、杞人、小邾人,会于澶渊,宋灾故。"《左传》叙述,因为宋国火灾,诸侯国的大夫们会见于澶渊,商量给宋国赠送财物,但事后,却都没有履行承诺。君子曰:"信其不可不慎乎?澶渊之会,卿不书,不信也。夫诸侯之上卿,会而不信,宠名皆弃,不信之不可也如是。《诗》曰'文王陟降,在帝左右',信之谓也。又曰'淑慎尔止,无载尔伪'不信之谓也。书曰'某人某人会于澶渊,宋灾故',尤之也。不书鲁大夫,讳之也。"就是解释了《春秋》对这次会见不讲信誉的批评态度,以及鲁国大夫叔孙豹虽与会却不书名的理由。如果没有《左传》的这一段文字,我们根本无法理解上述经文的微言大义。再如昭公三十一年冬,邾国的大夫黑肱逃来鲁国,并献给鲁君滥地。《春秋》仅书为"黑肱以滥来奔"。《左传》中却以"君子曰"的形式发表了大段的议论,说:"名之不可不慎也如是。夫有所有名而不如其已。以地叛,虽贱,必书地,以名其人,终为不义,弗可灭已。是故君子动则思礼,行则思义,不为利回,不为义疚。或求名而不得,或欲盖而名章,惩不义也。"意思是说,黑肱是个小人物,但他叛变了自己的国家,还将本国土地献给鲁君,从而《春秋》中记下了他叛国出地的丑名,是对他不义行为的最严厉惩处。《左传》中还21次用孔子或前代名人的话,对有关史事中的微言大义或深刻内涵予以说明。如僖公二十八年城濮之战,晋文公以诸侯之师战胜楚国,冬天,在温地举行盟会,把周襄王也叫来装点门面。《春秋》没有写襄王与盟,而是写成"天王狩于河阳"。《左传》此处引孔子的话进行解释:"仲尼曰:'以臣召君,不可以训。'故书曰:'天王狩于河阳',言非其地,且明德也。"这是揭示孔子在《春秋》中为尊者(周王)讳和为贤者(晋文公)讳的典型例证。

四、以儒家思想贯穿全书

《春秋》以仁义礼智信的标准和正名的方法,褒贬春秋时代的人事,"使乱臣贼子惧"。《左传》的作者,信奉儒家学说,熟悉孔子整理的五经,以释《春秋》为己任,全书在思想体系上,以孔子等早期儒家的言论为骨干,以五经为基础,采取各种方法,宣扬儒学观点,以儒学准则评判历史,使《左传》成为一本生动的儒学思想教科书,从而更加重了其在经学中的地位。

清代学者曾镛指出:"观《左氏传》中,多引《易》《诗》《书》《礼》《乐》之文,以论是非,于经盖无不通。"[①]引《易》者,如宣公十二年,晋智庄子言:"此师殆哉!《周易》有之,在《师》▤▤之《临》▤▤,曰:'师出以律,否臧,凶。'执事顺成为臧,逆为否,众散为弱,川壅为泽。有律以如己也,故曰律。否臧。且律竭也,盈而以竭,夭且不整,所以凶也。不行之谓《临》,有帅而不从,临孰甚焉!此之谓矣。果遇,必败,彘子尸之,虽免而归,必有大咎。"这是运用《周易》推论泌之战的胜负。引《诗》者,如桓公六年,大子曰:"人各有耦,齐大,非吾耦也。《诗》云'自求多福',在我而已,大国何为?"所引即为《诗经》之《大雅·文王》中句。引《尚书》者,如昭公二十四年,苌弘曰:"同德度义。《大誓》曰'纣有亿兆夷人,亦有离德;余有乱臣十人,同心同德',此周所以兴也。君其务德,无患无人。"虽然其文字与今传本《尚书·泰誓》稍异,却被学者视作更为近古之本。引《礼》者,如襄公四年,君子曰:"《志》所谓'多行无礼,必自及也',其是之谓乎!"文中所谓《志》,就是一种古礼书。至于引《春秋》者,则比比皆有。许多学者,从《左

①〔日〕竹添光鸿:《左氏会笺·总论》引录。

传》所引五经中发现今传经文的讹误和遗佚，由此可见该书在经学中的价值。

《左传》全书浸透着儒学精神。在哲学思想上，《左传》以孔子的仁，即人本主义为核心。"仁者，人也。"书中屡引前人论说，阐述人的重要性。如桓公六年楚大夫季梁言："民，神之主也。"将人摆到神灵之上。昭公十八年，郑子产言："天道远，人道迩，非所及也。"在《左传》作者看来，仁学的运用，主要是行德政。书中一再赞扬晋文公的文德，如在僖公二十七年称其"一战而霸，文之教也"，次年，君子谓，"晋于期役，能以德攻"，从德政出发，书中提出君主的使命在"利民"。文公十三年，对邾文公为了"利于民"不顾自己的寿命的行为，赞为"知命"。书中反对统治者过分地压迫民众，如昭公三年赞扬晏婴讽谏齐景公使其减轻刑罚，说："仁人之言，其利博哉！晏子一言，而齐侯省刑。《诗》曰'君子如祉，乱庶遄已'，其是之谓乎！"昭公二十年，引了两段孔子的话，称赞子产行德政，是"古之遗爱"。文公六年则以"君子曰"的形式，抨击秦穆公以子车氏之子等177人殉葬，是"死而弃民"。从人本主义出发，《左传》中提出，选贤任贤是安邦治国之本。襄公十五年君子谓："官人，国之急也。能官人，则民无觊心。"襄公三年的君子谓，赞扬祁奚荐贤不避仇、不避亲的公正态度。文公二年的评论，从孟明两次打败仗仍受到秦穆公的重用，终于助其称霸西戎之例，称赞"秦穆公之为君也，举人之周也，与人之一也"。《左传》中以是否"利民"作为评判君臣的主要标准，故而书中一再赞扬齐田氏、鲁季氏和三晋。昭公三十二年，记载了史墨与赵简子的谈话，肯定季氏驱逐鲁昭公行动的正义性。说："王有公，诸侯有卿，皆有贰也。天生季氏，以贰鲁侯，为日久矣。民之服焉，不亦宜乎！鲁君世从其失，季氏世修其勤，民忘君矣。虽死于外，其谁矜之？社稷无常奉，君臣无常位，自古以然。故《诗》曰：'高岸为谷，深谷为陵。'三姓之后，于今为庶，主所知也。"这一段话，是历代对淫逸失道君主造反的理论根据。古人因此批评《左传》是"助乱之邪说"。其实，这些话，正是对孔子"君君、臣臣、父父、子子"[1]最好的注释。君就应该像个君的样子，要为民谋利，如果反其道而行之，推翻之又有何错？由此更可见，《左传》中有许多先秦儒学的精华。

《左传》特别重视礼，引孔子的话，论说了礼与仁的关系，言"克己复礼，仁也"[2]，以礼作为评判历史是非和人物功过的标准。关于礼的论说，在其评论中有19条，在"五十凡"中亦有19条。例如隐公十一年，君子谓："郑庄公于是乎有礼。礼，经国家，定社稷，序民人，利后嗣者也。许，无刑而伐之，服而舍之，度德而处之，量力而行之，相时而动，无累后人，可谓知礼矣。"不仅以有礼赞扬了

---

①《论语·颜渊》。
②《左传》昭公十二年。

郑庄公之伐许,而且精辟地论说了礼的重要意义,历来被视为礼说要典。至于襄公二十六年所说"有礼无败",昭公二十五年所说"无礼必亡",更是对行礼重要性的强调。对礼的具体内容,《左传》中也有许多论说,例如,桓公三年,"凡公女嫁于敌国,姊妹则上卿送之,以礼于先君;公子则下卿送之;于大国,虽公子亦上卿送之;于天子,则诸卿皆行,公不自送;于小国,则上大夫送之",对只注意礼的形式而忽视其实质的做法,《左传》作者很不以为然。昭公五年,鲁昭公到晋国去,"自郊劳至于赠贿,无失礼"。女叔齐认为,鲁昭公置国内危机于不顾,而把演习礼的形式作为要务,"言善于礼,不亦远乎",君子为此称赞道:"叔侯于是乎知礼。"

《左传》文公二年"礼,孝之始也"的论说,恰到好处地分析了礼与孝的关系,极受学者称道。书中对孝论得很多,第一个的"君子曰",就是"颖考叔纯孝也,爱其母,施及庄公。《诗》曰:'孝子不匮,永锡尔类',其是之谓乎"。①

对义的论说,如昭公十四年引孔子对叔向的赞扬,"叔向,古之遗直也。治国制刑,不隐于亲,三数叔鲁之恶,不为末减。曰义也夫,可谓直矣!平丘之会,数其贿也,以宽卫国,晋不为暴。归鲁季孙,称其诈也,以宽鲁国,晋不为虐。邢侯之狱,言其贪也,以正刑书,晋不为颇。三言而除三恶,加三利。杀亲益荣,犹义也夫",给千古官员树立了正义的榜样。

对忠的论说,如襄公十四年君子谓:"子囊忠。君薨,不忘增其名;将死,不忘卫社稷,可不谓乎?忠,民之望也。《诗》曰:'行归于周,万民所望',忠也。"

《四库提要》说:"汉晋以来,藉《左氏》以知经义,宋元以后,更藉《左氏》以杜臆说矣。传之与注疏,均谓有大功于《春秋》可也。"是对《左传》在经学中地位的准确评价。

《经学讨究》,兰州大学出版社,1997 年

---

① 《左传》隐公元年。

刘歆作《左传》说质疑

在中国古史典籍中,《左传》是一部影响很大的书,又是一部引起很多争论的书。争论最多的是该书作者及成书年代。由于这个问题关系到《左传》的史料价值和历史地位,因此很有研究的必要。

近年,徐仁甫先生竭力倡言《左传》为刘歆所作说。其观点在《〈左传〉的成书年代及其作者》①一文中较为明晰扼要,本文拟主要从《左传》本身及其与《史记》关系两方面向该文提出质疑。

一

徐文说:"《左传》的作者果真是生活在春秋时代的左丘明,他就只能记载春秋以前的事实,为什么他在《左传》中记载了战国时代的事情呢? 比如:赵襄子的谥,知伯的事,秦孝公时'不更''庶长'的爵号,甚至秦惠王才开始的腊祭,秦始皇统一天下才有的郡县制,汉高祖始姓刘,这些在春秋时的《左传》中都出现了(所谓'虞不腊矣''迁于鲁县''其处者为刘氏'等)。"其实,这些疑问宋代叶梦得、郑樵、朱熹等人就提出过。《四库提要》对"腊为秦礼"的说法进行过驳斥,指出:"考《史记·秦本纪》称惠文君十二年始腊。张守节正义称,秦惠文王始效中国为之,明古有腊祭,秦至是始用,非至是始创。阎若璩《古文尚书疏证》亦驳此说曰:史称秦文公始有史以记事,秦宣公初志闰月,岂亦中国所无,待秦独创哉? 则腊为秦礼之说,未可据也。"②至于《左传》结尾处有智伯灭和襄子谥号的事,并不能说明该书就是刘歆所作的。据《左传》杜注和《史》记载,知伯

①载《四川师范学院学报》(社会科学版)1978 年第 3 期。
②《四库全书总目》卷 26《春秋左传·正义》提要。

灭在周定王十六年（前453），上距孔子卒仅27年；赵襄子卒在周威烈王元年（前425），上距孔子卒也不过54年。孔子的3000学生中，有许多年龄很小。仅"颇有年名，及受业闻见于书传"的35名高足中比孔子年幼42至53岁的就有10名。① 孔子终年73岁，其时他们仅为18至39岁；知伯灭时，他们只有50岁上下，甚至到赵襄子死时，他们最幼者不过72岁。如果《左传》作者与上述弟子年龄相当，或即其中一位，他是有可能见到赵襄子死的。退一步说，春秋时的谥号，除了一般死后赐予外，也有生赐之例。昭公二十年，卫侯就曾生赐北宫喜为贞子、析朱鉏为成子。以赵襄子灭智伯后的赫赫权势而言，晋侯是有可能生赐赵襄子谥号的。因之，《左传》中有赵襄子的谥号并不能肯定作者是赵襄子死后的人。

毋庸讳言，《左传》中有后人附益补缀的成分。如文公十三年"其处者为刘氏"的"刘"字，就有可能是汉初人改"留"字而成的（说详刘文淇《春秋左氏传旧注疏证》引惠士奇语）。春秋是一个社会激烈动荡与变化的时代，《左传》中"民，神之主也"②的重民思想和"社稷无常奉，君臣无常位"③的进化史观，都是那个时代的产物。《左传》中"其处者为刘氏"的附益之词，向刘氏帝王邀宠，为永葆刘氏一统天下服务，是与全书的思想格格不入的。正如人们并不因有建始年号和扬雄之语④，就否定司马迁是《史记》的作者，我们也不应因个别附益之词就否定《左传》是战国前期的作品。当然，徐先生并不以"其处者为刘氏"为附益改篡之词，而认为是《左传》非刘歆所作的证据。试想，西汉末年，社会危机日益深重，统治阶级企图以王莽代汉来遏制人民的反抗，作为王莽密友和高级谋士的刘歆也著书立说，散布汉运将终、改朝换代的舆论，在这种情况下，他怎么可能在自己所作的《左传》中编造与自己的政治观点相对立的刘氏为尧之后的神话呢？

徐先生自忖在时代特征上刘歆作《左传》说难以成立，所以竭力否认前人所谓"刘歆伪作《左传》证成莽篡"说，在《左传疏证》中乃言："《左传》公布在成帝绥和元年，其时固不知有莽篡也，《左传》又安能证成之？"⑤这是对历史事实的歪曲。早在河平三年（前26），"时元帝舅阳平侯王凤为大将军秉政，倚太后，专国权。兄弟七人，皆封为列侯。时数有大异，（刘）向以为外戚贵盛凤兄弟用事

①据《史记·仲尼弟子列传》。
②《左传》桓公六年。
③《左传》昭公三十一年。
④《史记·历书》《史记·司马相如传赞》。
⑤《左传疏证》第467页。

之咎。向乃……（著）《洪范五行传论》，奏之"。到永始元年（前16）刘向又上书谏起延陵，矛头直指王氏，指出"历上古至秦汉，外戚僭贵未有如王氏者"，严重警告"事执不两大，王氏与刘氏亦且不并立"，呼吁成帝"黜远外戚，毋授以政，皆罢令就第"，否则"田氏复见于今，六卿必起于汉"。① 很明显，刘歆始至中秘时，王凤等人即已有效田陈而代汉之心，怎能说，到绥和元年（前8）时，"固不知有莽篡也"！

《左传》被古人誉为"兵法之祖"②。王原指出，其"兵法之妙，千古名将不能出此范围，然非知兵，安能叙之简而明、确而备如此！文人每叙战功，不能传古人兵法之妙音，以不知奇正虚实分合之术也。他家无论，即以马迁之雄，亦不能辨，非不知兵之故乎！故千古以文章兼兵法者唯《左传》"。③ 无疑，《左传》的作者不仅是位军事理论家，而且是位久经沙场的武将。以文人兼军旅，"出则为将，入则为相"，这在春秋时代是毫不奇怪的。当时战争频仍，"终春秋之世，未见贵族不能武事者，亦未见文武确实分职之痕迹"④。考刘歆生平除了校书外，就是任京兆尹和王莽新朝的国师公，虽曾挂名中垒校尉、骑都尉，却从来没有指挥战争的经历。试问，一个绝无军事实践的人，能凭空写出一部为千古名将抚卷击节的军事著作来吗？

《左传》中有许多预言，其中关于战国初年以前的预言几乎无不奇中，但其后则多不中。如文公六年"君子是以知秦之不复东征也"。事实上，到秦孝公时就称霸中原，最后嬴政统一了中国。又如襄公二十九年吴公子札聘于鲁，听了《郑风》以后，以为"其先亡乎"。可是郑国在两霸之间艰苦挣扎，直到三家分晋后才灭于韩。昭公四年，浑罕预言"姬在列者，蔡及曹、滕其先亡乎"，而滕灭于宋王偃，在诸姬中为最后。这些都是预言不灵验的例子。一般说来，预言被证实了的，是作者所亲见的；而预言不灵的，是作者未见到结局的。不少学者据预言的灵验与否来推断《左传》成书年代，应该说，这是一种比较科学的方法。照徐先生的说法，《左传》为刘歆所作，刘歆是看到《左传》中所有预言的结局的。那么，他在作《左传》时为什么不使书中的所有预言都为史实所验证，以增强该书的神秘性，反而留下这些不灵验的预言，让后人作为该书是战国前期所作的证据呢？

徐文说："《左传》是不称吴楚之君为王的。"所以《韩非子·奸劫弑臣》中的

---

① 《汉书·楚元王传附刘向传》。
② 宋徵璧：《左民兵法测要·凡例》。
③ 《左传评》卷1。
④ 童书业：《春秋左传考证》，第369页。

"楚王子围杀王自立"一句,绝不是引自《左传》,而是《左传》采用《韩非子》原文的证据,也是《左传》采书改书的一条规律。我们认为引出这条"规律"的证据是大有问题的,据我们所知,不称吴楚之君为王的著作是有的,那就是《春秋》。《春秋》讲究正名,仅尊周天子为王,"吴楚之君自称王,而《春秋》贬之曰'子'"①。《左传》则不然,它对其他诸侯国君主总以公、侯、伯、子、男爵位相称,唯独对吴、楚两国君主既有称子的,也有称王的。《左传》在桓公六年,庄公四年、六年、十八年,僖公七年、二十六年,文公元年、十年、十四年、十六年,宣公四年、十一年、十二年、十四年、十八年,成公二年,襄公五年、十三年、二十二年、二十四年、二十五年、二十六年、二十九年、三十年,昭公元年、三年、四年、五年、六年、七年、十一年、十二年、十三年、十四年、十七年、十九年、二十年、二十二年、二十四年、二十五年、二十六年、二十七年,定公三年、四年、五年、十年,哀公六年、十六年、十七年、二十二年等处,都曾称吴楚之君为王。楚王子围的称谓,至少也有襄公二十六年和二十九年、昭公元年等处。我们不知道,徐先生是怎么得出了《左传》"不称吴楚之君为王"的结论;我们也不理解,为什么说称"子"之书就必定是抄袭称"王"之书的。实际上,《左传》对吴楚之君的特殊称谓本身,正显示了该书的时代特征。在春秋时代,大部分诸侯都以爵位自称,只有楚国君主从鲁惠公二十九年起称王,吴国君主至迟在鲁成公六年以前也僭越称王(吴国历史至此时才有纪年)。《左传》作者主张"尽而不污"②据直写史,因而他在自己的著作中实录了吴楚君主的自我称谓。如果真是刘歆作了《左传》,他尽可以而且也应该据《春秋》将称谓予以统一。

《左传》各部分篇幅的多寡不同,也带有显明的时代标志。如果《左传》为刘歆所作,除了采集群书外,他尽可以无中生有,信手编造(如梅赜伪《古文尚书》就是这样做的)。这样,《左传》全书各部分的篇幅应该是大致相等的。我们为此对通行本《左传》篇幅做了一个不很精确的统计,表明从隐公到僖公这96年记事简略(平均每年仅351字),而且多解经之语;从文公到昭公这170年中,记事翔实(平均每年为1038字),其中襄、昭二世为最高峰(平均每年达1296六字);定、哀二世比起文、昭之间来又稍略(平均每年为646字),且多有事无词,而悼公前三年的史实干脆缺载。董仲舒曾将春秋242年分为三个阶段,即所谓"有见三世,有闻四世,有传闻五世"。③ 这个"有见三世",是参照孔子生卒年代定的。假若如前文之推定,《左传》作者比孔子小40多岁,则春秋十

①《左传》昭公三十一年。
②《左传》成公十四年。
③《春秋繁露》。

二世中,他有传闻五世,有闻五世,有见二世。传闻五世上距昭公初年已120年以上,由于年代久远,连年战乱,使各诸侯国册文堕脱,史实埋没。所以昭公二年韩宣子聘于鲁,"观书于太史氏,见《易象》与《鲁春秋》",就惊呼"周礼尽在鲁矣"![①]《春秋》经文这个时期脱阙就较多,《左传》作者能掌握到的资料有限,因此他述事只好从简了。至于有见世为什么记事又稍简略,甚至缺而不记呢?至少有三个现实的原因。其一是"定、哀之时,纪载之书,行于世尚少故尔"[②],当代作者无法搜集到比较整齐的资料。其二,除了亲身经历,人们往往无法完全了解当代所发生的各种事件的真相,对事情的是非与重要性当然也无法做出准确的判断,只有经过相当时间以后,事情的背景和内幕材料才可能逐渐透露出来(也可能永远淹没),这时候写史,内容就可以详细得多,评论就可以准确得多了。《左传》全书有"君子曰"之类作者评论85条,而定、哀、悼间仅3条,文、昭间却多至57条,这与作者是定、悼时人恐怕不是毫无关系的。其三,由于政治问题、人事关系、舆论压力,作者写当代史往往踌躇再三很难下笔,以至连《春秋》也是"哀、定多微词"[③],但经过了相当时间以后,原来紧张微妙的政治问题、人事关系变得松散起来,这时写史者就可以比较超脱和客观了。总之,《左传》传文篇幅所呈现的"低—高—中"的曲线,是《左传》作者为定、哀、悼间人的最有力的证据,也是对刘歆作说不容置疑的否定。

二

在将《史记》和《左传》比较时,徐文根据两书记载同一事件的详略和用词不同,甚至个别差谬之处,就说"《左传》全书,正《史记》之误,补《史记》之阙的地方还多",因此得出结论"《左传》成书是在《史记》之后的"。是的,《史记》与《左传》在记事上有许多事实相同处(徐先生统计为17篇127则),而且有的地方《史记》错了,《左传》是对的。但是,我们能因此就断定《左传》在《史记》之后吗?

在中国文献史上,由于对前人的著作不理解而导致后学者写作错误的例子时有所闻。就拿《左传》来说,隐公五年经文和传文都有"公矢鱼于棠"[④]。到汉

---

①《左传》昭公二年。

②崔述:《洙泗考信余录》卷3。

③《公羊传》。

④今《左传》传文"矢鱼"为"观鱼",但据《榖梁传》注"左氏作矢鱼",则晋代范宁之所见《左传》原文为"矢鱼"。

初,《公羊》《穀梁》的作者已不理解"矢"为何意,因此妄改经文中的"矢鱼"为"观鱼"。《尔雅·释诂》以为"矢,陈也",《史记》作"观渔"。贾逵以为是"陈鱼而观之"①。叶梦得认为"'观'正当为'矢',不当言'陈'"。②俞成释"矢者,射也"。③清代学者多从叶梦得说。到1936年,陈槃先生据上古典籍和民族学材料考订"隐公盖以弓矢射鱼,而非'观鱼'与叉鱼矣"④,才了却了这一公案,证明《左传》经文合于古制是正确的。还有《左传》襄公十七年经有"邾子牼卒",无传。《公羊》为"邾娄子瞷卒",《穀梁》为"邾子瞷卒",究竟谁是谁非呢?学者从来没有因《春秋(古经)》记载的正确,《公羊》《穀梁》《史记》记载的错误,就说《春秋》出现于三书之后;同样如果某事在不同的书中记载不一,我们也不宜肯定误者在前,正者在后。

比较来看,不少《左传》正确而《史记》错误之处是太史公疏忽或不理解造成的。《左传》哀公十四年述及田陈子灭齐相阚止、弑齐简公之事。文中先书阚止,后称子我,杜预注云:"阚止,子我也。"从上下文分析,这个注是对的。《史记·齐太公世家》叙述此事,除个别地方稍简外,与《左传》文字全同。照徐仁甫先生的说法,这是《左传》补充《史记》事实的例子了。然而且慢,到《田敬仲完世家》叙述此事时,子我,成了阚止的宗人了,并进而言之,"田氏之徒追杀子我及阚止"。请注意,一个阚止,在这儿成两个人了。更有甚者,在《仲尼弟子列传》里,"阚止宗人"的子我,又变成了另一个与阚止同字"子我"的孔门弟子宰予了,而且说:"宰我为临菑大夫,与田常作乱,以夷其族。孔子耻之。"不仅人名混淆,史实也前后矛盾。这明明是司马迁自己没有理解《左传》原义造成的。我们能因此做出《左传》成书在后的结论吗?

在《十二诸侯年表序》《三代世表》《孔子世家》《五帝本纪赞》等处,司马迁一再声称自己在写《史记》时参考了《左传》。为了否认这一点,徐仁甫先生在《左传疏证》中提出了"书名蒙上而省"说,以证司马迁所称《春秋》《国语》或《春秋古文》皆《国语》之谓。其实,这种"蒙上而省"法是不可靠的。纵然可谓《春秋左氏传》《春秋公羊传》,难道也可称《春秋战国策》《春秋楚汉春秋》《春秋太史公》吗?《国语》与《春秋》关系不大,又怎能冒成《春秋国语》呢?再说,今天通行本《史记》中仍可以看到采用《左传》,删削未尽的痕迹。《陈杞世家》有"三十八年正月甲戌、己丑,桓公鲍卒。桓公弟佗,其母蔡女,故蔡人为佗杀五

---

① 《史记集解》。
② 《春秋考》。
③ 《荧雪丛说》上。
④ 《国立中央研究院历史语言所集刊》第7本第2分册《春秋"公矢鱼于棠"说》。

父及桓公太子免而立佗，是为厉公。桓公病，而乱作，国人分散，故再赴"，读到这里，谁都会产生疑问：甲戌是头年十二月二十一日，己丑是此年正月六日，一个人怎么在半月内死了两次？"再赴"是什么意思？要弄清楚这些问题，只好求教于《左传》。据《左传》凡例，"凡诸侯有命，告则书，不然则否"。①《左传》桓公五年"春正月甲戌、己丑，陈侯鲍卒，再赴也。于是陈乱。文公子佗杀太子免而代之。公疾病，而乱作，国人分散，故再赴"，这里的"再赴""故再赴"都是解释《春秋》经文的话。原来甲戌陈侯鲍卒，已向鲁国通告。到己丑，因陈国内乱，国人四散，逃到鲁国的人再次向鲁报告陈侯鲍卒的消息。《春秋》严格遵循"告则书"的凡例，因此两个日子并录于次。《左传》在叙事的同时，用"再赴"说明两个日期并列的依据，用"故再赴"来解释"再赴"的原因。《左传》这样写是很自然的。《史记》并非解经的著作，却在文中冒出了"故再赴"的解经用语，就有些不伦不类，令人无法理解了。很显然司马迁据《左传》此条写《陈杞世家》时，虽将前一个"再赴"删去，却忘记把依"再赴"而存在的"故再赴"三字用自己的话说出来，而是一字不改予以照录，因此出现了这种奇怪的现象。《公羊》《榖梁》叙此事无"故再赴"字样，如果说《左传》在后，那《史记》中莫名其妙的"故再赴"三个字从何而来呢？徐仁甫先生对此似无法解释，只好言《陈杞世家》中"桓公疾……故再赴"这"十三个字是后人窜入"，理由是"于文为不通"。② 这里我们不禁想起了康有为作《新学伪经考》时的办法，凡解释不通或不利于己观点的史料，一概斥之为"伪窜"。这种做法，连梁启超也无法首肯，说康氏"乃至谓《史记》、《楚辞》经刘歆掺入者数十条，出土之钟鼎彝器，皆刘歆私铸埋藏以欺后世。此实为事理万不可通者，而有为必力持之"。我们请徐先生对"窜入"说也找出确凿理由来。

许多学者在研究《史记》语言特色时都指出，司马迁参考引用古代文献时，往往把那些僵化或含义不明的词汇句式，按照当时一般的理解，改为通俗易懂的词汇和句式。在采用《左传》时，司马迁也常做这样的翻译工作。《左传》昭公二十七年"我尔身"，《史记》改为"我身子之身"；僖公五年"太伯、虞仲，大王之昭也。大伯不从，是以不嗣"，《史记》改为"太伯、虞仲，大王之子也。太伯亡去，是以不嗣"，这些由深化浅、由繁化简的语句，难道不能使我们得出与徐先生相反的结论吗？

春秋时周有老聃、齐有穰苴、吴有孙武。《史记》中为这三位声名赫赫的人物各立专传，刘歆《七略》和班固《汉书·艺文志》著录了三位大师的著作——

①《左传》隐公十一年。
②《左传疏证》，第286页。

《老子经》《司马穰苴兵法》《吴孙子兵法》，但是，《左传》中对这三人却无一字记载。其原因只能这样说明：三人都是鲁襄公以后的人，平生参与的政治、军事活动不多，主要以其著作而闻名。《左传》作者生当与三人时代相近，但"定、哀之时，纪载之书，行于世者尚少"①，《左传》作者未及见其书，故不知其人。而后世学者综览春秋史事，翻阅三人著作，反而对三人事迹较为明了。所以《史记》有三人传略，而《左传》却漏记如此。从《七略》列三人著作看，刘歆很清楚三人生平。如果《左传》真为刘歆所作，他怎么会把《史记》立有专传、作品影响很大的三位人物弃而不记呢？

从《左传》本身的时代特征及其与《史记》的关系，《左传》绝非刘歆所作，而是战国前期的作品。那么，《左传》究竟为何人所作呢？杨伯峻先生说，关于《左传》的作者，"近人有不少设想，有的说是子夏，有的说是左氏为地名，吴起是作者，至今都是悬案。没有确凿不移的证据，还是存而不论为宜"。② 从山东银雀山汉墓两种《孙子兵法》的同时出土，解决了千年疑案的教训出发，我们很赞同杨先生的这种意见。

《河南古籍整理》1986 年第 2 期

---

① 崔述：《洙泗考信余录》卷 3。
② 《文史》第 6 辑，第 72 页。

《逸周书·谥法解》成书年代与作者蠡测

谥法,是古代一项以贯彻礼治教化为宗旨盖棺论定的精神刺激制度,它的长期实行,对古代历史的发展和民族心理的形成,产生了不容忽视的影响。在对传统思想文化进行全方位多侧面反思的史学研究新课题中,谥法学研究占有一定的地位。

谥法学的经典著作《谥法解》,列为《逸周书》第 54 篇,是该书影响很大、传播很广的篇章之一。由于尊经崇古思想的影响,古人迷信周公制谥法说,对《谥法解》的成书年代和作者极少表示怀疑,更没有人做过考订,现在是揭开这一伪案的时候了。

西汉学者刘向说,《逸周书》是"周时诰誓号令也,盖孔子所论百篇之余也"。[①] 其实,正如《尚书》并非全是三代作品一样,《逸周书》各篇的撰述时间也很不一致,有西周文献,有战国之作,甚至还有个别秦汉人文字。《谥法解》的小序言:"维周公旦、太公望,开嗣王业,建功于牧之野,终将葬,乃制谥,遂叙谥法。"[②]这里,把《谥法解》托始为周公旦所作,成书时间伪托为周武王安葬之前。

出土的彝器铭文,戳穿了周公制谥的妄说。照《谥法解》所说,周公为了安葬周武王才创制了谥法,那么,武王是周公旦所给予的第一个谥号了。1976 年 3 月,陕西临潼出土青铜器利簋,其 23 字的铭文是:

> 珷征商,唯甲子朝,岁鼎,克昏,夙有商。辛未,王在阑师,赐有司利金,用作旜公宝尊彝。[③]

---

①《汉书·艺文志》颜师古注引。

②《谥法解》版本很多,文字亦有不同。本文所引都依《史记正义论例·谥法解》。

③释文据《考古》1978 年第 1 期张政烺先生文。

这是迄今发现的最早的一件有铭文的西周礼器,它记载了周武王灭商这一重大历史事件,受到考古学界的高度重视。唐兰、于省吾、张政烺、黎子耀、商承祚、徐中舒等先后著文考释研究,尽管对铭文有不同释读,对器物的断代,却一致定为周武王十二年,即灭商之年。铭文中的"珷"字,最引人注目,它是武王二字的合文,指的是周武王发。武王十二年,刚刚灭商,周的官员利,就在纪念武王赏赐的礼器铭文中称周天子为武王。谥号应该死后才有,既然姬发活着的时候就有武王的称呼,那武王就不是谥号。联系到《史记·殷本纪》中,"汤曰:吾甚武,号曰武王"的记载,我们就会明白,商周天子生称美名的事极为平常,这些生称的美名,不能说成是谥号。

不仅武王,西周的成、昭、穆、共、懿诸王之号,也不是谥号而是生称。

献侯鼎,成王时器,铭文为"唯成王大举,在宗周,赏献侯器贝,用作丁侯尊彝,天黿",这是生称成王之例。

宗周钟,昭王时器,铭文有:"服子乃遣间来逆邵(昭)王,南夷东夷具见,廿又六邦。"这是生称昭王之例。

出土于陕西长安县的长由盉,穆王时器,铭文有"唯三月初吉丁亥,穆王在下减居。穆王飨醴,即邢伯大祝射……"这是生称穆王之例。

出土于陕西岐山县的五祀卫鼎甲,共王时器,铭文中有"厉曰:余执龏(共)王恤工于邵大室,东逆营二川",这是生称共王之例。

匡卣,懿王时器,铭文为"唯四月初吉甲午,[懿]王在射庐,作象舞,匡甫象乐二……"[1]这是生称懿王之例。

不仅周王,西周早期的王妃也都没有谥号。在文献中,周太王古公亶父之妃姜女,王季之妃太任,文王之妃太姒,武王之妃邑姜,都以名称。如果有谥法,不应不给她们谥号。

周初诸侯也没有谥号。以武王同母兄弟为例,封疆者叔振铎封曹、叔武封成、叔处封霍、叔封封康,都无谥。叔鲜封管、叔度封蔡,成王初,他们联合反叛被周公平定诛杀。照谥法,"善行受善名,恶行受恶名",理应予以恶谥,然而并无谥号。姬旦封鲁称鲁公,又相于周,称周公。武王时的《小臣单觯》铭文中也生称"周公赐小臣单贝十朋"[2],《国语·周语上》"周文公之《颂》",韦昭注为"文公,周公之谥也"。然而,我们遍考《尚书》《史记》《汉书古今人表》,都只称

---

①以上几段金文,分别著录于《两周金文辞大系考释》上编,第31、51页;《考古学报》1957年第1期《长安普渡村西周墓的发掘》;《文物》1976年第5期《陕西岐山县董家村西周铜器窖穴发掘简报》;《金文通释》卷3,第123页。

②《两周金文辞大系考释》,第2页。

其为周公、鲁公、叔旦,而无称其文公者。按照谥法,谥以尊名,如果"文"果真为周公之谥,史册中应该尊称其谥(文公)而不应称名或号。况且,谥法有人臣之谥须避讳先王庙讳之说,"文"本为姬昌之号,怎能转过来又授予姬旦?故,"文公"为周公谥号之说,或出于韦昭意忖。

再看周初重臣。与周公共同辅佐成王的召公奭,为周之同姓,封于燕,无谥。协助武王伐殷的姜尚,死于成王以后,封于齐,号太公望,取周"太公望子久矣"之意[1],亦无谥号。

周初天子、王妃、诸侯、重臣均无谥号,怎么能说周公创谥法、撰《谥法解》呢?

王国维氏在分析金文中西周王侯生称之例以后,指出:"是周初天子诸侯爵上或冠以美名,如唐宋诸帝之有尊号矣。然则谥法之作,其在宗周共、懿诸王以后乎?"[2]这一见解,已被更多的出土材料所证实。

我们知道,金文中没有谥字,只有益字,方浚益指出:"益与谥为古今字。"[3]郭沫若也说:"益即諡或谥,号也。"[4]据《广韵》"益,增也",益有增号之意,后来才造出一个谥字,来代替益字诸多义项中增以名号的意思。唐兰先生断为穆王时器的班簋,铭文曰:"班非敢觅,唯作邵考爽益(谥)曰大政。"这大概是金文中已知的最早给死者(爽)加益美名(谥号)的例子。在裹石磬铭中,有"□之配厥益(谥)曰鄯子"[5],看来,给死者加美名的做法在贵族中已很时髦,所以王室也予以仿效。《穆天子传》中,穆王给宠盛姬谥曰哀淑人,大概是周王室所授的第一个谥号了。从金文材料可知,穆王以后,给父祖谥号的事日渐增多,以郭沫若《两周金文辞大系》著录者为例,恭王时颂鼎、懿王时大鼎、孝王时舀壶、厉王时的无㠯鼎和师趛鼎、宣王时的召伯虎簋、幽王时的剌簋铭文中,那些烈、釐、圣、恭等字,都是王臣给死去的父母所加的谥号。

根据金文和历史文献,我们认为,谥法的产生有一个由渐而起的过程。西周初期,没有谥法,周天子生有美称,死后仍以此美称称之。王妃、诸侯、重臣也无谥号,个别有生时之美称。谥号萌芽于穆王时(或其以前)贵族给去世的父祖加以美名,后来王室开始实行。大约到周孝王以后,连周天子也不再有生之美称,只有死后加以美名(谥)了。可见,《谥法解》称始于周公旦所撰,纯属伪托。

---

①《史记·齐世家》。
②《观堂集林》卷18《通敦跋》。
③周法高:《金文诂林》第6册卷5上,香港中文大学。
④郭沫若:《班簋的再发现》,载《文物》1972年第9期。
⑤《历代钟鼎彝器款识法帖》卷8,第92页。

那么,《谥法解》是否撰述于谥法初起的穆王以后呢?回答也是否定的。常识告诉我们,任何一项礼法,从它的萌芽到出现成文的规范,总要经过很长的时间。

事实是从谥法产生,到出现总结性的著作《谥法解》,经历了漫长的岁月,不仅西周,就是春秋时也还没有《谥法解》这样一部严密的谥法规范。

《谥法解》中的谥解,不同于古书中一般文字训诂的方法,而是一律用××××曰×的六字句式,如"经纬天地曰文""安民立政曰成""去礼远众曰炀"等,后代议谥,也都是引据谥解以定谥号。如西汉大行令议河间王刘德谥号所奏:"《谥法》曰:'聪明睿智曰献',宜谥曰献王。"①

照常规,既然《谥法解》产生了,人们就应该引以赠谥。但是,我们查遍了春秋及其以前的材料,如《易》《诗》《书》及《仪礼》《春秋》《论语》等,都是据事给谥,而没有一例引《谥法解》为据。比如卫国公叔文子之谥,《礼记·檀弓》中卫献公讲,过去当卫国凶饥时,他施粥给灾民,是为惠;在齐豹之乱时,他舍身保护国君,是为贞;在做执政时,他对内健全制度,对外不卑不亢,是为文;故谥其为贞惠文子。其实,当时连孔子及其弟子也不知谥解为何物。所以在《论语·公冶长》中,子贡要问孔子:"孔文子何以谓之文也?"孔子回答:"敏而好学,不耻下问,是以谓之文也。"

《左传》昭公二十八年有"心能制义曰度,德正应和曰莫,照临四方曰明,勤施无私曰类,教诲不倦曰长,赏庆刑威曰君,慈和偏服曰顺,择善而从之曰比,经纬天地曰文"诸句,类同于《谥法解》之文,是否可以证明在《左传》以前,已有《谥法解》呢?抑或如《续通志》所说,这一段文字"是后人所窜入"的呢?两种意见都失于读书不求甚解。从《左传》上下文可以看出,这段文字,是成鱄对《诗·大雅·皇矣》中"唯此文王,帝度其心。莫其德音,其德克明。克明克类,克长克君。王此大国,克顺克比。比于文王,其德靡悔"诗句的训释②,根本就不是谥解,不过偶然用了六字释义的句法罢了。反过来,倒有理由推断,《谥法解》中的六字释义句法,可能都是从《左传》等典籍中学来的。《左传》中有许多地方讲到给谥,也都是据事给谥。襄公二年有"齐侯伐莱,莱人使正舆子赂夙沙卫以索马牛,皆百匹,齐师乃还。君子是以知齐灵公之为'灵'也",君子者,《左传》作者自谓也。如果作者见过《谥法解》,知道"乱而不损曰灵"的谥解,他怎么能发出"君子是以知"的慨叹呢?《左传》大体撰成于鲁悼公时代,那么,可否推定,《谥法解》成书于鲁悼公(前476—前431)之后呢!

---

①《汉书·景十三王·河间献王德传》。

②今本诗文与此略有不同,此据《左传》正文所录。

有些早期著作曾全文称引《谥法解》。其一是《大戴礼》。隋代成书的《北堂书钞·礼仪部·谥》有"谥者行之迹，大行受大名，细行受细名"句，与《谥法解》同。原注云："《大戴礼·谥礼》曰：将葬作谥者，行之迹也，是以大行受大名，细行受细名，行生于己，名出于人。"清孔广陶案："行迹五句，亦见《周书·谥法解》，盖《周书》与《大戴》同者，有《官人》《谥法》等篇，今则《官人》存，而《谥法》亡矣。"在《通典》卷140中也有"《大戴礼》云：谥者，行之迹也，号者，功之表也"，与《谥法解》同。可见，《大戴礼》原有《谥法》一篇，文字颇与《谥法解》同。

问题是，两者谁前谁后呢？

《白虎通义》卷1，有"《礼·谥法》'翼善传圣谥曰尧，仁圣盛明谥曰舜，慈惠爱民谥曰文，刚强理直谥曰武'"，查《周礼》《仪礼》《小戴礼》皆无《谥法》篇，故文中之《礼》，当指《大戴礼》。引文中的四项谥解，文、武二字同于《谥法解》，尧、舜二谥则不见于《谥法解》。《谥法解》是总集各种谥字谥解的专门著作，作者在搜集谥字之解时，理应是多多益善，兼容广纳。既然《大戴礼·谥法》中的某些谥字《谥法解》不录，可以说明，《大戴礼》收《谥法解》在后，而对其内容有所增益。

其二是《世本》。《玉海》卷54录沈约《谥法序》言："《大戴礼》及《世本》旧并有《谥法》，而二书传至约时已亡其篇。"宋人罗泌《路史·发挥五·论谥法》提到："贾山曰，古圣作谥不过三四十言。而蔡邕之书才四十六，然犹不及《世本》《大戴礼》之所载者。"①这是说，《世本》旧有《谥法》篇，且载有比蔡邕《独断·帝谥》更多的谥字。秦嘉谟《世本辑补》卷10《谥法》注认为，《大戴礼》和《世本》中的《谥法》篇，皆"采自《周书》，学者以其重见杂出，遂不复加著录"，还断定"则《世本》所载，当与《周书·谥法解》同"。②

其三是《师春》。这是西晋太康年间从汲县出土的先秦古籍之一。宋人苏洵说："世有书号《师春》者，载古谥法百余字，与诸家名同，其一曰不隐无藏曰真，于义为允。"③按《谥法解》有谥字102个，而《师春》有"百余字"，则《师春》之谥字，应系《谥法解》中抄得。至于"真"字谥解，在现在所能见到的《谥法解》版本中，或作"不隐无屈曰贞"，或作"不隐无屏曰真"④，贞与真形近而讹，《世本》所录更为近古。

现在该考查以上三书的撰述年代了。《大戴礼》据现代学者考订，大致编成

---

① 《四部丛刊》本《路史》与此微有不同，此据明刊王圻《谥法通考》卷1所录。
② 《世本八种》，商务印书馆，1957年。
③ 苏洵：《谥法》卷2，商务印书馆《丛书集成初编》本。
④ 《文献通考·王礼考》。

于秦汉间，其中的《夏小正》成书于公元前 350 年左右。《世本》中述及赵王（前 235 至前 228 年在位）迁事，称为"今王迁"。学者因之订其为战国末作品。《师春》出土于战国魏襄王墓中，魏襄王死于公元前 296 年，《师春》成书，最迟也应在此时。三书比较，《师春》成书最早。

既然《谥法解》为上述三书所抄录，其撰述时间当比三书为早，也就是说，《谥法解》成书时间的下限，应该是公元前 296 年以前。

以上，我们通过先秦典籍内容的查考，推断《谥法解》撰成于《左传》以后，《师春》以前，亦即公元前 431 至前 296 年间。

下边，我们想换一种方式，通过先秦天子、诸侯、夫人等谥号用字与《谥法解》中谥字对照，来探讨《谥法解》的成书时间。

《春秋》和《左传》中，各种人谥号用字有：隐桓庄闵僖文宣成襄昭定哀悼贞景康懿敬声惠齐穆献武戴简元平共殇幽顷灵靖怀孝厉，共 37 字，全部见《谥法解》中。

《国语》中的谥号涉及 34 字，其中，《春秋》《左传》中没有的是胡夷二字，均见于《谥法解》中。

《竹书纪年》中所叙帝王诸侯的尊号谥号用字，为：文武成康昭穆共懿厉孝夷幽僖定宣惠慎釐桓倾平戴哀庄鄂献襄顷匡简景灵悼敬贞考威烈显靖隐，共 41 字。其中同于《春秋》及其内外传的有 33 字，余下的字，有匡考威烈倾 5 字见于《谥法解》中，有慎鄂显 3 字不见于《谥法解》中。

春秋时代，各国大事都要互相通报（称为"赴告"），所以当时各国的史书中记载了许多他国诸侯的谥号，周天子虽然地位微弱，但名义上天下共主的地位仍然存在。《谥法解》作者在搜罗谥字时，当然要参考各国国史如《春秋》《梼杌》之类，而且以多而全为贵。《春秋》《左传》《国语》中的谥字，全部见于《谥法解》中，说明作者见到并参考了《春秋》等史书，也就是说，成书于《春秋》等史书之后。《竹书纪年》中有些《春秋》诸书中未见到的谥字收入了《谥法解》，说明作者参考了其他史籍，或者收入了《春秋》等史册成书后新出现的谥字；而有些谥字没有收，说明作者没有见到《竹书纪年》，或者有些谥字是作者死后产生，未曾闻见，不可能收录入书中的。这里，最值得注意的是"显"字未收入《谥法解》，这是公元前 321 年去世的周王姬扁的谥号（显王）。周显王虽然式微，重器九鼎犹在，周之天子名号尚未丧失，《谥法解》中收入了此前所有的周天子尊谥用字，却未收显字，说明作者死于周显王之前。

《春秋》《左传》《国语》成书于鲁哀公至悼公时代，《竹书纪年》成书于战国魏襄王二十年（前 299），周显王死于公元前 321 年。由此，我们可以推断《谥法解》的成书时间在公元前431至前321年间。

《史记·六国年表》比较齐全地载录有自周元王元年（前475）至秦统一（前221）的总共250余年间，周天子及诸侯谥号共122字。这些谥号用字中，有《春秋》及其内外传中没有的字12个。为便于比较，我们将这些字按谥号主人逝世先后划为三段。第一段，周威烈王元年（前425）以前的，包括新增的躁（秦躁公）、考（周考王）二字都见于《谥法解》中。第二段，周威烈王元年至周烈王元年（前375），新出现的烈（周威烈王）、繻（郑繻公，死于前396年）、安（周安王）共3个字，唯繻字未收入《谥法解》中。第三段，周烈王元年至秦统一六国，新见的慎（卫慎公，前373年死）、休（宋休公，前373年死）、辟（宋辟公，前370年死）、肃（楚肃王，前370年死）、显（周显王）、易（燕易王，前321年死）、赧（周赧王，前256年死）。这7个字，只有肃字收入《谥法解》中。

周威烈王元年以前的谥号，全部收入，表明《谥法解》撰成于这一阶段以后。第二段，繻字不收，并不能就此断定《谥法解》成书于此前，因为其后出现的周安王之安字却收入了。郑是中原小国，早在春秋子产的时代，就只能在大国争霸的夹缝中图生存。到繻公时，更是内忧外患不绝，此后20余年，终于被韩吞并。在当时那列国纷争、战乱频仍的情况下，小国的灭亡尚且无人为之疾呼，其国君的薨逝及其谥号，更不会引起太多的重视。不收繻字，只告诉我们，《谥法解》的作者绝不是郑国人。第三段，新出现的7个字，只收了肃字，说明作者可能死于楚肃王之后，不收显字，说明作者绝没有看到周显王的死。至于楚肃王以前的慎、休、辟3字何以未收入，我们在下边再分析。

前边，我们分析《谥法解》大体成书于《左传》之后，周显王死前。现在，我们通过战国时人谥号用字的比较，进一步确定，《谥法解》的撰述，不会早于周威烈王元年（前425）、不能迟于周显王末年，很可能在楚肃王死到周显王死之间，即公元前370至前321年间。由于历史资料的缺乏，对《谥法解》成书年代的考察似乎只能到此而止了。

我们否定了传统的周公姬旦制谥说，也指出孔子并不知谥解为何物，由于相距孔子去世已100余年，因而《谥法解》也不会是孔子弟子所作。那么，《谥法解》的作者究竟是什么人呢？从《谥法解》的内容和思想倾向，似乎可以寻出点蛛丝马迹。

周公是儒家最崇敬的古代圣人之一，孔子把礼乐的制作全部归功于周公。《谥法解》也把谥法的创作托始于周公，特别强调正名，讲"大行受大名，细行受细名"，说明作者受孔子学说影响很深。《谥法解》吸收了《春秋》及其内外传中的全部谥号用字，说明作者对这三部书曾反复诵习，颇为熟谙。《谥法解》的谥字释义不仅充满了仁义礼智的儒学说教,而且许多解释直接取材于礼经、《论语》中的说礼之辞。如"敬宾厚礼曰圣"的谥解,源于《礼记·乡饮礼》中"仁义接宾,主有事俎豆有数,曰圣","爱民在刑曰克"的谥法,源于《论语·为政》"道之以政,齐之以刑"的内容。这一系列材料告诉我们,《谥法解》的作者是一位儒家思想的忠实信徒。

在比较先秦谥号用字时,我们曾说到,在公元前370年以前产生的谥字中,《谥法解》收入了肃字,却没有收其前已有的慎字、鄂字、繻字、休字、辟字。慎是鲁公姬潒和卫公姬颓的谥号,鲁慎公约死于公元前825年,鲁国文化发达,有历代国君的谱系,如果作者是鲁人,不应不知道这一谥号,这就排除了作者为鲁国人的可能性。至于鄂,是公元前718年去世的晋侯姬郤的谥号。春秋战国,三晋政治文化都堪称大国,如果作者为晋人,不应不知道这一谥号,这又排除了作者是晋人的可能性。其他的几个字,有郑繻公之繻,宋辟公之辟,宋休公之休,卫慎公之慎,都是中原小国君主的谥号,而且他们的逝世又集中在公元前396至前370年间。这20多年,有齐鲁韩之战,魏郑酸枣之战,魏秦汪之战,楚侵韩的负黍之战,三晋攻楚之战,秦韩宜阳之战,秦魏武城之战,齐魏襄阳之战,秦魏阴晋之战,秦人攻蜀之战,韩攻郑攻宋之战,赵卫秦兔台之战,齐魏卫攻赵之战,楚魏之战,齐燕桑丘之战,赵韩攻齐之战,三晋攻齐之战,翟魏浍之战,蜀攻楚之战,赵与中山房子之战,鲁攻齐之战,燕齐林营之战,魏齐博陵之战,赵攻卫之战,魏赵蔺之战,魏攻楚之战等。如此频繁的战争,使交通隔绝,经济文化和信息交流极端困难。作者著录了楚王芈藏的谥号肃,却没有收入近年中原诸小国新出现的谥号用字,我们能得出的唯一解释是,作者并非中原人,而是楚国人,他在战火纷飞中,无法获取中原小国的消息。从而可以说,《谥法解》的作者为楚人,或者该书成于众手,而由一位楚国人最后修订完成。

从以上所考,结论是,《谥法解》由一位楚国的儒生纂成于公元前370年至前321年间。

《中国历史文献研究》第3辑,1990年

以史资政的《吕氏春秋》

在《汉书·艺文志》中，《吕氏春秋》被归于诸子部杂家类。其小序言："杂家者流，盖出于议官。兼儒、墨，合名法，知国体之有此，见王治之无不贯。"显然，《吕氏春秋》是属于政治理论性质的著作。该书遵循前人"彰往而察来"的传统①，"上观尚古，删拾《春秋》，集六国时事"②，以历史事实为基础，探讨历史规律，总结兴亡教训，阐述"成一家言"的政治观点③，构成了一套兼容并包的、全新的封建政治理论体系。今天，我们总结《吕氏春秋》在以史资政过程中表达的一系列对历史和历史规律的见解，及其与当时政治的结合，对于揭示先秦政治学与历史学的特点，丰富中国史学思想史宝库，有一定意义。

以史资政，首先要面对历史价值的认识问题。战国政治家已有过"前事之不忘，后事之师"的话头④，认识到历史对现实的借鉴作用。《吕氏春秋》在总结先秦学者历史认识的基础上，表现出更深刻的历史意识。《长见》篇中论道："智所以相过，以其长见与短见也。今之于古也，犹古之于后世也。今之于后世，亦犹今之于古也，故审知今则可知古，知古则可知后，古今前后一也。故圣人上知千岁，下知千岁也。"在《察今》篇中进一步阐述道："先王之所以为法者，何也？先王之所以为法者，人也。而己亦人也。故察己则可以知人，察今则可以知古，古今一也，人与我同耳。有道之士，贵以近知远，以今知古，以益所见，知所不见。"这两段论述，包含三层意思。其一，历史是可以认识的。历史的主体是人事，当今的人事与古代的人事有很多相承相似之处，只要审察当代，就可以知道和理解古代。这一认识，是以史资政的前提条件。其二，历史、现实和未来的关

<hr>

①《易·系辞下》。
②《史记·十二诸侯年表序》。
③高似孙：《子略》卷4。
④《战国策·赵策七》。

系是一贯的，有联系的。审察当代，可以知道历史，而知道历史则可以推知后世。就是说，研究历史的目的之一是寻求未来的发展大势，从而对人们的行动予以指导。这一认识，是以史资政的理论基础。其三，人们智力的差别，主要由于见识的多寡。圣贤者的卓越才能和先见之明，来源于他对现实的深刻了解和丰富的历史知识。这里，实际上是说，历史的一项功能是增长人的见识，提高人的智力。这一认识，是吕不韦以黄帝自居，"学黄帝之所以诲颛顼"①，著书教育嬴政的根据。在先秦史学史上，这样全面地认识历史价值与功能，是前无古人的。

书中列举了许多生动事例，证明历史上的一些杰出人物都能根据历史和现实，准确地预见未来。如西周初年，姜尚分封于齐，周公旦分封于鲁。他俩交流治理封国方略，姜尚是"尊贤上功"，姬旦是"亲亲上恩"。姜尚预言："鲁自此削矣。"周公旦说："鲁虽削。有齐者亦必非吕氏也。"②后来，鲁国果然日渐衰微，而齐国终于被田陈氏篡夺了政权。这一例证是否是信史，难以深究，但一定的政策必然带来某种负面的影响，却是通晓历史的人从一开始就能看出来的。

不仅一般问题，甚至国家的治乱兴亡，也是可以预见的。《吕氏春秋》发现，国家的治乱兴亡事先总会有某些迹象出现，关键在于人们能否注意到它们。《应同》篇中说："凡帝王者之将兴也，天必先见祥乎下民。"前人解释其所谓"祥"，就是木金火水土五行之相克，它们"无不皆类其所生以示人"。而王朝之将亡，也屡屡有其征兆。其《原乱》篇中说："乱必有弟（次第），大乱五，小乱三，訽乱三。"篇中举晋国历史为例，说明这种由盛到衰的诸"乱"的过程。《吕氏春秋》认为，治乱存亡的迹象是可以发现的。在《察微》篇中说："治乱存亡，如可知，如可不知，如可见，如可不见。故智士贤者，相与积心愁虑以求之。治乱存亡，其始若秋毫，察其秋毫，则大物不过矣。"意思是说，智士贤者的作用，在于当治乱兴亡的征兆出现时，就处心积虑地去发现它。当然，无论是得知兴盛之"祥"，还是发现衰乱之"弟"，都必须凭借自身对历史的了解和对现实的认识，所谓："用志如此其精也，何事而不达，何为而不成！故曰：精而熟之，鬼将告之。非鬼告之也，精而熟之也。"③这样，即使"虑福未及，虑祸之，所以免之也"④，就是说，圣贤虽然无法改变历史发展的大势，但只要采取得力措施，完全可以趋利避害，使"乱"得到控制。这样《吕氏春秋》对历史的认识，已不是仅仅认识历

---

①《吕氏春秋》（百子全书本）卷12《序意》（以下凡引本书，不再加注书名）。
②卷11《长见》。
③卷24《博志》。
④卷23《原乱》。

史,而且可以凭借人的智慧和努力,使历史朝向人们有利的方向去发展,"事达""为成",人在历史上的主观能动作用,得到了充分的肯定。

以史资政,必须面对历史记载的真伪问题。只有真实的历史记载,才能反映历史的原貌,对审察历史、预测未来有所启示。《吕氏春秋》在对史书的比较研究中,发现历史记载有为成功者溢美和为失败者增恶的不真实之处。《长攻》篇中说:"若桀纣不遇汤武,未必亡也。桀纣不亡,虽不肖,辱未至于此。若使汤武不遇桀纣,未必王也。汤武不王,虽贤,显未至于此。故人主有大功,不闻不肖。亡国之主不闻贤。"篇中还列举越灭吴,楚取蔡、息,赵袭代这三件事,说明其手段都是"不备遵理"的,"然而后世称之,有功故也"。历史从来是成功者的乐园,辉煌业绩的光环往往掩盖了成功者的缺点甚至罪过。反之,亡国之君即使有一定的历史功绩,也无人替其彰扬,反而有人将各种污水都泼到他的身上,以证明其该亡。而历史研究者的任务之一,是揭示历史记载中的曲笔,恢复历史的真实。吕不韦的这一认识,无疑在历史认识论上有重要的地位。

历史记载还有人云亦云、传言失真的问题。《察传》篇说:"夫得言不可以不察,数传而白为黑,黑为白。故狗似玃,玃似母猴,母猴似人,人之与狗则远矣。此愚者之所以大过也。闻而审则为福矣,闻而不审,不若无闻矣。"其后,篇中引述孔子辨"乐正夔一足"、宋之"丁氏穿井得一人"等事,说明传闻和史书转抄都可能致误。

既然历史记载有增恶溢善和传言失真的问题,就必须对其进行审察。书中提出辨析历史记载真伪的方法,说:"辞多类非而是,多类是而非,是非之经,不可不分,此圣人之所慎也。然则何以慎?缘物之情及人之情以为所闻,则得之矣。"①在另一处,又说:"凡闻言,必熟论,其于人必验之以理。"这种对可疑的历史记载进行反复审视,从其是否合乎人情来分辨正误的方法,就是文献学上所说的理证的历史考证法。而要纠正历史记载中的转抄失实的文字差讹,则应追根溯源,弄清事实原委。书中举例说:"子夏之晋,过卫,有读史记者,曰:'晋师三豕涉河。'子夏曰:'非也,是己亥也。夫己与三相近,豕与亥相似。'至于晋而问之,则曰:'晋师己亥涉河'也。"子夏首先从常理上判断该史记有误,然后用文字学的知识分析其错误所在,最后到实地调查,验证判断。《吕氏春秋》中关于对历史记载公正性和真实性进行考察的认识和方法,不仅在保证该书以史资政的正确性上有一定意义,而且在历史考证学和文字校勘学史上占有重要位置。

以史资政,必然要探求治乱兴亡的根源,总结王朝盛衰的规律,为现实政治

史学史论文自选集

---

① 卷22《察传》。

服务。《贵公》篇中总结道："昔先圣王之治天上也，必先公。公则天下平矣，平得于公。尝试观于上志，有得天下者众矣，其得之以公，其失之必以偏。"这是因为"天下非一人之天下也，天下之天下也。阴阳之和，不长一类。甘露时雨，不私一物。万民之主，不阿一人"，既然天下是万民的而不是一个人的，作为"万民之主"的君王，当然应该一切皆从"公"出发，公则平，私则乱。而"公"，就是利民。篇中引述西周故事，"伯禽将行，请所以治鲁。周公曰：利而勿利也"，高诱注言："务在利民，勿自利也。"《顺民》篇中，特别强调"利民"的重要性，说："先王先顺民心，故功名成。失民心而立功名者，未之曾有也。"由此，书中总结道："人主有能以民为务者，则天下归之矣。"①高诱注"以民为务"为"以利民为务"，就是竭力为民众谋利益。

为民众谋利益，有许多渠道，包括"仁义以治之，爱利以安之，忠信以导之，务除其灾，思致其福"②，这是君主的职责，也是夺取天下、治理社会的根本方法。

《吕氏春秋》从对历史的探讨中发现，民众愈是困苦，君王愈容易成功。在《慎势》篇中指出："天下之民，穷矣，苦矣。民之穷苦弥甚，王者之弥易。凡王也者，穷苦之救也。"这一规律的总结，在战国后期的当时，有着极为重要的政治价值，因为"当今之世，浊甚矣，黔首之苦，不可以加矣。天子既绝，贤者废伏，世主恣行，与民相离，黔首无所告诉。世有贤主秀士，宜察此论也，则其兵为义矣。天下之民，且死者也而生，且辱者也而荣，且苦者也而逸。世主恣行，则中人将逃其君，去其亲，又况于不肖者乎？故义兵至，则世主不能有其民矣，人亲不能禁其子矣"。③ 诸侯的胡作非为，加深了民众的苦难，也使其更加痛恨君主，盼望有圣王将他们从苦海中解救出来。这时，贤主秀士举兵铲除恣行的诸侯，就是"利民"的义兵。只要"义兵"到来，民众就会站到贤主秀士这一边来，圣王的事业就能成功。《吕氏春秋》从历史的启示中找到了秦人翦灭六国、建立一统天下的法宝，以兴义兵救苦民为号召，并为秦兼并战争的正义性找到了根据。

《吕氏春秋》可说是深明历史启示与政治关系的杰作。书中将民众的地位看得如此重要，将君王的任务在于"利民"讲得如此明确，将孟子"民为贵，社稷次之，君为轻"的观点发展到新的阶段。这一思想主张，不仅是先秦民本思想的结晶，更为后代民主思想家提供了批判封建专制制度的武器，尤其是"天下非一人之天下也，天下之天下也"的论说，更闪耀着民主政治观的思想光辉。

以史资政，在当时有一个很现实的课题，就是探求兼并战争以后的政权形

---

①卷9《顺民》。
②卷22《爱类》。
③卷7《振乱》。

式,对历史前途表明看法,予以论证。《吕氏春秋》考察了古往今来的历史发展,认为国家和君主是历史演进的产物,要想彻底根除天下战乱不已的局面,唯有建立政令划一的天子政权。

书中首先分析了上古的社会,说:"昔太古尝无君矣,其民聚生群处,知母不知父,无亲戚兄弟夫妻男女之别,无上下长幼之道,无进退揖让之礼,无衣服履带宫室畜积之便,无器械舟车城廓险阻之备,此无君之患。"①这里与老子小国寡民说描绘的是同一历史现象,观点却截然相反。老子追怀向往原始时代的无秩序,而《吕氏春秋》则认为这种状况是"无君之患"。文中论述了君主(政权)产生的必要性,说:"凡人之性,爪牙不足以自卫,肌肤不足以捍寒暑,筋骨不足以却猛禁悍,然且犹裁万物,制禽兽,服狡虫,寒暑燥湿弗能害,不唯先有其备,而以群聚邪。群之可聚也,相与利也。利之出于群也,君道立也。"这一认识从人类与自然做斗争的需要和自身保护的必要,说明从个体到群体,从群聚到君立的过程,是大体符合人类发展史情况的。文中还以当时周边民族的状况论证了君主和天子的必要,说:"此四方之无君也,其民麋鹿禽兽,少者使长,长者畏壮,有力者贤,暴傲者尊,日夜相残,无时休息,以尽其类。圣人深见此患也,故为天下长虑,莫如置天子也;为一国长虑,莫如置君也。"这就把国君和天子看成是维护社会秩序,使天下和国家安定进步的保障。

然而,由于君主有贤有不肖,故而社会有治有乱。《观世》篇论道:"主贤世治,则贤者在上;主不肖世乱,则贤者在下。今周室既灭,天子既废。乱莫大于无天子,无天子则强者胜弱,众者胜寡,以兵相划,不得休息,而佞进,今之世当之矣。"显然,没有天子,已成为当时社会混乱、天下征战不休的关键原因。换言之,结束战国时代,建立大一统的天子政权,已经是"长利天下"的迫切要求。《吕氏春秋》通过对古代政治史的研究,预见到未来社会发展必然归于天下一统的天子政权,完全符合当时社会前进的历史趋势,是以历史预见未来的成功范例,也是其历史进化观的表现。

以史资政,《吕氏春秋》特别重视人才的作用。《报更》篇中总结周文王创立王朝基业的经验,说:"国虽小,其食足以食天下之贤者,其车足以乘天下之贤者,其财足以礼天下之贤者,与天下之贤者为徒,此文王之所以王也。"不仅周文王如此,历史上任何一个君主的成功,国家的创立、安定,战争的胜负,个人的安危荣辱,也都与得失贤人有关。《求人》篇中说:"身定,国安,天下治,必贤人。古之有天下也者,七十一圣。观于《春秋》,自鲁隐公以至哀公十有二世,其所以

史　学　史　论　文　自　选　集

---

① 卷20《恃君览》。

得之,所以失之,其术一也。得贤人,国无不安,名无不荣;失贤人,国无不危,名无不辱。"贤人之所以如此重要,是因为贤人都有广博的知识,能够认清形势,理解民众的意志和要求,得到贤人,就能得到民众,从而也就可以得到天下。《先识》篇中论道:"凡国之亡也,有道者必先去,古今一也。地从于城,城从于民,民从于贤。故贤主得贤者而民得,民得而城得,城得而地得。夫地得岂必足行其地,人说(悦)其民哉?得其要而已矣。"这就把施政、任贤和利民三者紧密地联系了起来,成为《吕氏春秋》政治学说三个相互关联的方面。

然而,相对于总人口数,贤人在任何时代都是很少的。不能发现贤人,君王就难以成功。《观世》篇中论道:"天下虽有有道之士,国犹少。千里而有一士,比肩也;累世而有一圣人,继踵也。士与圣人之所自来,若此其难也,而治必待之,治奚由至?虽幸而有,未必知也,不知则与无贤同。此治世之所以短,而乱世之所以长也。……得士则无此之患。"要想发现贤者,必须广泛地搜寻,书中说:"士其难知,唯博之为可,博则无所遁矣。"[1]又说:"先王之索贤人无不以也,极卑极贱,极远极劳。"[2]文中列举古代名相如伊尹本一庖厨仆役,傅说乃有罪刑徒,姜尚乃钓鱼老翁,百里奚乃一奴隶,用以论证其搜寻贤人必须不遗余力不分贵贱远近的说法。

招来贤人之后,还必须以礼待之,真诚处之,充分发挥其作用。《观世》篇中说:"若夫有道之士,必礼必知,然后其知能可尽也。"篇中举齐大夫晏婴在晋国从刑徒中发现越石父,将其赎回,却未曾以礼相待,而受到越石父的讽刺,转而改正的事例,议论道:"俗人有功则德,德则骄。今晏子功免人于厄矣,而反屈下之,其去俗亦远矣,此令功之道也。"

吕不韦不仅从思想上认识到人才的重要,而且对此认识予以实践。他当了秦相国之后,就"招致士,厚遇之,至食客三千人"[3],以至当时"诸侯之士斐然争入事秦"。[4] 由吕不韦招来、豢养和任用的门客,不仅在当时的政治、军事、外交斗争中发挥了重要作用,其中相当一部分又成为嬴政剪灭六国、建立秦帝国的重要人物。《吕氏春秋》的人才观是先秦政治学说的重要内容。

以史资政,还有个主观与客观的契合,也就是历史机遇的问题。吕不韦以商人的机敏,对圣主贤人建功立业的客观形势进行分析,提出"因时",即抓住历史机遇是事业成功的关键。

---

①卷15《报更》。
②卷22《求人》。
③《史记·吕不韦列传》。
④《史记·太史公自序》。

书中提出"智者之举事必因时。时不可必成,其人事则不广,成亦可,不成亦可。以其所能托其所不能,若舟之与车"①。这里所说的"时",就是历史机遇。聪明人做事一定要善于利用有利形势。如果形势不利,主观能力再强,也难以成就大事。反之,如果形势有利,则如出行驾车乘舟,如虎添翼,成功的把握就很大。当然,机遇再好,个人能力差也不行。《首时》篇中恰当地分析了这种主客观契合的关系,说:"有汤武之贤而无桀纣之时不成,有桀纣之时而无汤武之贤亦不成。圣人之见时,若步之与影不可离。"篇中举周文王被囚而忍,太公望钓鱼于渭滨以待文王,伍子胥见吴王子光的事例,强调"时固不易得"。圣贤之人即使再聪明能干,"不遇时而无功"。"故有道之士未遇时,隐匿分窜,勤以待时。时至,有从布衣而为天子者,有从千乘而得天下者,有从卑鄙而佐三王者,有从匹夫而报万乘者,故圣人之所贵唯时也。"

书中以周武王等待伐纣的时机为例,考察了建立天子之业的历史机遇。《贵因》篇中说:"武王使人候殷,反报岐周曰:'殷其乱矣。'武王曰:'其乱焉至?'对曰:'谗慝胜良。'武王曰:'尚未也。'复往,反报曰:'其乱加矣。'武王曰:'焉至?'对曰:'贤者出走矣。'武王曰:'尚未也。'又往,反报曰:'其反甚矣。'武王曰:'焉至?'对曰:'百姓不敢诽怨矣。'武王曰:'嘻!'遽告太公。太公对曰:'谗慝胜良,命曰戮;贤者出走,命曰崩;百姓不敢诽怨,命曰刑胜。其乱至矣,不可以驾矣。'故选车三百,虎贲三千,朝要甲子之期,而纣为擒,则武王固知其无为与敌也,因其所用,何敌之有矣?"这么长的一段话,归纳起来就是说,当民众再也活不下去的时候,就是统治者灭亡之时。周武王为此等待了好多年,这种等待是值得的。因为时机一到,他的成功就是必然的了。从这一类的考察,《吕氏春秋》得出结论:"贤主秀士之欲忧黔首者,乱世当之矣。"而当时正是这种形势,也就是秦人建立天子基业的良机,所以文中呼吁:"天不再与,时不欠留,能不两工,事在当之。"②抓住当前的历史机遇,秦人就可以实现统一天下的伟业了。

是英雄造时势,还是时势造英雄,从来是历史家争论的焦点。《吕氏春秋》关于历史机遇的观点,认为英雄人物发挥其历史作用,必须凭借适宜的客观形势,英雄人物应该善于认识机遇,抓住机遇,这就表明作者站在了强调时势造英雄的一边,是一种朴素的唯物史观。

其实,吕不韦本人就是能够窥测历史发展,抓住机遇,"投机"政治获得成功

---

① 卷15《不广》。
② 卷14《首时》。

的大政治家。作为商人，他以白圭经商经验"乐观时变……趋时若猛兽挚鸟之发"①，用于政治，攫取了子楚这一"奇货"，利用安国君宠妻华阳夫人没有子嗣的"良机"，以自己的全部家产投资，为子楚谋取到君位，自己也最终成为秦的国相。吕不韦在组织门客撰写《吕氏春秋》时，当然不会忘记自己发迹的历史，所以想到了历史机遇这一课题，既总结了历史规律，表达了历史观，也提炼了自己从政的经验。这一命题，在史学上和政治上都很有价值。

以史资政，还要解决对历史经验的态度问题。《吕氏春秋》既重视历史经验的作用，又反对照搬先王成法，表现出灵活务实的政治家风度。

商鞅在为其变法辩护时，批判杜挚的泥古论，指出："治世不一道，便国不法古。汤武之王也，不循古而兴。殷夏之灭也，不易礼而亡。然则反古者未必可非，循礼者未足多也。"②写作《吕氏春秋》时，吕不韦正领导着秦人在创造前古未有的事业，各种各样的新情况新事物扑面而来，从理论和实践上他更不可能泥古。所以《吕氏春秋》在注重吸取历史经验的同时，以充分的理由，更深入地论证了不能照搬先王成法。《察今》篇中指出："因时变法者，贤主也。是故有天下七十一圣，其法皆不同，非务相反也，时势异也。"

泥古论为什么行不通？《察今》篇中说："上胡不法先王之法，非不贤也，为其不可得而法。先王之法，经乎上世而来者也，人或益之，人或损之，胡可得而法？虽人弗损益，犹若不可得而法，东、夏之命，古今之法，言异而典殊，故古之命多通乎今之言者，今之法多不合乎古之法者……先王之法，胡可得而法？""凡先王之法，有要于时也，时不与法俱至。法虽今而至，犹若不可法。"这里总共提出了三条理由。第一，先王之法流传到现在，经过了许多人的增益减损，原貌与今貌差别很大，你究竟搬用哪一个"先王之法"？第二，古代的名物和形势与今天都不相同，古人的政策措施的提法与今天也有许多差异，你究竟怎样搬用"先王之法"？第三，任何政策措施都是一定历史条件下有针对性的产物，先王的政策措施虽然留下来了，历史条件却发生了很大的变化，你又怎样去搬用"先王之法"？篇中还列举楚军袭宋在雍水上设水浅标志和刻舟求剑两则故事，说明形势在不断变化，政策措施也应随之改变，否则是太愚蠢了。

《吕氏春秋》也不全盘否定古代政策措施对今天的借鉴作用，主张"择先王之成法，而法其所以为法"③，就是研究先王在具体条件下制定成功政策的方法，加以学习，而不是照搬其具体做法。这种反对泥古，又主张从方法上学习前代

---

① 《史记·货殖列传》。
② 《商君书·更法第一》。
③ 卷15《察今》。

经验的思想,比起商鞅片面地反古,就更为实际、更有意义了。

政史不分,是中国先秦史学的一个典型特征。孔子成《春秋》,"以绳当世","《春秋》之义行,则天下乱臣贼子惧焉"①,表明了该书有极强的政治动机和政治作用。战国时期,出现了一些以史论政的诸子著述,更出现了为论政述史的《战国策》类著述。政史不分的倾向,到《吕氏春秋》发展到高峰。该书以《春秋》命名,以从鉴之"览"名篇,都表明作者是以撰史自居的。但它实质上又是一部政论性著作。书中运用历史知识,研究政治问题,对历史、史学和历史规律发表了许多新鲜的见解,记述了许多先秦的历史,表明了该书对史学与政治的密切结合。《吕氏春秋》不仅在古代政治学史上,而且在古代史学史上,都占有重要地位。

①《史记·孔子世家》。

焚书坑儒　以吏为师
——秦皇朝对文化的摧残与专制

秦皇朝实行极端的文化专制和愚民政策,以政权的力量,对民族文化的载体书籍及文化的创造和传播者士人实行灭绝杀戮的政策,这就是发生于公元前213年的焚书事件和公元前212年的坑儒事件。焚书坑儒的极端文化专制措施,使先秦已初步发展起来的民族文化受到极大的摧残,大批先秦学者创造的精神财富被付之一炬,而永远佚失;读书人因畏惧虐杀而丧失了士人原有的自尊,苟且媚权以自安;无数民众因愚民政策的施行而以不读书不知礼为荣,造成了国民素质的低下。焚书坑儒在中国政治史上还带了一个极坏的头,在此后的皇朝中,统治者动辄以禁焚书籍和镇压学者来钳制舆论专制学术。如果说,秦始皇在统一中国和建立中国封建政权体系中是功盖千古的话,那么,焚书坑儒则是他无法洗刷的万古罪孽。

一、百年奋斗创建制度

战国时代,齐、楚、燕、秦、韩、赵、魏等七大强国争先恐后地实行变法、兼并别国,企图一统天下,或苟延残喘。公元前356年和前350年,秦孝公任用商鞅进行的变法最为彻底。商鞅变法鼓励人口增殖,重农抑商,废除世卿世禄制度,奖励军功,编制户口,实行连坐之法,使秦国成为战国中期以后日益强大的国家。虽然后来商鞅被车裂而死,可新法并未废止。中经秦惠王、武王、昭王,100余年间,建立了比较巩固的中央集权的政治统治。凭借着厚实的经济基础和强大的军事力量,秦国不断地向东向南扩张领土,又充分利用客卿,展开外交攻势,分化瓦解敌方,各个击破,在诸侯国中越战越强。

公元前247年,嬴政继位为秦王。这时的秦国,南边兼并了巴、蜀、汉中,越过宛、郢,设置了南郡,北边占有了上郡往东,设有河东、太原、上党诸郡,东边到长平、山阳、雍丘一线,设有三川郡和东郡。已三分天下有其二。公元前238年,秦王嬴政亲自执掌政权,随即出动大军,以摧枯拉朽之势,横扫六国,于前230年灭韩,前228年灭赵,前225年灭魏,前224年灭楚,前222年灭燕、灭赵,前221年灭齐。后来,秦军又北驱匈奴,设九原郡,南伐百越,设桂林、南海、象三郡。至此,秦的版图,东至大海和朝鲜,西到临洮和九原,南至北向户,北迄辽东,成为中国历史上第一个统一的幅员辽阔的大帝国。

嬴政统一六国以后,着手建立和健全专制主义中央集权的国家机器。他首先确立了至高无上的皇权。他踌躇满志,自以为德兼三皇,功过五帝,定统一政权最高首脑的名号为皇帝。他称始皇帝,后代按世系计算,称二世、三世,直至万世皇帝。规定国家的一切大事都由皇帝裁决,皇帝关于制度的命令称为制,一般的命令称为诏,自称为朕。在皇帝之下,设三公九卿的中央官制。三公指丞相、御史大夫、太尉,九卿指奉常、郎中令、卫尉、太仆、廷尉、典客、宗正、治粟内史、少府。此外,设博士备顾问,设前后左右将军掌征伐。

按照邹衍的五德终始说,秦始皇认为秦是水德,规定每年以十月为岁首,崇尚黑色,改称民为黔首,各种成数都以六为约数,符节、法冠都是六寸,车宽六尺,六尺为一步,车驾六马,更改河水的名称为德水。他制定和健全了一系列法律条文,如《田律》《厩苑律》《仓律》《金布律》《关市律》《工律》《徭律》《军爵律》《置吏律》等,一切都以贯彻法令为要务,而不讲仁恩和义。还推广商鞅制定的重农抑商政策,崇尚农业,压制商贾,以使民众富足。这对中国封建社会以农业经济为重心的格局的确定影响极大。公元前216年令黔首自实田,就是申报土地数字,确认土地私有,便于国家征税。

为了防止诸侯战祸再起,秦始皇肯定李斯的意见,坚决摒弃了商周以来的分封制,子弟功臣一律不予封土,在全国推行郡县制度,将天下分为36郡(最后增至41郡),每个郡设守、尉、监。郡下设县,大县设令,小县设长。郡县长官由皇帝直接任免,不得世袭。同时,在咸阳至各郡之间修筑统一标准的驰道,以加强中央对地方的控制。没收销毁民间的所有兵器,铸成以12枚铜人为柱的巨型帝王编钟乐器——宫悬,以示天下一统,不再用兵。下令拆毁各诸侯国修建的关塞、城郭、川防,将天下豪富12万户迁到咸阳,予以严密控制。他大规模地进行对边疆地区的统一战争,向新征服的地区大量移民。这些移民带去了中原地区先进的文化和生产技术,促进了当地的开发和民族融合。他下令西起临洮,东到辽东,修筑了举世闻名的万里长城,不仅在当时有效地阻止了匈奴贵族对汉族地区的掠夺,而且成为中华民族悠久文明的象征。他在全国推行统一的度量衡标准，统一的文字，统一的圆形方孔钱，促进了各地区的经济文化交流。为了显扬威德，统一政教习俗，秦始皇五次巡游天下，到处推行统一的政教习俗，对中华民族风俗的统一和共同心理的形成有不小作用。秦始皇创建的大一统封建国家政治体制，推动了中华民族共同体的形成和发展。秦始皇不愧"千古一帝"的赞誉。

二、政治专制和文化专制

秦始皇在政治上实行极端专制统治，文化上也必然要实行专制政策。但从深层次探究，秦始皇之所以实行文化专制，原因是很复杂的。

秦国原来是居住在秦亭（今甘肃张家川）周围的一个嬴姓部落。秦襄公因护送周平王东迁有功，封为诸侯，赐给岐山以西的地盘，正式建国。在整个春秋时代，东部各诸侯国都将秦视为落后的戎狄，故而一般的盟会，都将其排斥于外。孔子周游列国，也没有到过秦国。秦国西部邻近戎狄，人们为了自卫而崇尚武力，能攻善战，而商鞅变法，以杀敌为功，不仅使秦在与六国的军事攻战中有着军事的优势，而且发展和强化了秦人原有的崇尚武力、注重实用，而不重礼节的习俗。中原地区华夏诸国的敌视和排斥，激励了秦人奋发自强的决心。近代史家王国维分析道："秦之政治、文化，皆自用而不徇人，师今而不师古。"是很有道理的。

秦始皇个人的生活道路，对他刚愎、独断、残忍而不重温情的性格的形成也有很大的影响。虽说从名义上讲嬴政是秦庄襄王的儿子。但据史书所说，他实际上是阳翟（今河南禹县）富商吕不韦的骨血。当初，庄襄王子楚作为在位的秦昭王的庶孙，在赵国都城邯郸作为质子，经济拮据，无权无势。吕不韦发现子楚"奇货可居"，于是拿出全部家财，投机政治，进行活动，不仅使子楚过上了优裕的生活，还被定为太子的嫡子嗣。吕不韦还将能歌善舞的已经怀了身孕的姜赵姬献给了子楚。赵姬隐瞒了怀孕的事情，在公元前259年正月，生下了儿子，取名政，就是后来的秦始皇。两年以后，秦军进攻邯郸，赵王要杀死子楚，吕不韦用钱买通看守，让子楚逃回秦国。赵姬母子东躲西藏，受尽了赵人的凌辱和迫害，从而在嬴政幼小的心灵中播下了仇恨和报复的种子。后来，嬴政13岁继位为秦王，大权操在号称仲父的相国吕不韦手中。太后赵姬年轻守寡，时常与吕不韦来往。眼看着秦王嬴政渐渐长大，而太后淫乱不已，吕不韦恐怕祸害到自己，于是找到一个阳具很大的叫作嫪毐的人，将其胡须拔去，冒充宦者，送进宫中，侍候太后。太后与嫪毐欢爱无比，生了两个孩子。嫪毐得到太后许多赏赐，受封为长信侯,控制了朝中的许多权力,而且自称为秦王的假父。一个仲父,一个假父,不仅使秦廷丑闻不断,而且到秦王嬴政20岁时,他们还不愿为其行冠礼,交还国家大权。公元前238年,嬴政终于忍无可忍,借口嫪毐发动反叛,要以他与太后的儿子为王,而动员忠于自己的力量,平定叛乱,诛灭嫪毐三族,杀死太后生的两个儿子,并且将太后软禁于雍地。次年又免去吕不韦相国的职务,逼其自杀,而独揽大权。这件事使嬴政认识到,即使自己的生身父母也是不可信赖的,他们不仅会给自己带来耻辱,而且贪婪权势,不用武力,就无法夺回本属于自己的权力,更不可能让各国诸侯俯首帖耳,让民众听话。

为了统一天下,嬴政压制了自己刚愎自用的性格,思贤若渴,博采众议,从谏如流。他接受了齐人茅焦的意见,将母亲从软禁地迎回甘泉宫居住。他听从了李斯的劝告,不再驱逐客籍官员,而且让李斯掌握了大权。他实行了魏人尉缭所献破六国合纵的策略,以其为秦的国尉,而且以平等之礼与尉缭相处,自己的饮食、衣服都与尉缭共享。然而,当时尉缭就已经看出嬴政在成功以后,性格将会恶性发展,说:"秦王这个人,缺少恩惠而有虎狼之心。他不得志的时候还可能表现谦逊,一旦得志,就会随意杀人。假如让他得志于天下,天下的人都会成为他的奴仆。"

果然,秦统一六国以后,陶醉于战争的胜利、统一的成功、至高无上的皇权、臣僚们的歌功颂德之中的秦始皇忘乎所以了。大臣们称他的功勋是"自上古以来未尝有,五帝所不及"。他巡游天下时到处刻石,让大臣们为自己树碑立传。碑文中称秦始皇"功盖五帝,泽及牛马","大圣作治,建定法度"。如果说,在统一之初,大颂平定天下之功还情有可原的话,到公元前210年的会稽刻石中还以几乎一半的篇幅歌颂"皇帝休烈,平一宇内",就可见他至死还沉醉于统一的成功之中,而不知道守天下难于得天下了。

秦始皇之所以实行文化专制,与秦皇朝内部社会矛盾复杂、统治始终不稳也有重大关系。首先残存的六国旧贵族总是梦想复辟。还在统一六国的过程中,就多次发生过六国贵族谋杀嬴政的事件。比较著名的是荆轲刺秦王的事件。燕太子丹少年时代在赵国为质,与嬴政是好朋友。后来,他又被派到秦国为质。嬴政继位后,仍拒绝放太子丹回国,太子丹只好化装逃回燕国。秦军先后灭韩、灭赵,兵临易水,即将伐燕。为了存燕,太子丹豢养的刺客荆轲,于公元前228年拿了燕国督亢地区的地图和秦国逃将樊於期的头颅,声称要献给秦王。嬴政在咸阳宫以隆重礼节接待燕国使者,荆轲却在接见时,抽出暗藏的匕首,向嬴政胸部刺去。嬴政站起来逃避,荆轲在后边追杀。大臣们一时都吓呆了,幸亏侍医曹无伤首先清醒过来,提起手中的药袋向荆轲砸去,而且叫喊秦王将佩剑转到背后拔出来,这才将荆轲的左腿砍断。持械的郎中们冲上殿,将荆轲杀死。在统一后,又有过几次暗杀秦始皇的事件。例如,韩国国相的后代张良,以重金雇用力士,于公元前218年在阳武博狼沙(今河南原阳县东南),伏击秦始皇的车队,误中副车,始皇幸免。秦始皇好大喜功,不惜民力、财力,进行了一系列浩大的工程。还在灭六国的过程中,他就仿照各国宫室,在渭水北岸修建了大片宫阙。统一以后,不仅到处建离宫别馆,还修建了规模极为宏大的阿房宫。他征发70万刑徒修筑庞大的骊山陵,装饰豪侈,耗资无数。他贯彻法家主张,实行严刑峻法,使人们动辄得咎,没有伸屈之地。公元前211年,有人在陨石上刻了"始皇帝死而地分",他就将附近的居民全部处死。他喜怒无常,疑神疑鬼,随意杀戮,使大小官吏为了保官保命而畏惧欺谩。他的残酷剥削和压迫,大大超过了人民的负担能力,使男子力耕不足粮饷,女子纺织不足衣服。秦国大地上早就埋下了反抗的火种。

三、焚诗书,禁学校,以吏为师

焚书禁学事件发生于公元前213年,其直接起因是关于实行分封制还是郡县制的第二次争论。

秦国自商鞅变法已经废除了分封制。在统一六国的当年(前221),秦朝廷中就此发生了严重的争执。丞相王绾等人向秦始皇建议实行分封制,说:"我们刚刚平定诸侯各国,燕、齐、楚等地距咸阳很远,如果不在那些地方封藩建王,难以镇守。请求大皇帝将皇子们立为那些地方的王。"秦始皇将此建议交给大臣们讨论,多数人都支持王绾等人的意见。只有廷尉李斯表示反对,认为分封会导致天下分裂,诸侯相争,而主张实行郡县的政治体制。秦始皇支持李斯,终于废除了分封制,在全国推行郡县制。

公元前213年,秦始皇在咸阳宫设酒宴大会群臣。博士仆射周青臣上前赞颂秦始皇说:"当初,秦国只有千里之地,靠陛下的神威和圣明,这才平定了天下,驱逐了为害的蛮夷,凡是日月照到的地方,没有不诚心归服我朝的。皇朝实行郡县制度,使所有人都得到安乐,没有战争的祸患,大秦江山将万代相传。大皇帝的威望和功勋,真是古今无比呀!"秦始皇非常得意。博士淳于越对周青臣的阿谀奉承极为反感,站出来说道:"我听说,殷、周王朝分封子弟和功臣,作为王朝的枝叶和辅助,因而各自维持了千余年。如今陛下富有海内,而皇上的子弟却没有爵位和封土,万一出现当年齐国田常和晋国六卿那样的反叛事件,朝廷却没有作为枝辅的王侯,靠什么来挽救王朝的危亡呢?做事不效法古代而能长久的,我从来没有听说过。现在周青臣又当面奉承,使陛下的过失越陷越深,绝不是忠臣应有的作为。"博士是秦朝设的一种由学者担任的官职,有数十人之多,任务是研究历史和现实问题,以作为皇朝行政的顾问。既然博士官对现行政治体制提出批评,秦始皇只好将其意见交由大臣们讨论。丞相李斯驳斥道:"五帝的政策不相重复,三代的措施不相因袭,他们都各自得到治理,而不是相反。可见,一切政治措施都要随着形势的变化而变化。如今陛下开创了亘古未有的大业,建立了万世不朽的功绩,这些都不是那些愚蠢的儒生所能理解的。他淳于越所说是三代的事,哪里还值得效法呢?"听至此,秦始皇想起四年前的一幕,那是他巡行到泰山脚下,想搞一次封禅大典,以向天地宣告成功。于是召集了据说最懂礼仪的鲁地儒生70人,来讨论封禅的程序。结果,这些儒生各有一套,争论十分激烈。不仅使人无所适从,而且所讲的办法都十分烦琐,难以施行。秦始皇不得不让专管祭祀的太祝,根据秦人以往在雍地祭祀上帝时所用的礼仪,作为封禅之礼。从此,他对儒生就有所反感,觉得这帮人高谈阔论,迂腐不堪,对政治并没有多大用处。因而,听着李斯批驳淳于越的话,就不停地点头称是。

李斯见皇上明显地倾向于自己,非常兴奋地继续说道:"当年诸侯并立,都用很优厚的待遇招来游学之士。现在天下已定,法令一统,形势与过去根本不同。老百姓在家就应该致力于农业生产,士人就应该学习法令制度。但是如今的儒生们不是学习大皇帝的法令,而是专门学习古代,用来非议我朝的政治法度,扰乱百姓的思想。"李斯接着说:"古代天下混乱,没有人能统一,所以诸侯并立,学者们都援引古代的事来非议当代的社会,粉饰虚妄的言论来搅乱真实的存在,人们都赞许自己的学派,来批评君王的政治措施。如今大皇帝兼并了天下,区别黑白正误而确定了统一的法度。然而那些私学却都用与现行法令不同的观点进行教学。他们一听说朝廷颁布了法令,就在自己的学校里加以议论。在家中独处时就对法令不满,外出就在街头巷尾批评议论。他们夸耀自己的学派想求得名声,标新立异以抬高自己的身价,率领手下的人制造对朝廷诽谤的言论。这种状况若不予以禁止,在上边会降低皇上的威势,在下边会形成不利朝廷政治的朋党。"

听说学者竟敢公开非议朝廷的政策法令,秦始皇极为光火。他问李斯有什么办法制止这种情况的发生。李斯说:"要禁止非议我朝政治的行为,最好的办法有两条:一是没收天下私人收藏的史书和儒家的书,全部焚毁,使天下人无法以古非今;二是取消私学,禁止议论朝政,有人要学习,就以吏为师,学习法令。"

根据李斯的建议,秦始皇发布了《禁书令》,规定:第一,历代的史书和除了秦国史记以外的诸侯各国的史书，一律予以焚毁。第二，除了博士官管理的国家藏书以外，天下人收藏的《诗》《尚书》和诸子百家的著作，全部限期送缴当地官府，由郡守和郡尉负责予以焚毁。第三，禁止学习议论《诗》和《尚书》，违犯者处以死刑并且暴尸街头示众，有人敢于再以古非今，不仅要将他处死，还要灭他全家族。官吏知情不报的，与犯罪者处以同样的刑罚。第四，令下 30 天仍不烧书的，处以黥刑，送到边境服四年的苦役。第五，不禁毁的只有医药、卜筮和种树的书。第六，有人想读书，就以吏为师，向当官的学习法律、书法。

　　焚书禁学的目的是禁止学者议论政治，暂时起到了钳制舆论的效果。但与这一效果相共的，却是对中国传统文化的摧残以及对秦朝社会根基的毁坏。从此，先秦学术百家争鸣蓬勃发展的局面被断送，学者们再也不能研究学问，再也不敢对当朝政治提出批评，却在心灵深处种下了仇恨秦皇朝的种子，所以陈胜一起义，孔甲等学者就带了儒家的礼器前往归附，与农民们一起，从事推翻秦皇朝的斗争，使强大的秦皇朝毁于一旦。焚书，使无数先秦典籍付之一炬，多少代知识分子的精神成果被扼杀，华夏民族数千年的文化积累至此出现断裂。禁学和以吏为师的文化专制，企图使全国民众都变为愚民，造成了社会对学者和学问的轻蔑，造成了无数没有文化的愚昧者，使社会风气发生了恶性的变化。几年以后汉高祖刘邦曾很坦诚地追悔道："吾遭乱世，当秦禁学，自喜，谓读书无益。"中国历史上这么早就出现"读书无用论"，实在令人痛心，其教训也是极为深刻的。

四、求长生，受方士欺骗，怒而坑杀儒生

　　秦始皇更受后人诅咒的是他坑杀儒生的暴行。

　　坑儒事件的根本原因是上述秦始皇对儒学的不满。但其直接导因，却是秦始皇求长生不死之药，受方士欺骗的结果。

　　秦始皇完成了统一大业，沉湎于高踞万民之上贵为天子、妻妾如云的享受之中，就有这种状况能永远继续下去的愿望。公元前 219 年，他巡游齐地，一路上不少方士向他讲述神仙羽化和不死之药的事。在风景优美、面临沧海的琅邪（今山东济南境），齐人徐市的上书终于打动了秦始皇。徐市说："在大海之中有三座神山，分别是蓬莱山、方丈山和瀛洲山，是神仙们居住的地方，山上有能使人不死的仙药。只要皇上诚心进行斋戒，给我派上几千童男童女，就能找到神山求得仙药。"秦始皇正盼望自己能永享天下，而徐市的胡说正中下怀，就派徐市带了 3000 童男童女下海去求神仙不死之药。公元前 215 年，秦始皇巡游到碣石

（今河北昌黎北），听说该地海上有羡门和高誓两位仙人，就派燕地人卢生去寻找。又派韩终、侯生和石生下海去寻求仙人不死之药。三年后，卢生没有找到仙人，也没有寻到不死之药，就欺骗秦始皇，说有恶鬼妨碍仙人，为了避开恶鬼，皇帝必须与世人隔绝，行动不能为外人所知。秦始皇给卢生、侯生等人许多的赏赐，并且从此自称"真人"，下令用复道、甬道将咸阳附近200里之内270座宫观连接起来，每个宫观都备有全套帷帐、钟鼓、美人，不必随着他的走动而迁移。谁若透露出秦始皇的行踪和意图，就是死罪。于是，这样一个叱咤风云的帝王，竟受几个方术士的欺骗，而自我禁锢，成为一个在金碧辉煌囚笼中闭目塞听的孤家寡人。

当然，与此同时，秦始皇一刻也没有忘记逼迫方士们给他找来不死之药。第一个受命寻找不死之药的方士徐市（福），害怕秦始皇的诛杀，带着那些童男童女躲到海外的一个"平原广泽"，自立为王，再也不回来了。方士韩终不知去向。到公元前212年冬，侯生、卢生怕骗术暴露，也终于潜逃。《史记》中记载，他俩在逃跑前还慷慨激昂地对秦始皇的暴政表示了一通不满，说："秦始皇这个人，天性刚愎自用，他从一个地处西垂的小诸侯，发展到统一六国，想做什么就做到什么的帝王，以为自古以来没有比自己更了不起的人了。他重用狱吏，独断专行，实行暴政，专好杀人。设置那么多的博士只是做样子，大臣们谁也不敢说真话，一切事都看着皇帝的脸色去办。皇上听到的只有阿谀奉承，因此日益骄纵，臣下都因为恐惧而隐瞒欺骗求得保住自己的位子。天下事无论大小都由皇帝一个人说了算，他公务繁忙，每天用秤称量一定的重量的简牍文件，不处理完就不休息。这个人这样贪于权势，我们不能替他寻求仙人不死之药。"

有人报告，侯生和卢生逃跑了，临走前还说了这么多攻击大皇帝的话。秦始皇万分震怒，说："我前头没收天下的图书，凡没有用处的都烧毁了。招养了那么多儒生和方术士，是想靠他们使天下得到治理，让方士们给我寻找长生不死的仙药。现在听说韩终跑了，徐市等人花了我亿万的钱物，始终没有找到仙药，只是每天有人报告说，这帮人是靠神仙方术骗钱。我对卢生特别尊重，给了他无数的赏赐，现在他竟然这样诽谤我，破坏我的威望。咸阳城里的密探们向我报告，有的儒生至今还敢散布流言蜚语，扰乱黔首的思想。这怎么了得！"

根据秦始皇的命令，执法的御史们对方士和儒生进行审问，这些方士和儒生受不了酷刑，屈打成招，而且胡乱牵扯和揭发别人。最后，秦始皇亲自出面审核定案，将460多名犯有诽谤皇帝及以妖言惑乱黔首罪行的方士儒生，全都在咸阳活埋而死，并且将他们的罪行公告天下，以警诫其他念书人。

在东汉初年给事中、议郎卫宏所撰的《诏定古文尚书序》中，对秦始皇坑杀儒生的情况和原因还有不同的记载。说，秦始皇焚灭诗书以后，害怕天下诸生不服从他的统治，就假称广纳天下贤士，号召儒生们到咸阳来参加选贤。受骗到京城应召的 700 名儒生，秦始皇都给予了郎的官职。秦始皇知道儒生们都有认死理好争辩的毛病，就派人在骊山的一个名为马谷的山沟中，利用温泉的热水秘密种了些瓜。等瓜成熟献给皇帝时，已经是冬天。秦始皇将博士和儒生们召集到朝廷上，让他们研究为什么天寒地冻，瓜还能成熟。这些念了一辈子书的人只知道古书中有春种秋收之说，不相信冬天还能长出瓜来。秦始皇就让人领他们到马谷瓜地里去看，并预先在山谷两边坡上埋伏了许多兵士，准备了大量的泥沙石块。诸生贤儒们见到马谷的瓜地，先是目瞪口呆，接着就热烈争辩，难分难解。正在这时，无数泥沙石块从上头倾泻下来，可怜这 700 名正在争论冬天可不可以长瓜的儒生，还没有明白是怎么回事，就全都被活埋在马谷里了。

秦始皇还下令在全国范围内大肆调查与追捕所有违犯皇朝禁令的儒生，定案以后，将许多人流放到西部新开辟的边境郡县服苦役，将更多的人投入监狱，以至当时穿囚衣的人阻塞了道路，监狱多得连成大片。秦始皇的长子扶苏性格柔弱仁爱，对父亲如此草菅人命，尤其是肆意虐杀书生极为不满，他劝谏父皇道："天下刚刚平定，远方的黔首尚未完全归附，儒生们不过是诵读孔子的书，演练儒家的礼仪，有多大罪过？父皇竟以如此苛重的刑法虐杀他们，儿臣恐怕天下人会因此不安。请父皇深思。"秦始皇万万没有想到，连儿子也不理解自己诛杀念书人，以使嬴姓江山永世不败的目的。他愤怒地下令，让公子扶苏离开京城咸阳，到上郡(今陕西榆林东南)去当蒙恬部队的监军，实际上是取消了公子扶苏的皇位继承权。

坑儒事件一年多以后的公元前 210 年(秦始皇三十七年)七月，秦始皇在巡游至沙丘时病死，宦官赵高和丞相李斯伪造秦始皇诏书，赐令公子扶苏自尽，扶植次子胡亥继位为秦二世。秦二世极为无能，而且在赵高、李斯策划和怂恿下，变本加厉地推行暴政，社会矛盾极为尖锐。次年九月，在蕲县大泽乡，陈胜、吴广率领征发戍守的 900 贫苦农民斩木为兵，发动反秦起义，天下群起响应，曾经强盛不可一世的秦皇朝，竟在农民起义的凯歌声中灭亡了。

焚书和坑儒事件，历来是评价秦始皇的一个焦点。学者从中华文化传承的角度对此颇多否定。但也有人强调焚书坑儒是秦巩固政权、保持皇朝统一的措施，有进步意义，应该肯定。其实，无论从哪个角度看，焚书坑儒都是应该彻底否定的。因为，首先它消灭文化、虐杀具有不同意见的念书人，是对中华文化的极大破坏，无论其动机如何，从其实际效果及其对后代的恶劣影响来说，都是不可饶恕的。其次，焚书坑儒是秦朝实行极端专制制度政策的一种表现，专制制度是对人性的毁灭,是将国家和民族当成私有物的体现,它本身是对先秦业已发展的民主政治观的一种反动,是中国后来长期停滞不前的一个重要原因,因此从政治上说,也应该彻底否定。第三,焚书坑儒导致了整个社会各个阶层对秦皇朝的不满和反抗,造成了皇朝的短命。倘若秦始皇对先秦文化采取保护和发展的政策,让念书人讲话,并加以适当引导,而不是实行从物质上和肉体上消灭的办法,秦皇朝会那么快灭亡吗?所以从秦皇朝的利益看,焚书坑儒也是无可挽回极为错误的决策,是秦始皇为他创建的皇朝自掘坟墓的行为,根本不可能达到专制政治家所期望的巩固政权和加强统一的效果。第四,不少政界人物肯定秦焚书坑儒,往往是借助秦始皇的亡灵,为自己毁灭文化、虐杀文化人的反动措施辩护。其专制淫威虽然能一时压制住人们的嘴巴,但"防民之口甚于防川",最后结果总是适得其反,更加暴露其残酷统治的本质。

《开化与禁锢——文化重案与文化发展》,中共中央党校出版社,1999 年

司马迁和《史记》

在中国历史上有一位人人赞颂的伟人，他就是司马迁；在中华文明宝库中有一部永远璀璨的巨著，它就是《史记》。司马迁的人格和风格，堪为世人楷模。他所撰写的《史记》，则是世界史学和文学史上的丰碑。每一个有文化的中国人，不能不知道司马迁，不能不读《史记》。因为他和它，不仅是我们民族最初3000年文明史的撰写者和载体，而且是我们为人、做事和迈向新世纪的导师、基石和指路灯。

一

陕西韩城市南 10 公里的芝川镇，是西汉左冯翊夏阳县的属地。芝川镇东芝水南岸，有一座陡峭的山峰，峰巅屹立的古建筑群，就是韩城人引以为荣、永奉香火的乡贤司马迁祠墓——太史公祠。《史记》作者司马迁，字子长，公元前145 年（一说前 135 年）出生于夏阳县芝川镇附近的龙门寨，约逝世于公元前91年。司马迁的父亲司马谈是汉武帝时的太史令，他精通天文历数和诸子学说，而独重道家，是一位博学而且见识卓越的史学家。他搜集了大量资料，特别是秦汉之际的资料，计划写一部与汉帝国强盛相适应的史书，并且已经完成了一些篇章。

司马迁幼时曾经耕牧于家乡美丽的河山之阳，不久随父亲迁居茂陵（今陕西兴平市）。他 10 岁开始学古文，曾师从当时最负盛名的学者董仲舒和孔安国研读《公羊春秋》和《古文尚书》。进而博览古代典籍以至当代的档案文书，为著述历史打下了坚实的基础。20 岁起，他走出书斋，开始了漫游生活。他不远千里来到会稽（今浙江绍兴），探寻治水英雄大禹的葬地禹穴。接着，他北至姑苏（今江苏苏州），参观春申君的宫殿遗址，眺望帮助勾践复国的名相范蠡泛过舟的五湖。又向西登上九嶷山（今湖南宁德），搜寻了帝舜南巡的事迹。又向南，来到长沙国的罗县（今湖南汨罗），徘徊于汨罗江畔，悼念自沉的爱国诗人屈原。司马迁渡江北上，到了楚汉战争时大将军韩信的故乡淮阴（今属江苏），奠祭韩信母亲的陵墓，印证了少年韩信的传说。向西，到达蕲县（今安徽宿州南），访问了当年曾跟随陈胜、吴广参加反秦暴动的农民英雄的后裔。他渡过淮水，沿泗水向北，来到西楚霸王项羽的王都彭城（今江苏徐州），刘邦及其文臣武将萧何、曹参、樊哙的故乡丰、沛二县（今皆属江苏），采访到这些叱咤风云人物的许多鲜为人知的传说和资料。到了薛地（今山东枣庄），他亲身体验了战国著名四公子之一的孟尝君蓄奸养士的暴桀遗风。接着，来到他最为敬仰的"至圣"孔子的故里曲阜（今属山东），拜谒了孔陵孔庙，观摩了儒生演习礼仪的壮观场面，深深被孔子的为人及其创立的儒家学派的博大精深所感动。司马迁转而向西，来到大梁（今河南开封），驻留夷门，听到魏公子无忌礼待夷门监侯嬴和窃符救赵的生动故事，并考察了秦军引大河、鸿沟水淹灌大梁的遗迹。这是司马迁第一次漫游。回长安不久，他当上了汉武帝的近侍郎中。郎中平时是宫门武装侍卫，皇帝出行时作为车驾的侍从。其间，他曾奉命出使巴蜀以南的今云贵地区，又随驾到过道家名山崆峒（今甘肃平凉）、相传黄帝大战蚩尤的涿鹿（今属河北）、秦万里长城的终点陇西（今甘肃临洮）、蒙恬驱逐匈奴的新秦中（今内蒙古河套地区），几乎走遍了西汉的山山水水。

15 年的壮游和调查，司马迁饱览了祖国绮丽的山河，考察了各地的历史遗迹，收集了大量古代的文物资料和历史故事传说，考察了各地的风土人情物产和地理形势，广泛接触了各阶层人士，尤其是下层民众。所有这些，使司马迁加深了对祖国和人民的热爱，扩大了眼界，开阔了胸襟，丰富了生活，增长了阅历，同时对他的政治见解和历史观念的形成、发展也起了很大的作用。

元封元年（前 110），汉武帝举行封禅大典，司马谈本应侍从前往，但是因为有病，滞留洛阳。司马谈又急又气，疾病加重。司马迁从西南返回，赶到洛阳，见到临终的父亲。司马谈说："余先周室之太史也。自上世尝显功名于虞夏，典天官事。后世中衰，绝于予乎？余死，汝必为太史，为太史，无忘吾所欲论著矣。……自获麟以来四百有余岁，而诸侯相兼，史记放绝。今汉兴，海内一统，明主贤君忠臣死义之士，余为太史而弗论载，废天下之史文，余甚惧焉，汝其念哉！"司马谈把毕生的事业和理想，留给了司马迁去完成。司马迁流着眼泪接受了父亲的遗命，说："小子不敏，请悉论先人所次旧闻，弗敢阙。"（《太史公自序》）

元封三年（前 108），司马迁担任了太史令，这为他写作《史记》提供了极为有利的条件。他埋头阅读和整理"史记石室金匮之书"，就是国家图书档案馆的藏书和档案。太初元年(前 104),司马迁主持的改历工作完成,太初历颁布。42 岁的司马迁精力充沛,思想成熟,学术积累丰厚,于是正式开始了著作《史记》的伟大事业。他秉笔直书史事,连当朝皇帝的丑事也不放过。汉武帝得知司马迁写史,要来了《景帝本纪》和《今上本纪》,阅毕大怒,将两篇本纪竹简书上的字全都削去,掷向司马迁。天汉二年(前 99),正在专心著述的司马迁应汉武帝的要求,表示了自己对李陵是否投降匈奴的看法,汉武帝竟以为降敌者辩护的罪名,将司马迁下狱,判处死刑。按照汉律,死刑犯可以纳钱赎罪,也可以用腐刑代替。司马迁无钱赎罪,为了活下去完成著史的理想,不得不忍辱含垢,下蚕室,受腐刑。狱卒的棒槌拷打,特别是阉割的奇耻大辱,加深了司马迁对封建专制制度的认识,不仅增强了他思想的进步性,也给他的创作带来了更大的动力。太始元年(前 96),司马迁出狱,被任命为负责替皇帝处理文书奏章起草诏谕的中书令。司马迁无心做官,把刑余之身全都用来发愤写作《史记》。太始四年(前 93),基本完成了《史记》的写作。此后,他的事迹,仅有一篇大约写于征和二年(前 91)的《报任安书》透露出一点信息。有人推测,大概因为司马迁此文"有怨言",以至下狱而死。

二

　　《史记》是我国古代第一部纪传体通史。作者司马迁在研究古代所存史籍的基础上,吸收了先秦史学的成就,创立了这样一种独立史坛、规模宏大、组织完备、包容社会全史的新体裁——纪传体,从而把我国史学发展推进到前所未有的新阶段,在史学和文学上树立了一块不朽的丰碑。

　　"史记"二字,本为秦汉间史书的通名。如《六国表序》中所言:"秦烧天下书,诸侯史记尤甚。"司马迁自称其书为《太史公书》,《汉书·杨恽传》又称该书为《太史公记》,还有称该书为《太史公》的。将司马迁的著作称为《史记》,开始于后汉末年荀悦的《汉纪》。魏晋间人,有称该书为《史记》的,也有称为《太史公书》的。最终以《史记》为司马迁著作专名的,是《隋书·经籍志》。梁启超在《要籍解题及其读法》中说:"[《史记》]实《太史公记》之省称耳。"当为确论。《史记》中之"史"字,为史官之义,而"记"则是记载的意思。

　　《史记》记载了上起传说中的黄帝,下迄汉武帝天汉四年(前 97),前后共3000 年的历史。全书共 526500 字,由 5 种体例互相配合补充,形成了完整定型的体裁。《史记》130 篇,包括 12 本纪、10 表、8 书、30 世家、70 列传。本纪,用编年的形式,以一个朝代的世系或一个最高统治者以及一个皇帝为中心,提纲挈领地写出一代大事。在司马迁的心目中,本纪是纲纪天下政治的意思,所以为项羽、吕后这样在当时政治上起主导作用的人也立了本纪。表,是在先秦谱牒基础上的创新,按时间顺序,表列国家兴亡、帝王更迭、制度演变和世系官爵等情况,在书中起提要、汇总、省繁的作用。《史记》的表,根据需要和可能,有世表、年表和月表三种。书,后代称志,分专题叙述历代的典章、制度、经济、天文、地理、典籍等,具有文化史的性质。世家,用于记述贵族王侯的历史。先秦诸侯国的世家基本用编年体,记载其家族世代的活动。汉代的世家基本以人物为中心。司马迁认为,秦的灭亡归功于陈胜的发难,所以立有《陈涉世家》。列传,一般选择一人行事中最典型的事迹写成,用以记载各个时代不同阶层不同类型各种人物的历史。其中有为一人所立的专传,有将两个以上人物写在一起的合传,有将事迹相似者汇叙在一起的类传,还有记各少数民族和外国的族别传、国别传。《史记》在各篇之后都有"太史公曰"的论赞,用以对事件或人物进行论断。《史记》最末一篇为《太史公自序》,用以叙述作者的家世、生平、作史的宗旨经过,以及全书的篇目。

《史记》中的 5 体 130 篇混为一体,构成囊括中国上古 3000 年历史和文化的壮丽画卷,被鲁迅称为"史家之绝唱,无韵之《离骚》"。

三

司马迁自称其著书是为了"究天人之际,通古今之变,成一家之言",意为《史记》要研究天道和人事的关系,把从古到今历史发展变化的大道理搞清楚,成为表达自己个人思想主张的学术著作。司马迁探求人与自然的和谐关系,同时把对自然现象的研究与当时流行的天人感应学说相区别,认为天象与人事没有什么必然的联系。他用宗教的历史来揭露宗教迷信的虚妄,强调人事在历史发展中的重要作用。他以原始察终、见盛观衰的方法,发现历史总是辩证地发展变化的,"物盛则衰,时极而转,一质一文,终始之变",从古往今来的历史变化中找出一些因果关系,作为当今的借鉴。

《史记》有着明显的反专制制度的倾向。他揭发秦朝的滥用民力,铺陈汉家盛世下的残酷,对人民寄以深切的同情。他愤慨于"窃钩者诛,窃国者侯,侯之门,仁义存"的罪恶现实,颂扬舍己为人、扶危济困的侠客。从楚汉战争的结果总结出,能否关心民众的疾苦,是政治斗争成败的关键。

《史记》努力用社会经济生活来探求历史发展的原因。他发现人类物质生活资料的生产历史有其规律,不以人的意志为转移。社会的分工是由生产和交换的需要决定的,而社会生产的发展是人们为了追求财富和满足物质需要而去从事工作的结果。他认为应该鼓励人们去追求财富,应该重商,而不是抑制商业。

司马迁在著书时,不避权贵,不畏罪祸,直笔实录,不为帝王和统治者隐讳。敢于揭露汉朝开国皇帝刘邦的流氓嘴脸和当朝皇帝汉武帝迷信鬼神的无知。对历史人物,他不因其罪过掩盖其功绩,并且在一定程度上看到了人民的力量在历史上的作用,为商人、侠士、刺客、滑稽、俳优、日者、龟策等各阶层人物立传,展示了广泛的人生百态。

《史记》的诞生,对后世史学和文学的发展起到了重大的影响。清代史学家赵翼说:"自此例一定,历代作史者遂不能出其范围,信史家之极则也。"郑振铎先生称,《史记》"不仅仅是一部整理古代文化的学术的要籍,历史的巨作,而且成了文学的名著"。

第一,它创立完整的纪传体全史的体裁,又是通史的开山。《史记》的五体,各有渊源。但司马迁使它们相互配合,形成一个完整的体系,发挥各自不同的作用,是一个伟大的创造。这种形式,适应了中国封建社会大一统政治制度的特点和需要,被确定为"正史"。自班固改通史为断代以后,在 2000 年间陆续撰成体裁一致的 26 部"正史",系统完整地记载了自黄帝至清末约 5000 年的历史,总共 3249 卷,4500 余万字。它不但在我国是冠盖史坛的巨著,在世界上也是绝无仅有的。

第二,它在史料的取舍上为后代史家树立了典范。司马迁著书的史料,主要来源有四个方面:一是书籍文件档案。二是广泛交游了解。三是直接访问调查。四是金石刻辞和图画。对所搜集到的资料,司马迁进行了认真的考证选择,信以传信,疑以传疑,这才给我们留下了这样一部伟大的信史。

第三,《史记》很重视当代史的研究,在兼顾各代的同时,以主要篇幅,记载汉代的历史,为我们树立了详近略远的史学榜样。

第四,语言文字生动简练、通俗易懂。《史记》撰写历史人物的语言,都采用当时的口语和方言,反映了时代的特点。书中通过对人物形象和活动的生动描述,揭示了当时社会的政治斗争、社会矛盾、人物性格、人情世故,给读者留下了深刻的印象。在叙事上,他注意避免重复,节省繁文,使全书脉络相连,有着缜密的系统。文字非常通俗,不仅广泛地吸取了当时通行的方言俗语,而且用字尽量通俗,引用古书,也常常译为当时通用的语言。其传记往往选取典型事件,注意细节描写,善于渲染夸张,博采传说故事,成为史传文学的典范。

第五,创造了寓论断于叙事的写作方法。在书中,作者往往不必专门议论,而是借用别人的评论,或用客观的史实和材料,或采用对比衬托的形式,或利用对历史人物活动的细节描写,把自己的论点表达出来。

四

读史使人明智,问古可知兴替。章太炎先生说:"一部廿四史,人皆以《太史公书》第一。"《史记》作为最优秀的古典名著,2000 年来备受推崇,读者数以亿计。今天的读者,更以阅读《史记》作为自己增进历史、文化修养和提高写作能力的重要途径。

由于纸张和印制成本的高昂,新书的定价愈来愈高,令一般读者望而却步。考虑到多数读者的经济能力和阅读水平,为了向大家提供一部实用、方便、易读、价廉的《史记》读本,编者对该书进行了一定的加工。

第一,恢复《史记》的原貌。《史记》成书以后,司马迁将其"藏之名山,副在京师,俟后世圣人君子"。至其外孙杨恽将该书公布于众时,已有亡佚。该书在西汉社会的巨大影响,使不少人相继为其补作亡篇或续以西汉史事。西汉续补《史记》者,据唐刘知几所说,除褚少孙、冯商、刘向、刘歆以外,还有卫衡、扬雄、史岑、梁审、肆仁、晋冯、段肃、金丹、冯衍、韦融、萧奋、刘恂等人。补作的亡篇,如《孝武本纪》,篇首 60 余字袭用《孝景本纪》,其后全抄《封禅书》文字,与《太史公自序》所言"汉兴五世,隆在建元,外攘夷狄,内修法度,封禅,改正朔,易服色,作《今上本纪》"的内容宗旨相距甚远。其他如《汉兴以来将相名臣年表》《礼书》《乐书》《律书》《兵书》等,或全部或部分为后人杂取诸书,拼凑成文,拙劣之甚。为《史记》续补文字的,主要是褚少孙。经考证,褚少孙补作了《三王世家》《日者列传》《龟策列传》,续写了《三代世表》《建元以来侯者年表》《陈涉世家》《外戚列传》《梁孝王世家》《田叔列传》《滑稽列传》等篇章的部分内容,总共 25000 余字。另有读史者增窜的 10 篇,约 4800 字,好事者补亡的约 1700 字。这些内容都不是司马迁原作,故予删除,以恢复《史记》原貌。这是一项非常有意义的学术工作。

第二,对一般读者来说,《史记》的部分内容极为难懂,无法读通。如讲天象的《天官书》,就连研究古代天文学的专家,都很难读懂。与其印出不读,不如删去了事。

第三,就非专业的读者来说,《史记》年表中大量的表格并无用处,故亦予删削。

第四,考虑到多数读者对繁体字较为陌生,故而全书以简体字排印,以省却大家辨认繁体字的麻烦。

第五，全书正文用小五号字印制，这样既不影响阅读，又可以节省造价。另外，各篇采取空数行接排的办法，也是为了节省印张。将来如果读者需要，我们拟另印行五号字本，但那样，书的定价必然提高。相信读者能理解我们的苦衷。

1998 年 1 月 26 日为某社出版《史记》所写前言

司马迁笔下的秦始皇

在中国古代史上,很少有可以与秦始皇的影响相提并论的人物。他功大过亦大,历来毁誉褒贬都十分激烈。为这样聚讼纷纭的历史巨人作传,又要写出他所经历的整个时代的概貌,实在是一件极其困难的事。在《报任安书》中,司马迁说,他著史是"网罗天下放失旧闻,略考其行事,综其终始,稽其成败兴坏之纪"。《秦始皇本纪》可以说是贯彻这一宗旨的一个典范。司马迁以他如椽之笔,以不足万字的篇幅,给我们展示了中国第一个统一封建王朝建立前后 40 余年风云变幻的历史画卷,把秦始皇这个在历史大转变中叱咤风云的人物,写得有血有肉,个性鲜明。特别揭示了秦皇朝"成败兴坏"的全过程,用以警告汉代统治者要关心人民的疾苦,否则"百姓怨望而海内叛矣"。①

无论怎么说,秦始皇首先是个对中国历史做出重要贡献的杰出的封建帝王。是他领导的统一战争,结束了春秋战国近 500 年诸侯割据混战的局面,使人民可能有一个比较安定的环境从事生产。是他建立的秦皇朝在中国历史上第一次实现了真正意义上的疆域辽阔的统一,加强了各地区的政治、经济、文化联系,为我国长期的统一奠定了基础。长期以来,我国封建社会以高度发展的经济和文化,屹立在世界文明的前列,而且能有效地抵抗外来侵略,保持国家的独立,都与秦统一的开创之功,有着不可分割的历史联系。

但是,汉兴以后,在司马迁当世,很少有不骂秦始皇的。司马迁不受时俗众议的迷惑,以一个杰出历史家的卓越史识,批评了那些因否定秦的暴政而不分青红皂白连带否定秦统一之功的"耳食"之儒,充分肯定了秦结束诸侯混战、统一天下的业绩,盛赞秦皇朝"成功大"。司马迁探索了秦之所以能实现统一的原

---

①贾谊:《过秦论》。

因,首先是"天所助焉"①。这个天,当然不是神,而是客观的历史趋势。这个客观趋势,司马迁在《秦始皇本纪》中以秦始皇的话阐明了,就是"天下共苦战斗不休,而求其宁息",即人民要求统一的愿望成为不可阻挡的历史潮流。秦顺乎了这一潮流,所以说是得天之助。

从唯物史观来看,春秋战国的诸侯战争和秦统一,都是中国封建社会初期经济运动的必然产物。春秋战国时代,是我国古代封建制代替奴隶制的伟大变革时代。当时,农业生产者从奴隶制的桎梏下解放出来,劳动兴趣和生产积极性有了提高。加上铁农具的使用,水利灌溉事业的发展以及耕作方法的进步,农业生产以前所未有的速度向前发展。农业的发展,促进了手工业的进步,促进了商品交换的发展和商业城市的兴起,各地区间的经济联系日益密切,迫切需要实现全国的统一。从另一方面说,封建经济的基础是封建的土地所有制。在这种所有制下,封建主占有的土地越多,其剥削收入就越多,这就决定了封建地主阶级内部,必然要出现兼并土地的斗争。这种斗争在大封建主之间,就可能表现为攻城略地无休止的兼并战争。春秋后期,尤其是战国时期,持续几百年的诸侯割据混战局面,就是这种大封建主争夺土地所有权的表现。战争使原来的大小百余个诸侯国被兼并到只剩下齐、楚、燕、秦、韩、魏、赵七个大国,而大国之间的战争规模更大,更残酷,掠夺性更强,对生产力的破坏也更为严重。从封建统治阶级的整体和长远利益来说,就需要出现一个高踞于所有封建主之上,强有力的、统一的、中央集权的国家机器,来调整全国各大小封建主之间的关系,促进封建生产关系的完善与发展,制止无休止的兼并战争对社会生产力的破坏,以政权的力量,去组织生产和对付那些受剥削的农民群众。从这一点来讲,结束混战局面、实现全国统一是一个伟大而且迫切的历史任务。战国后期,七国先后称王,都企图做统一之主。但是,统一大业只能由一国最终完成。

秦始皇嬴政是个幸运儿,历史选定了他去完成统一六国、建立大一统封建帝国的宏伟事业。秦国的先君大臣经过 100 多年的努力,为他完成这一历史使命准备了充分的条件。司马迁对这一历史演变过程有明确的论述。他认为,"秦起襄公,章于文、缪、献、孝之后,稍以蚕食六国,百有余载,至始皇,乃能并冠带之伦,以德若彼,用力如此,盖一统若斯之难也。"②为此,司马迁特作《秦本纪》,对秦由弱变强的历史转变进行了系统的叙述。故《秦始皇本纪》只在篇首简要提及。嬴政继位秦王时,秦地"已并巴、蜀、汉中,越宛有郢,置南郡矣;北收

①《史记·六国表序》。
②《史记·秦楚之际月表序》。

上郡以东,有河东、太原、上党郡;东至荥阳,灭二周,置三川郡"。① 可以说是三分天下有其二了,东方六国若秦之郡县。这说明秦始皇的先辈为他实现统一奠定了多么雄厚的基础。

嬴政继王位时只有13岁。国家大权旁落在号为"仲父"的相国吕不韦和假阉人嫪毐手里。但司马迁对这两个人的写法有明显的不同。对吕不韦的写法是,"吕不韦为相,封十万户,号曰文信侯,招致宾客游士,欲以并天下"。以最简洁的语言,概括了吕不韦摄政时为秦最终统一天下做组织准备的功绩。司马迁还为吕不韦立了专传。《吕不韦列传》记载,吕不韦为了佐秦统一天下,招致天下宾客编纂《吕氏春秋》,探讨了新的历史条件下的封建政治理论体系,为秦统一做了政治和舆论的准备。吕不韦在书中论述了统一的方法,主张用义兵来"诛暴君";论述了治国的方法,主张君主"无智,无能,无为"②。这些思想,在当时的历史条件下应该说是非常适宜的指导方针。可惜,秦始皇没有采纳无为而治的政治方针,却反其道而行之。否则,中国古代的历史可能就是另外一种写法了。显然,司马迁对吕不韦是基本肯定的,对嫪毐的写法就不是这样了。嫪毐是一个淫逸、阴险而又权欲熏心的家伙。他不惜以假阉人的卑鄙手段入宫与太后淫乱,不几年就飞黄腾达,掌握了国政,乃至于"事无小大皆决于毐"了。在这样的情况下,秦王嬴政亲政后,立即采取果断措施,首先消灭了嫪毐叛乱集团,继而又将吕不韦的势力一网打尽。从此,秦王政大权独揽,为他集全力进行统一战争铺平了道路。这时秦王只有22岁,而他的雄才大略已是崭露头角了。

秦王政亲政以后,重用李斯、尉缭等客卿,重新制定了对付六国的战略和策略,军事与外交双管齐下,开始了大规模统一六国的战争。秦王给予王翦、桓齮等老将以指挥全权,加强了对六国的军事进攻,由近及远,各个击破。为配合军事进攻,在外交上用重金贿赂以离间六国君臣,破坏各诸侯国之间的关系,使其合纵不成,内部纷扰。于是秦军势如破竹,先灭韩、次破赵、再得魏,然后倾全力加兵于楚,最后灭燕、定齐。从公元前230年至前221年,仅用了10年时间,就完成了统一六国的旷古大业,建立了第一个统一的多民族的中央集权的封建国家。司马迁在撰写这段历史时,以秦王政的活动为主线,注意到兼顾李斯、尉缭、王翦、桓齮等文臣武将的辅佐攻战之功,司马迁不仅记载了李斯、尉缭等大臣为统一所献之计,而且在叙述统一六国战争时,每战必书统兵将帅姓名,其中提到的麃公、杨端和、辛胜、腾、羌瘣等人皆因之而得以垂名汗青。当然,这些人之所以能发挥作用,与秦王政在统一战争时期思贤如渴、博采众议、从谏如流的

① 《史记·秦始皇本纪》,以下凡引本篇不再注明。
② 《吕氏春秋》卷7"荡兵",卷25"分职"。

突出品质是分不开的。《秦始皇本纪》中对此做了多次生动具体的叙述。秦王政因嫪毐谋反而迁怒母亲赵太后,齐人茅焦进谏这一不孝行为将导致六国"倍秦",秦王政马上"迎太后于雍而入咸阳,复居甘泉宫"。韩国间谍水工郑国入秦修渠,以延缓秦兵东进,阴谋被揭露后,秦王政因而"大索逐客",驱逐客籍官员。李斯上《谏逐客书》,秦王政就"止逐客令",且让李斯掌握了大权。魏人尉缭给他献破六国合纵之策,他不仅"卒用其计策",而且"见缭亢礼,衣服、食饮与缭同"。画出一幅雄略君主礼贤下士的彩图。秦国君臣真是红花绿叶,相得益彰。

　　秦统一以后,在没有先例的情况下,面临创建大一统封建国家政权的艰巨任务。秦始皇是一个无畏的探索者,他以气吞山河的气魄,出色地完成了这一历史重任。从封建地主阶级的政治需要出发,他确立了至高无上的皇权,规定封建国家的最高统治者称"皇帝",自称为"朕",命令叫"制""诏",印叫"玺"。他自命为始皇帝,后代,以世来计数,要"二世、三世至于万世,传之无穷"。他设立了三公九卿的中央行政机构,在地方普遍推行郡县制度,在基层实行乡、亭、里的行政组织和伍什连坐制度,这样一套密如蛛网复杂的封建官僚和国家组织制度,便于地主阶级更有效地统治人民,对以后封建王朝的政治制度有着深远的影响。他"令黔首自实田",在全国范围内确立封建土地所有制。他统一度量衡,统一货币,统一文字,统一车轨,促进了全国各地经济、文化的交流和发展。秦始皇的这一系列建树,对中华民族这个统一体的形成与巩固,有着巨大的意义。为防止诸侯战祸的再起,他坚决摒弃了商、周以来的分封制,子弟功臣一概不予分封,郡县长官由皇帝任免,他收缴天下兵器,铸成了钟镰和12尊铜人。他下令拆毁战国时各国所修的关塞、城郭、川防。他"徙天下豪富于咸阳十二万户",更严密地控制怀有二心的六国旧人。他大规模地进行对边疆地区的统一战争,派蒙恬等人带兵北击匈奴,南征百越,向新征服的河套和五岭地区大规模移民。这些移民带去了中原地区的先进文化和生产技术,促进了当地的开发和民族融合。他下令西起临洮,东到辽东,修筑了举世闻名的万里长城,不仅在当时有效地阻止了北方匈奴对汉族地区的掠夺,而且成为中华民族悠久文明的象征。在当时,秦皇朝的疆域"西涉流沙,南尽北户,东到东海,北过大夏",广袤万里,是世界上最强大的封建王朝。他继承和发展了商鞅"重农抑商"的发展经济政策,对中国封建社会经济战略重心的确定影响极大。他大事巡游,到过陇西、北地、碣石、会稽、洞庭、琅邪、上党、南郡等地,到处推行统一的政教习俗,对中华民族统一风俗的形成有不小作用。任何一个历史人物,只要做了上述一件事,即可在青史留名。秦始皇在各方面全面建树,司马迁为之作大传,秦始皇当之无愧。

司马迁从"汉承秦制"认识到了秦开创中国封建一统国家政治制度的功绩。他曾说过："秦有天下,悉内六国礼仪,采择其善,虽不合圣制,其尊君抑臣,朝廷济济,依古以来。至于高祖,光有四海,叔孙通颇有所增益减损,大抵皆袭秦故,自天子称号,下至佐僚及宫室、官名,少所变改。"[1]在《秦始皇本纪》中,作者不厌其烦地一件件记述了上述秦初建立国家制度和巩固统一的各项措施。鉴于汉分封同姓王导致七国之乱的历史记忆犹新,司马迁特别推崇秦始皇废分封制实行郡县制的果断措施。为此详细记叙了秦朝廷关于国家制度的两次辩论,让读者从中自明是非。第一次是秦始皇二十六年,丞相王绾建议在新近夺得的六国地区分封诸皇子为王。秦始皇交群臣讨论。廷尉李斯力陈分封之弊、郡县之利,秦始皇立即裁断："天下共苦战斗不休,以有侯王。赖宗庙,天下初定,又复立国,是树兵也,而求其宁息,岂不难哉! 廷尉议是。"第二次是三十四年博士淳于越又挑起了关于分封郡县的争论,他引殷、周为例,提出从巩固秦嬴皇权的目的出发,也必须封子弟为诸侯,且警告,"事不师古而能长久者,非所闻也"。李斯针锋相对地予以驳斥,指出时代不同,国家制度也要相应变化,三代的事,是不足法的。秦始皇毫不含糊地再次支持了李斯的意见,更表明了他在历史转折关头作为一位决策者的英明。

　　但是,作为一位具有远见卓识和勤于思索的历史学家,司马迁的目的并不是为了给秦王朝唱赞歌。他忠于历史,实录史事。他没有放过秦政暴虐的记载,以相当的篇幅探索了秦建国仅 15 年即亡的历史教训。

　　秦的灭亡,有一个从秦始皇到二世的演变过程。秦的建立,使人民从战国纷乱中盼到了统一,人民是拥护秦皇朝的。贾谊说"民莫不虚心而仰上"[2],就道出了这一事实。但是,人民拥护统一,是急需有一个和平的环境来休养生息,发展生产。而秦始皇却不让人民休养生息。他不惜民力、财力,进行了一系列浩大工程。早在灭六国的战争进行之时,他就征用大量人力物力,在渭水北岸仿照六国宫殿图样,修建了大片宫阙。六国统一的次年,秦始皇更是大规模营建土木工程,在渭水南岸修信宫和甘泉前殿。三十五年,在渭水南的上林苑修建规模宏大的阿房宫。史载秦始皇的离宫别馆多达 700 余处,其中仅咸阳周围 200 里内就有 270 多处。他征发 70 余万刑徒、奴隶,在骊山给自己修建规模极其庞大、装饰极为奢华、耗资无数的陵墓。《秦始皇本纪》中提到,骊山陵中"宫观、百官、奇器、珍怪徙臧满之",如今的兵马俑坑仅是"百官"的一小部分,已被中外游人叹为观止。算一算秦始皇征发的徭役吧! 修骊山墓 70 万,筑长城 50

---

[1]《史记·礼书》。
[2]贾谊:《过秦论》。

万,备匈奴 30 万,戍五岭 50 万,再加上修驰道、水陆漕转的人,全国同时服役的人数竟在 200 万以上。这对于当时只有 2000 多万人口的秦皇朝来说,十分之一二的人口被征发,大大超过了人民负担能力的极限。"海内之士力耕不足粮饷,女子纺绩不足衣服"①,就是秦朝暴政的真实写照。同时,秦始皇还贯彻法家主张,诛杀无厌。司马迁说,他"刚毅戾深,事皆决于法,刻削毋仁恩和义"。仅刑法名称,就有贳、笞、迁、耐、髡、黥、鋈、斩左右趾、宫、腐、戮、磔、弃市等十几种。秦法刑狱极严,使人没有伸屈之地,真是跋前疐后,动辄得咎。三十六年,仅因为有人在陨石上刻了"始皇帝死而地分"几个字,就"尽取石旁居人诛之"。在这种情况下,人民丧失了起码的生活条件,生命安全和社会生产的最起码保障都没有,社会还能不崩溃,人民还能不造反吗?

秦始皇的政策不仅使农民,而且使其他阶级阶层的人也无法照常生活下去。他严厉打击商人,把商人征发去边境戍守。他焚灭诗书,坑杀儒生,使中国文化典籍遭到有史以来第一次厄运,知识分子纷纷离心背秦。他喜怒无常,疑神疑鬼,随意杀戮,或把官吏罚"筑长城及南越地",使大小官僚"畏罪持禄","慑伏谩欺以取容"。到头来,他自己也成了个闭目塞听、不知世情的独夫。

公元前 210 年秋,秦始皇在沙丘病死,少子胡亥即位为二世皇帝。在赵高、李斯助纣为虐之下,秦二世变本加厉地推行暴政,"用法益刻深"。在埋葬秦始皇时,秦二世下令将后宫无子女的宫妃全部殉葬,把修陵工匠尽数活埋。他征发 5 万勇士屯卫咸阳。他豢养无数狗马禽兽,弄得关中地区严重粮荒。同时,秦二世大杀文臣武将和同胞兄弟,不仅杀害了为秦皇朝建立和巩固立了大功的蒙恬、李斯、冯去疾等,而且杀害了自己的兄弟姐妹 20 多人,牵连而死者不可胜数,以至"宗室振恐","自君卿以下至于众庶,人怀自危之心"。社会上的各种矛盾尖锐到极点,陈胜、吴广振臂一呼,天下响应,赫赫一世的秦帝国崩于一旦,成为中国历史上最短命的封建一统皇朝。

司马迁对秦朝二世而亡感触很深,把探索秦"成败兴坏之纪"的宗旨贯穿于《秦始皇本纪》的始终。在"太史公曰"中也破例全引贾谊《过秦论》以为论赞,完全同意贾谊的分析,谴责秦皇朝不修仁政,它的灭亡是理所当然的。

在司马迁的笔下,秦皇朝的兴亡和秦始皇个人性格的发展以及制度的专横有密切的联系。因此,《秦始皇本纪》始终把秦始皇个人性格的描写,放到重要的位置。早在叙述秦王政从事统一战争过程中礼贤下士的历史时,司马迁就引用尉缭的议论,为后来嬴政性格的恶性发展埋下了伏笔。尉缭说:"秦王为人,

---

① 《史记·平准书》。

少恩而虎狼心,居约易出人下,得志亦轻食人。诚使秦王得志于天下,天下皆为虏矣。"果然,统一全国以后,陶醉于战争的胜利、统一的成功、至高无上的皇权、臣僚们的歌功颂德之中的秦始皇忘乎所以了。司马迁记载秦始皇为自己树碑立传的六篇石刻铭文别具深意。这些铭文充分表现了秦始皇自我陶醉的得意之情:唯我独尊,唯我独是。司马迁画龙点睛地评论说,始皇"鸣得意",揶揄之情入骨三分。铭文中,大臣们肉麻地吹捧神化秦始皇的情态也溢于言表。这些,导致了秦始皇性格中的刚愎暴戾恶性膨胀,他独断独行,滥施淫威,再也听不得不同意见,更不允许别人的批评。诸生因批评秦的政策而招致焚书之祸;李斯勿攻匈奴的建议,被他拒绝;长子扶苏对坑儒提出劝告,被遣出咸阳为蒙恬监军。司马迁最后将侯生、卢生私下的议论全行录出,用以揭示秦始皇刚愎自用的恶劣品格,说道:"始皇为人,天性刚戾自用,起诸侯,并天下,意得欲从,以为自古莫及已。专任狱史,狱吏得亲幸。博士虽七十人,特备员弗用。丞相、诸大臣皆受成事,倚辨于上。上乐以刑杀为威,天下畏罪持禄,莫敢尽忠。上不闻过而日骄,下慑伏谩欺以取容。秦法,不得兼方,不验辄死。然候星气者至三百人,皆良士,畏忌讳,谀不敢端言其过。天下之事无小大皆决于上,上至以衡石量书,日夜有呈,不中呈不得休息。贪于权势至如此。"这时的秦始皇,已从一个睿明有为的英主转化成昏庸、贪权、胡作非为的暴君,在他的统治下,人民怎能安生呢?

《秦始皇本纪》还反映了司马迁朴素唯物的历史观。他不信鬼,不信神,用了不少篇幅,揭露秦始皇妄想成神成仙而受骗于方士的愚蠢行为。始皇二十八年,巡游琅邪,齐人徐市说海中有住着神仙的三神山,秦始皇果然派徐市带领童男童女几千人下海求仙人。三十二年,始皇到碣石,又派燕人卢生寻找仙人羡门、高誓,派韩终、侯生、石生去寻"求仙人不死之药"。三年以后,卢生没有找到仙人,也没有寻到不死之药,就欺骗秦始皇,说有恶鬼妨碍仙人,为了避开恶鬼,他必须与世人隔绝,行动不能为人所知。于是秦始皇自称"真人",下令用复道、甬道将咸阳附近200里内270座宫观连接起来,"帷帐、钟鼓、美人充之,各案署不移徙",谁若透露出秦始皇的行踪和意图,就是死罪。自我禁锢,真正成了金碧辉煌囚笼中的孤家寡人了。一个叱咤风云为所欲为的帝王,竟然受制于几个小小的方士,耗资巨万,不仅没有见到仙人,没有求到不死之药,反而自己身死于外,身后赵高、胡亥政变于内,这种惨痛的教训对秦皇朝轰轰烈烈的历史简直是一个辛辣的讽刺!但这无情的历史事实正揭示了历史的必然性。历史事实证明,君主越是神化,统治越是专断,而他本人也越容易被人愚弄和操纵,他的权力也越容易被奸人篡夺。说到底,赵高、胡亥这两个最终亡秦孽种的出现,是秦始皇晚年专横神秘的必然结果。

当然,司马迁并没有把秦灭亡的过错完全归于秦始皇一人。在写秦朝大臣列传时,他篇篇批评大臣们失职。他评判王翦"不能辅秦建德,固其根本,偷合取容,以至殁身"①;他斥责李斯"知六艺之归,不务明政,以补主上之缺,持爵禄之重,阿顺苟合,严威酷刑,听高邪说,废嫡立庶"②;他指责蒙恬"不以此时强谏,振百姓之急,养老存孤,务修众庶之和,而阿意兴功"③。是非分明,功过各论,足见司马迁见识超人。

中国古代史学历来重视"惩恶劝善""直笔""实录",司马迁所撰写的《秦始皇本纪》,可以说是一部典型的"实录"史传,我们从中可以得到的东西实在太多了。

《兰州大学学报》1986 年第 1 期

---

① 《史记·白起王翦列传》。
② 《史记·李斯列传》。
③ 《史记·蒙恬列传》。

刘歆的学术与政治

自汉武帝尊崇儒术以后,儒学传授出现了昌盛的局面,当时所立学官一般概称之为今文经学。到西汉末年,刘歆大力鼓吹古文经书"好恶与圣人同"①,为之争立学官,从而开启了经学史上的经今古文之争。

一、王侯世家　书香门第

刘歆(前50？—公元23),字子骏,西汉后期的著名学者。他不仅在儒学上很有造诣,而且在目录校勘学、天文历法学、史学、诗赋等方面都堪称大家。章太炎说,孔子以后的最大人物是刘歆。② 顾颉刚称刘歆为"学术界的大伟人"③。刘歆的卓越学识确实是为古今学者同声赞誉的,然而,他又是帮助王莽篡夺汉室江山、建立新朝的主要人物之一,政治上与王莽的不光彩事业捆在一起,而受到后人的唾弃。这是一个在政治上与学术上都名声很大的人物,了解他的生平和学术,分析其在特定时代形成的特殊的人格与事业,确实是一种十分有趣的事情。

刘歆的生年,历史上没有记载。他是刘向的第三子,刘向生于公元前77年。从刘歆的生平交往看,他与王莽(公元前45—公元23)年岁大体相近,但他又与著名学者扬雄交往较深,扬雄生于公元前53年,卒于公元19年。又《歆传》云,其"少以通《诗》《书》能属文召,见成帝",钱穆的《刘向歆父子年谱》④将

---

①《汉书·楚元王传》附《刘歆传》。以上凡引本传,不再加注。
②《訄书》。
③《古史辨》第5册《自序》。
④载于《古史辨》第5册。

此事系于成帝建始元年,即公元前32年。按"少"者,年轻人也,刘歆此时当已在20岁左右。由以上诸项看来,刘歆大体年长于王莽,而又稍晚于扬雄,出生时间可能在公元前50年(汉宣帝甘露四年)前后。① 他是公元23年自杀的,享年大约为73岁。

研究刘歆,不能忽略他的宗室出身。他的六世祖名交,字游,是汉高祖刘邦的同父异母弟。在刘邦抚定三秦,与项羽争天下时,刘交一直随侍左右,很受亲信,所以在汉高祖六年被封为楚王。四世祖刘成有子五人,长子礼嗣,其余诸子皆封侯。吴楚七国之乱,刘成兵败自杀。其子刘富,因反对叛乱,事前已奔逃京师,得以更封为红侯。富子辟强,学问出众,但不肯出仕。辟强子德,为刘歆祖父,在昭、宣之世任宗正,赐爵关内侯,又封为阳城侯。刘向为德之次子,12岁时就以父荫任为辇郎,20岁为谏大夫。其后曾任散骑宗正给事中、光禄大夫,领校中五经秘书,刘向"居列大夫官前后三十余年",绥和元年(前8)年72卒。刘向学问渊博,著述宏富,撰有《尚书洪范五行传论》《五经要义》《世说》《列女传》《列仙传》《新序》《说苑》等百余卷。

可以说,刘歆的祖辈多数都有做学问的传统。到刘歆成人之时,虽家世不如当初显赫,却仍凭着一个宗室的牌子在朝中占一职位,"家产过百万"。

出于严格的家学渊源和个人的天赋,刘歆很早就以才学闻名。成帝之初,亲信大臣就推荐说"歆通达有异材",由此受到召见。他"诵读诗赋,(帝)甚悦之"②,以至成帝想当场任其为"得入禁中"的中常侍。③ 只是由于大将军王凤的反对而未能得逞。史书上记载这一事件时说:"(帝)欲以(歆)为中常侍,召取衣冠。临当拜,左右皆曰:'未晓大将军。'上曰:'此小事,何须关大将军?'左右叩头争之。上于是语凤,凤以为不可,乃止。"当时外戚王氏掌权,皇帝想以安置宗室来加强皇权,却未得逞,刘歆只得到了一个待诏宦者署的黄门郎职位。

河平三年(前26)汉成帝下令谒者陈农到各地搜求遗书,同时,将分藏于太常、太史博士、延阁、广内、秘室的中秘书籍集中到一起,由光禄大夫刘向负责,步兵校尉任宏、太史令尹咸、侍医李柱国、黄门郎刘歆等参加,对中秘之书,进行系统的整理编目工作。刘向逝世不久,汉哀帝下令刘歆领校五经,以完成其父

---

①吕振羽:《中国政治思想史》(三联书店,1955)页305言,刘歆生年当为公元前20至前30年,显误。《汉书·王莽传》中有两条材料可证。其一,元始元年(公元1年)刘歆之子荣"以才能幸于莽"。若刘歆生于公元前30年,其子此时当不足15岁,何以能幸于莽?其二,刘歆死后,有人在殿中见"白头公青衣,郎吏见者私谓之国师公",则刘歆死时已是白发老人。若生于前20至前30年,则此时只有40至50岁,何能如此?

②《汉书·元后传》。

③《汉书·百官公卿表序》。

未竟之业。两年以后,经过刘向、刘歆父子20多年的努力,终于圆满地完成了中国历史上第一次由政府组织的大规模图书整理编目工作。

刘向、刘歆父子领导的这次校理群书的工作,创造出一整套科学的方法。为了对书籍的篇章文字等进行校雠和勘定,他们首先兼备众本,广搜异本;然后选定篇目,去除重复;再后纠理错简,校雠文字;最后勘定书名,誊清新本。总共整理出图书33090卷,收藏于天禄阁、石渠阁,建立了第一个国家图书馆,并为先秦古籍的流传,为图书由官府收藏走向民间普及做出了重大贡献。他们系统的古籍整理方法,使校勘、辨伪、考据等学问开始产生。刘氏父子典籍整理的一个重要工作是编制目录,首先是在每一本书校勘誊清后,由刘向父子集其篇目,叙其旨意,写成叙录,也就是后代的提要。然后,又将各书的叙录集合一起,按部类抄成一书,称为《别录》。这主要是刘向完成的。最后是刘歆在《别录》的基础上进一步加工,编成了一部综合性的图书分类目录《七略》。《七略》计7卷,其《辑略》为全书的叙录,其余6卷,"有《六艺略》,有《诸子略》,有《诗赋略》,有《兵书略》,有《术数略》,有《方技略》"①,将著录的图书分为6个大类,38种,603家,13219卷。《七略》"辨章学术,考镜源流",对每种每类都加小序,说明其学术源流、类别含义等,不仅对当时的学术发展有很大的推动作用,对后世的目录学更有着深远的影响,成为中国目录书的典范。

刘歆本来从其父学习《诗》《书》《易》和《穀梁传》,在经学上很有造诣。在勘校中秘藏书的过程中,他发现了用先秦古文抄写的《春秋左氏传》,特别喜爱。于是,他一边向研治《左传》有师承的尹成和翟方进学习,请教书中的许多问题及其义理,同时,和父亲刘向一起讨论、辨析《左传》的内容,还以《左传》"教授子孙,下至妇女,无不读诵"。②将《左传》与当时已立于学官的《公羊传》《穀梁传》比较,他认为"左丘明好恶与圣人同,亲见夫子,而公羊、穀梁在七十子后,传闻之与亲见之,其详略不同",《左传》的价值,在《公羊》《穀梁》之上。他提出《左传》以及《毛诗》《逸礼》《古文尚书》等古文经都应该立于学官。哀帝让他与五经博士商量,但博士们根本就不理睬刘歆的意见,而采取"不肯置对"的态度。原因很简单,研治儒家经书早已成为"禄利之路"③,同意《左传》等立于学官,岂不是要五经博士们让出一些禄利来吗!刘歆见无法沟通语言,于是写了《让太常博士书》,叙述五经产生与流传的历史,古文经发现的经过及其价值,说明皇帝同意研究将《左传》等立于学官,是"继统扬业,亦闵文学错乱";严厉地批评

---

①《汉书·艺文志序》。
②马总:《意林》引桓谭《新论》。
③《汉书·儒林传赞》。

博士们"专己守残，党同门，妒道真，违明诏，失圣意"的狭窄胸襟。这封信捅了马蜂窝，引起了博士和所有研习今文经的儒者的怨恨。名儒光禄大夫龚胜以辞职表示抗议，以治《诗》起家的大司空师丹则上书控告刘歆"改乱旧章，非毁先帝所立"。刘歆得罪了执政大臣，又经受不住众多儒者的攻击，虽然得到哀帝的回护，也觉得无法在京师立足，于是请求到外地做官，从而先后任河内、五原、涿郡太守。后来因病免官，再起为安定属国都尉。

可以说，在50岁以前，刘歆主要是潜心于撰述的一个学者，虽然他在经学、目录学等方面造诣很深，成就甚大，但在政治上却屡屡受挫，最后竟然被排挤出京师，伸张古文经的愿望也成为泡影。

在远谪五原的日日夜夜，他痛苦地思索了自己的人生道路，其《遂初赋》①就是他这一反思的流露。在赋中，他追忆"遂初之显禄"，把自己远离京华为五原太守说成是因自己"好直""为群邪之所恶"，联想到仲尼陈蔡之厄，屈原放沉于湘渊，他痛感古来"方直"之士必为世俗"难容"，从而深深地悟出一个人生的真谛——单纯做学问是毫无出路的，说："玩书琴以条畅兮，考性命之变态。运四时而揽阴阳兮，总万物之珍怪。虽穷天地之极变兮，曾何足乎留意?"他想从此"守信保己比老彭"，却又不甘心"降皮弁为履，公室由此遂卑"。他觉得自己如"韫宝而求贾"，总希望有一天"赖祁子之一言"而使"善人之有救"。② 不久，这个"祁子"终于出现了，他就是王莽。

二、助莽篡汉　位至国师

原来，当刘歆初入仕途为黄门郎不久，以孤贫恭俭而声名盛高的王莽也因王凤临终之托而为黄门郎。两个出身豪贵而又博学的年轻人从此结下了较深的情谊。经过几十年的奋斗，野心勃勃的王莽终于"拔出同列，继四父而辅政"。③ 哀帝死后，他更被举为大司马，独掌政权。为了给最终篡权做准备，王莽胁持上下，设计诛灭政敌，拔擢党羽。失意的刘歆成为王莽拉拢的对象。王莽把刘歆召回京师，先任命为右曹太中大夫，很快迁官为中垒校尉。不久，王莽为安汉公，随即任刘歆为羲和、京兆尹，封红休侯，让他"典儒林史卜之官"。这时的刘歆已成为学术文化事业的最高领导人。他借助王莽的权力，以"罔罗遗失，

①《全汉文》卷40。
②刘歆：《遂初赋》，载《古文苑》卷5，影印文渊阁四库全书集部总集类。
③《汉书·王莽传上》。

兼而存之"①为名,将《左传》《毛诗》《逸礼》《古文尚书》立于学官,不久又立《乐经》,从而将过去的五经增为六经,每一经的博士增为5名,六经共30名,每位博士领弟子360人,共有弟子10800人。此外,又征召各地通晓一艺教授11人以上,以及懂得《逸礼》、《古文尚书》、《毛诗》、《周官》、《尔雅》、天文、图谶、钟律、月令、兵法、文字等学问者数千人,到京城来"记说廷中,将令正乖缪,壹异说"②。在全国兴起了一个大规模的古文经学宣传和整理运动。

从王莽来说,为了实现政治欲望,也需要有一种新的学说作为自己的理论武器,而刘歆所鼓吹的古文经学,尤其是其中的《左传》和《周礼》,颇有一些利于其篡汉夺权的内容,所以他利用政权的力量大力支持刘歆推行古文经学,同时换取刘歆等人利用古文经学为其固位、篡权和托古改制制造舆论,提供谋略。

元始三年(3)王莽把女儿许配给平帝为皇后,刘歆等人就占卜说:"兆遇金水工相,卦遇父母得位,所谓康强之占,逢吉之符也。"③并为之"杂定婚礼"④。由此,王莽得加号"宰衡",其子王安、王临皆封侯。

元始四年,王莽奏立明堂辟雍,以刘歆典其事,其制度之盛,无与伦比。从而赢得天下儒生学士的好感,他们上书认为这是比"唐虞发举,成周造业"更有意义的事业,要求给王莽"位在诸侯王上,赐以束帛加璧,大国乘车、安车各一,骊马二驷"。⑤ 王莽得加"九锡",成为无冕的帝王。

元始五年,刘歆作《钟历书》与《三统历谱》。前者通过钟律的考订,以恢复古代的乐律。后者从其父"王者必通三统,明天命所授者博,非独一姓"的理论出发,考其三代历日,从而探索历史变化与天命的关系。两者后来都成为王莽篡权建新的基础理论。此年底,平帝死,王莽更仿周公,为"居摄践祚",一切"皆如天子之制""民臣谓之摄皇帝"⑥。除了未加冕以外,一切都与皇帝一样了。而刘歆也因之被任命为少阿,成为"四少"之一,地位比前提高。

居摄二年(7),东郡太守翟义起兵反王莽,立宗室刘信为天子。王莽任命孙建等7人为将军,率兵征讨,刘歆也被任命为扬武将军,屯兵于宛。直到翟义被平,刘歆才归故官。

居摄三年,王莽的儿子王安、王临皆封公,孙王宗封为新都侯,侄王光封为衍侯。九月,王莽之母功显君死,为了进一步明确自己的万尊之位,王莽让太后

①《汉书·儒林传赞》。
②《汉书·王莽传上》。
③《汉书·王莽传上》。
④《汉书·孝平帝纪》。
⑤《汉书·王莽传上》。
⑥《汉书·王莽传上》。

下诏议论莽之丧服。刘歆率博士诸儒78人上书,追述了伊尹和周公居摄使殷、周兴盛的历史。言王莽因"皇天降瑞,出丹石之符"而居摄践祚,盛赞三年来王莽"茂成天功,与唐虞三代比隆",乃"圣哲之至"。说王莽"以圣德承皇天之命,受太后之诏,秦汉大宗之后,上有天地社稷之重,下有元元万机之忧","与尊者为体,承宗庙之祭",根据《周礼》"王为诸侯缌缞""弁而加环经"的规定,王莽对母丧宜"如天子吊诸侯服,以应圣制"。① 很显然,这里已不是单纯的议丧服,而是要从礼制上把王莽抬到最尊的地位。此前,王莽名义上还是"摄皇帝""假皇帝",现在有丹石文"告安汉公莽为皇帝"的瑞兆,又有如天之功,王莽无论从天意、从功劳、从礼制上都应该是真皇帝了。

由此,在刘歆带领或启发下,各地钻营之徒纷纷奏上符瑞,其中梓潼人哀章做铜柜,有两印案封题,称此为高帝庙之图策文"高帝承天命,以国传新皇帝",并有辅佐11人包括王舜、刘歆、王兴、哀章诸名。据说在此前后,共有德祥五事,符命二十五,福应十二,都是督促王莽代汉的符命。甚至当王莽等人还犹豫不决时,大神石人又说道:"促新皇帝之高庙受命,毋留!"王莽"畏天命",于是承应天意,当上了新朝的皇帝,改元始建国。以王舜为太师安新公,平晏为太傅就新公,刘歆为国师嘉新公,哀章为国将美新公。刘歆之所以能由四少跃升为四辅,王莽在始建国二年底的一纸谕旨中道出了奥妙,说"嘉新公国师以符命为予四辅,厥功茂焉"。

必须指出,王莽之得以篡汉有着复杂的历史原因,由于土地过度集中而造成的地主阶级统治的危机是最根本的问题。统治阶级内部,以王莽、刘歆为首的这部分人,终于看出了腐朽的西汉皇朝无法维持,而试图以复古改制为旗帜,以推翻刘氏政权为号召,从而达到抑制土地兼并、维持地主阶级统治的目的。至于谶纬符瑞之类,不过是神化王莽欺骗世人的手段而已。刘歆讲符瑞,是否出自违心地假造以取悦王莽的卑鄙目的,这是一个历史的悬案。因为,不仅在西汉,就是到隋唐明清,谶纬符瑞之类仍是统治者经常利用的工具。何况他从自己屡受挫折的经历看出了做学问也必须要有政治靠山。在经王莽提携而地位不断提高后,他更痛感与其苦苦地做学问,不如设法谋取利禄。当时,扬雄不愿与王莽同流合污,而潜心于著述《太玄》《法言》诸书,以至"家素贫""时人皆忽之"。刘歆与扬雄是几十年的好朋友,他劝扬雄说:"空自苦!今学者有禄利,然尚不能明《易》,又如《玄》何? 吾恐后人用覆酱瓿也。"②这是一句极有代表性的话,它固然是对扬雄"恬于势利""欲求文章成名于后世"的规劝,更反映了刘

---

① 《汉书·王莽传上》。
② 《汉书·扬雄传赞》。

歆的人生观,说明此时的他已不再是一个安贫乐道的纯学者,而是一个热衷于禄利的政治型的学者,他的思想和著述已沾上了厚厚的铜臭和权势欲。他和甄丰、王舜三人"为莽腹心,倡导在位,襃扬功德;'安汉''宰衡'之号及封莽母、两子、兄子。皆丰等所共谋,而丰、舜、歆亦受其赐,并富贵矣"。前人对刘歆"助成莽篡"的谴责,是有道理的。

王莽建新的头几年进行了一系列的"改制",有的是针对社会矛盾进行的企图挽救危机的措施,有的是为了进一步迷惑人民进行的一些表面的变动。"改制"的内容很多,其中最主要的,一是改天下田为"王田",奴婢为"私属",禁止买卖。一家男口不超过8个的,占田不能超过一井(900亩),分余田给九族、邻里或乡党;无田者则按制度受田。这是企图通过恢复古代的井田制度并禁止买卖,来制止日益剧烈的土地兼并和奴婢买卖。二是推行"五均赊贷"和"六筦"法。在长安等六城设五均官负责征收工商税,掌握市场物价,物品滞销时由政府收购,价格上升时再予以出售,并给贫民赊贷。这是"五均赊贷"。由政府对盐、铁、酒、铸钱、山泽生产税和上面的五均赊贷实行垄断,叫作"六筦"。其本意是想以此来抑制豪民富商的盘剥,使贫民得以维持最低的生活。三是改变币制。还在王莽当摄皇帝时,就另铸大钱、契刀和错刀三种新币。始建国元年,又废契刀、错刀和五铢钱,另铸小钱,与大钱同时使用。次年,又改作金、银、龟、贝、钱、布,名曰宝货,共五物、六名、二十八品。货币制度屡变,而且换算又不合理。其本意是要抑制商贾的势力,为国家增加收入。此外,王莽还改易官名、官制和行政区划,恢复五等爵制,滥加封赏等。

王莽的这些改制措施,往往出自于身为国师公的刘歆。如史书记载:"莽性躁扰,不能无为,每有所兴造,必欲依古得经文。国师公刘歆言周有泉府之官,收不雠,与欲得,即《易》所谓'理财正辞,禁民为非'者也。"①莽乃下诏行五均赊贷制。为了感谢刘歆之功,王莽在封古帝王圣贤之后时,以刘歆为祁烈伯,奉颛顼后;以刘歆之子刘叠为伊休侯,奉尧后;并为子王临娶刘歆女刘愔,结为姻亲。此时,刘歆的政治地位达到极点,但也潜伏着危机。正如其父刘向在《诫子书》中所说:"贺者在门,吊者在闾。言受福则骄奢,骄奢则祸至,故吊随而来"。②宋人叶适说:"孟子曰:'天下无道,以身殉道,未闻以道殉乎人也。'人之患在为徇人之学,而欲遂狼狈不可救,悲哉!"③刘歆用自己的学问为王莽效力,自己也因之而荣华富贵,但福尽祸至,这种用道殉人的事可得逞于一时,却终究是不能

①《汉书·食货志下》。
②《艺文类聚》卷23人部7《鉴诫》。
③《习学记言序目》卷22《汉书》二。

史学史论文自选集

长久的。

三、谋诛王莽　事败身死

从来建立新皇朝的统治者在建政以后最要防范的总是那些辅佐他夺权的开国元勋。因为,随着他自己登上皇帝宝座,各位开国元勋也必然得到三公宰辅等高位,权力和声望俱著。元勋们一有"邪念",往往可以利用当初的办法,推翻新皇帝,自己登上九五之位。王莽的新朝是由一帮野心家、政治失意者、投机家,用种种欺骗手段建起的政权,在新朝建立后,他们君臣之间必然因权力分配不均而发生矛盾。前头说过,王莽得以为帝,甄丰、刘歆、王舜是其勋臣。王舜与王莽为同曾祖弟兄,且于始建国三年即病死。甄、刘二人就成了王莽的眼中钉。甄丰原来已为大阿、右拂、大司空、卫将军,王莽建国后却只封他为更始将军,与卖饼儿王盛同为四将,已使甄丰不快。甄丰之子甄寻当时为侍中、京兆大尹、茂德侯,为了给其父争地位,甄寻伪作符命,说新朝应该将陕地分立二伯,以甄丰为右伯、平晏为左伯,王莽不得已封甄丰为右伯。接着,甄寻又以其手纹有"天子"二字而作符命,说王莽之女汉平帝皇后黄皇室主是他的妻子。王莽借口这是对他的怨谤,下令收捕甄寻,迫令甄丰自杀。甄寻逃往华山,到始建国二年底才被捕获。在审讯中,甄寻的交代牵连到刘歆两个封侯的儿子刘棻和刘泳,刘歆的门人丁隆,以及一大批公卿党亲列侯,死者数百人。俗话说,打狗要看主人面。王莽借甄寻案而处死刘歆之子及门人,显然是要给刘歆一点颜色看看。

二子及门人被杀,使刘歆受到很大的震动,更重要的是,新朝建立以来社会危机的加深,使刘歆对曾经寄予厚望并为之奋斗的改制失去了信心。王莽的那些改制,不仅没有达到抑制土地兼并减轻百姓负担挽救地主阶级统治危机的目的,反而导致了更多的人民破产,造成了社会的混乱,尤其是其沉重的赋役、残酷的刑法以及对周围各族频频发动的战争,使人民处于水深火热之中,从而加剧了社会矛盾。从始建国三年(11)起,各地农民起义就此起彼伏连续不断,到天凤四年、五年(17、18)终于形成以绿林、赤眉为主力的农民战争。刘歆利用王莽改制以安定社会的愿望成为泡影,加之王莽的不信任,于是思想消极,闭门自守,未再参与重大政治活动,也不见在此期间有什么学术著述。

对刘歆的第二次沉重打击在地皇二年(21)。刘歆的女婿王临曾被王莽立为太子。王莽与妻之侍者原碧有奸,王临亦与之通,恐事情泄露,于是王临与原碧密谋杀死王莽。其妻刘愔受家学,能观天象,对王临说,宫中将有白衣会,此为王莽败乱之兆。王临暗喜,以为阴谋将要成功。但不久,王临被贬为统义阳王,心中忧惧,就给病中的母亲写信,言"不知死命所在"。王莽探候妻子的疾病,发现此信,在妻病死后,就抓了原碧等拷问,知王临有杀父之意,遂迫令王临自杀,赐谥谬王。进而牵连于刘愔,下诏责备说:"临本不知星,事从愔起。"①刘愔自杀,刘歆更加惶惶不可终日,且加深了对王莽的仇恨。而朝野也皆知刘歆已不受信用,所以当王莽召问群臣擒"贼"方略时,公孙禄竟在朝廷上攻击"国师嘉信公颠倒《五经》,毁师法,令学士疑惑。……宜诛此数子以慰天下"。②

到地皇三年,人们普遍认识到王莽的垮台已势不可免,于是图谶又起。宛人李通以图谶劝刘秀言:"刘氏复起,李氏为辅。"③穰人蔡少公也言图谶曰:"刘秀当为天子。"④道士西门君惠根据天文谶记也向卫将军王涉说:"星孛扫宫室,刘氏当复国,国师公姓名是也。"⑤就是说,当时在图谶家中普遍流传着"刘秀当为天子"的谶语。后来建了东汉的刘秀认为这是他将为王者受命的征验。而与刘歆亲近的一些人则认为是刘歆将恢复汉室为天子的兆验,因为刘歆早在建平元年(前6)为了避新继位的哀帝刘欣的名讳而改名刘秀,字颖叔。

这个谶言以复汉为号召,以刘秀为天子,极有号召力。于是两个刘秀就成了人们注视的目标。卫将军王涉和大司马董忠,都深信其谶,几次向刘歆讲天文星宿情况,刘歆没有表态。后来王涉哭着对刘歆说:"我实在是为了和你一起设法保全王氏之族,你为什么就不相信我王涉呢!"刘歆看王涉是真心诚意,于是将他引为知己,向他讲述天文人事,东方必成。刘歆、王涉、董忠于是共谋劫持王莽,投奔新市、平林起义军所立汉宗室更始皇帝刘玄。当时,董忠统领中军精兵,王涉负责宫廷守卫,刘歆之子伊休侯刘叠为侍中五官中郎将担任殿中警卫,如果三人同心协力,大事可成。可惜,刘歆过于迷信天意,非要等到太白星出现才肯动手。结果在地皇四年(23)七月,被孙极、陈邯告发,董忠被中黄门格杀,刘歆、王涉皆自杀。刘歆等人精心策划的兵变竟毁于一旦,自己也终于丧失生命。刘歆、王涉等人的反叛对王莽的精神打击很大。王涉为王莽叔父王根之子,刘歆为其有几十年情谊的旧臣,这真是所谓"军师外破,大臣内叛,左右无所信",从此王莽"忧懑不能食,耑饮酒,啖鳆鱼,读军书倦,因凭几寝,不复就枕矣"⑥,行动也更为乖僻。到十月,更始兵入长安,王莽被分裂身体,支节肌骨脔分,其新朝政权也就在农民起义的凯歌声中宣告灭亡。

---

① 《汉书·王莽传下》。
② 《汉书·王莽传下》。
③ 《后汉书·光武帝纪上》。
④ 《后汉书·邓晨传》。
⑤ 《汉书·王莽传下》。
⑥ 《汉书·王莽传下》。

四、博学淹通　倡立古学

刘歆在经学史上的贡献首先是发现了一批晚出先秦经书,使之免于佚失。秦始皇焚书,使许多先秦古籍被禁毁。汉初,才陆续从民间传出。汉武帝独尊儒术,把一批用通行隶书写成的经(今文经)颁为官书,立博士。加上以前文帝、景帝和以后宣帝所立,《易》有施、孟、梁丘,《书》有欧阳、大小夏侯,《诗》有齐、鲁、韩,《礼》有大小戴、庆氏,《春秋》有公羊、穀梁,以至"百有余年,传业者寝盛,支叶蕃滋,一经说至百余万言,大师众至千余人,盖禄利之路然也"。①与今文经传授的兴盛相比,用先秦篆文写成的经书——古文经的流传却极为冷落,只在民间由经师传授,或者由发现者献上朝廷以后,一直藏于中秘府而无人问津。是刘向和刘歆父子在校理中秘藏书时发现了这些经书,使之得以为世人所知,从而为经学的研究增添了新的材料。这些经书中,有的文字与今文经有增有异,如《古文易经》比施、孟、梁丘之经增"无咎""悔亡"等。有的篇章比今文经增多,如《古文尚书》为鲁恭王坏孔子宅于壁中得之,孔安国所献,共 58 篇 46 卷,比今文经多 16 篇,即使与今文同者,亦有比其全者,欧阳、大小夏侯之经文的《酒诰》有脱简一,《召诰》有脱简二,字异者 700 有余,脱字数十。再如《逸礼》,亦为鲁恭王坏孔子宅时发现,总计 56 卷,其中与今文经同者 17 篇,其他 39 篇皆为逸篇,是关于仪礼的古文篇章。还有的全经为今文博士所未见,如《周官经》(《周礼》),此书在文帝、武帝时陆续发现,仍缺《冬官》1 篇,河间献王用千金求购,仍不得,遂取《考工记》以补其处,合成 6 篇,奏上。因为是讲周代官制的,故称《周官》,刘歆改称之为《周礼》。《春秋左氏传》,汉初为张苍所献,司马迁曾据之写《史记》中的有关篇章,河间献王曾在其封国立《左氏春秋》博士,但因为当时该书经、传别行,又由于武帝推崇《公羊》之学,故《左传》不仅不能立于学官,且不为博士官所知。又有的虽与今文经无多异,但因传授师说不同而与今文经有别,如《毛诗》。《毛诗》出自赵人毛亨,其释诗兼诂、训、传三体,自谓系子夏所传,河间献王颇好之,以毛公传人毛苌为博士,但却不得立于学官。

这些经书的价值是很高的,但因不立学官,又无人表彰,故传授者极少。据《让太常博士书》所说,当时调查,民间只"有鲁国桓公、赵国贯公、胶东庸生之遗学与此同,抑而未施"。况且古文经都是用先秦篆文写成,一般学者阅读存在困难,即使读通了也无利禄可言,长此以往,将会日渐失传,"此乃有识者之所惜

---

① 《汉书·儒林传赞》。

阁,士君子之所嗟痛也"。只是由于刘歆的倡导宣扬,才使这批古文经书为社会和士人所广泛得知,遂转相传习不辍。尤其是《周礼》《左传》《毛诗》等终于传流至今,成为经学的重要文献,刘歆当初的发现和提倡之功是不可低估的。

这里有必要叙述古文《尚书》《周礼》《左传》的真伪问题。唐代中期以前,对这三部书尚毫无怀疑,汉代今文家只说刘歆"改乱旧章,非毁先帝所立",并没有说这三部书不是真书,只是反对将其立于学官。唐初修《五经正义》,仍用以上三书。唐人啖助、赵匡始以为《左传》非左丘明所作。① 宋人苏辙则认为《周礼》中"秦汉诸儒以意损益之者众矣"。② 到了明代,梅鷟则揭发《古文尚书》及孔传为伪品。③ 清代学者在对古籍进行全面考辨的时候,更把注意力颇多集中于经书上。阎若璩的《古文尚书疏证》最终揭发出《古文尚书》为伪书。其后,丁晏作《尚书余论》,认为伪古文和伪孔传为三国王肃所伪造。这些意见,大体为学界所认同。但是必须指出,这里所谓的伪《古文尚书》并非刘歆所表彰者,而是魏末晋初才出现的,由王肃伪造的。刘歆所立的《古文尚书》并不伪,其中与今文相同的 33 篇,至今学者认定为先秦古籍,至于不同的那些篇章,也是真书,魏三体石经残石尚存《古文尚书》残字 110 多字可证。只是东晋南朝时因士人尚玄学而不重视经书,尤其不重视质朴的《尚书》,以至该书逐渐亡佚了。至于《周礼》,毛奇龄说:"《周礼》自非圣经,不特非周公所作,且并非孔孟以前之书。此与《仪礼》《礼记》皆同时杂出于周、秦之间。"④方苞则历指《载师职》等某章句为刘歆所窜入。⑤ 但多为清儒所驳。还有《左传》,顾炎武、姚鼐均言非出一人之作,但为先秦作品。刘逢禄作《左氏春秋考证》,倡言刘歆改《左氏春秋》为《春秋左氏传》。即将一部一般史书改编为解经之书,其中凡例、书法及比年依经缘饰之语为刘歆所增窜。到清末,康有为从廖平的《古学考》得到启发,著《新学伪经考》,说《周礼》《逸礼》《左传》《毛诗》等皆刘歆窜乱伪撰,且言:"《易》学为歆伪乱有三;《书》伏生壁中古文之事,其伪凡十;《诗》《毛诗》之伪凡十五;《周官经》六篇盖刘歆伪撰;《乐记》出于歆无疑;《国语》被刘歆一分为二,而成今之《国语》和《左氏传》。"⑥后来亦有学者如古史辨派及当代之徐仁甫先生继承其说。但是如果认真阅读康氏之书就会发现,他当时之所以写此书并不是真正为了辨伪,而是为了利用今文经学的旧形式来为其变法维新的政治主

---

① 〔唐〕陆淳:《春秋啖赵集传纂例》卷 1 "三传得失发第二"。
② 《栾城集后集》卷 7。
③ 《尚书考异》。
④ 《经问》。
⑤ 《望溪集》卷 1 "周官辨伪"。
⑥ 《新学伪经考》"汉书艺文志·辨伪第三"。

张制造舆论,事实上其中错谬百出,是说不上什么学术性的。现在看来,不仅《周官》不伪,《左传》更不伪,都是非常有价值的先秦古籍。难怪连当年力主刘歆遍伪群经的古史辨派首领顾颉刚先生晚年也说:"古史传说和西周史事的较原始史料仍以见于《左传》者为多,运用《左传》等记载才有可能把古史传说和西周史事考证清楚。"①怎么能说《左传》《周礼》是伪书呢!

刘歆在经学史上的第二个贡献是开辟了以文字和历史解经的新方法。以董仲舒为代表的今文经学家是宗孔子的,他们以为六经皆为孔子所作,孔子是政治家,六经是孔子求天下治理的学说,所以他们解说经传偏重于微言大义,推阐发挥,其特色是功利的,往往容易因现实政治的需要而以己意附会经义,而不重视经文的本解。为此,他们传经的主要方式是口说师传,解经繁密驳杂,各有师说。这种方式解经时见精义,却不免沦入主观臆见之窠。他们在六经中最为注重公羊学,就是因为《春秋》极为简略,他们尽可以随意发挥。他们解《尚书·尧典》"曰若稽古"数字,竟用数万言来阐发。古文经是用先秦古文古言写成的,不通小学,就无法研读古文经。为了发扬古文经,刘歆等人重视训诂,不仅凭此以读经,且据古文的字体笔意以解经,所谓"《左氏传》多古字古言,学者传训故而已",刘向、刘歆"父子俱好古,博见强志,过绝于人","博物洽闻,通达古今"。由于文字训诂的需要,刘歆重视作为经书辞典的《尔雅》,曾撰有《尔雅注》3卷。而所倡《毛诗》与齐、鲁、韩三家《诗》之根本不同也在于毛公释诗兼诂、训、传三体,其书故名《诂训传》,如《关雎》中"窈窕,幽闲也。淑,善。逑,匹也"之类,"关关,和声也"等等。这样解释《诗》使读者能明了诗之本义,比海阔天空的微言大义更易为读者接受,所以后来,三家《诗》亡而《毛诗》独存。以刘歆为代表的古文家是宗周公的,他们认为六经是周公旧典,故为官书,六经所记为古代情形,皆系事实,孔子"述而不作,信而好古"②,是一位历史家,他对六经只是进行整理,加以保存而已。既然六经都是周公旧典,就必须从历史的角度去予以研究。基于此,刘歆特好《左传》,他称之为《春秋左氏传》,注重用《左传》中所叙之历史事实来解经,用《左传》中的凡例来界定三代史官的记史法则,用《左传》来批评《公羊》《穀梁》对《春秋》的曲解。正如其本传所言:"欲治《左氏》,引传文以解经,转相发明,由是章句义理备焉。歆以为左丘明好恶与圣人同,亲见夫子,而公羊、穀梁在七十子后,传闻之与亲见之,其详略不同。"他是以所记历史

---

① 童书业:《春秋左传研究》之顾颉刚《序》,上海人民出版社,1980年。据传,顾先生逝世后,家属否认此文为顾先生所撰,且歪曲了顾先生的学术观点,故而将其从新版《春秋左传研究》中删除。此一学术公案,非外人所能详。

② 《论语·述而》。

事实的详略多少作为区分经书优劣之标志的，所以他不仅好《左传》，而且好记述周代官制的《周礼》，好三代政治文献汇编的《尚书》，好讲礼仪的《逸礼》。他从研究这些古文经出发，据《周礼》《乐经》研究钟历，以黄钟律为根本标准，辅以秬黍制定了国家标准的精确度量；据《尚书》《左传》，将三统与五行相生说相结合，并以三统而言三正、三历，创造了推定先秦古历日的《三统历谱》，这些都有其特别的意义。但是信古之极必为泥古。刘歆迷信六经乃周公旧典，对之毫无怀疑，以至将一些后代补作乃至伪撰之书亦视为三代旧作，且由信古而产生倒退的历史观，一切尊崇三代，以为今不如古，要挽救世风，唯有复古，这从政治实践上看，是企图拉着历史车轮倒转。王莽改制之失败，其根源之一，盖即此。

由于对经书研究的路数不同，古文家既要通文字训诂，又要懂历史和典制礼仪，就决定了古文家学问的宽窄与今文家不同。今文家讲微言大义，通一经即可为博士，他们"或为雅，或为颂"，至合数人治一经，所以当时有"遗子满籝金，不如教一经"之谣。古文则不同，它偏重于文字历史的典制解释，非博学无以治经，所以从刘歆开始，凡古文学家一般是学问渊博，广泛研治数经。本传讲，刘歆"少以通《诗》《书》能属文召……讲六艺传记、诸子、诗赋、数术、方技，无所不究。……歆及向皆治《易》……见古文《春秋左氏传》，歆大好之……博物洽闻，通达古今"。这种博学治经的路数比起"学者罢老且不能究一艺"的今文家，当然是更为优越了。由于对六经价值标准不同，今古文家对六经排列的顺序也不相同。今文家认为六经是孔子用以垂教万世的大典，所以在《春秋繁露》和《史记》中，皆依其程度之浅深排列六经次序。《诗》《书》为文字的教育，列于最前；《礼》《乐》为行为的训练、心情的陶冶，列于其次；《易》谈哲理，《春秋》有微言大义，故列于最后。刘歆等古文家认为六经为三代固有史料，所以在《七略》和《汉书·艺文志》中，皆依其时代之先后排列六经次序。《易》之八卦，作于伏羲，列于首；《尚书》有《尧典》，列于其次；《诗》有《商颂》，故又次之；《礼》《乐》为周公所制，列于再次；《春秋》为孔子据周公旧例所修，故列于最后。

刘歆在经学史上的第三个贡献是打破了今文经学对儒学的垄断，开启了古文经学的发展道路。清代的新今文家攻击刘歆为了取媚王莽而遍伪群经，杜撰出一系列古文经书。如果从时间上来考察，这一说法也是站不住脚的。要知道，当刘歆发现中秘古文经书而谋求为之立学官时，王莽尚毫无篡权迹象。刘歆之所以呼吁将古经立学官，其本意完全是为了促进儒学的丰富与发展。就是他在《让太常博士书》中所说："将以辅弱扶微，与二三君子比意同力，冀得废遗。"哀帝说他"欲广道术"，是极中肯之辞。后来，在王莽的支持下，他凭借政权的力量，压倒了今文学派，将《左传》《毛诗》《周礼》《古文尚书》等立于学官，并且大增博士弟子,在全国兴起大规模的古文经学宣传整理运动,使古文学派的力量迅速壮大。东汉之初,汉光武帝废古文,提倡今文。但是由于古文经在学术思想界已经有深刻的影响,而且它的学术本身有许多合理的成分,所以古文经学不仅没有随着王莽政权的覆灭绝迹,而是在民间以更广阔的范围传播开来,形成了一个风靡整个东汉社会的古文经学学派。我们讲两汉经学史,实际上是两汉的今文经学和东汉的古文经学的历史。如果说是董仲舒开创了以微言大义说经的今文经学的话,那么重视名物制度的古文经学就是刘歆开其山门了。刘歆,实在是西汉今文经学之异军,是东汉古文经学之宗师!

《中国十大名儒》,延边大学出版社,1991 年

实录史体起源于《敦煌实录》说

实录是中国古代一种重要的历史著作体裁。实录体裁究竟起于何人何书？南宋王应麟认为："实录起于萧梁,至唐而盛。杂取编年、纪传之法而为之,以备史官采录。"①当代学者大体皆宗王说,但我们仔细研究了五凉史家刘昞的《敦煌实录》以后发现,实录体的发明权应该归于刘昞,特撰此文,予以阐说。

一

实录一词,本非书名。西汉末扬雄著《法言·重黎》云："或问《周官》,曰立事;《左氏》,曰品藻;太史迁,曰实录。"这是实录一词最早的出处。班固《汉书·司马迁传赞》称："自刘向、扬雄博极群书,皆称迁有良史之材,服其善序事理,辨而不华,质而不俚,其文直,其事核,不虚美,不隐恶,故谓之实录。"应劭注："言其录事实。"则实录本指史家著史直录其事,不掺杂个人的好恶。用来论史书,则是对史家直笔品德的赞美。

以实录名书,究竟始于何人？《中国历史大辞典·史学史分册》"实录"条称："最早有南朝梁周兴嗣撰《梁皇帝实录》,记梁武帝事;又有谢昊(一作吴)撰《梁皇帝实录》,记梁元帝事。"周兴嗣,《梁书》卷49有传,传云："周兴嗣,字思纂,陈郡项人。……(天监)九年,除新安郡丞,秩满,复为员外散骑侍郎,佐撰国史。十二年,迁给事中,撰史如故。……普通二年(521)卒。所撰《皇帝实录》《皇德记》《起居注》《职仪》等百余卷,文集十卷。"《隋志》杂史类著录:"《梁皇帝实录》三卷,周兴嗣撰,记武帝事。"梁武帝于502至549年在位,因作者逝

---

① 《玉海》卷48《艺文》。

于 521 年,故该实录实际仅记载了梁天监至普通初的历史。谢昊,《南史》卷 50 《萧韶传》提到,萧韶逃出建业后,著《太清纪》,记侯景围城事,"其诸议论,多谢昊为之"。《隋志》史部正史类有"《梁书》49 卷,梁中书郎谢昊撰",则其为梁时人。所著《梁皇帝实录》5 卷,《隋志》云:"记元帝(552—555 年在位)事。"可见梁人实录皆著于公元 6 世纪中前期。

刘昞,字延明,敦煌(今甘肃敦煌)人,五凉著名学者。他多年隐居酒泉,潜心学问,教授弟子,从其受业者达 500 多人。西凉时,曾担任儒林祭酒、从事中郎,又迁升抚夷护军,在政务繁忙之中,手不释卷,"注记篇籍,以烛继昼"。北凉时,刘昞担任秘书郎,负责起居注的写作。北魏太武帝拓跋焘于公元 439 年平凉州,刘昞被任命为留守河西的太武帝长子、乐平王拓跋丕的从事中郎。不久,"士民东迁。世祖诏诸年七十以上听留本乡,一子扶养。昞时老矣,在姑臧,岁余,思乡而返,至凉州西四百里韭谷窟,遇疾而卒"[1]。若此时刘昞 71 岁,则其约生于公元 370 年,逝于 440 年。

刘昞学识渊博,勤于撰述,著作丰硕。据《魏书·刘昞传》记载,他"以三史文繁,著《略记》百三十篇、八十四卷,《凉书》十卷,《敦煌实录》二十卷,《方言》三卷,《靖恭堂铭》一卷,注《周易》《韩子》《人物志》《黄石公三略》,并行于世",《略记》又名《三史略记》。魏晋时的三史,指《史记》《汉书》和《东观汉记》。三书合计 393 卷。在刘昞之前,孙吴时的太子太傅张温撰《三史略》,仅 29 卷,似嫌太略。[2] 刘昞此书,当是纠张温之弊而作,其归纳剪裁排比资料的史学功力于此可见一斑。《凉书》和《敦煌实录》在《隋书·经籍志》《旧唐书·经籍志》和《新唐书·艺文志》中都有著录,《宋史·艺文志》不再著录,大约于宋元间佚失。《隋书·经籍志二》云:"《凉书》十卷,记张轨事。"则该书是记载前凉张氏政权历史的著作。刘昞的注多已不存,仅《人物志注》收录于《四库全书》杂家类。《四库提要》称,刘昞的注"不涉训诂,惟疏通大意,而文词简古,犹有魏晋之遗"[3]。《周易注》在《玉函山房辑佚书》有辑本,被视为"断圭残璧,少而益珍"。

《隋书·经籍志》将《敦煌实录》著录于"史部·霸史类"。霸史类《小序》言:"自晋永嘉乱,皇纲失驭,九州君长,据有中原者甚众。或推奉正朔,或假名窃号,然君臣忠义之节,经国字民之务,盖亦勤矣。而当时臣子,亦各记录。……今举其见在,谓之霸史。"则所谓"霸史"是古人对记载地方割据政权和分裂时期非"正统"政权的史书的称谓。历史上曾经以敦煌为都城的割据政权,只有

---

①《魏书》卷 52《刘昞传》。

②《隋书》卷 33《经籍志二》杂史类。

③《四库全书总目》卷 117,子部杂家类,《人物志》。

西凉。朱希祖先生指出:"五凉惟西凉李暠都敦煌,其后虽迁于酒泉,至其子恂又居敦煌。则《敦煌实录》即西凉史也。"[1]史载,晋"隆安四年(400),晋昌太守唐瑶移檄六郡,推玄盛(李暠)为大都督、大将军、凉公、领秦凉二州牧、护羌校尉",以敦煌为都城。建初元年(405),"迁居于酒泉"。到嘉兴四年(420),西凉主李歆被沮渠蒙逊打败,其弟李翻等投奔其弟敦煌太守李恂,遂以恂为冠军将军、凉州刺史,次年被灭。[2] 西凉先后有约7年时间,以敦煌为其都城。隋志著录《凉书》及《敦煌实录》时,称"伪凉大将军从事中郎刘景撰"。大将军是李暠之称。唐人讳丙,故称刘昞为刘景,刘昞任大将军从事中郎是在西凉时代,则所谓"伪凉"当指西凉而言。据此可以断定,该书10卷本的写作时间,当在公元405年至420年间,即西凉王李暠及其子李恂当政的时代。刘昞当时负责"注记篇籍",也就是起居注和国史的写作,《敦煌实录》10卷本亦为其职务成果之一。

由上所述可知,刘昞在梁人著诸实录100年前已写出《敦煌实录》,以实录名书以《敦煌实录》为最早。

二

余嘉锡先生曾撰文,论及"古以实录名书者,实始于《敦煌实录》"但"暠既未尝称帝,昞又以地名书,非如唐宋之实录也"。[3] 陈光崇先生据以认定:"惟论实录的起源,仍以萧梁为是。"[4]李暠是否称帝,并不重要,因为他无论怎么说,是一个王朝的君主。不承认割据政权的实录为实录,难避正统论之嫌。至于刘昞以地名书及该书内容,与唐宋实录关系如何,确是解决问题的关键。

刘昞以《敦煌实录》作为自己著作的名称,大体含有两层意思。其一,该书记载西凉政权的历史,而西凉国君李暠对作者有知遇之恩,本传记载,李暠对刘昞说:"吾与卿相值,何异孔明之会玄德。"刘昞以实录名书,乃取扬雄实事求是之意,意为作者在著史时排除了个人的报恩思想,完全据实写史。应该看到这正是刘昞的创造,由此,中国史坛上才出现了实录这一种书名。其二,敦煌二字是以都城名书,已如上引朱希祖先生所述。这种不规范在任何史体产生的初期都是难免的。何况,南朝和唐代实录的名称也有相当一些并非像后世那样以庙号为名的。《梁皇帝实录》《梁太清实录》是以称号和年号为书名。唐代《贞观

①《十六国旧史考》,载《制言》第13卷,1936年。
②《晋书》卷87《凉武昭王李玄盛传》。
③见《四库提要辨证》,中华书局,1980年,第1288页。
④《中国史学史论丛》,辽宁人民出版社,1984年,第74页。

实录》《今上（太宗）实录》《皇帝实录》《则天实录》《圣母神皇实录》《太上皇（睿宗）实录》《今上（玄宗）实录》《开元实录》《明皇实录》《建中实录》《先帝（顺宗）实录》《元和实录》等五花八门的名称都曾用过。[①] 因此，刘昞以国都为实录之名，也是不足为怪的。

至于《敦煌实录》的内容，由于其久已亡佚，只能从诸书著录及其点滴遗文予以考述。

唐代著名史学评论家刘知几在其《史通》中多次提到《敦煌实录》，将其视为"郡书"的典范，说："郡书者，矜其乡贤，美其邦族，施于本国，颇得流行，置于他方，罕闻爱异。其有如常璩之详审，刘昞之赅博，而能传诸不朽，见美来裔者，盖无几焉。"在另一处，他还说："夫十室之邑，必有忠信。欲求不朽，弘之在人。何者？交趾远居南裔，越裳之俗也；敦煌僻处西域，昆戎之乡也。求诸人物，自古阙载。既而士燮著录，刘昞裁书，则磊落英才，灿然盈瞩者矣。"[②]这两段话，充满了对刘昞及其著作的赞扬之词，同时也告诉我们，刘知几看到的《敦煌实录》大体是敦煌地方志书，其中有许多当地人物传记。

《敦煌实录》在唐宋间为一些类书、注文、著述所录引。清乾隆间，学者章宗源著《隋书经籍志考证》，其卷4"敦煌实录"条，有其辑出的佚文16条。清儒张澍关心桑梓文化，著《续敦煌实录》，其卷首一卷，为刘昞《敦煌实录》的辑本，共辑出该书佚文17条。李鼎文先生点校《续敦煌实录》，又补辑2条。[③] 由于各人引据之书不同，辑文略有出入，但章氏所辑皆见于点校本19条中。这些佚文，"蒲海"（言疆域地理），"李暠"、"张衡"（此为敦煌人，非发明浑天仪者）、"侯子瑜"、"侯瑾"（此人与上条非同一人）、"张存"、"童巽"、"索苞"、"索丞"、"范固"、"索充"、"宋质直"、"王琴"、"王贤"、"范游"、"库成述"、"库成仁"诸条皆为凉人凉事，仅"蛇见"（张焕事）、"周生烈"两条为前代敦煌人事。

刘知几的论说和《敦煌实录》佚文的分析都说明，该书虽然主要写凉人凉事，亦有前代敦煌人物传记。实录只能记一朝史事，既然其中有非该朝的内容，就难怪刘知几称其为郡书了。我们对此疑问的解释是，《敦煌实录》有10卷本和20卷本的不同，前者为西凉一朝的历史著述，后者为敦煌地方志，其中主要为人物传记。何以如此说，请看以下考述。

该书的卷数，诸书说法不一。早期的《魏书》本传云为20卷，而元嘉十四年（437），北凉王沮渠牧犍向宋文帝"奉表献方物，并献《周生子》十三卷……《敦

①《新唐书》卷58《艺文志二》实录类。
②《史通·杂述》，《史通·杂说下》。
③《续敦煌实录》，甘肃人民出版社，1985年，第10页。

煌实录》十卷……合一百五十四卷"①,以后的《隋志》言10卷,新、旧《唐志》都录为20卷。

两《唐志》著录该书为20卷,说明唐时所存该书比隋人所见篇幅增加很多。从《魏书》本传亦称该书为20卷,可以断然排除是由于隋唐间人对10卷本增益才造成20卷本的可能。《魏书》撰成于北齐天保五年(554),所言《敦煌实录》的卷数,是魏收根据中秘藏本所录,不应有误。而这一藏本当为魏太武帝平北凉后,于太延五年(439)十月"徙凉州民三万余家于京师"时,一起运回的北凉"仓库珍宝"之一。② 其时刘昞尚在乐平王手下任职,20卷本肯定出于其手。古人著书,多有终生反复修改的习惯,可否说20卷本是刘昞在北凉对10卷本多次增删形成的。10卷本前已献给南朝宋,被沈约著录于《宋书》,并被隋人在平陈后运回北方,而被《隋志》著录。"大唐武德五年(622),克平伪郑,尽收其图书及古迹焉。命司农少卿宋遵贵载之以船,溯河西上,将致京师。行经底柱,多被漂没,其所存者,十不一二。"③10卷本的《敦煌实录》大概也在这一次沉没黄河,永远佚失了。而20卷本,则由北魏传至东魏,再传至北齐,被魏收著录。北周平北齐后运至长安。隋人迁都仍将其留于西京大兴,最后被唐人收藏传播。简单说,《敦煌实录》有两种版本:10卷本,为刘昞在西凉时写成,唐初沉于黄河。而20卷本,是刘昞对10卷本增改而成,北魏将其运回平城,最后传到唐代。这应该是诸目录记载《敦煌实录》卷数不同之谜的合理答案。

刘知几和唐人见到的20卷本,其中有一些不是西凉的人物,所以刘将其视为郡书,《旧唐书·经籍志上》将其著录于"杂传类"。杂传,《隋志》小序说:"又汉时,阮仓作《列仙传》,刘向典校经籍,始作《列仙》《列士》《列女》之传,皆因其志向,率尔而作,不在正史。后汉光武,始诏南阳,撰作风俗,故沛、三辅有耆旧节士之序,鲁、庐江有名德先贤之赞。郡国之书,由是而作。魏文帝又作《列异》,以序鬼物奇怪之事,嵇康作《高士传》,以叙圣贤之风。因其事类,相继而作者甚众,名目转广,而又杂以虚诞怪妄之说。推其本源,盖亦史官之末事也。载笔之士,删采其要焉。今取其见存,部而类之,谓之杂传。"简单说,杂传就是除正史以外记人物事迹的历史著作。20卷本的《敦煌实录》既然归于该类,当是以人物传记为重要内容的。但《新唐书·艺文志二》既将其著录于杂传类,又将其著录于"伪史类",说明其内容有相当部分不是人物传记,而是记述一个割据政权(西凉)的历史。由此看来,刘昞对10卷本是修订,不是全部推倒重写。具

---

① 《宋书》卷98《氏胡胡大沮渠蒙逊传》。
② 《魏书》卷4上《世祖纪上》。
③ 《隋书》卷32《经籍志序》。

体讲,是在原来的基础上增加了许多历代地方人物传记。由于该书以"敦煌"为名,又由于作者是敦煌人,因此,所增加的都是敦煌籍的人物传记,这就使20卷本与10卷本的性质不尽相同。

我们说唐人见到的20卷本《敦煌实录》并非单纯的人物传记,而是具有双重性质,还有材料可以证明。就在《史通》中,当说到史书的作者评论(论赞)时,刘知几再一次提到刘昞,云:"《春秋左氏传》每有发论,假君子以称之。二传云公羊子、穀梁子,《史记》云太史公。既而班固曰赞……刘昞曰奏……其名万殊,其义一揆。必取便于时者,则总归论赞焉。"①它告诉我们,刘知几所见《敦煌实录》有论赞,而且是以"奏"字引出作者评论。所谓奏,一般是指为臣向君主陈述意见。刘昞这样做,显然与后代史书中的"史臣曰"引出论赞相似,是作者身份的表示,是史官写出来要让君主认可的国史或正史。如果仅仅是一部地方人物志,他不可能用"奏"的形式来发表评论。《晋书》卷58《凉武昭王李玄盛传》内容十分丰富,且有几处径录西凉奏表疏赋全文,但却无一处提到刘昞。这一情况说明唐代撰史诸臣是以《敦煌实录》作为该篇最重要参考材料的,因为任何一位严肃的史家,都不会借修史之机在史书中宣扬个人业绩的。

三

由于张澍误以为《敦煌实录》是一部地方人物志,所以他辑录的佚文多以人名为目,《续敦煌实录》更全录地方人物。不可否认,10卷本《敦煌实录》中一定有许多人物传记,但这并不影响其首创实录史体的地位,因为,自梁至明的历代实录,其中都有许多人物传记。

前述梁代两部实录的体例究竟如何,由于其皆已亡佚,难以说清。但梁时另有一种实录名《梁太清实录》。《史通·杂说》自注云:"其王褒、庾信等事,又多见于……裴政《太清实录》。""裴政《梁太清实录》称,元帝使王琛聘魏,长孙俭谓宇文曰:'王琛眼睛全不转。'公曰:'瞎眼奴痴人来,岂得怨我?'"这两条材料说明,梁代实录的主要内容还是记当时的人物。而这种写法无疑是学自《敦煌实录》。此说的关键材料,就是前引《宋书》所述,元嘉十四年北凉沮渠牧犍献给宋文帝的河西著作20种中,包括"《敦煌实录》10卷"。这部书在南朝各代肯定受到妥善收藏,所以才能被沈约(441—513)载录于488年完成的《宋书》中。周兴嗣、谢昊与沈约年龄相差不大,并曾同事。《史通·古今正史》言:"梁史,

---

①《史通》卷4《论赞》。

[梁]武帝时,沈约与给事中周兴嗣、步兵校尉鲍行卿、秘书监谢昊相承撰录,已有百篇。"则周、谢二人肯定见过 10 卷本《敦煌实录》,仿其体例作书,也就是不言而喻的事了。

至于唐代实录的内容,当然是包罗万象的。《唐六典》言:"史官掌国史,凡天地日月之祥,山川封域之分,昭穆继代之序,礼乐师旅之事,诛赏兴废之政,皆本于起居注,以为实录。"但从体例讲,还是王应麟说的,"杂取编年、纪传之法而为之"。也就是说,唐代的实录,都是以编年记事为主,兼有人物传记。唐实录现存者仅韩愈所撰《唐顺宗实录》5 卷,其中就有在出使吐蕃途中逝世的工部侍郎张荐的传 200 余字,致仕后逝世的左散骑常侍张万福的传 700 余字,故忠州别驾陆贽的传 1200 余字,故道州刺史阳城的传 1000 余字,被贬为渝州司马的王叔文的传 1200 余字,再加上唐顺宗从出生到安葬的历史,总共 6 个人的传记。[①]

实录的撰修自唐代形成制度,五代、宋、辽、金、元、明历朝遵行,都是在某皇帝死后,由史官根据该皇帝时的起居注、时政记、日历等原始资料,加以删削,按编年的顺序,写成该皇帝在位期间军国诸事的资料长编,其中包括许多大臣名人的传记。近年有学者将《明实录》中的人物传记辑出,分类编印成书,数量可观。只是到了清朝,由于国史传记撰写制度的发展,才将大臣名人的传记从实录中分离出来,实现了实录体的最后净化。然而,至此时实录作为中国古代的一种历史著作体裁,也终于走到了尽头,随着封建制度的灭亡而寿终正寝。总之,10 卷本《敦煌实录》的体例,与梁、唐、宋、辽、金、元、明实录的体例是基本一致的,并不是"名同实异"。[②]

实录史体的形成与发展有个历史过程。最初是刘昞于 420 年前撰 10 卷本《敦煌实录》,以都城名国,记一个割据政权以人物为主的历史。然后是南朝梁的史官,以皇帝二字或其年号为书名,记载一个皇帝在位的一段时间的以人物为中心的历史。经过约 200 年的发展,到唐贞观中,才撰述出新的实录。史载:"贞观十七年(643)七月十六日,司空房玄龄、给事中许敬宗、著作佐郎敬播等,上所撰高祖、太宗实录各二十卷。"[③]由于唐太宗当时正在位,并无庙号,所以《新唐书·艺文志》著录其书名为《今上实录》。以后的高宗、则天、睿宗、玄宗、德宗诸帝实录,都是在位时即修,死亡或退位后再修。大体从宪宗开始,才正式形成由继位皇帝下诏,组织史官为前皇帝撰述实录并以其庙号为书名的制度。

---

① 《韩昌黎全集·外集》卷 6－10。
② 《中国史学史论丛》,辽宁人民出版社,1984 年,第 74 页。
③ 《唐会要》卷 63。

这时距刘昞撰《敦煌实录》10 卷本,已近 400 年了。

综上所论,除了书名副题的差异外,自凉至明的实录体例都基本相同,实录体起源于公元 5 世纪初五凉史家刘昞撰《敦煌实录》。

《史学史研究》1996 年第 3 期

隋代的古籍整理

《宋史·艺文志》说："历代之书籍，莫厄于秦，莫富于隋。"同是短祚的一统皇朝，书籍的命运却截然相反。隋代搜集与整理古籍的经验是值得总结的。

一、古籍的搜求、抄副和收藏

古籍整理的基础，是书籍的大量收藏。中国古代自西晋末年以后的270多年间，一直处于分裂割据的状态，书籍屡聚屡散，损失是很大的，以至到隋初，只有"御书单本合一万五千余卷，部帙之间，仍有残缺"①。

隋统一，铲除了阻碍书籍流通的分裂割据状态；20多年比较安定的社会环境，又给大量搜集与整理古籍创造了较好的政治条件；经济的发展，更为之奠定了较好的物质基础；统一后各地学者荟萃一堂，各种学派和思想争妍斗丽，又促进了古籍整理水平的提高。

隋皇朝从一开始就注意书籍的搜求，秘书监牛弘是隋初搜求书籍的倡导者。开皇三年初，他"以典籍遗逸，上表请开献书之路"。他列数了自秦至陈书籍的"五厄"，认为战争和政治混乱是造成历代书籍损失的主要原因。如今"土宇迈于三王，民黎盛于两汉。……方当大弘文教，纳俗升平。而天下图书尚有遗逸，非所以仰协圣情，流训无穷者也"，强调"为国之本，莫此攸先"。② 隋文帝采纳了牛弘的建议，派遣使者到全国各地搜访遗书异本，规定"每书一卷，赏绢一匹，校写既定，本即归主"③。当时，不仅一般书籍，佛经、碑铭和时人手稿都在

①《隋书·牛弘传》。
②《隋书·牛弘传》。
③《隋书·经籍志一》。

搜求范围。由于朝廷重视，赏格又高，朝野很快形成了一股献书热，"民间异书，往往间出"。经过几年的购求，秘书省所藏书籍已很可观。这是隋代第一次搜求书籍。

第二次搜求书籍在平陈之役。南北朝时，南朝自视为"华夏正宗"，各朝统治者都比较重视文化事业。为了完整地接受陈朝的藏书，开皇九年隋军攻破丹阳，行军元帅晋王杨广派裴矩、高颎"收陈图籍"①。在大劫之后，使行将为兵燹所焚的书籍保存了下来。这时，牛弘再次"奏请搜访遗逸"②，从而在更广大的疆土上搜求书籍。

隋炀帝在历史上虽以暴虐、淫逸闻名，却又是一个"好学，喜聚逸书"③的君主。他即位后，开始了隋代第三次搜求古籍。这次聚书，兼及道藏以及书法、绘画作品，范围更为扩大。

为了使罗致的书籍充分发挥作用，并避免重新佚失，隋代很重视书籍的挑选、补缺、抄副和收藏。

挑选古本精本补足缺本是隋代一再进行的工作。平陈所得"多太建（陈宣帝年号）时书，纸墨不精，书亦拙恶"。④ 但其中却有秘书省缺藏的书，也有原藏书中缺佚的篇章。于是，将秘书旧藏与平陈所得予以通盘整理。第一步，挑出单本；第二步，有复本的"存为古本"，剔除那些抄录时代较近而谬误较多的复本；第三步，用不同的本子将残缺的书抄全。这样，总共整理出 3 万多卷单本。经过陆续搜求，大业初年，西京（大兴城）嘉则殿藏书已达 37 万卷。炀帝下令秘书监柳𦙶等人再一次挑选整理，不仅剔除抄校不精的复本，而且摒弃了那些内容"猥杂"质量低劣的书，挑出藏书中的精品 37000 余卷，名之为"正御书"⑤，专供炀帝阅读。这事实上是中国古代综合性丛书的第一次编选。

抄录副本和妥善收藏，是发挥书籍的作用，避免其重新失传的关键。开皇三年购求遗书时，就采取了向书主借来校定抄写，然后将原本归还书主的办法。开皇九年，挑选出 3 万多单本以后，更"召天下工书之士，京兆韦霈、南阳杜頵等"，在秘书省内把这些书精心抄出正副两种本子，收藏于西京宫中，其余的书籍仍储于秘书省内、外阁。炀帝时，为使 37000 卷正御书发挥更大作用，下令缮写了 50 套副本，分别藏于西京和东都的各宫、省、官府⑥，同时建立了 50 个藏有

---

①《隋书·裴矩传》。
②《旧唐书·经籍志跋》。
③《旧唐书·经籍志序》。
④《隋书·经籍志序》。
⑤《玉海·艺文类》。
⑥《资治通鉴》卷182，隋炀帝大业十一年正月。

数万卷典籍的书库。几十个藏书处中,以储正御书的观文殿书库最为考究。殿前新建14间书库,东屋藏甲、乙部书,西屋藏丙、丁部书。各屋都饰有奢华的锦幔,装有机关开启的门扇。书卷都以织花绮精心裱糊,卷轴用红琉璃或绀琉璃制成,包头也以织锦为之。殿后还建筑了两区楼台,收藏历代书法和绘画珍品。由于隋炀帝多次巡幸江都,后期江都也成为重要的藏书地。除国家藏书外,大臣、文人的私人藏书也不少。秘书丞许善心"家有旧书万余卷"[1],洹水县令张琚也"有书数千卷"[2]。官府藏书的借阅似乎有一定的限制。著作郎虞绰违反规定,"以禁内兵书借(杨)玄感,帝甚衔之"[3],反映了当时借阅制度的严格。

　　以上述各数总计,隋代官府藏书总数当在200万卷以上。那么,剔除大量副本,单本究竟有多少呢?《隋书·经籍志》为我们提供了可资考证的基本数字。该志总序云:"大唐武德五年,克平伪郑,尽收其图书及古迹焉。命司农少卿宋遵贵载之以船,溯河西上,将致京师。行经底柱,多被漂没,其所存者,十不一二。其《目录》亦为所渐濡,时有残缺。今考见存,分为四部,合条为一万四千四百六十六部,有八万九千六百六十六卷。"郑为王世充在洛阳所建政权。平郑所得图书皆为隋东都旧藏。这些书在遭受严重损失后,还能挑出单本89000多卷,那么原来东都藏书的单本至少也在10万卷以上了。要知道,号称"藏书之盛"的唐开元时,只有书82000多卷,《宋史·艺文志》著录书不过119000余卷,相形之下,我们不能不信服历代之书籍"莫富于隋"的说法了。

二、多种图书目录的编制

　　在辨章学术、考镜源流的基础上编制图书目录,是古籍整理的一项重要内容。有隋一代,学者根据国家藏书,先后编成了多种综合书目和专科目录,不仅反映了一代藏书之盛,而且在目录学史上占有一定地位,还给《隋书·经籍志》的编撰奠定了坚实的基础。

　　据《隋书·经籍志》和两《唐志》所载,隋代综合性的藏书目录,先有牛弘的《开皇四年四部书目》4卷、《开皇八年四部书目》4卷。这两部书目修于平陈之前,著录图书当不超过3万卷。其后又有《香厨四部目录》4卷、王劭《开皇二十年书目》4卷和许善心《七林》。《香厨四部目录》疑为开皇九年平陈后,整理出的3万多卷藏书的目录。大业年间,有柳䛒《大业正御书目录》和《隋书·经籍

----

①《北史·文苑许善心传》。

②《隋书·隐逸张文诩传》。

③《隋书·文学虞绰传》。

志总序》提到的那部著录十几万部书的目录。

这些书目,多系奉敕所修,体例并无特殊之处。但是它们多依荀勖创制的四部分类法著录图书,反映了四部分类法在当时已趋于定型。《七林》是一部值得注意的书目。史载,开皇十七年,许善心"除秘书丞。于时秘藏图籍尚多淆乱,善心仿阮孝绪《七录》,更制《七林》。各为总叙,冠于篇首。又于部录之下,明作者之意,区分其类例焉"。① 《七录》的分类法,包括了佛道著作,是一种历史的进步,但无大小序。《七林》仿效《七录》的分类法,但增加了7篇"总序"和"区分类例"的小序。大小序既是对各种学术思想的分类,又是对各类学术研究历史源流和得失的探讨,不仅对学术史的研究有重大意义,而且有指导读者做学问门径的功用。章学诚指出:"校雠之义,盖自刘向父子,部次条别,将以辨章学术,考镜源流,非深明于道术精微,群言得失之故者,不足与此。后世部次甲乙纪录经史者,代有其人,而求能推阐大义,条别学术异同,使人由委溯源,以想见于坟籍之初者,千百之中不十一焉。"② 许善心之著《七林》,可算是属于这种"能阐大义,条别学术异同"的高手了。查《隋志》将佛道附入子类,总为四部,其大小类的分法与《七录》基本相同,且都有总序、小序。给《隋志》写序提供参考的,当然就是许善心的《七林》了。

隋代编制的专科书目首推佛经目录。隋代两朝君主都提倡佛教,大修寺观,抄译佛经,还组织高僧或学士先后修成了开皇十四年的《众经目录》14 卷,开皇十七年的《开皇三宝录总目》15 卷,大业初的《大隋众经目录》。

史书专科目录的编制,是魏晋南北朝史学大发展的产物。《新唐书·艺文志》目录类著录了杨松珍《史目》2 卷③,到《宋史·艺文志》则成为"杨松珍《历代史目》15 卷"。看来,杨氏的这部《史目》是通贯古今的历代史部书专科目录,而且自唐至宋屡有人为之增补,以至由 2 卷扩充到 15 卷。杨氏另有《解颐》2 卷,为《隋书·经籍志》子部小说类所录。清姚振宗考证,杨松珍或误作阳玠松,《解颐》又名《谈薮》④,《直斋书录解题》卷 7 云:"《谈薮》二卷,北齐秘书省正字北平阳玠松撰,事综南北,时更八代,隋开皇中所述也。"据此,我们似可将《史目》的著作时间也定于隋开皇间。《史目》是第一部见于著录的史书专科目录,其开创体例本身,有着不容忽视的意义。

隋代目录学的成就,植根于南北朝目录学的发展,更由于天下的统一和书

---

① 《隋书·许善心传》。
② 《校雠通义序》。
③ 此书在《旧唐书·经籍志》中著录为 3 卷。
④ 姚振宗:《隋书经籍志考证》卷 32。

籍的大规模搜集。编制《众经目录》的释法经深有感触地说："[前代]诸家经录所修撰不至详审者，非彼诸贤才不足而学不周，直是所遇之日，天下分崩，九牧无主，名州大郡，各号帝畿，疆场艰关，并为战国，经出所在，悉不相知，学者遥闻，终身莫睹。故彼前哲虽有才能，苦不逢时，亦无所申述也。当今（法）经等识学诚不及古而宿缘多幸，运属休辰，四海为家，六合清泰，殊方异域，宛在目前，正朔所颁，书轨无外，在域群生，莫不蒙赖，而况经等，夫复何论！"①

三、对书籍的校勘整理

古籍长期以抄本流传，讹脱衍倒本来就在所难免。况且南北朝时，人们抄书多不太认真，"至为一字，唯见数点，或妄斟酌，逐便转移，尔后坟籍，略不可看"。② 在这种情况下，虽然搜聚了大量书籍，若不加认真校勘整理，仍不能使用。

隋代对书籍的校勘整理实行有司专责与学者参与结合的办法。秘书省是国家专门负责书籍搜求、整理、编目、校勘和收藏的机关。秘书省有监、丞各一员。文帝时，该省设校书郎12人，负责校勘书籍，又有正字4人、录事2人，负责图书的文字归正与书目的登录。炀帝时，由于书籍大增，秘书省官员加至120员，并以学士补充。③ 隋代较著名的学者，如牛弘、姚察、王劭、许善心、李文博、虞绰等都曾在秘书省任职。此外，还广泛动员经史专家参加书籍的整理校勘，如开皇十七年，许善心"奏追李文博、陆从典等学者十许人，正定经史错谬"。④

隋代整理古籍的办法，主要有以下五种。

（一）考订真伪，摒弃伪书

山东大学已故黄云眉教授指出，古籍的辨伪，是"董理大量文献工作中之首要课题"⑤。

在各类书籍中，隋代对佛经的辨伪最为突出。开皇十四年沙门法经感慨"自道淡情华，真伪玄隔，人鲜宗敬，虽有若无"，要在撰述的目录中"粗显传译是非，真伪之别"。⑥ 他主撰《众经目录》时，将来历不明、真伪未分的经置于"疑惑"类，将肯定为伪经的定于"伪妄"类，两类皆入存目，并据之把真佛经写定入

---

①释法经《上文帝进呈众经目录》，载《全隋文》卷35。

②《颜氏家训·杂艺》。

③《隋书·百官志下》，《文献通考·经籍考》。

④《隋书·许善心传》。

⑤黄云眉：《古今伪书考补证重印引言》。

⑥释法经：《上文帝进呈众经目录》，载《全隋文》卷35。

藏,将疑惑与伪妄之经摒弃不录。大业初年,沙门智果等人整理佛经目录,也是将"似后人假托为之者,别为一部,谓之疑经"。①

佛经辨伪的盛行,带动了对经史子书的辨伪。《山海经》既称为夏禹和益所著,却又有长沙、零陵、桂阳、诸暨等秦、汉郡县的名称,于是有人对该书的真伪提出了疑问。颜之推列举《本草》《尔雅》《春秋》《世本》《仓颉篇》《列仙传》《列女传》等书皆有其作者身后内容的例子,说:"史之阙文,为日久矣,加复秦人灭学,董卓焚书,典籍错乱,非止于此。譬犹《本草》,神农所述,而有豫章、朱崖、赵国、常山、奉高、真定、临淄、冯翊等郡县名,出诸药物……皆由后人所搀,非本文也。"②指出了古籍中大量存在后人附益之文的问题,为后代学者彻底查清这些古书的真伪奠定了基础。至于时人的造伪,往往当即被揭发,如刘炫伪造《连山易》《鲁史记》等书百余卷,就"有人讼之,经赦免死,坐除名,归于家"。③ 应该指出,隋代学者对经史的辨伪尚处于初级阶段,不仅没有专门的辨伪著作,而且对后来查为伪作的如《古文尚书孔传》等奉为至宝,谬种流传,影响深远。

(二)统一声韵,音释经史

隋代古籍整理的内容之一,是对儒家经典和重要史籍读音的注释。

当时,为了教授弟子的需要,很多学者热衷于古籍读音的考订。柳䚮精于《史记》读音,包恺精于《汉书》读音,释道骞是研究《楚辞》读音的专家,都有著作传世。陆德明更是在文化史上影响很大的人物,他的《经典释文》3卷,是一部集大成的音释群经的著作。该书"采汉魏六朝音切凡二百三十家,又兼载诸儒之训诂,证各本之异同"④,为《周易》、《古文尚书》、《毛诗》、三《礼》、三《传》、《孝经》、《论语》、《老子》、《庄子》、《尔雅》正音,对其中的《孝经》《老子》还附以音注,罗列同一字的诸家读法,及其在不同义项时的多种读音。为区别起见,音经用墨书,音注用朱书,反映了当时注书制度的进步。

当时学术空气很活跃,学者还经常聚集起来讨论音韵之学。鉴于长期分裂,各地方言"声调既自有别,诸家取舍亦复不同,吴楚则时伤轻浅,燕赵则多伤重浊,秦陇则去声为入,梁益则平声似去,又支脂鱼虞共为一韵,先仙尤侯俱论是切",大家越来越感到在大统一的形势下,应该有统一的音韵标准。颜之推、萧该、魏澹、刘臻、陆法言等人每聚集一起,就"论南北是非,古今通塞",从而"更

---

①《隋书·经籍志四》。
②《颜氏家训·书证》。
③《隋书·儒林刘炫传》。
④《四库全书总目》卷33,经部,五经总义类。

156

摭选精切,除削疏缓"①,讨论出了比较一致的意见。素有家学的陆法言将诸人的意见斟酌综合,终于在仁寿元年编成了音韵学专著《切韵》5卷。该书问世以后,前人所作韵书陆续亡佚。唐代作诗,奉《切韵》为典范。后起的《唐韵》《广韵》等书,也是对《切韵》因革的产物。范文澜先生指出"《切韵》统一了书面的声韵",是自秦朝用小篆统一文字形体以后,汉族文字语言的第二次大进步。②

(三)考证群言,勘定文字

隋代学者在校勘古籍时,做了大量订正文字的工作。王劭长期任秘书监,他将校勘中发现的"经史谬误",写成了《读书记》30卷,"时人服其精博"。③ 该书早已佚失,但唐人经史注疏中多有引用,我们从中可以得知其大概情形。比如,为了查考《礼记·曲礼》中"稷曰明粢"一句的有无,他查勘了晋宋古本,立八疑十二证,肯定了这四个字是后代衍入的。他还用本校法发现古籍中的问题,如《史记·吕不韦列传》中有"始皇十九年太后薨,谥为帝太后"。王劭根据《秦始皇本纪》中废除谥法的记载,指出:"秦不用谥法,此盖号耳。"王劭校书大量采用的是他校法。如《史记·孟尝君列传》云:"田婴者,齐威王少子,而齐宣王庶弟也。"王劭写道:"按《战国策》云:齐貌辨谓宣王曰,王方为太子时,辨谓靖郭君,不若废太子,更立郊师。靖郭君不忍。宣王太息曰:'寡人少,殊不知此。'以此言之,婴非齐王弟明也。"他也用理校法,如《孟子荀卿列传》'孟轲,邹人也,受业子思之门人'。'人'为衍字,轲亲业孔伋之门也"。

颜之推也是隋代一位校勘古籍的名家,他的《训俗文字》《证俗音字略》两书和《颜氏家训》中的"书证""音辞"等篇,都是他总结校勘成果的专著。以下仅从"书证"中摘引数条,以见其校勘方法的细密。他曾通过同义词的训诂校勘出《史记》《汉书》的字误。如说:"太史公论英布曰:'祸之兴自爱姬,生于妒媚,以至灭国。'又《汉书·外戚传》亦云:'成结宠妾妒媚之诛。'此二媚并当作媢,媢亦妒也,义见《礼记》《三苍》。且《五宗世家》亦云:'常山宪王后妒媢'。王充《论衡》云:'妒夫媢妇生,则忿怒斗讼。'益知媢是妒之别名。原英布之诛为意贲赫耳,不得言媚。"他也运用不同地区的抄本校出误字。如:"《后汉书》酷吏樊晔为天水郡守,凉州为之歌曰:'宁见乳虎穴,不入冀府寺。'而江南书本穴皆误作六。学士因循,迷而不寤。夫虎豹穴居,事之较者;所以班超云:'不探虎穴,安得虎子?'宁当论其六七耶?"他曾利用出土权铭纠正《史记·秦始皇本纪》传写之误。原来,开皇二年五月,长安民掘到秦时铁称权,旁有铭文,其中之

① 陆法言:《切韵序》,载《全隋文》卷27。
② 《中国通史简编》(修订本)第3编第1册,1965年,第73页。
③ 《北史·王慧龙传》。

157

一是"乃诏丞相状、绾,法度量则不壹,嫌疑者皆明壹之"等语,颜之推奉命释读此铭,从而指出通行的《始皇本纪》中"二十八年,丞相隗林、丞相王绾等议于海上"中的"隗林非也,当为隗状耳"。他还根据多种古籍碑文的校比,指出伏、虙为古通用字,陈、阵为古今字等,都很有见地。① 中国的考据学,到清代进入了全盛,但其主要方法,在隋代已基本产生。

(四) 训诂经史,阐述文义

隋代学者对古籍的注疏很有成绩,他们常"共论古今滞义,前贤所不通者"②,解决了不少前人没有解决的问题。

当时最重视对儒学经书的注疏。牛弘、何妥、刘炫、刘焯都是名盛一时的大儒。其中刘焯、刘炫造诣更深,对五经各自全面研究注疏,对《左传》功臣杜预也规其过,提出150多条商榷意见。唐初撰《五经正义》就多据二刘义疏。孔颖达称二刘"聪颖特达,文而又儒,擢秀干于一时,骋绝辔于千里,固诸儒之所揖让,日下之无双"③,褒慕之意,无以复加。大业间,龙门王通更以著作新经来阐述儒学宗旨。王通著有《礼论》《乐论》《续书》《续诗》《元经》《赞易》,合称"王氏六经"。④ 他根据大分裂以后大统一的时代特点,主张以儒学为基础,儒佛道三教合一,用复兴礼乐的办法使人民的思想意识也适应新的时代,实际上是从哲学思想上为巩固统一提供理论根据,在隋唐"地主阶级经济政治复兴上,起了相当的作用"⑤。

隋代为史部书籍作的新注以《汉书》最盛。萧该、包恺各著《汉书音义》12卷,姚察有《汉书训纂》30卷、《定汉书疑》2卷,于仲文有《汉书刊繁》30卷,在唐代都很有影响。其他典籍,如《史记》《后汉书》《帝王世纪》《法言》《文选》等也都有人作注。北宋宋祁《宋景文笔记》言:"予曾见萧该《汉书音义》若干篇,时有异义。然本书十二篇,今无全本。颜监集诸家《汉书》注,独遗此不收。疑颜当时不见此书云。今略记于后。"⑥

(五) 编纂类书,以广其用

类书的撰集,是对古籍的一种综合性整理。隋代在书籍数量空前增多和科举取士制度产生以后,为了供帝王阅读和士人临文寻检之用,编纂类书的风气很盛,不仅种类较多,而且内容丰富,卷帙庞大,价值较高。

---

①上述几条皆引自《玉函山房辑佚书》卷68,王劭《读书记》。
②《隋书·儒林刘焯传》。
③孔颖达:《毛诗正义序》。
④《邵氏闻见后录》卷4,"司马文正公作文中子补传"。
⑤吕振羽:《中国政治思想史》,三联书店,1955年,第387页。
⑥《宋景文笔记》卷中,《百川学海》本第726页。

158

开皇中杜台卿编成的《玉烛宝典》,是一部讲农时民俗的专科类书。原书12卷,尚存7卷,系清末杨守敬自日本抄得。宋陈振孙评介该书"以月令为主,触类而广之,博采诸书,旁及时俗,月为一卷,颇号详洽"。①

大业初年,则有400卷的《长洲玉镜》这样一部供帝王阅读的百科类书的编纂,系由虞绰、虞世南、庾自直、柳䛒、王曹等人共修。

又有诸葛颖编撰的《玄门宝海》120卷。本传称颖"习《周易》、图纬,《仓》《雅》《庄》《老》,颇得其要"。看来,这是一部关于道家学说的专科类书。

《宋史·艺文志》类书类著录有杜公瞻撰《编珠》4卷。杜在隋任著作佐郎,《自序》称系奉敕撰进。该书残本是高士奇从内库废纸中发现,遂为之补辑成书。《四库全书总目提要》因该书世无传本,而认为高氏所见残本"出自明中叶以后"。周中孚更怀疑"此书与所补所续均江村(高士奇字)一手所撰,并伪撰杜氏原序以实之尔"。② 按,该书前有徐乾学序。以徐氏的学识,当不肯为高氏自伪之书作序。江村伪撰说似不能成立。而徐氏又是明史专家,如若其书出明人所伪,徐氏也不应毫无察觉。该书原目分天地、山川、居处、仪卫、音乐、器玩、珍宝、缯彩、酒膳、黍稷、菜蔬、果实、车马、舟楫计14门,是一部门类较广篇幅不大的事物百科类书。

隋炀帝还敕令秘书博士曹宪等编了100卷的类书《桂苑珠丛》,被时人称为"该博"。③ 该书失传已久,内容不得而知。

《北堂书钞》是隋代编成而流传至今的一部类书。虞世南任秘书郎时,在秘书省后堂"钞经史百家之事以备用"④,遂成该书。是书原为173卷,分80部、801类。据说该书明代被陈禹谟窜乱,清代经孙星衍、严可均、孔广陶等人据元、明诸本校勘加注,以《影印宋原本北堂书钞》的名称刊行,计分19部、160卷。学者多据古今本分部数量的差异,断定"虞氏原书已经散失很多"。⑤ 我们细检今本,19部内分851类,录21000余条,则恐今本与古本只是分部多寡的不同,原书不一定有多少散佚。《北堂书钞》是一部供作诗文取材用的百科全书式的类书,一般每条皆据引书内容摘录出数字的提要,以下间或以双行略加注解或言其出处。由于该书引用了大量今已散佚不传的隋以前古籍,对于我们今天校订、辑录古书,有很重要的参考价值。

---

①《直斋书录解题》卷6,时令类。
②《郑堂读书记》卷60。
③《旧唐书·儒学上曹宪传》。
④晁公武:《郡斋读书记》类书。
⑤刘叶秋:《类书简说》,上海古籍出版社,1980年,第38页。

和隋代存世的年代相比,其搜集和整理古籍的成绩是突出的。但是,从本文中可以看出,隋代校勘古籍的传世作品毕竟不多,究其原因,以下几点值得注意:第一,隋朝虽然实现了天下一统,但中后期政治局势不稳定。开皇时文化发展很盛,仁寿间因文帝废学校斥儒生受到打击,炀帝即位后又阿意兴工,对外征战,嫉贤妒能,而且以武夫督察学士,使学者无法一以贯之地钻研学术。第二,缺乏很好的组织来协调各种学术思想流派,阻碍了学者们更好地取长补短,发挥才能。一些学者积不相能,而使一些校勘工作不了了之。如开皇初,萧该与何妥奉诏正定经史,就"各执所见,递相是非,久而不能就,上谴而罢之"。① 第三,秘书省官员待遇太低,从事古籍整理的学者贫困不堪,不得不另谋他职。正如李延寿所指出的那样"古之学者,禄在其中,今之学者,困于贫贱。明达之人,志识之士,安肯滞于所习,以求贫贱者哉! 此所以儒罕通人,学多鄙俗者也"。②

《文献》1987 年第 2 期

---

① 《隋书·儒林萧该传》。
② 《北史·儒林传论》。

《隋书》曲笔论

　　唐初官修前代正史,以撰写胜国兴亡事迹的《隋书》最受重视。唐太宗李世民屡屡亲自过问,还为之组织了最为强大的史官班底。尚书左仆射房玄龄任总监,秘书监魏征直接领修,名史家颜师古、封德彝、孔颖达、许敬宗、令狐德棻先后参修。李世民是古代开明的君主之一,魏征则以直谏名垂史册。李、魏君臣一再标榜史官必须"直笔其事","善恶必书,无所忌惮"。① 在这种背景下,《隋书》理应如清代学者周中孚、赵翼等人赞扬的那样,"据事直书""毫无忌讳"。② 但是,在认真考察了《隋书》的内容以后,我们却发现该书的曲笔隐讳仍是那样严重。为此,撰写本文,略加论评,或许对我们更客观地揭示中国封建史学"直笔"书法的虚伪不无好处。

　　《隋书》的曲笔,最突出地表现在为隋帝篡弑的隐讳上。隋文帝和隋炀帝都是弑君篡权上台的。杨坚以外戚受命辅佐幼主周静帝,为时两年,就迫使9岁的静帝逊位,建立了隋朝。《隋书·高祖纪》对其真实的篡权过程讳莫如深,却用了许多篇幅,记"禅让"的繁文和杨坚的辞让,似乎尧舜之德不过如此。杨坚建隋不久,杀了周静帝,书上只说"介国公薨,上举哀于朝堂,以其族人洛嗣焉"。对杨坚篡权,周臣王谦、司马消难、尉迟迥曾起兵抗争,周宗室毕王贤、赵王招、越王盛、陈王纯、代王达、滕王通都加以反对。反对篡权,本是合乎名教的忠烈之举,但《高祖纪》却说这些人是"作乱"遭"诛"。难怪刘知几要愤慨地指责:"古之书事也,令乱臣贼子惧;今之书事也,使忠臣义士羞。若使南、董有灵,必切齿于九泉之下矣。"③隋炀帝的上台,实际上重演了文帝的故技。他靠欺骗和

---

　　①吴兢:《贞观政要》卷7《文史》。

　　②周中孚:《郑堂读书记》卷15《陔余丛考》。

　　③《史通·曲笔》。

阴谋手段,夺取了太子的桂冠。隋文帝病重时,终于认清了杨广的本质,决定传位于废太子杨勇。杨广得讯,指使张衡鸩杀父亲,抢班上台。①《隋书·高祖纪》不言文帝暴死,而写成因病寿终正寝,且遗诏曰"今恶子孙已为百姓黜屏,好子孙足堪负荷大业……皇太子广,地居上嗣,仁孝著闻,以其行业,堪成朕志……朕虽瞑目,何所复恨",完全是后继有人的模样。炀帝上台后,很快镇压了汉王杨谅的军事反抗,缢死长兄杨勇。《炀帝纪》对这两件事,或是一句带过,或是干脆不提。

诸如此类的曲笔,是否可以根据"为尊者讳,似曲而直"的古训来为其辩护呢?从惯例说,一朝之讳,翌代即废,以唐臣为隋君讳,本来就不伦不类。况且,唐初著史的目的本是"彰善瘅恶,激一代之清芬;褒吉惩凶,备百王之令典"②,倘不瘅恶惩凶,何能以史为镜?我们认为,《隋书》在篡弑问题上回护的根本原因,是借之掩盖当代皇帝的罪恶行径。

原来,李渊、李世民的行事,与杨坚、杨广竟有惊人的相似。为了避免成为众矢之的,李渊攻下长安后,扶植炀帝13岁的孙子杨侑为恭帝,自己做大丞相,进相国,备九赐之礼,等炀帝一死,就踢开傀儡,经"辞让""劝进""禅让"上台,再杀掉杨侑。这与杨坚的篡权手段完全一样。再说李世民也是次子继位,他发动玄武门政变,杀了太子建成和齐王元吉,再逼唐高祖退位,抢班夺权。李世民大言不惭地把玄武门杀戮兄弟的举动,譬之为"周公诛管蔡""季友鸩叔牙"的义举。③ 其实连这话语也是从杨广那儿贩来的。杨广在讨平其弟汉王谅的武装反抗后,就自诩为"周旦以诛二叔,汉启乃戮七藩"的伟业。④ 唐代史官是照李世民的口径,撰写了有关的国史。史官在《隋书》中倘若直书杨坚父子篡弑,岂不是有意影射李渊父子的凶残?难怪在《隋书》修成不久,杜宝就批评"贞观修史,未尽实录",而独自修撰《大业杂记》"以弥缝阙漏"了。⑤

《隋书》的几位参修者,颇有一点不好的名声,封德彝被称为"险波"⑥,颜师古是"未为清论所许"⑦的污吏,许敬宗被列于《奸臣传》,掌知国史,也"记注不直,论者尤之"⑧。贞观初年修《隋书》,距隋灭国仅10余年。许多传主与修史

①《资治通鉴考异》卷8,赵毅:《大业略记》。
②李世民:《修晋书诏》。
③吴兢:《贞观政要》卷7《文史》。
④杨广:《劳素手诏》,见《隋书·杨素传》。
⑤《大业杂记序》,见《直斋书录解题》卷5。
⑥《旧唐书·封伦传》。
⑦《旧唐书·颜籀传》。
⑧刘肃:《大唐新语》卷9《谀佞》。

官有这样那样的关系,于是某些史官凭着他特有的权力,酬德报怨,任情褒贬。房玄龄之父房彦谦,在隋官司隶刺史、泾阳县令,"本无事迹可记"。《隋书》中却以书信交友等为他敷演成 3000 字的佳传,言其"自少及长,一言一行,未尝涉私"。对此,连赵翼也不得不说,这"未免以其子时方为相,且总知诸史,故稍存瞻徇耳"。① 杨素干尽坏事,被王夫之斥为"天下古今之至不仁者也"②,但他曾特别欣赏封德彝,"骤称荐于文帝,由是擢授内史舍人"。③ 于是,《隋书》有意为杨素溢美隐恶,绝口不提他罗织杨勇罪名而谗废太子,陷害陈延、史万岁而致死之类的丑行,却大载文帝、炀帝劳奖杨素的诏命和封赏,以显其荣宠。大业初年,杨素与炀帝的矛盾,本是暴君奸臣同流合污而又相互倾轧的必然表现。《海山记》言,在用阴谋赞立炀帝后,杨素"恃有功,见帝多呼为郎君。时宴内宫,宫人偶覆酒污素衣,素怒叱左右引加挞。帝颇恶之,隐忍不发。……会素死,帝曰:'使素不死,夷其九族。'"④《杨素传》却写成"素虽有建立之策及平杨谅功,然特为帝所猜忌,外示殊礼,内情甚薄。素寝疾之日,帝每令名医诊候,赐以上药,然密问医人,恒恐不死",似乎咎责尽在炀帝一身,杨素不过是功臣遭忌。王劭是隋代最重要的学者之一,著有《齐志》《齐书》《隋书》《读书记》《平贼记》《皇隋灵感志》等两三百卷。他学问渊博,智力惊人,年方弱冠,就因熟悉史事而被祖孝征、魏收等称为"博物"。他"爱自志学,暨乎暮齿,笃好经史,遗落世事。用思既专,性颇恍忽,每至对食,闭目凝思,盘中之肉,辄为仆从所瞰,劭弗之觉,专固如此"⑤,是一个很典型的书呆子。他历仕齐、周、隋三朝,列传本应大有事实可述。但是,由于他写史"书法不隐,取咎当时",于是有人"假手史臣,以复私门之耻"。⑥ 4500 字的《王劭传》,有 4000 字是他陈符命的五篇表疏,给人一个只会捏造符瑞谄媚主上的佞人形象。我们毋庸否认王劭有谄佞行为。问题是,第一,王劭写了那么多的史书,他一生的主要活动不可能是专写媚主的表文。第二,"文帝既受周禅,恐黎元未惬,多说符瑞以耀之。其或造作而进者,不可胜计"。⑦ 当时,陈符命者岂止王劭一人。且不说《隋书·五行志》中大量的"马祸""白祥"之类的材料,就是颜之推、许善心、庾季才、耿询、肖吉、刘祐等也写了许多诸如《符瑞记》《鸟情占》《垂象志》之类的作品,何以这些人的传中对此都

①《陔余丛考》。
②《读通鉴论》卷 19。
③《旧唐书·封伦传》。
④ 韩偓:《海山记》,见《说郛》卷 110。
⑤《隋书·王劭传》。
⑥《史通·曲笔》。
⑦《隋书·礼仪志一》。

一带而过,《王劭传》却充盈全篇呢! 爱之欲其生,恶之欲其死,《隋书》作者的手段也太毒辣了。更离奇的是,为避免得罪权贵,《隋书》竟不为大儒王通立传。王通一生,大致与隋朝相始终,是著名的河汾道统的始祖。他决意仕进,以著书讲学为业,隋唐之际的名臣薛收、陈叔达、温彦博、杜淹等都出其门下。他仿孔子六经,著《礼论》《乐论》《续书》《续诗》《元经》《赞易》,拟《论语》,作《中说》(又名《文中子》),倡导儒、佛、道合流,在中国古代思想史上有一定影响。门人私谥文中子。但是,唐初,王通之弟王"凝为监察御史,劾奏侯君集有反状……长孙无忌与君集善,由是王氏兄弟皆抑不用。时陈叔达方撰《隋史》,畏无忌,不为文中子立传"①,原来王凝惹了侯君集,侯君集的朋友、唐太宗的妻兄长孙无忌因此报复王凝兄弟。在这种情况下,陈叔达终于没有给王通立传。

《隋书》的曲笔,也表现在为仕唐诸人文饰上。对于仕唐的隋朝旧臣,《隋书》一般都不立传,偶尔提及的,也只是嘉言善行,无秽恶事迹。《李文博传》中,载房玄龄勉励李文博激浊扬清。《李德林传》中,附及李百药"博涉多才,词藻清赡",而无其夜入杨素家内室,"则其宠妾所召"的韵事。②《许善心传》中,只有江都之乱时许善心气节高倨绝不舞蹈被害,而不提其子许敬宗奴颜婢膝"舞蹈以求生"③。《虞世基传》中,大讲其佞事炀帝、卖官鬻爵,却不说给他"密为指划"的是封"伦所为也"。④ 在《隋书》中立了传的唐臣只有裴矩、裴虔通、何稠等几个在隋事迹突出的人。何稠是与宇文恺齐名的工程制造专家,以制造六合城、仿作琉璃、营造舆服羽仪而被炀帝赏识。古小说《迷楼记》说,何稠给炀帝献"御童女车""转关车"之类,炀帝"以处女试之,极喜",称赞"朕得之任其意以自乐"。其事虽不完全可信,却道出了何稠以自己的技巧迎合炀帝淫乐需要的事实。何稠、宇文恺的创造发明,助长了炀帝的穷奢极欲,也加重了人民的灾难。史载,何稠营造舆服,"务为华盛,以称上意。课州县送羽毛,民求捕之,网罗被水陆,禽兽有堪氅毦之用者,殆无遗类。……所役工十万余人,用金银钱帛巨亿计"⑤。但《隋书》卷68 的"史臣曰"却护稠伐恺,说宇文恺"起仁寿宫,营建洛邑,要求时幸,穷侈极丽,使文皇失德,炀帝亡身,危乱之源,抑亦此之由",何稠"巧思过人,颇习旧事,稽前王之采章,成一代之文物。虽失之于华盛,亦有可传于后焉"。如果何稠不是在唐初还担任将作少匠的话,能幸免"使文皇失德,炀

---

① 邵博:《邵氏闻见后录》卷4。
② 刘餗:《隋唐嘉话》。
③ 刘肃:《大唐新语》卷9《谀佞》。
④《资治通鉴》卷183,隋恭帝义宁元年。
⑤《资治通鉴》卷180,隋炀帝大业二年二月。

帝亡身,危乱之源,抑亦此之由"的责难吗?裴矩在唐,被高祖、太宗视为心腹。《隋书·裴矩传》载其事迹,竭力文过饰非。炀帝西征吐谷浑、东讨高丽,都出自裴矩的谋划。此举固有特定的政治原因和历史功过,但"令中国疲弊以至于亡,皆矩之唱导也"。①《旧唐书》本传记此事时,利弊皆言,堪称公允。如叙及与吐谷浑作战及经营西域的结果时,说:"及灭吐谷浑,蛮夷纳贡,诸蕃慑服,相继来庭。虽拓地数千里,而役戍委输之费,岁巨万计,中国骚动焉。"《隋书》本传言此,"竟破吐谷浑,拓地数千里,并遣兵戍之,每岁委输巨亿万计。诸番慑惧,朝贡相续",文字仅少有不同,实录与饰非的区别却极为明显。再如,裴矩在东都主持接待外国外族商人使节时,弄虚作假,让店肆一律免费招待,"醉饱而散",以示"中国丰饶,酒食例不取值"。②《旧唐书》本传载:"夷人有识者,咸私哂其矫饰焉。"《隋书》本传却说:"蛮夷嗟叹,谓中国为神仙。"一贬一褒,《隋书》难脱阿曲之嫌。炀帝晚年,骄矜拒谏肆意妄行,裴矩本来就是靠"诡谀有宠"而爬上高位的。此时,他对炀帝"无所谏诤,但悦媚取容而已"③,另外,又趁火打劫,利用"受诏参掌选事,多纳贿赂,士流嗟怨"④。《隋书》本传却编造史实,妄言裴矩曾劝炀帝自江都还驾东都,又说"文武多以贿闻,唯矩守常,无赃秽之响,以是为世所称"。颠倒黑白,达到惊人的地步。司马光曾一语道破个中奥妙,说:"隋失天下,皆因矩诡谀所致,岂敢辄劝帝西还!盖矩经事唐朝,其子孙及史官附益此语,欲盖其恶耳!"⑤《裴虔通传》是仕唐隋臣的唯一恶传,这也并不是史官直笔的产物。裴虔通是江都之乱的元凶之一,降唐后官至辰州刺史。贞观二年六月,唐太宗因表彰忠节的需要,而谴责裴虔通等人弑杀炀帝之罪,下诏将其除名削爵,迁配驩州而死。《隋书》于贞观三年开始动笔,怎能不顺便落井下石,多书其罪恶呢!

　　《隋书》的曲笔,还体现在对后妃的隐善扬恶上。他们承袭儒家对妇女的偏见,把失政的过错推到后妃的身上,在写后妃传时,有意夸大其缺陷。从《北史》的记载看,杨坚妻独孤皇后是一个贤淑有见识的女中英杰,如俭省朴实,毫不靡费,后宫之中,一无长物。"帝尝合止利药,须胡粉一两,宫内不用,求之竟不得。又欲赐柱国刘嵩妻织成衣领,宫内亦无。"她谦卑自守,毫不盛气凌人,每见公卿父母,则"为致礼",严格管教诸公主,不许"失礼于舅姑,离薄人骨肉"。她深明

---

①《资治通鉴》卷180,隋炀帝大业三年十月。
②《资治通鉴》卷181,隋炀帝大业六年正月。
③《旧唐书·裴矩传》。
④《旧唐书·杨恭仁传》。
⑤《资治通鉴考异》卷8,恭帝义宁元年"屈突通降"条。

大义,不给外戚特权。舅子崔长仁犯法当死,文帝徇私欲免其罪,被独孤皇后坚决制止。她"识达今古",对文帝的过失,屡加劝阻,"凡言事皆与上意合,宫中称为二圣"。可以毫不夸张地说,隋开皇之治的出现,与文帝有独孤皇后这样一位贤内助是分不开的。尤为难得的是,她坚决反对多妻制,与杨坚"誓无异生之子",见到"诸王及朝士有妾孕者,必劝帝斥之"。这种行为,前人归之为妒忌,其实是有一定进步意义的。她一生中最大的过失,莫甚于劝杨坚废了太子勇更立杨广为太子。但是,此事从根本上说是皇位世袭制的恶果。要知道,杨坚的五个儿子都是淫逸之徒,唯有杨广伪装仁孝俭约,不好声妓,骗得文帝和独孤皇后的好感。《隋书·后妃传》怀着偏见记载独孤皇后的生平,抹杀其"雅性俭约""识达今古"的优点,滥述其"性尤妒忌"及谋废太子的事实。在论赞中竟攻击"文献德异鸤鸠,必非均一,擅宠移嫡,倾覆宗社。惜哉!《书》曰'牝鸡之晨,惟家之索',高祖之不能敦睦九族,抑有由矣",实在诋毁过甚了。

《隋书》的曲笔,甚至在表彰忠节之臣时也不例外。历代开国皇帝,为了鼓励人们忠于自己而假惺惺地制赠胜国死节之臣。但在李世民心目中,真正的"忠节烈士"是兵败降唐的屈突通、扶持代王的姚思廉,不是为隋朝尽忠的死节之士。[①] 故而,魏征等人在撰写《隋书·诚节传》时,做了很多手脚,尽量分散和减弱烈士抗唐的事迹和程度,以达到既表彰忠烈,又不损害李唐"义师"形象的效果。《诚节传》共有16个忠节之士,其中5人在高智慧至杨玄感事件中表现了气节,10人在与宇文化及或农民起义军的对抗中有"忠贞"行为,真正与李唐军队进行军事抗争不屈而死的只有尧君素一人。尧君素是隋河东通守,为隋坚守蒲州一年多,屈败唐军,给李唐的东进造成严重障碍。他气节高尚,斥退了说降的旧友屈突通、庞玉、皇甫无逸,射死了为唐劝诱的爱妻,枭首了俘虏的李渊女婿赵慈景,拒绝了李渊"赐金券,待以不死"的诱惑,最后被叛变的部下杀害。他的部将王行本继续举起抗唐的旗帜,又坚守蒲州一年多,直到武德三年春兵败,被李渊亲自处死。《隋书·诚节·尧君素传》尽量避免写唐军屡败、三换主将、总管被枭的史实,也绝口不提王行本拒守蒲州被李渊杀害之事,可耻地阉割了死节之臣的事迹。其实,抗唐最烈的隋臣,还有阴世师、骨仪等人。他们留守西京,在李渊起兵太原后,发李氏坟墓,毁李氏宗庙,又率兵坚守长安一月余,城破后被李渊下令斩首于朱雀街道。[②] 照封建道德衡量,二人皆是凛然死节之臣,在《隋书·诚节传》中理应有一席之地。而事实上,两人事迹仅附于《阴寿传》中,影响被缩小到最低的程度。当然,在这个问题上无须对《隋书》的修撰者多

---

① 参见《贞观政要》卷5《忠义》。
② 《大唐创业起居注》卷2。

加指责,让变节之臣去撰写忠义之士的事迹,本来就有些勉为其难嘛!

对《隋书》曲笔的事实和原因,本文已经做了许多揭发和分析,最后还要指出的,是唐太宗李世民的影响。作为封建皇帝的李世民,尽管在口头上支持史官直笔,但在行动上并没有也不可能完全做到。他坚持自观起居注,害怕史官记下自己的过失,弄得房玄龄等人只好把起居注删略成"语多微文"的《实录》呈进。① 他虽然鼓励臣僚直谏,却又说人君如龙"喉下有逆鳞,触之则杀人"。② 魏征披肝沥胆,抗直谏诤,唐太宗就愤慨地威胁"会杀此田舍汉"。③ 魏征自录谏诤言辞给起居注郎,唐太宗就悔约不把衡山公主嫁给魏征之子。如此说来,唐太宗的逆鳞也是不触动为妙的了。于是,在写《隋书》时,别的反隋武装都称为"贼",唯独李唐军队是"义师""义军"。其他凡唐太宗有明确指示之处,也一概照改。比如房玄龄等人原来对隋文帝评价很高,说他"克己复礼,勤劳思政,每一坐朝,或至日昃。五品以上,引之论事,宿卫之人,传餐而食。虽非性体仁明,亦厉精之主也"。唐太宗变换角度,予以否定,说:"公得其一,未知其二。此人性至察而心不明,夫心暗则照有不通,至察则多疑于物。事皆自决,朝臣既知上意,亦复不敢直言,宰相以下,承受而已。"④结果,房玄龄等人再也不敢把自己"厉精之主"的意见写进《隋书·高祖纪》,而是在纪和论中重复指责隋文帝"天性沉猜,素无学术,好为小数,不达大体,故忠臣义士莫得尽心竭辞"。从"厉精之主"的赞扬到"不达大体"的抨击,唐太宗干涉《隋书》修撰的后果是不容低估的。

《兰州大学学报》1988 年第 1 期

①《贞观政要》卷 7《文史》。
②《旧唐书·杜正伦传》。
③ 刘餗:《隋唐嘉话》。
④《旧唐书·太宗纪下》。

宋代史学与《资治通鉴》

中国古代史学，历经千余年的发展，到宋代达到它的高峰。宋代史学途径宽广，气象博大，方法至密，不仅集前代史学之大成，也为后代封建史学所不及，在中国古代文化史上占有突出的地位。而《资治通鉴》则是宋代史学的一面旗帜。

一、史学思想、当代史、"正史"的繁荣

中国封建社会政治经济的发展到宋代进入一个新的阶段。宋太祖在大乱之后，为了防备军阀割据事件的重演，建立了绝对专制的中央集权政治，并一反五代重武轻文的习气，重视文化，重用文人，而且以高官厚禄奖劝文人，这种政策为宋代史学的繁荣创造了适宜的政治条件。宋朝列代帝王努力振兴文化，提倡史学，关心史书的撰述，对学术风气的形成和持续极为有益。宋代经济的发展和科学技术的进步，特别是印刷术的进步，对史学的繁荣也起了巨大的促进作用。因为撰写史书必须凭借大量资料，以前人们读书都靠手抄，现在书籍大量印制，给学者提供了极大的方便。

繁荣的宋代史学，在史学思想上为专制政权服务的政治性更为明显，这既表现在正统论的盛行上，也表现在专为帝王服务的几部大部头类书和《资治通鉴》的编撰上。

正统论源于先秦的阴阳五行学说，三国时正式用于争作合法政权的理论。南北朝时对史书的编撰有重要的影响，南朝称北朝为"索虏"（留辫子的野

人)①,北朝称南朝为"岛夷"(住在水上的蛮子)②。宋代外患不断,所以正统之论、华夷之别尤严。宋代正统论发端于欧阳修,到朱熹的《通鉴纲目》正式确立。朱熹认为,只有一系相承、统一全国的王朝,才是正统。因此,自周至五代的两千年中,正统的只有周、秦、汉、晋、隋、唐六个朝代,其他都不是正统,而是僭国、篡贼或无统。其实,正统论是统治者用以欺骗人民的工具,从人民的角度看,任何一个封建王朝都是统治压迫人民的,都不是人民的正统。但是封建社会的正统论,是封建大一统专制主义思想的体现,故而对宋朝及其以后史书的编纂有重要影响。

在宋初帝王都爱读书的影响下,当时学人都以多闻博记为上,为了有系统地阅读资料,给帝王提供统治术的教科书,宋太宗下令李昉等人为他编了《太平御览》1000卷,《太平广记》500卷,《文苑英华》1000卷。宋真宗又令王钦若等人编成了《册府元龟》1000卷。这四部类书,被后人合称为宋朝四大类书。其中,《太平御览》以引证广博见称,所引古籍达2579种,现存者不过十分之二三,是研究宋代以前历史和校勘辑佚古籍的宝库。《册府元龟》于1013年(大中祥符六年)编成,册府是典策渊薮的意思,元龟即大龟,是古代占卜所用的宝物,因为占卜可以预知未来,作为借鉴,所以称可以用作借鉴的事是龟鉴。命名之意是说这部书是君臣鉴戒的大书,可以作为将来的典范。该书专辑上古到五代的历代君臣事迹,所采事迹不仅包括十七史的绝大部分内容,还兼取唐、五代实录等,对后人研究这段历史和校史、补史、辑佚等都有重要价值,也为宋代人修史提供了宝贵的史料。与此同时,私人编纂类书的风气也很盛行。著名的如王应麟《玉海》,祝穆《事文类聚》,章如愚《山堂考索》,谢维《古今合璧事类备要》,高承《事物纪原》等。其中《玉海》200卷,分21部240类,多录有关典章制度的文献和吉祥的善事。书中不仅抄录材料,还多用提要概述的形式撮叙事实,并常常略作考证。该书包括了涉及文史的多方面知识,被古人称为"大有裨益经济实学"的"天下奇书"③。

后来,学风发生变化,新派的学问是以《春秋》为榜样,贯通古今沿革当作借鉴,于是出现了《资治通鉴》这部史学名著。司马光在给宋英宗的奏疏中说明了编书的目的,是为帝王做历史的参考。他说:"自幼至老嗜之不厌,每患迁固以来文字繁多,自布衣之士读之不徧,况于人主,日有万几,何暇周览。"④所以,他

①《宋书》卷1《武帝本纪上》,中华书局,1974年,第17页。
②《魏书》卷2《太祖纪》,中华书局,1974年,第41页。
③清刻本《玉海》,胡助、熊本二序。
④司马光:《进书表》,见《资治通鉴》附录,中华书局,1956年,第9607页。

要将历代有关国家的盛衰和关系人民的切身利益,善良可以学习的,恶劣可以戒备的,帝王应该知道的史事,编成《资治通鉴》一书,供帝王阅读之用。

公私齐动手,大规模地进行当代史的编修和史料整理,是宋朝史学的一大特色。当代史的编修需要有一定的勇气和魄力。宋朝政府建立了庞大而且健全的史官组织,设置专门史官,分别撰修实录、国史、会要等书。当时,史官各有专职,分头记述。编修院(后改名史馆)负责修国史,起居院负责修起居注,日历所负责修日历,中书省和枢密院分别撰修时政记,实录院负责修实录。这些书的数量都很大,如日历达4102册,19个皇帝的实录达3833册。

宋朝的国史和实录允许人民传抄,而且朝廷对士大夫比较宽容,因此,宋代私人撰修本朝史的很多,其数量之多、卷帙之大,都是空前的。虽然其中有的因内容涉及社会现实而遭到统治者的禁毁,流传至今的仍很可观。其中比较杰出的巨著有:李焘《续资治通鉴长编》,专记北宋九朝史事;李心传《建炎以来系年要录》,专记宋高宗一朝史事;徐梦莘《三朝北盟会编》,专记宋徽宗、钦宗、高宗三朝与金的和战关系;陈均《宋九朝编年备要》,专记北宋九朝的史事;佚名《两朝纲目备要》,专记南宋光宗、宁宗两朝史事;熊克《中兴小纪》,专记宋高宗一朝史事;刘时举《续宋编年资治通鉴》,专记宋高宗至宁宗的史事;佚名《宋季三朝政要》,专记宋理宗到宋灭亡的史事;王偁《东都事略》,北宋九朝纪传体史书等。此外,宋人的大量笔记、文集中,也记录当代史实成风,有不少珍贵的资料。

二十四史中,宋代撰修的有《旧五代史》《新五代史》《新唐书》三部。《旧五代史》是由宰相薛居正监修,于973年(开宝六年)完成的五代纪传体史书,共150卷。该书仿《三国志》体例,梁、唐、晋、汉、周各自为书,各有纪传。《旧唐书》是五代后晋时所修,宋人多有非议,认为其气力卑弱,言浅意陋。于是,由宋祁、欧阳修主持,于1060年(嘉祐五年)修成《新唐书》225卷,该书与《旧唐书》比较,史事有所增加,而篇幅却有所减少。而且新书是用散文写成,取材生动丰富,又增加了表、志,反映了宋代正史编撰的新气象。《新五代史》是欧阳修所撰。在编撰《新唐书》时,欧阳修认为薛史繁芜失实,便着手搜集五代史料,独自重新编撰,到1053年(皇祐五年)完稿。因为这是私人撰修的,故密藏于家,直到他死去5年后,家属才奉命奏上书稿,由国子监刊行。全书74卷,它改变五代各自为书的体例,打破朝代界限,按时间编排史事,以表示维护大一统之义。它仿效《春秋》笔法,注重于正名分,寓褒贬,书法谨严。它强调直笔记史,对史料进行了考订。它议论不苟,反复慨叹五代的黑暗,以反衬宋朝的太平。该书一出,在社会上立即引起强烈反响,人们从中受到很大启发。

二、编年体通史和其他各种史体

编年体通史《资治通鉴》是宋代史学繁荣的里程碑。它的修撰,使编年史体达到绚烂美备的程度,影响所及,作者纷起。南宋时,袁枢在《资治通鉴》的基础上,写作《资治通鉴纪事本末》,开创了纪事本末体,使纪传、编年贯通为一,不仅为人们阅读《资治通鉴》提供了方便条件,而且为史书的编纂开辟了新途径。自此以后,各朝纪事本末体史书陆续有人修撰,成为继纪传、编年以后的又一种贯通古今的系列历史著作。

政书是分门别类地记述典章文物沿革变迁的专书。通代政书始于唐杜佑的《通典》。宋代郑樵的《通志》是继《通典》以后的第二部通代政书巨著,该书有本纪、世家、年谱、列传及记典制的二十略。有人将其归为通史纪传体。但其纪传部分多为抄撮旧史而成,二十略却颇为精粹,故一般将其归于政书体。专详一朝一代各种典制的史书称会要。会要体虽创始于唐,但以宋人所著规模最大,体裁也最为完备。当时,首创由政府设官撰修会要,在秘书省设会要所,专司其事,前后成书 10 种,总数达 2441 卷。清人徐松从《永乐大典》中辑录宋会要文字,成 500 卷的《宋会要辑稿》,达 800 万字,其中十分之七八的史料都是《宋史》中所没有的,为今天研究宋代政治、经济、文化、军事等各项制度沿革变迁的不可缺少的资料。同时,还有许多私人撰修的会要,如王溥《唐会要》《五代会要》,徐天麟《西汉会要》《东汉会要》,李攸《宋朝事实》,李心传《建炎以来朝野杂记》,从此,会要便成为一种独具系统的断代典制体史书通行于世。

唐朝刘知几《史通》开史评风气,宋代史评继而勃兴,分为三支,各有专书。一支是以郑樵《通志总序》为代表的品评史学体例义法的著作。一支是以范祖禹《唐鉴》、胡寅《读史管见》为代表的对史事的是非得失进行详尽论断的著作。一支是以吴缜《新唐书纠谬》《五代史志疑》,吴仁杰《两汉刊误补遗》,司马光《资治通鉴考异》为代表的对历史事实的正误异同进行严密考订的著作。宋代的历史考证学使史评由注重书法疏于考证变为专书考证异同、批评史料选择,使历史著作所述史实更趋于真实,在中国史学史上有突出的地位。

金石学起源于宋代,是现代考古学的前身。宋代经济,尤其是农业的发展,使大量荒地得到开垦,从而古代文物大批被发现。宋代学者悉心对殷周礼器、石刻、泉布、汉简、陶器、石器进行搜集,整理鉴定,考释金石文字,并用来考订历史记载,称之为金石学。主要著作有:欧阳修《集古录》,吕大临《考古图》,王黼《宣和博古图录》,赵明诚《金石录》,薛尚功《历代钟鼎彝器款识法帖》,洪遵《泉志》，龙大渊等《古玉图谱》，郑文宝《玉玺记》，王厚之《汉晋印章图谱》等。

目录一名始于西汉末年刘向的《别录》。到宋代目录学成为一门显学，有辉煌的成就。一是宋仁宗时王尧臣、王洙、欧阳修等人修成的《崇文总目》66卷，著录中秘藏书30669卷，每书都是先书名，次卷数，后撰人或注释者姓名、年代、官衔，并简略考证其存缺情况，是一部相当详备的目录书。二是郑樵《通志·艺文略》，创12分类法，特别是他提出书籍编类后不需加以不必要的注释，对后世目录书的编撰影响很大。三是开创学者私人编写一家收藏的图书目录，成为专书。著名的有：晁公武《郡斋读书志》，尤袤《遂初堂书目》，陈振孙《直斋书录解题》等。

校勘，古称校雠。五代社会混乱，书籍散佚严重。宋初书籍不仅少，而且错讹较多。由于当时将五经、三史列于科举取士，需要有标准读本，更由于印刷术的发达，大量书籍需要印制，于是宋代朝野都努力于经史的校勘、刊印。其中官校史书工程浩大，方法进步，选请专家从事工作。从太宗淳化年间到北宋末，先后由知名学者杜镐、陈尧佐、宋祁、曾巩、范祖禹等人精校刊刻了《史记》《汉书》《后汉书》《三国志》《晋书》《南史》《北史》《宋书》《南齐书》《梁书》《陈书》《魏书》《北齐书》《周书》《隋书》《旧唐书》，以后加上《新唐书》和《新五代史》（不算《旧唐书》）合称十七史。在校勘书籍的同时，宋人不仅写了许多校史专书，而且正式创立了校勘学理论。郑樵《通志·校雠略》就是我国第一部校雠学专著，对我们今天仍有重要的参考价值。

宋代是我国方志发展史上的成熟期。它承前启后，所撰方志数量远远超过前代，编撰体例和内容也进一步完备起来，为以后方志的发展奠定了规模。首先是国家三次编撰全国地理总志。包括太平兴国年间乐史总纂的《太平寰宇记》200卷，1010年（大中祥符三年）李宗谔等修撰的《祥符州县图经》1566卷，1085年（元丰八年）王存等修撰的《元丰九域志》10卷。其次，由于朝廷三令五申要求各地编修图经、图志，大大促进了地方志书的编修。《宋史·艺文志》史部地理类著录的书籍共407部5196卷，其中州郡志书约占十分之七八。这些方志书分门别类十分仔细，文辞也很雅致。宋代方志中，最受历代史家推重的，是宋敏求的《长安志》、范成大的《吴郡志》等。

传记、学术史，大体包括名人年谱及其事迹的编撰，均为宋代创体。以年谱言，宋代有胡舜陟（zhì）父子《孔子编年》5卷，赵子栎（lì）《杜工部（甫）年谱》2卷，王宗稷《东坡先生年谱》1卷，对后代影响很大。名人事迹编撰，最重要的有杜大珪《名臣碑传琬琰集》107卷。该书撰成于1194年（绍熙五年），收集了自建隆、乾德，迄南宋建炎、绍兴，大臣们的碑、铭、传、状，共著录碑传文254篇，不仅材料极其珍贵,而且开创了传记的新体例。再如佚名的《京口耆旧传》,则是采录镇江一地名人事迹的传记。

十七史自《后汉书》以后,有不少缺表、志。南宋初,熊方自题其书室为"补史堂",以全力撰《补后汉书年表》10卷,开创了后代史家补作前史表志的道路。其后有钱文子撰《补汉书兵志》等。

宋代史学的繁盛还表现在私人文集、野史、笔记的大量撰集及其内容的浩博上。宋人文集流传下来的很多,仅《四库全书》别集类著录的,就有388部5000余万字。宋人流传下来的笔记,《四库全书》中著录的有151部。其中,如司马光《涑水纪闻》16卷,沈括《梦溪笔谈》30卷,洪迈《容斋随笔》74卷,陆游《老学庵笔记》12卷等,都有很重要的价值。

三、司马光生平与《资治通鉴》的编撰

司马光(1019—1086),字君实,陕州夏县(今山西夏县)涑水乡人。他20岁为进士,历仕仁宗、英宗、神宗、哲宗四朝,由奉礼郎迁至天章阁侍制并侍讲、知谏院。英宗时,进龙图阁学士。神宗即位,升翰林学士。当时,正值神宗用王安石变法。司马光与其政见不同,是反对派的头领,受到排斥。1070年(熙宁三年),司马光自请做外官,出知永兴军(今陕西西安)。宋神宗曾任命他为枢密副使,他坚决推辞不就。次年,王安石为相,司马光又自请改为权判西京留守御史台的闲差,以后六任冗官,在洛阳15年,专门从事于《资治通鉴》的写作。哲宗继位,政局发生变化,司马光当了6个月的宰相,于元祐元年(1086)九月一日逝世。

司马光自幼爱好历史,7岁读《左传》,就能给人讲解。其后,终生手不释卷,甚至不知饥渴寒暑。他非常博学,音乐、律历、天文、书法、数学都很精通,打下了深厚的学识基础。他自幼家教很严。五六岁时,家中有一些新核桃,姐姐无法去其青皮走了,姐姐的婢女用热水将青皮脱掉。姐姐回来后,问他:"是谁将皮去掉的?"他回答:"是我自己。"他父亲正好在外边看见,大声训斥道:"小子怎能撒谎?"从此以后,司马光再也不说谎话。他做事踏实谨慎,一生中从来没有写过草字,全是一丝不苟的楷书。他的性格又很坚强。这些,对他终于编成《资治通鉴》大有好处。司马光在仁宗时就计划编这部大书,以后又得到英宗、神宗的大力支持,神宗不仅为该书赐名撰序,还将颖邸藏书2402卷送给他,又供给纸笔,允许他以书局自随。特别是他编撰该书时,正当王安石变法之时,他以政见不同而居闲职,得以有时间专心写作。总之,司马光既有抱负,又有能力,既得到皇帝强有力的支持,又有闲工夫。这就是《资治通鉴》成书的得天独厚的条件。

早在 1064 年(治平元年)以前,司马光就编成了一部自周威烈王二十三年到周世宗显德六年的大事年表及评论,名《历年图》,进呈给仁宗。在此基础上,他又仿《左传》体裁,撰写了一部起三家分晋至秦二世的编年体《通志》8 卷,进呈英宗。英宗对该书十分赏识,于 1066 年(治平三年)四月,命司马光设书局于崇文院,编辑《历代君臣事迹》,并给予他自行选择助修人员和借阅龙图阁、天章阁和三馆秘阁书籍的方便。神宗即位之初,给该书赐名《资治通鉴》,赞扬其“鉴于往事,有资于治道”。从 1066 年四月到 1084 年(元丰七年)十一月,历时 19 年,司马光终于修成了这部上起公元前 403 年(周威烈王二十三年),下迄 959 年(后周世宗显德六年),包括 1362 年史事,共 292 卷的编年体巨著。书成两年以后,司马光未及看到该书刊出,就去世了。他在《进书表》中说:“臣今骸骨癯瘁,目视昏近,齿牙无几,神识衰耗,目前所为,旋踵遗忘,臣之精力,尽于此书。”[1]司马光为编成《资治通鉴》付出了巨大的代价。

四、三大助手及编修方法

《资治通鉴》的成功,与司马光编书的三大助手的贡献是分不开的。司马光的书局有主编,有协修,有书吏。刘恕、刘攽(bān)、范祖禹是三大协修。他们各有专长,都是当时第一流的史学家。特别是刘恕(1032—1078),字道原,由县令被司马光看中,称他“博闻强记,尤精史学,举世少及”[2],任为实际的全局副手,主要负责魏、晋至隋朝和五代十国,为编书费尽心力,年仅 47 岁,在书成 7 年以前就去世了。刘攽(1023—1089),字贡父,是《后汉书》的专家,知识渊博,善作文章,与其父刘敞、侄刘奉世合称“三刘”。他主要负责两汉部分。范祖禹(1041—1098),字梦得,一字淳甫,他追随司马光在洛阳 15 年,倾全力于编书,放弃了升官的机会,为该书耗力最多,主要负责唐代部分。司马光的儿子司马康,从 1078 年(元丰元年)起,负责该书的文字检查工作,也做出了贡献。这些年龄差距达 30 来岁的人,和睦相处,各尽所长,互为补充,分工合作,协同奋战,终于完成了这部史书的写作。

《资治通鉴》的成功也得力于它有一套严密的编撰方法。其编写程序为

---

① 司马光:《进书表》,见《资治通鉴》附录,中华书局,1956 年,第 9608 页。
② 《乞官刘恕一子札子》,载《温国文正司马公文集》第 53 卷,商务印书馆四部丛刊初编缩本,第 400 页。

三步：

第一步作丛目。就是由分修各人按照历史事件的年月日的顺序，列出标题，围绕标题将有关史料剪贴排列起来，叫作丛目。丛目要求尽可能详备。

第二步作长编。由分修各人把丛目中编排的史料，进行初步的整理，经过选择，决定取舍。然后重新组织，从文辞上加以修正。遇有年月日和事迹互相抵触的地方，就加以考订，说明取舍的理由，作为附注。这样出来的东西，称为长编，实际上就是初稿。长编要求尽量详细，而不能太简略，以便做进一步修改。

第三步删成定稿。由司马光依据长编，考其异同，删其烦冗，修改润色，写成定稿。司马光一般是先对长编进行粗削，再做细删、改写。他对于全书的书法、体例以及史料的考订、文章的剪裁，甚至字句的锤炼，都严肃认真，一丝不苟，使来源于各种不同时代、不同文笔的史料，熔铸于一炉，浑然一体，自成一家。例如，《唐纪》的长编原为 600 卷，司马光花了 4 年多时间，仔细删改，定为 81 卷。司马光死后，洛阳还有两间房子的《通鉴》残稿，其中多半是长编的底本。现在还存有一卷司马光手写的《通鉴》永昌元年的提纲，上面的字一笔一画，非常认真。

《资治通鉴》全书 294 卷，约 300 万字，篇幅浩大。司马光考虑到该书一般人难以全部阅读，为了解决这一问题，在修书的同时，围绕《通鉴》，编成了《通鉴目录》30 卷。它与《通鉴》配合，既是《通鉴》的索引、目录、补充，又是一部独立的史学著作，一部浓缩的《通鉴》，一部多功能年表体例的简明中国古代政治通史。

同时，司马光还编成了 30 卷的《通鉴考异》，把对《通鉴》中所用史料的考证、鉴别汇编到了一起。《通鉴考异》考证鉴别史料的方法主要是博引典籍，予以分析取舍，实际考订中既有反证法，又有推历法、推理法、择优法、常识判断法等，特别是注重了用碑碣墓铭证史，开创了史书考异之路，还为后人储存了丰富的史料。

司马光还撰成了《通鉴举要历》80 卷、《通鉴节文》60 卷，都是《资治通鉴》的简本。又有《通鉴释例》1 卷，记述修史凡例和与刘恕、范祖禹等人往来的书信，为后人研究《通鉴》提供了方便。

五、不朽的史学丰碑

杰出的史学著作，来源于历史家优秀的史学思想。《资治通鉴》中反映的司马光的史学思想有以下几个特点。

一是主张据史直书,不取正闰之说。正统论在当时影响很大,司马光却不以为然,他说:"那些所谓正统的标准,都是偏颇的个人意见,不是大公的通论。"他认为:"只要没有统一九州的都不能说成是正统,而不在于其是否华夏天子。"他排除正统观的偏见,根据帝王功业写史,甚至对曹操这样一位当时被骂为奸臣的人,也予以了很高的评价。

二是反对神鬼怪异之说。司马光在开始编修《通鉴》时,就对助手们宣布,除了个别有警诫作用的以外,有关神鬼怪诞符瑞的记载,一概不加采录。反之,书中却有许多揭露迷信虚妄的材料。他本人也从来不信迷信,曾经写过一篇《葬论》,现身说法,驳斥阴阳家关于必须择地看风水葬先人的胡说。他也不信宗教,在书中说信佛教是"事胡神",老庄之书是"矫诬之说,不近人情"。

三是注重治乱原因的探讨。从巩固封建统治的目标出发,他注重从历史研究中总结治国的经验教训。他提出治国之道在于用人唯贤,德才兼备,让官吏有职有权,不可猜忌功臣。他在书中反复赞扬那些持法公正、赏罚严明的君主,谴责乱行赏罚的帝王。强调要使法令行之有效,君臣上下执法如一,真正体现法令的权威,实行法治。

四是从根本上说,司马光编写《资治通鉴》是从另一条战线与王安石做斗争。所以,书中特别强调维护纲常名分等封建伦理道德,认为礼治道德关系国家的安危。将帝王的意志看成是历史的主宰,说:"治乱安危存亡之本源,皆在人君之心。"[1]大讲历朝祖述祖宗之法的情况,而删削历代变法的事实。

《资治通鉴》是我国封建社会仅有的一部贯通古今的编年体通史巨著。900多年来,一直受到学界的备极推崇。清人王鸣盛称:"此天地间必不可无之书,亦学者不可不读之书也。"[2]究其特点,主要有:

第一,采用了丰富的史料,将1362年的历史融会贯通,集于一书,将其中盘根错节的无数事件加以耙梳,年经事纬、条分缕析地写出来,而且吸收了纪传体写作上的一些优点,每遇重大事件,必交代其前因后果,同一史事的材料,不再分见多处,避免了一般编年史书材料零散不相连接的弊病,开辟了编年史体的新纪元。使读者可以用较少的时间,全面系统地了解这很长一段风云变幻的历史,得到宝贵的历史经验教训。

第二,材料丰富,考证精详,是古代史书中最信实的一部。据统计,该书参

---

[1]《进修心治国之要札子状》,载《温国文正司马公文集》第46卷,商务印书馆四部丛刊初编缩本,第355页。

[2]《十七史商榷》卷100。

考引用了 359 种史籍,数千万字的材料,其中有半数左右的书早已失传。作者对这么多的材料进行了严谨的考异鉴别,往往一件事要根据三四种资料写成,纠正了许多史书中的记载错误,故所述史事比较翔实可靠。而所创造的分三步成书和史事考异的方法,更影响了后代史学,许多史家运用其法写出了质量较高的史书。

第三,作者致力于探讨社会治乱的原因,以给统治者作为治理国家的借鉴。书中对历代政治事件、军事斗争、农民起义、民族关系给予了特别的关注,有真切详尽的记录。书中敢于揭露历代统治者,包括帝王的罪恶,客观上暴露了封建社会的本质,为我们今天研究历史,进行爱国主义教育,提供了很好的教材。

第四,《资治通鉴》虽为集体官修,但经过司马光的精心总撰,全书风格一致,如出一人之手。书中文笔卓绝,行文生动优美,结构严谨,长于叙事,是历史文学的楷模。许多篇章段落,都可以作为一篇篇完美而生动的故事看,特别是书中对一些重大战役的描述,气势磅礴,周详完备,绘声绘色,脍炙人口。

《资治通鉴》的问世,对史学界有很大的震动,除胡三省为之注释外,仿效该书体例作史者历代不断,袁枢和朱熹在此书基础上还创立了纪事本末史体和纲目史体。《通鉴》不愧是古代史书的典范。

1996 年撰,部分内容以《划时代的史学丰碑——资治通鉴》
为名发表于《光明日报》2001 年 7 月 31 日理论周刊史学版

《通鉴目录》初探

兰
州
大
学
文
库

在司马光的史学著作中,《资治通鉴目录》是颇有建树而又罕为学者所重视的一部书。司马光在编著《资治通鉴》的同时撰述了《通鉴目录》和《通鉴考异》。近年来,《通鉴考异》已经受到学术界的重视,《通鉴目录》的研究却尚付阙如。不少同志将它看成普通的专书目录而不予垂青,胡三省曾深有体会地慨叹:"[《通鉴目录》]是可以凡书目录观邪?"①在纪念《资治通鉴》成书900周年的今天,对体现司马光史学思想和创新精神的《通鉴目录》仍然置之高阁不加研究,无疑会影响对司马光史学全面正确的评价。为此,我们不揣浅陋,试图对《通鉴目录》做一粗略的探讨,其中谬误之处,尚祈方家垂教是幸。

一

史学贵在创新。《通鉴目录》的最可贵处,在于它体例上的创造。

我国古代的编年史体例,肇端于西周。《春秋》反映了编年史体的雏形,由于它叙事过于简单,不能说明历史发展的原因结果,难免被人讥为"断烂朝报"。战国初成书的《左传》叙事翔实,兼有评论,以年、月、日、时系事,结构严密,确立了编年史体的基本规模。荀悦《汉纪》又把探讨为政得失作为史论的基本内容,既密切了编年史书与封建政治的关系,又开创了断代编年史体裁。从此,编年与纪传成为封建社会两大史学正宗,并驾齐驱,代有著述。隋唐以后,由于统治阶级吸取历史经验以巩固和加强封建专制主义中央集权统治的需要,和史学向更深更广阔领域发展的促进,通贯古今的各种历史著作的出现已成为必然趋

---

① 胡三省:《新注资治通鉴序》。

势。而编年史正是写通史的较好体裁。于是,从唐代开元以后,就有人主张修编年体的通史。开元间裴光庭、肖颖士皆曾做此尝试,而讫未卒业。[①] 宪宗时马总又撰《通史》10卷,用编年体记太古十七世、中古五帝三王以及秦至隋历代兴亡的大概事迹,分别评论君主贤否。[②] 到唐宣宗时,太子詹事姚康复曾撰成自开天辟地到隋末为止的编年体通史《统史》300卷[③],但该书竟未得流传。司马光集编年史体发展之大成,撮十七史之精要,囊括1362年史事,网罗众说,撰成294卷的编年体通史巨著《资治通鉴》一书,成为编年史体发展的一个划时代里程碑。编年体史书有很多优点,首先它以时间先后为序排列史事,使每一时代的兴盛衰亡之迹易于明了;其次,它将同一时间内的各种史实并列排比,使史实间的联系颇为清楚;最后,它以时间归并史事,既可使繁复的史文归于简要,又可易于发现记史的误差。但是,编年史体又有一些无法克服的缺陷。司马光是一位富于探索精神的史学家,他看到了以编年体修《通鉴》的长处,同时也注意到了其短处。为此,他首先在《通鉴》本身的修撰中,用了追叙和带叙等多种手法努力前后照应;其次,他通过《通鉴目录》的修撰试图弥补《通鉴》体例造成的不足。在《通鉴目录自序》中,他写道:

> 臣闻:古之为史者必先正其历,以统万事,故谓之"春秋"。故崇文院检讨刘羲叟遍通前代历法,起汉元以来,为《长历》。臣昔尝得其书,今用羲叟气朔并闰,及采七政之变著于史者,置于上方。又编年之书,杂记众国之事,参差不齐,今仿司马迁"年表",年经而国纬之,列于下方。又叙事之体,太简则首尾不可得而详,太烦则义理汩没而难知,今撮新书(指《通鉴》)精要之语散于其间,以为目录云。

这篇序言道出了司马光作《通鉴目录》的宗旨与方法,说明在《资治通鉴》开始正式编纂的同时,作者就已经意识到了《资治通鉴》体例所无法避免的三个缺陷,而同步编撰《通鉴目录》以补其缺。

序言中所提出的第一个问题是正历法,载节气朔闰及天文现象。《通鉴》用的是以时间为本位的编年史体,写了1362年的史事。这漫长的岁月中,历法复杂,人事纷纭,记载之歧层出不穷。要统一这一千数百年间所用的不同历法,几百位帝王的复杂纪年,考明无数史事所发生的准确时间,必须有科学的历法,这

---

①《旧唐书》卷145,附《裴光庭传》。
②陈振孙:《直斋书录解题》卷4。
③《唐会要》卷36,修撰门。

是编年史体成功的先决条件。

刘羲叟（1015—1058），字仲更，泽州晋城（今属山西）人。他"于经史百家无不通晓"，"星历数术尤过人"。① 曾参与欧阳修《新唐书》的编修班子，专撰《律历》《天文》《五行》三志，是当时有名的历法专家。他的《长历》，对自汉初至五代末的历法考证甚精，颇为时人推重。该书一经撰就，即为邵康节著《皇极经世书》所采用。② 司马光对历法天文素有研究，他以刘羲叟《长历》考之于古史所记，发现《长历》"最为得实"③，是当时最为科学的历史年代学著作，就毅然采纳该书用历作为《资治通鉴》编年的基础。但是，他也看到，凭《资治通鉴》本文，无法说清自己的编年与1000多年间诸多历法和帝王纪年的关系。出于和编撰《通鉴考异》说明材料取舍的同一动机，司马光在《通鉴目录》中以《长历》的纪年、朔闰、节气等贯通上下，从根本上统一了千余年的历法，解决了诸史纪年纪时的歧见。《通鉴目录》在以《长历》纪年的同时，在中间边栏里又列出与该年相应的朝代名称、帝王庙号、名讳、年号和年数。当数国并列时，则分为数条横格，载明各自的年号、年数。以《通鉴目录》所记编年、朔闰与中间的帝王纪年及历史事件发生日期相配合，使我们知道同时有多少年号，而各年号又相当于星岁的某年，还可以推算出某一历史事件的干支记日相当于该月的多少日，给人们读史带来了极大的方便。

从《通鉴目录》中我们看到，它采用的是星岁纪年法。这种纪年法产生于战国，实行于秦汉，新莽亡后不再使用。由于该法对校正古代其他纪年中悬而未决的问题有一定作用；还由于上古时代，人们但以干支记日，不以记年；更因为它周而复始地循环使用，不因朝代灭亡、帝王改元而改变。所以《史记·历书》就用星岁法纪年。《资治通鉴》为避免与干支记日相混，故而依《长历》而采用星岁法。对于我们今天的多数读者来说，星岁纪年的名称是陌生的。该法据《尔雅·释天·岁名篇》所载十二岁阴名与十岁阳名交错相配，成阏逢摄提格、旃蒙单阏、柔兆执徐、强圉大荒落等六十组合，周而复始循环使用可至万万年。我们只要知道岁阳岁阴之名与干支名称的对应关系，这种纪年方法其实是不难掌握的。

《通鉴目录》的另一个内容是"采七政之变著于史者，置于上方"。所谓"七政"，指的是日、月和木、火、土、金、水五星。④ 而"七政之变"，则是指天象的变

①王偁：《东都事略》卷65，《刘羲叟传》。
②《资治通鉴》卷1，周安王二十五年胡注。
③《资治通鉴考异》卷1，周纪。
④见《史记·五帝本纪》裴骃集解引郑玄说。

化。由于农业生产的需要,我们的祖先很早就注意天文现象的观察,有不少重要的发现。虽然后来有人以天象附会人事吉凶,不免掺杂了迷信的成分,但天象纪录本身的科学价值并不因之而稍损光辉。在编撰《资治通鉴》的过程中,司马光认为各代正史中的志书很有整理的必要,于是指示刘恕等人,在长编完成以后,将有关正史中的律历、礼乐、职官、地理、食货、刑法志删次补葺,别为一书。① 这些资料中的部分内容,就是《通鉴目录》所载七政之变的来源。《资治通鉴》中,除了有一些日食记载外,一般不记其他天象。《通鉴目录》所记天象材料,弥补了这一缺憾,使《资治通鉴》这部通史的内容更为丰富全面。

可以说,《通鉴目录》上方所载的纪年、朔闰、节气和天象变化,加上中部横格内所载各朝帝王庙号、名讳、年号、年代,构成了一部囊括一千数百年历法、纪年、天文全部资料的、系统完整的、体例严谨的星历帝纪综合编年表,这在中国历史编纂学史上是没有先例的。

序言所提出的第二个问题是用《通鉴目录》整齐"众国之事"。《资治通鉴》记事,同一时间,只能采用一国的纪年,各国史事杂糅其间,交互混杂,读者不花大功夫,无法将一国的历史发展进程梳理出一个清晰的线索。对此问题,司马光很早就锐意解决。在英宗治平元年(1064)所进编年体的《历年图》中,为了区别分裂时期的各国之年号,"每行记一年之事,其年取一国为主,而以朱书它国元年,缀于其下,盖欲指其元年,以推二、三、四、五则可知矣"②。这种用墨朱二色以区别各国纪年的办法,首先不能完全解决各国史事混杂的问题,其次给刻板印刷增加很多困难,实际上是不易行得通的。到作《资治通鉴》"丛目"时,也是按年、月、日编排资料,不分国别。经过执着的追求,到编《通鉴目录》时,他才真正解决了各国史事混杂的问题,模仿司马迁《史记》中所创的"年表"体例,以年为经,以国为纬;统一时代,年系一国;群雄并立的时代,则每国一格,各为纪年,自成一统。不仅标明每一朝代的名称、帝王庙号、名讳、年号和年数,而且将各国史事,分行记载。读者要了解一国历史,只需沿着该行叙事,逐年读下去,其间兴衰得失、政治军事、君臣事迹无不毕悉。实际上每一行都是一部国别编年简史。这样,才真正体现出编年史体"于一国治乱之事为详"③的优点。弃一国于不顾,纵观《通鉴目录》的国别分行情况,又可以明确地勾画出1300多年间中国古代分而复合,统一而又分裂的历史轮廓,不至于如纪传体或编年体史书那样使分裂时代的史事漫然一体,无法分辨。如战国时期《资治通鉴》以卷1

---

① 《与刘道原书》,载《温国文正司马公文集》卷62。
② 《历年图序》,载《稽古录》卷16。
③ 晁公武:《郡斋读书志》卷2。

至卷 5 为周纪,把从周威烈王二十三年(前 403)到周赧王五十九年(前 256)间十几国的历史混合记载,除了周王纪年明确以外,其他各国皆不得其详,有些小国甚至多年不载一字,以至其是否存在也不易知晓了。《通鉴目录》则不是这样,它以年表的体例,在卷 1 和卷 2 中,将各国别为一行,卷 1 所载有 13 国之多,卷 2 前半部所载也达 11 国,即使这一年该国无事也存其年号,不仅使我们可以明确各国的历史,而且对一国君统也可以一目了然。另外,由于《资治通鉴》一个时期总为一纪,对于历史上复杂的渐进的分裂与统一及其历史转变不易明了。例如《资治通鉴》卷 6、卷 7 称《秦纪》,所记时间由周赧王死(秦昭襄王五十二年,前 255 年)到秦二世元年(前 209)。其间,秦始皇于二十六年(前 221)统一六国,建立中国历史上第一个大一统的封建专制主义的秦帝国,这一伟大的历史转变被淹没于该年复杂的记事之中,不易引起读者的注意。但《通鉴目录》年经事纬,分国纪事,在卷 2 中先有周、秦、韩、魏、赵、齐、楚、燕、宋、鲁、卫等 11 国,以后随着兼并战争的进行,国家数目逐渐减少,终于到秦始皇二十六年以后只剩秦之一国。《通鉴目录》中部的横格,由十一格而渐归于一,历史发展的不同阶段明显地表现出来了。

这种年表式史书,还有一个更突出的为纪传和编年体都无法取代的作用,就是可以避开将分裂各国别为正闰的嫌疑。我们知道,封建史家对并列王朝正统和僭伪的问题争论得非常认真。司马光是一个超脱者。他说:"臣愚诚不足以识前代之正闰,窃以为苟不能使九州合为一统,皆有天子之名而无其实者也。虽华夏仁暴,大小强弱,或时不同,要皆与古之列国无异,岂得独尊奖一国谓之正统,而其余皆为僭伪哉!"①他还专门给人写信,说明自己编《资治通鉴》在分裂时期采用某国年号只是"以授受相承,借其年以纪事尔,亦非有所取舍抑扬也"②。但是,宣言和认识是一回事,事实又是另一回事。以争论了千余年的魏、蜀孰为正统的问题为例,陈寿《三国志》明确地以魏为正统。司马光撰《资治通鉴》还是以三国史为《魏纪》,采用魏国年号,称魏帝为"帝",而不采用蜀、吴年号,不称蜀、吴君主为"帝"。可见此书"苟天下非一统,则漫以一国主其年,固不能辨其正闰"③。《通鉴目录》所采用的年表体例,才使司马光对分裂各国不辨正闰的思想付诸实践,把分裂各国各为一行,各自为主,各系本国纪年,总统于同一星岁年下,孰正孰闰,就可避而不论、隐而不见了。

《通鉴目录》虽然是仿《史记》"年表"体例而作,却又不同于年表内容的单

①《资治通鉴》卷 69,文帝黄初二年"臣光曰"。
②《答郭纯长官书》,载《温国文正司马公文集》卷 61。
③《记历年图后》,载《温国文正司马公文集》卷 66。

薄,而是包含了更为丰富的内涵,这就是序言所说的第三个问题,采撷《资治通鉴》中的"精要之语散于其间,以为目录"。这里,司马光发现了叙事体史书(包括编年体、纪传体等)的一个重要缺陷:"太简则首尾不可得而详,太烦则义理汩没而难知。"就是说,叙史之文如过于简略,会使读者不了解历史发展的前因后果;过于详细,又会因文字的漫长而使读者不得要领。司马光写历史,是为了总结历史上的兴亡之道,为帝王提供封建专制统治术的教科书;也是为了以史书做武器,在一条新的战线上与王安石的变法作战。为此,在《资治通鉴》中,他以"臣光曰"等附论来总结历史上的经验教训,或者借题发挥,表达自己的政治见解。但是,附论总共只有188篇,无法充分准确地道出作者从1000多年历史中所悟出的全部道理,给读者以应得的教训。《资治通鉴》本身叙事翔实,又不可避免地存在"义理汩没而难知"的缺点。于是,他就借助于《通鉴目录》,学习《春秋》微言大义的方法,将《资治通鉴》中历史事件的主要梗概,有关治乱兴衰的精粹言论,为君为臣之道的基本义理摘录著于其间,寓论断于叙事,使其义理自现,褒贬分明。司马光曾经与刘恕详细地讨论书法问题[1],又确定有36条例[2]。这些书法凡例运用于《通鉴目录》中对更为准确地显义理、明褒贬、别善恶起了一定作用。

  司马光把自己的这部著作定名为《通鉴目录》。我们知道,编一本史书的目录一般来说是不困难的。《尚书》一类以文献为中心的汇编体史书,是以其中所收篇名编排目录的;《史记》一类以人物为中心的纪传体史书,是以纪主、传主、表志篇名编排目录的;《通典》一类以典章制度为中心的政书体史书,是按其事物门类编排目录的;《通鉴纪事本末》一类以历史事件为中心的纪事本末体史书,是以其事件名称编排目录的。编年体史书以时间为中心,内容庞杂,一般无法归纳出篇名或标题,历来以年月日编排目次。如果你不熟悉何人何事在何年,则无法利用其目次去查找所需内容。司马光发现了编年体史书编目的困难,想出了将每年主要史事做出摘要,再排比整理系年作为目录的办法。这种将年表与事件摘要结合的《通鉴目录》,是司马光对编年体史书目录的创新。从《通鉴目录》中,你要了解某年发生了某事,可查阅该年栏内的摘要。反之,你要了解某事在某年,可以找到该事的摘要,再看系于何年。这种目录形式当然并不尽善尽美,可是至少比起在《资治通鉴》中整卷整卷地瞎翻要省事得多。

  司马光还创造性地解决了《通鉴目录》与《资治通鉴》本文配合的问题。《资治通鉴》把1362年史事共编为294卷,每卷包括几年甚至几十年史事,又有

---

[1]刘羲仲:《通鉴问疑》。
[2]《通鉴释例》。

将一年分载于前后数卷的。这样,你即使知道某事在何年,也很难较快地在《资治通鉴》中找到所需内容。《通鉴目录》在年表下方标出了每段史事所见的卷次,以之与事要、纪年相配合。据之,不仅可以知道某事在某年,还可以知道某年在《资治通鉴》某卷,于读者方便。这种方法,已突破了目录本来的功能范围,首创了史书主题索引法。当然,古人读书,多重记诵,此类索引,往往不为他们所重视。但是,在知识爆炸的今天,历史研究越来越需要借助索引甚至电脑之类的工具,去寻取有用的知识和史料,提高工作效率。司马光早在800年前就以《通鉴目录》形式的小改革,为人们了解《资治通鉴》的内容,查找《资治通鉴》的史事,提供了极大的方便,不能不说是非常难能可贵的了。

《通鉴目录》集年表、帝纪、历法、天象、目录、举要、索引于一帙,开创了一书目录中编年史书多功能目录的新体例,在中国史学史上产生了深远的影响。早在《通鉴目录》编撰同时,刘恕著《通鉴外纪》,就全仿其体例,别为《通鉴外纪目录》5 卷。其后,李焘《续资治通鉴长编》有《目录》10 卷,薛应旂《宋元资治通鉴》另有《甲子会纪》5 卷,夏燮《明通鉴目录》等,都仿照《通鉴目录》体撰述。齐召南《历代帝王年表》、万斯同《历代史表》也是变《通鉴目录》体例而成。另外,朱熹改胡安国《通鉴举要补遗》为《通鉴纲目》,首创纲目史体例,实际上还是受《通鉴目录》体例启发的结果。① 清乾隆间,大官僚毕沅约集幕府宾客编撰《续资治通鉴》,也模仿《通鉴目录》作《续鉴目录》,可惜未见传本。当时,章学诚曾提出改革《通鉴目录》体例以撰《续鉴别录》的意见。他认为:"纪传之史,分而不合,当用互注之法以联其散;编年之史,浑灏无门,当用区别之法以清其类。"办法是:"于一帝纪中,略仿会要门目,取后妃、皇子、将相、大臣、方镇、使相、谏官、执事、牧守、令长之属,各为品类,标其所见年月,定著《别录》一篇,冠于各帝纪首,使人于编年之中隐得纪传班部。"当时,毕沅以为"续书而遽改原书规模,嫌于无所师授"②,而没有照办。其实,章学诚所提出的这种人物分类索引法,时人吴炳文撰《春秋左传汇辑》即使用之。它与《通鉴目录》那样多功能的体例比较,功用未免过于单一,根本无法取而代之。

二

在司马光编纂的7 种《资治通鉴》卫星书中,以《通鉴目录》和《通鉴考异》

①朱熹:《通鉴纲目序例》。
②章学诚:《为毕制军与钱辛楣宫詹论续鉴书》,载《文史通义》外篇。

这两本姊妹书与《资治通鉴》的关系最为密切。本来,它们都是单独成书的。元胡三省注《资治通鉴》时,把《通鉴考异》分散附于有关正文之下。从此,《通鉴考异》罕有单行本。但是,900 年来,《通鉴目录》却一直与《资治通鉴》分别刊行,究其原因,恐怕与该书本身的相对独立性有关。以它与《资治通鉴》配合,可视为其索引、目录;分开,它又不失为一部独立的史学著作,一部浓缩的《资治通鉴》,一部形式独特的简明中国古代政治通史。

我们之所以把《通鉴目录》说成是一部形式独特的简明中国古代政治通史,首先是从司马光的著书动机分析的。面对着五代以后防止分裂割据,以巩固封建专制主义中央集权的繁重任务,和边疆少数民族势力强大的武力威胁,宋朝皇帝一般都努力读书,企图从历史的温习中找到解决现实问题的钥匙。但是,帝王们政务繁忙,日理万机,哪里有时间遍览数量浩瀚的历代史籍呢? 司马光是一位积极的政治活动家,又是一位有很深造诣的史学家。对于历史知识在现实政治中的作用他有充分的估计,对于历代史籍的烦冗他也有清醒的认识。他一再担任史官和侍讲,深深地感到为帝王编写一部贯通古今的简明政治通史的必要。他说:"旧史文繁,自布衣之士,鲜能该通,况天子一日万机,诚无暇周览。乞自战国以还,迄于显德,凡关国家之兴衰,系众庶之休戚,善可为法,恶可为戒者,诠次为编年一书,删其浮长之辞,庶于奏御差便。"①他的请求,得到宋英宗的支持。于是他自选助手,开始了《资治通鉴》的编纂。《资治通鉴》主要取材于当时已经编就的 19 部正史,另外还有杂史、奏议、笔记、文集、碑志等 310 种。这些书,仅有卷数可查的加起来就有 6500 多卷。司马光和他的助手们对这数千万字的资料进行了认真的排比、严格的考异鉴别、细致的删繁就简,"抉幽隐,校计毫厘",终于以仅 300 万字的篇幅,就囊括了 1362 年的复杂历史。古人说"不熟读正史,未易决《通鉴》之优劣",其意之一就在于表彰《资治通鉴》统贯千多年史事的系统性和记述文字的简洁性上。但是,这 300 万字的一部通史,要阅读又谈何容易? 司马光很快就觉察到《资治通鉴》比起十七史来固然已经很简,但仍然过于浩大,难以领略。他说:"吾此书(指《资治通鉴》)惟王胜之尝读一遍,余人不能数卷,已倦睡矣。"②为了简上求简,司马光在编撰《资治通鉴》的同时,着手编写了这部《通鉴目录》。按"目录"一词,本包含两方面的内容。其一是篇章名称,是为"目";其二为书籍篇章内容的摘要,是为"录"。司马光以"目录"名该书,就是要以该书作为《资治通鉴》内容全面系统的摘要,成为《资

---

①司马光:《刘道原十国纪年序》,载《温国文正司马公文集》卷 65。
②马端临:《文献通考》卷 193,经籍二十。

治通鉴》的"纲领"①，一部最简明的古代政治通史。

元丰七年，《资治通鉴》和《通鉴目录》成书以后，司马光又撰《通鉴举要历》一书，该书久已不存。陈振孙说："司马光撰《通鉴》既成，尚患本书浩大，难领略；而《目录》无首尾，晚著是书，以绝二累。"②（这里，关于《通鉴目录》"无首尾"的结论是错误的，留待下文说明。）显然，司马光是把《资治通鉴》和《通鉴目录》看成两部详略不同的通史著作。因前者太详而后者嫌略，故著《举要历》以适其中。

我们说《通鉴目录》是一部独立的简明通史著作，还可以从《通鉴目录》与《资治通鉴》交错的进呈时间得到证明。李攸《宋朝事实》说，司马光撰《资治通鉴》"自治平三年置局，每修一代史毕，上之"。张煦侯先生根据《资治通鉴》各卷的题衔，找到了各卷不同的呈进时间。我们试将《资治通鉴》《通鉴目录》《通鉴考异》的卷头衔名通盘比较，发现三部书中，只有《通鉴考异》是元丰七年全书完成后一次呈进的。《资治通鉴》自治平四年起共分九次呈进。《通鉴目录》在此间分六次呈进。其中，多数情况是，《资治通鉴》相应部分呈进的同时或稍后呈进有关部分的《通鉴目录》。但也存在相反的例子，就是以"端明殿学士兼翰林侍读学士、朝散大夫、右谏议大夫、充集贤殿修撰、权判西京留司御史台、上柱国、河内郡开国侯，食邑一千三百户，食实封四百户，赐紫金鱼袋"的衔名，于熙宁五六年间呈进《资治通鉴》卷79至110和卷115至118时，将《通鉴目录》第8至12卷一齐呈上。而这几卷《通鉴目录》内，包括了后来以"提举崇福宫"的职名分两次呈进的《资治通鉴》卷111和卷112至114的内容。由此，我们能得出的唯一解释是：司马光编《通鉴目录》不仅是为了"备检寻"《资治通鉴》③，更是为了向皇帝提供一繁一简两部通史。否则，他绝不应该先进《通鉴目录》，以后才进有关部分的《资治通鉴》。

我们说《通鉴目录》是一部简明的古代政治通史，最主要是从该书内容来分析的。

第一，《通鉴目录》选材既有重点，又兼顾一般，保证了作为通史的完整性。柴德赓先生介绍《资治通鉴》时指出，司马光对材料的选择，首先是政治史，其中最突出的又是军事史；关于经济史方面的材料，也有一定的重视；而文化史和文学、艺术、宗教等内容比经济更少。④《资治通鉴》约300万字，《通鉴目录》只有

①周中孚：《郑堂读书记》卷9。
②陈振孙：《直斋书录解题》卷4。
③《进资治通鉴表》。
④柴德赓：《资治通鉴介绍》，求实出版社，1981年。

约 50 万字。为了以有限的篇幅,突出治乱兴衰的要旨,《通鉴目录》在选材上下了功夫。例如,《资治通鉴》卷 173,陈高宗太建十年(578),载有 29 条(段)史事,计 1789 字。《通鉴目录》卷 17 该年共 221 字,只对《资治通鉴》该年的 9 条史事做了摘录。这 9 条围绕着两个中心,一是陈与北周的战争,二是初即位的周宣帝胡作非为,肆杀大臣。至于不录的,是关于帝王行幸、大赦、改元、官吏任免、别宫废置、突厥来犯之类。再如《通鉴目录》卷 19,唐高宗永徽五年、六年(654、655)的内容,大部分是围绕立武则天为皇后前后的各种斗争。在注意政治、军事等有关国家兴亡大事的同时,《通鉴目录》还尽可能兼顾到本来在《资治通鉴》中分量已经很少的关于经济、文化、宗教等方面的材料。关于经济生产方面的,如卷 5,记汉明帝永平十一年粟的价格;卷 14,齐永明六年武帝令以中外出钱籴买贱价的谷帛;卷 2,秦始皇元年"作郑国渠"等。关于文化科学方面的,如卷 4,汉元帝元始元年,"刘向上《列女传》";卷 6,汉灵帝熹平四年,"立石经于学门";卷 13,南朝宋元嘉二十一年,"何承天撰《元嘉历》";卷 19,唐贞观七年,"李淳风造浑天黄道仪";卷 20,唐玄宗开元二年,"初置教坊及梨园弟子"之类。虽然都很简略,却是构成通史所不可或缺的。

第二,《通鉴目录》不像《春秋》只有史事标题,而是对历史上有一定意义的史事,都做有首有尾、脉络清楚的交代。例如,对公元前 210 年的秦始皇之死和沙丘政变。《通鉴目录》卷 2 叙述道:"始皇出游,丞相斯、少子胡亥从。……西至平原津而病。始皇恶言死,群臣莫敢问后嗣。病甚,乃令赵高作书赐扶苏,令与丧会咸阳。书未发而始皇崩于沙丘,秘不发丧。赵高素善胡亥,乃与李斯谋,诈为始皇诏,立胡亥为太子,更为书,赐扶苏及蒙恬死。遂从井陉抵九原,由直道归咸阳,发丧,胡亥袭位。"真是简明扼要,有首有尾。再如,同卷对陈胜起义的叙述。秦二世元年,"胜,阳城人。秦发闾左民戍渔阳,胜与吴广为屯长。至大泽乡,遇雨。度已失期法当斩,胜与广因杀将尉号令徒属。行收兵,得数万人。攻陈,拔而据之,欲自立为王。张耳、陈余谏曰:'将军出万死之计,为天下除残也。今始至陈而王之,示天下私。愿将军毋王,急引兵而西,遣人立六国后,自为树党,为秦益敌,诛暴秦而号令诸侯,此帝业也!'胜不听,自立为楚王,分遣诸将徇地。郡县苦秦苛虐,争杀长吏以应之。胜遣吴广围三川守李由,周文收兵西击秦。王有轻秦之意,孔鲋谏,不听。周文至戏有众数十万,秦将章邯击破之。文走还"。秦二世二年,"周文死,楚兵连败,陈胜御庄贾杀胜降秦。胜傲妻父,杀故人,人无亲之者。又好信谗,以苛察为明,诸将徇地有功者多坐诛,由是遂败"。请看,不足 300 字的两段,既讲了陈胜出身、起义原因、曲折经过,还分析了失败的原因,分明是一篇陈胜起义简明记事本末了。有时,为了说清问题,《通鉴目录》还突破编年限制,提前交代一些史实。如,秦灭六国,卫实未亡。《资治通鉴》卷7,秦二世元年附一条:"是岁,二世废卫君角为庶人,卫绝祀。"《通鉴目录》提前到卷2,秦始皇二十六年,卫君角九年格云:"秦并天下而卫独存。至二十一年,秦二世废君角为庶人,卫祀绝。"

第三,《通鉴目录》最基本的着眼点是总结历代封建统治经验,君臣议论中关于治国方策的精要话语,构成了该书政治通史的基干。

司马光读史,把总结统治经验、明为政得失作为最主要目的。他认为,"国之治乱,尽在人君之道"。他把古代君主分成"创业""守成""陵夷""中兴""乱亡"五类,提出"人君之德有三",一是仁,就是教化百姓,修明政治;二是明,就是能明辨是非;三是武,就是果断地按照"道"处理问题。① 他总结治国方法有"三要":一曰官人,二曰信赏,三曰必罚。并说:"诚以臣平生力学所得至精至要尽在于是。"②他撰《通鉴目录》实际上也把为以上议论提供历史例证贯穿于始终。所以,该书对《资治通鉴》中"所载明君、良臣切磨治道,议论之精语"③,几乎是有论必摘,借古人之口,道出了自己"资治"的拳拳之心。清代学者钱大昕对这一点颇为赞赏,指出:"司马温公《通鉴目录》极简括,而多采君臣善言。如'明主爱一颦一笑'(韩昭侯);'无德而富贵,谓不幸'(班固);'治乱民犹治乱丝,不可急也'(龚遂);'明主可为忠言'(赵充国);'动民以行不以言,应天以实不以文'(王嘉);'忠臣不和,和臣不忠'(任延);'文吏习其欺谩,廉吏清在一己,皆无益百姓'(宗均);'以身教者从,以言教者讼'(第五伦);'遣将帅不如任州郡'(李固);'刑罚者,治乱之药石;德教者,兴平之粱肉'(崔实);'物速成则疾亡,晚就则善终。救寒莫如重裘,止谤莫如自修'(王昶);'人非尧舜,何得每事尽善'(王述);'便宜者,便于公宜于民也'(顾宪之);'史不书恶,人君何所畏忌'(魏孝文帝);'朝堂非杀人之所,殿廷非决罚之地'(高颎);'人主兼听则明,偏听则暗'(魏征);'循正而行,自与志会'(唐太宗);'执政不能受谏,安能谏人?人臣纳谏,与冒白刃何异'(同);'明主贵怍以收忠贤,恶顺以去佞邪。法贵简而能禁,刑贵轻而必行'(杨相如);'天下本无事,但庸人扰之'(陆象先);'士,名重于利;吏,利重于名'(刘晏);'论大计者,不可惜小费'(同);'六经言祸福由人,不言盛衰有命,实事未必知,知事未必实。天不以地有恶木而废发生,天子不以时有小人而废听纳。谏者有爵赏之利,君亦有理安之利。谏者得献替之名,君亦得采纳之名。谏者当论理之是非,岂论事之大小!帝王之道,宁

①《历年图序》,载《稽古录》卷16。
②《作中丞初上殿劄子》,载《温国文正司马公文集》卷36。
③赵顼:《御制资治通鉴序》。

人负我,无我负人,有责怒而无猜嫌,有惩沮而无怨忌。财匮于兵众,力分于将多,怨生于不均,机失于遥制'(皆陆贽);'万国耳目,岂可以机数欺之'(韩渥)。皆古今不易之论,以'资治'名其书,斯无愧矣。"①难怪人们说《资治通鉴》是封建统治术的教科书。在今天看来,《通鉴目录》中的这些议论不也可以借鉴吗?

从来的通史,不是纪传体,就是编年体。《通鉴目录》这种年表体例的通史,是司马光以新体例编纂通史的一次成功的尝试。它以区区50万字,汲取了《资治通鉴》的精华,概括了十六代1362年的历史,不仅是读《资治通鉴》的入门书、十七部正史内容的汇要,还是集中国封建统治经验大成的一部形式特殊的政治通史。

三

《通鉴目录》的价值是多方面的。

第一,它向我们提供了只有《资治通鉴》篇幅的六分之一,却又包含了该书主要内容的一部简明中国古代政治通史读本。

作为封建统治术形象教材的《资治通鉴》,受到古人的极端推崇,认为它是"天地间必不可无之书"②,也是为君、为臣、为人子者不可不读之书③。宋代学者洪迈曾将该书手抄三遍,留下了勤奋读《资治通鉴》的佳话。《资治通鉴》是我国中世纪文化的突出代表,其中关于国家管理的内容是我国封建阶级政治学说的结晶。马克思主义者必须吸收和改造几千年人类思想和文化发展中一切有价值的东西,因此,无论是领导干部,还是知识分子、青年学生都应该尽可能去涉猎《资治通鉴》,从中汲取有益的养料。但是,《资治通鉴》浩大的篇幅会使大多数工作繁忙的读者望而生畏。那么,比较可行的办法是阅读它的缩编本《通鉴目录》。日读一卷,一月即可藏功。如果对某问题特有兴趣,还可以查《资治通鉴》的有关内容。阅读《通鉴目录》,可以丰富历史知识,拓宽视野,陶冶气质,增强民族自信心,提高思想理论水平。经过批判,还可以学到如何做好行政工作,处理人事关系,甚至治理国家的本领。

第二,该书以比较科学的方法,系统地整理记录了自战国到五代我国古代的历法、朔闰、节气、帝王纪年、天文学成就的资料,为我们阅读历史,研究古史的年代学、历法学、天文学,提供了较为完整可靠的资料。

---

① 钱大昕:《十驾斋养新录》卷18《通鉴多采善言》。
② 王鸣盛:《十七史商榷》卷100《资治通鉴上续左传》。
③ 胡三省:《新注资治通鉴序》。

《通鉴目录》载有自战国到五代末全部的朝代名称、帝王庙号、名讳、年号和纪年,本身就是一部十六代帝纪。自汉初到五代末,还逐年采择了《长历》中的朔闰、节气和历法资料。对于历代所用不同历法,记载了开始使用的时间和不同的岁首。如果同时使用几种历法,还将各种历法的朔闰、节气并列载明。记朔的办法是:"后朔与前朔同日则不记,改日乃记之。"①这部包括 1362 年的历法、朔闰、节气的表,不仅弥补了《资治通鉴》不载历日、朔闰的不足,而且在历史年代学上和古代农业生产史的研究上有相当价值。陈垣先生的《中西回史日历》和《二十史朔闰表》都是参考《通鉴目录》上行的历日朔闰编撰而成的。另外,刘羲叟《长历》早已亡佚,其主要内容亦赖《通鉴目录》得以保存。应该注意的是,《通鉴目录》根据《长历》之说,以为西汉初《殷历》和《颛顼历》并用之。但1972 年山东临沂银雀山二号墓出土《汉元光元年历谱》和其他出土资料表明,当时用的是《颛顼历》。② 因而,《通鉴目录》所载太初以前的朔闰是错误的。

司马光不信虚诞。为避免以天象附会人事之嫌,《资治通鉴》中除了有一些日食记载外,一般不记其他天象。这些天象资料被他在《通鉴目录》中辟出专门位置予以记录。所录资料都标明来源,如果各史志记载分歧或有误,还指出其不同或略加考订。比如卷 7,柔兆摄提格年(丙寅,246 年)所载:"《晋志》七月乙亥,荧惑犯毕距星。《宋志》在九年。"又如,卷 15,上章困敦年(辛丑,521 年)所载:"《魏志》五月丁酉,日食。又,丁未月食。案,五月无丁未,疑癸未误。"《通鉴目录》的天象资料,是一部完整的十七史天文、五行志内容总汇,对于现代天文学研究也有一定的参考价值。

第三,它是校勘《资治通鉴》的宝贵文献。

《资治通鉴》卷帙浩大,800 年来迭经翻刻,文字的错落不在少数。清胡克家翻刻胡注元刊本《资治通鉴》,错误竟在万字以上。长沙章钰是校勘《资治通鉴》的功臣。民国初年,他以九种宋、明刻本校胡刻本,撰成《胡刻通鉴正文校宋记》30 卷。通过阅读张敦仁《通鉴刊本识误》,章钰意识到了《通鉴目录》对校勘《资治通鉴》的价值,提出:"《目录》有《通鉴》无者,不止此条,当别校详列之。"③可惜,章氏的夙愿迄今尚未实现。

《通鉴目录》之所以对校勘《资治通鉴》有重要价值,首先,由于《通鉴目录》本来是司马光"撮新书精要之语"编撰而成的。从二者著录史事、排列顺序或系年的不同,就可以给我们提供查考问题的线索。其次,《资治通鉴》的祖本元祐

①《通鉴目录》卷 3,汉高祖元年上行。
②参见陈久金、陈美东:《临沂出土汉初古历初探》,载《文物》1974 年第 3 期。
③章钰:《胡刻通鉴正文校宋记》附二之一《张敦仁古余校记》注。

元年杭州雕本早已不存,现在我们所能看到的最早版本是绍兴二年余姚官刻本。四部丛刊缩印宋刊本《通鉴目录》避讳至"构"字,当亦为绍兴年间刊本。这就为我们提供了一部刊刻较早的可资与余姚本对勘的版本。最后,《通鉴目录》一直与《资治通鉴》别行,后人据《资治通鉴》误改《通鉴目录》的可能性相对较小,从而在一定程度上减少了《通鉴目录》诸刊本失真的可能。这样,不仅绍兴刊本,就是后代的《通鉴目录》版本,也可为校勘《资治通鉴》异同提供佐证。

为了撰写本文,我们曾经将《通鉴目录》和《资治通鉴》粗略对读一过,就发现中华书局标点本《资治通鉴》中的不少问题。

以文字脱落来说。《通鉴目录》卷2,秦始皇九年,魏景闵王五年(前238)有"秦伐我,取垣、蒲阳",《资治通鉴》卷6,此处为:"伐魏,取垣、蒲",无"阳"字。证以《史记》之《秦始皇本纪》《六国年表》《魏世家》,皆为"蒲阳"。可见《资治通鉴》此处脱一"阳"字。《通鉴目录》卷15,梁普通四年(523)有"始铸铁钱,民多盗铸,物价腾贵",《资治通鉴》卷149,此处只有"十二月,戊午,始铸铁钱"。查章钰《校宋记》及所附四种前人校记也没有校出此条,则他们所见到的宋、明刻本此处均脱多字了。《通鉴目录》卷17,隋仁寿元年"文昇单骑说下山獠",其下有"李浑刺杀兄子申公筹而代之"一条。《资治通鉴》卷179无此内容。按,李浑为隋初重要将领,他刺杀李筹之事见《隋书·李穆传》。此事虽不见载《资治通鉴》各刊本,却显然是一条重要遗漏。

以文字错讹和误衍来说。《通鉴目录》卷25,唐乾宁三年(896),有"全忠拜受弘信赠遗"。《资治通鉴》卷260记为:"全忠方图兖、郓,畏弘信议其后,弘信每有赠遗,全忠必对使者北向拜授之。"按,"受""授"本义相别,对他人的赠礼,理应"受"而不是"授"。胡三省以意忖之,注为"'授'当作'受'"。其实,《通鉴目录》所云,就是这一条注的最好佐证。《通鉴目录》卷22,唐建中元年(780),有"嫁县主老未嫁者十一人"。《资治通鉴》卷226却为"嫁岳阳等九十一县主"。章钰校记云:"十二行本'九'作'凡',乙十一行本同。"看来,胡刻本是误以"凡"为"九",从而衍增一字,使出嫁的诸亲王家老处女由11人变成了91人。

以系年问题说。《资治通鉴》卷6,系"楚灭鲁,迁鲁顷公于卞,为家人"于秦庄襄王元年(前249)。《通鉴目录》卷2,系此事于秦孝文王元年,楚考烈王十三年,鲁顷公二十四年(前250)。查《史记·鲁世家》记此事在鲁顷公二十四年,《六国年表》系于楚考烈王十四年,两说不一。泷川资言《考证》云:"灭鲁在前一年辛亥。"恐当以鲁顷公二十四年灭鲁为是。《资治通鉴》系年似有误。三国蜀汉蒋琬卒年,《资治通鉴》卷74,系于魏正始六年(245)十一月。《通鉴目录》卷7,系于蜀汉延熙九年(246)秋冬之际。查《三国志·蒋琬传》,言琬于延熙九年卒,故《资治通鉴》此事系年恐误。

以错简来说。《通鉴目录》卷14,魏世宗景明元年(500)"彭城王勰不乐势利"下有"甄琛乞弛盐禁,勰与邢峦以为不可,曰:所谓资天地之产惠天地之民"。《资治通鉴》离析二条,前者系于卷143,齐东昏侯永光二年(500),后者系于卷146,梁武帝天监五年(506)。查史实,景明元年,魏世宗根据甄琛的提议,罢盐池之禁;景明四年(503),复收盐利;正始三年(506)重新罢盐池之禁。《资治通鉴》永光二年(500)不载魏初罢盐禁,天监二年却有"复收盐利",又把甄琛最早提出"弛盐禁"的内容作为天监五年第二次弛盐禁的追叙,显然于理不顺。"甄琛乞弛盐禁"的内容当置于永光二年为妥。《通鉴目录》卷17,周高祖宣政元年(578),有"帝殂。帝勤俭严明,将士乐为之死。"《资治通鉴》把"帝勤俭严明,将士乐为之死"的内容,系于卷173,陈太建九年(577)。按,《资治通鉴》例在某人死时叙及该人的主要特点或评价。周高祖谥武帝,一生征战,照例应在他死时叙及其征战成功的原因,故而《通鉴目录》所系恐比《资治通鉴》校点本为当。

在充分肯定《通鉴目录》的同时,也必须指出它的缺点和不足。我们认为,该书存在的第一个问题是它书写帝王纪年头齐脚不齐,对一年中有几个年号的,只用最后一个年号,这样,某些年号的终年就无法知道。第二个问题是它摘录史事不附月日,给人们阅读带来困难。第三个问题,因体例关系,行文过于干瘪。第四个问题,摘录史事时为了突出义理,有的省去主要史事,只摘附叙内容,有喧宾夺主之嫌。如《资治通鉴》卷212,唐玄宗开元九年(721)记载刘知几卒,顺带说到与刘有关的一件逸事。《通鉴目录》卷21有关部分,干脆不提刘知几死事,只言其附述逸事"吴兢不以史事诬刘子玄,不为张说改史"。这样做虽说出于作者对吴兢高尚史德的表彰,但这种因义害史的做法实在并不妥当。

总之,《通鉴目录》是一部有创新、有价值的史学著作。可惜中华书局标点《资治通鉴》却没有同时点校《通鉴目录》。柴德赓先生20年前在中央党校讲课时曾指出:"当初没有考虑印一个《目录》,不能不说是件遗憾的事,应该有《目录》。当初没有印,将来应考虑单独印。"[①]我们盼望柴先生的遗愿早日实现。

刘乃和主编《司马光与资治通鉴》,吉林文史出版社,1986年12月

---

① 柴德赓:《资治通鉴介绍》。

可信与不可信
——对漳县《汪氏族谱》的剖析

　　历代遗留下来的数万部家族谱牒,是历史研究的重要资料库。但是家谱资料真伪杂陈,不加以区别,也会使学术研究误入歧途。本文即试图以不见于诸书著录,却又极具研究价值的一部明清撰述西北名族家谱为对象,分析其资料价值。

　　漳县汪氏,世居盐川(今甘肃漳县盐川镇),是蒙元时期的军功望族。《中国历史大辞典》中收录该家族 11 位人物的词条,多为元帅、总帅等武职。其祖汪世显于蒙古窝阔台汗七年(1235)率部降蒙,即随大汗子阔端入蜀攻宋,以军功擢便宜都总帅,秦、巩等 20 余州事皆听裁决。其后两代子孙或带兵攻蜀,或参与平定浑都海、火都、土鲁等人的叛乱,成为蒙元稳定西部的倚重力量。其后,汪氏子孙世袭巩昌等处便宜都总帅府都总帅,且在朝廷历仕卿相,门阀显赫。有元一代,"……功臣之家,以世业显荣者固多,得统其军,世守其地者,惟汪氏"。[①] 入明以后,汪世显五世孙汪庸降徐达,保住了其家族世袭土官的地位。

　　漳县《汪氏族谱》(以下简称《族谱》),最早为明永乐间汪世显七世孙汪福所创[②],其弟汪寿增补,大学士杨荣曾为之序。此后汪氏枝叶广布,在今甘肃漳县、成县、秦安、陇西诸县皆有《汪氏族谱》存世。抗战初年,顾颉刚先生考察西北,于 1938 年 4 月 28 日到陇西县城汪家巷汪宅借阅《汪氏族谱》,且为之题序[③],惜此部陇西汪氏谱今已遗失,顾氏序文不详。现有漳县三岔文化站汪治平

---

①〔元〕虞集:《道园学古录》卷6《陇右王汪氏世家勋德录序》,四部丛刊初编本。

②〔元〕虞集:《陇右王汪氏世家勋德录序》载:"成都万户嗣昌曰:世荷国恩,功业在盟府,褒恤有制诏,世次具谱牒,行事岁月则有先茔家庙之碑文在。请辑录刻模,以传于世。"似乎汪世显家原有谱牒,但也许原谱极为简略,也许其后来遗失。无论如何,从漳县《汪氏族谱》中不见原谱痕迹。

③顾颉刚:《西北考察日记》,甘肃人民出版社,2002 年,第 208、209 页。

收藏的《汪氏族谱》，清道光二十四年(1844)汪金铭续编，为楷体精刻本，线装4卷4册。适应其军功家族的特点，卷1为序说，即名人谱序、修著谱序、旧谱题词、先贤谱说；卷2为世表，列1世至89世世系表；卷3传记赞文，系自始祖春秋鲁汪至清康熙间汪氏诸先贤贞妇传略；卷4诏表碑铭记，包括历代汪氏谱表、皇帝封授诏敕、先贤碑铭、补辑族谱说、祠堂记、楹联等。

漳县汪氏家族墓地于1972年至1990年间多次进行保护性发掘，在29座元明墓葬中出土珍贵文物千余件，以及11合墓志，其中大部分为元代碑铭，是极为珍贵的早期史料。另外，陇西、天水亦有少量碑铭出土，《元史》《新元史》有汪世显及其子孙4人的传记，元人文集、地方志等亦有不少相关记载，从而为我们研究漳县《汪氏族谱》提供了参照资料。

一、宝贵的诏令奏记和史传谱学文献

蒙元文献留存至今的甚少，漳县汪世显家族在蒙元极为显荣，家藏多通蒙元皇帝颁予的封赠诏敕以及家族文献，皆为《族谱》收录，因其不见于其他史志，故而文献价值颇高。如卷4所录蒙古中统三年(1262)三月十四日"封义武公敕""封忠烈公敕"，就不为史集诸书所载。而至元十九年(1282)翰林院直学士汪利用所撰《陇西公祠堂遗爱碑》、乃马真后时杨奂所撰《总帅汪公(世显)神道碑》、至元初王鹗所撰《忠烈公(汪德臣)神道碑》、至元二十二年商挺所撰《贞肃公(汪惟正)神道碑》等，历述世显祖孙降蒙、攻蜀、助忽必烈即位和安定西部的勋绩，比诸史更为翔实，是研究蒙元之际历史的宝贵资料。明洪武二年(1369)十二月"封总帅敕"，明正统九年(1444)十二月"授寿公都司都指挥敕"，明成化二年(1466)正月"授钊公指挥敕"，明嘉靖元年(1522)十一月"授麟公指挥敕"，则是汪氏后裔在皇朝更迭时及其以后，如何适应形势，投靠明朝皇帝，为士官及都司军官的历史见证，极为珍贵。

《元史》不惜篇幅，撰有汪世显、汪德臣、汪良臣、汪惟正四人传记，但汪氏家族其他人物的事迹则付阙如。《族谱》卷3除据《元史》《续资治通鉴》录出上述传记外，还列有汪直臣、汪佐臣、汪翰臣、汪清臣、汪惟贤、汪惟和、汪惟益、汪惟勤、汪惟庆、汪惟弼、汪安昌、汪云昌、汪寿昌、汪隆昌、汪庸、汪寿、汪麟、汪涵、汪椿、汪滕、汪景烈等人的传记碑文，使我们据之得以了解一个西北家族在蒙元、明至清康熙的数百年中，由高级武官变为中级军官，再向文吏，向一般士绅转变的历史轨迹。而其中之汪道夫妻张氏、汪宏涛妻洪氏、汪安伯妻何氏传记，则具体地给我们展现了在封建礼教熏染下，大家族的弱女子在年轻丧夫后如何守节抚孤、治家御众，以及抗拒戚族对家族权力窥伺的艰难一生。此外，《族谱》中收录的乾隆二十四年（1759）灵寿县百姓歌颂知县汪执桓德政的《灵寿百姓碑文》及《题灵寿城南村生祠位牌榜》，则展现了清中期一位循吏的抚字风采。

《族谱》资料还可以纠正史书之误。漳县地方学者王怀宇撰《陇右汪氏家乘史料勘正〈元史〉五例》①言，《元史·汪德臣传》称其死时"年三十有六"。但《族谱》卷4载《陇西忠烈公汪公（德臣）神道碑》称"岁癸卯（1243），义武（汪世显）薨，（德臣）袭父爵，佩虎符，时年二十有二。……俄以疾薨，时己未（1259）六月二十一日也，春秋三十有八"，可纠《元史》所书汪德臣寿年之误。据《族谱》汪良臣传，《元史》卷132《步鲁合答传》《探马赤传》，卷133《拜延传》，卷149《耶鲁突花传》等所载汪田哥（德臣）史事，皆应为汪良臣事迹。此外，《元史》之《廉希宪传》，将汪良臣误作汪惟良，《李忽兰吉传》将李忽兰吉佐汪德臣立利州，误作"佐汪惟正立利州"等，皆可以《族谱》史料正之。

天下汪氏大宗为徽州汪氏。据诸谱，徽州汪氏宗谱在唐初以前就撰修过三次，最早为东汉建安间汪文和撰，然后是东晋咸康间汪旭撰，最后是隋唐之际汪华撰。其后历代各支派都有修纂，总数达数百部。然而据诸谱目记载，现存元代汪氏谱仅有三种，一为元至治间汪松涛修《汪氏渊源录》10卷，二为元汪垚撰《新安汪氏庆源宗谱》不分卷，三为元汪云龙编《新安汪氏族谱》不分卷，其余谱皆为明洪武以后纂成。② 汪福、汪寿弟兄所修漳县《汪氏族谱》成于明永乐间，在汪氏存世诸谱中为较早之一种。汪福在《修著谱序》中称，他于永乐间任滁州卫指挥同知时，"就此故家文献，获考订其世表，而修著此谱牒"。《族谱》由安徽汪氏谱中录出的汪氏家谱资料，保留了明初以前的状况，许多内容已不为今存汪氏诸谱著录，不仅在家族史、社会史的研究上有重要价值，对于古代谱学的研究，也有不可替代的珍贵价值。如《族谱》卷4录有晋淮安侯汪旭《上谱表》及著作郎袁彦叔《上谱疏》。据《晋书》卷83本传，彦叔名乔，东晋成帝、康帝时任著作郎。其《上谱疏》称："臣读《汪氏家谱》云：汪氏承周文王之裔，鲁伯禽之胤，成公黑肱之次子，颍川大夫之后也。谥命族姓。观经传子史，实为不虚。汪锜、汪量名宦周秦，汪胜、汪晃德昭汉世，显著风烈品流，汪氏可证纲宗胄族者矣。"《族谱》这两篇文献，证明了史志所言"凡百官族姓之有家状者，则上之，官为考定详实，藏于秘阁，副在左户。若私书有滥，则纠之以官籍，官籍不及，则稽

①政协漳县文史资料委员会、漳县汪氏文化研究筹备会合编：《漳县文史》第7辑《漳县汪氏文化研究》，2005年，第237－240页。

②《中国家谱综合目录》，中华书局，1997年，第179页。

之以私书"①制度的严肃性及真实性。《族谱》卷首"先贤谱说",辑录了程颐、朱熹、欧阳修、宋祁、王安石、王十朋、吕祖谦等十几位宋代学者对家谱学的论说,也是研究古代谱学的重要资料。

《族谱》抄录了安徽汪氏谱中关于汪氏始祖鲁汪直至44世汪华及其九子的世系表,内容虽与现存汪氏诸谱基本相同,却也偶有文字之别。如六世祖汪建的任官,《歙西塌田汪氏家谱》②称"周显王时为左中郎将",漳县《汪氏族谱》称"周显王世诏左中大夫"。按,中郎将一职秦朝始设,《歙西谱》显然因辗转传抄致误。关于隋唐之际起兵占据歙、睦、婺、饶、宣、杭诸州的汪华,究竟是怎样归唐的?新旧《唐书》中多处言,汪华被唐东南道行台尚书令杜伏威的部将王雄诞打败,在走投无路之际,不得不"面缚而降"。③《资治通鉴》却称,武德四年(621)九月甲子,汪华"遣使来降,拜歙州总管",十一月,"王雄诞还军击之……[汪]华不得入,窘迫请降"。④ 对史书记载的矛盾,宋罗愿在《新安志》中著《汪王庙考实——纳款》,言:"谨按《资治通鉴》,王遣使归唐载于九月,而雄诞来伐别载于十一月。则是归唐之后,已受封拜,而伏威、雄诞自以私意伐之尔。是时,伏威之于唐未为纯臣,王之归唐也,必思以忠自列,耻因之以成事,故籍其土地兵民遣使间道越伏威之境以归之天子,意伏威之党相与窃议,疾王归唐之事不出于己,因袭之以为己功。"《族谱》中抄录了武德四年九月甲子(二日)汪华《奉籍归唐表》和同年九月二十二日李渊《封越国公诏》。两件史料不为诸史书所录,却是汪华先已归唐、后被袭击的有力证明。

二、翔实的家族世系名号及行迹资料

来新夏先生指出:"家谱中的主要部分,如五世内的世系、宗规、家训、人口、艺文等方面的内容,一般还是可信的。"⑤检阅漳县《汪氏族谱》,证明来先生所言不虚。由于该谱创修于明前期,后于数百年间不断增补,直至道光二十四年(1844)续补刊印,故而,可以说,该谱自元末至道光间即71世至88世的家族世系名号及其事迹是大体可信的⑥。

①《通志》卷25《氏族略·氏族序》,浙江古籍出版社,2000年,影印商务印书馆十通本,志439。
②〔清〕汪家椿、汪邦忠撰:《歙西塌田汪氏家谱》,光绪癸未(1883)刻本。
③《旧唐书》卷56《杜伏威传》,中华书局点校本,第2271页。
④《资治通鉴》卷189《唐纪五·高祖武德四年》,中华书局点校本,第5929、5938页。
⑤来新夏、徐建华:《中国的年谱与家谱》,商务印书馆,1997年。
⑥《族谱》世表,汪钊二子。据出土《汪钊墓志》,钊侧室周氏有子汪溶。然《墓志》即称其"子男二",故《族谱》不为错。

兰州大学文库

《族谱·世表》所列71世汪庸,系世显长子忠臣的长玄孙,卷4"昭勇将军庸公传"有其约190字的传,详细叙述了在明军逼近之际,他如何先是抗拒、后又投降的过程及心理活动,犹如其祖世显在蒙古兵临城下时所为,从而保住了家族在新朝的地位。此一过程,诸史但称其降,而无过程叙述,《族谱》所载可补其阙。中华书局点校本《明史纪事本末》卷9《略定秦晋》将巩昌降将之名裂为"汪灵、真保"[①],《族谱》本传中言汪庸"旧讳灵真保",可纠该标点之误。又《巩昌志》称"汪庸幼名灵真保",从《族谱》中言其"旧讳"及《明实录》中屡言"汪灵真保",可知方志云为幼名亦不确。

据《族谱·世表》,洪武二年(1369)汪庸(灵真保)降明后,初仍旧职。至洪武四年,"罢巩昌故元总帅府,以总帅汪灵真保为巩昌卫指挥同知"[②]。此后,至73世汪福为外放武职,其弟汪寿袭指挥同知,又因战功,升昭勇将军、指挥使,福之子庆袭同知,庆无后,寿之长子钊袭指挥使。钊之后,长房袭指挥使职至80世汪滕。81世宣进入清朝,以邑庠生官直隶正定府灵寿县知县。其次子82世景烈先为西安华州训导,后任灵寿知县。景烈子83世执桓为雍正丁未科进士,先后为刑部云南司主事,补奉天司主事。84世溉阶乾隆戊子科举人,吏部候铨知县。其后数代多为庠生、廪生,再无任公职者。赫赫总帅汪世显的后代就这样从总帅演替为中级军官,再演替为七品知县,直至一般士绅。

又汪良臣第三子之名,《元史·汪良臣传》作惟某,《蒙兀儿史记·汪良臣传》作惟和。按,惟和乃德臣第三子,非良臣第三子。据《汪忠让公(忠臣)神道碑》,忠臣乃"……知阶、西和州惟敬、惟恭之伯考",则汪良臣第三子名惟敬。《族谱·世表》称汪良臣第三子名惟敬,是正确的。

至于《族谱·世表》所载某些族人的任职,因别无资料可鉴,也可供研史者参考。如称68世汪惟庆为陕西行省左丞,汪惟明为质子元帅,汪惟仁为人匠总管府达鲁花赤,69世汪隆昌为光禄大夫、翰林学士、封安国公,汪晋昌为翰林直学士、金紫光禄大夫、江南行台御史,汪便昌延祐二年授大司徒,汪演只哥为昭勇大将军、巩昌等处便宜都总帅,汪惠昌为昭勇大将军、巩昌等处便宜都总帅,汪雄昌为西凉等处都元帅,汪益昌为翰林学士、宣慰使,汪胤昌为亚中大夫、翰林学士、陕西行中书省参知政事,汪顺昌为巩昌等处都元帅,汪庸昌为龙虎上将军、巩昌都元帅、陕西行中书省右丞,汪仕昌为镇国上将军、甘肃西宁等处巡边都元帅,汪仁昌为悬带虎符都元帅,汪延昌为巩昌等处便宜都总帅,汪道昌为翰林学士、福建行中书省右丞,汪真昌为翰林学士、宣御使,汪云昌为翰林学士、都

①《明史纪事本末》,中华书局点校本,第124页。
②《明太祖实录》卷67,洪武四年秋七月庚寅。

史
学
史
论
文
自
选
集

御史、封平阳侯,汪必昌为开成路总管,汪兴昌为翰林学士、刑部尚书,汪赐昌为宣授元帅,汪定昌为进议校尉、巩昌人匠总管府总管,汪润昌为武略将军、秦州都总管兼诸军奥鲁劝农事,汪俊昌为翰林学士、延安府知府,汪逊昌为昭勇大将军、巩昌等处都总领、万户。以上诸人官职如若属实,即可见汪世显后裔元代阀阅之盛。

漳县汪氏家族墓地,位于漳县武阳镇徐家坪东南。该墓地自蒙古乃马真后二年(1243)汪世显逝世卜葬于此,直至明万历丙辰年(1616)后停用,在374年间,先后收葬汪氏家族15代200余人。墓区坐南朝北,依山傍水,"茔地宽敞,竖碑一百有八,皆王侯将相"。[①] 20世纪70—90年代,因为洪水冲刷,汪氏家族墓区地面塌陷,部分墓室暴露,濒临毁坏,文物保护部门不得不进行抢救性发掘。而《族谱》卷首之"汪氏墓园图"为判定墓主身份提供了翔实可靠的图像依据。该墓地2001年被国务院确立为第五批全国重点文物保护单位。

《族谱》中记载的漳县汪氏族人姓名、世系、年寿、婚姻、子女、祭祖等资料,对社会史研究也极有价值,限于篇幅,不再论说。

三、伪造族属冒认宗族祖先

唐颜师古曾指出家谱有不可信处,称:"私谱之文出于闾巷,家自为说,事非经典,苟引先贤,妄相假托,无所取信,宁足据乎?"[②]顾炎武撰《通谱》一文,亦指晋石勒、梁侯景"以殊族而附中国"。[③] 漳县汪氏亦为以少数民族而冒称汉族之典型事例。

《元史·汪世显传》称:"汪世显字仲明,巩昌盐川人。系出旺古族。"元人姚燧所撰《便宜副总帅汪公(忠臣)神道碑》也称:"公王姓,由大父彦忠,世汪骨族,故汪姓。"[④]藏族学者洲塔援引藏文史料认为,漳县汪世显是吐蕃戍边大帅韦·嘉年恐洛之后裔,隶属临洮包家族的吐蕃部落。[⑤] 虽然,关于漳县汪氏的族属至今仍在争论,但其并非徽州汪华之后却是有充分根据的。《族谱》屡屡自称其为徽州汪华第三子汪达之后。卷3《衍佑公传》言:"公讳达,字德远,越王第三子……贞观八年配左卫勋府骑都尉。十四年从征贺鲁龟兹高昌有功,袭封上

---

①〔清〕杨学震修光绪《武阳志》卷3"陵墓",《漳县旧志汇编》,第46页。
②《汉书》卷75《眭弘传》注,中华书局点校本,第3153页。
③《日知录集释》卷23,岳麓书社,1996年,第808页。
④〔元〕姚燧:《牧庵集》卷21,四部丛刊初编本。
⑤洲塔、乔高才让:《甘肃藏族通史》,青海人民出版社,2004年,第20、31页。

柱国越国公,留镇巩昌……生三子,长曰处哲……次处惠,世袭公爵,与弟处澄同家陇西。故公为陇西汪氏始迁祖。"但《歙西碣田汪氏家谱》之汪达小传,却言:"达,唐左卫勋府参军,以征贺鲁龟兹高昌勋,至上柱国,袭封越国公,终会州刺史。薨年五十七。配葛氏,合葬白渠府北二十里。子三:处哲、处惠、处澄。"以徽州谱对照,漳县《族谱》伪造痕迹十分明显,其一,贺鲁叛唐为高宗永徽元年(650)十二月事①,不是贞观十四年(640);其二,唐会州治所在今甘肃靖远,留镇巩昌说于史无据。

为了证成漳县汪氏为徽州汪华之后,漳县《汪氏族谱》颇多伪窜之处。

一是篡改名人谱序。《族谱》录有明杨荣和李东阳撰的两篇序文。前者系应汪寿所请专为此谱所撰,在明程敏政所编《新安文献志》(影印文渊阁四库全书本)卷96下附文有收录。后者为应福建按察使汪希颜所请,为《汪氏家乘》所作,在周寅宾点校、岳麓书社1983年出版的《李东阳集》第二卷有收录。杨荣系明永乐至正统四朝重臣,《族谱》所录序中篡增两段文字,一段为:"汪之先本乎周武王有天下。周公子伯禽封于鲁,至成公黑肱次子生,而左右手有水王之文,因名焉,是为姬汪。仕鲁上大夫,封汪侯,食采颍川。其孙诵始即其大父名为姓,传三十一世,而龙骧将军文和南徙渡江始家歙。四十四世而越国公华以歙、宣、杭、睦、婺、饶六州奉表归唐,命仍守其地。其薨也,历代追封至昭忠广仁武烈灵显王。生九子,其三曰达者,征贺鲁龟兹高昌,袭封上柱国越国公,留镇巩昌。生三子,其次处惠,家巩昌,世公爵。唐、宋来,连世号为陇右汪古族。六十六传而有世显公者。"《新安文献志》所收杨荣序此段文字仅为"汪之先,连世为陇右[汪]古族都总管,传三世曰世显"19字。另一段为:"隋唐间,群雄四起,民不聊生,华提三尺剑为六州长城,统定于唐,即归之,讵有赖焉。其生号吴王,没隆血食,三代之直,信不泯于人心也。嗣是之后,达以征贺功封公爵,世守巩昌,俾天子释忧西北,有父风。世显以英雄卓荦之资,不幸处金元之世。然全活一道生灵,兵不血刃,民到于今感之。其丰功盛德,自有不可诬者。卒谥义武,封陇右王。倘所谓虽之夷狄不可弃者非耶!"《新安文献志》所录为:"始举其显著者为汪氏子孙言之,世显当元太宗时,金亡,郡县望风纳款,独世显为金城守者三年,已而度势不可支,欲全活一道之民,乃为金发丧,登陴哭三日,始率众归附元帅,平蜀功居诸将右,卒赠推忠恊力佐运功臣太师、陇西公、谥义武,追封陇右王,此其作于前者。"所录李东阳序,在"希颜乃会其从兄广东按察使文灿、从侄云南宪副舜民辈,参考

---

①《旧唐书》卷4《高宗本纪上》,永徽元年"十二月,瑶池都督、沙钵罗叶护阿史那贺鲁以府叛,自称可汗,总有西域之地"。

旧谱,会祁、黟、歙、绩、休诸族"中"休"与"诸族"间,插入"并宣、常、池、淮、衢、饶、江、浙、巩昌等处"。李东阳序文"六始者:谓鲁汪为受氏之始,文和为居江南之始,叔举为歙之始,道安为婺源之始,中元为鳙溪大畈之始,绒及敦诗为学《春秋》之始"中最后一句,《族谱》改为"越国公达公为巩昌之始"。虽然漳县《族谱》在引录李东阳序时注:"此南谱序也。其辩疑异甚详,故载之,以备考稽。"却公然如此篡改,实在可悲可叹!

二是编造填补 45 世至 66 世间世系及人名空白。为了将漳县汪世显家族与徽州汪华后裔联成一系,《族谱》费了颇多脑筋。汪达享年 57 岁,逝于唐乾封元年(666),而漳县汪氏始祖汪世显生于金章宗明昌六年(1195),其中 530 年的空白如何填补,实在是一个非常困难的事。汪寿《补辑族谱说》称:"巩昌汪氏族谱,实吾兄伯升之所著也。初调守滁,与江南诸宗彦共订之,于是自颖川祖以迄今日,凡得七十三世矣,然其中不无阙,以待参考者。"据《族谱》第二卷《世表》所示其间谱系如下:

45 世达—46 世处惠—47 世昌—48 世子文—49 世永清—50 世德泽—51 世国用—52 世可立—53 世守约—54 世志中—55 世道生—56 世传芳—57 世宗起—58 世大本—59 世振远—60 世有威—61 世汝隆—62 世再盛—63 世思忠—64 世广武—65 世孟辉—66 世世显

普通家庭如果没有家谱参考,对上世的了解一般不超过 4 代。于是在《族谱》中出现了两代年龄相距过大的问题。如 57 世宗起于唐乾符元年(874)袭越国公,其子大本至宋建隆元年(960)袭总帅,其间相距 87 年。65 世孟辉于宋靖康元年(1126)袭总帅,其子世显至蒙古太宗七年(1235)为便宜都总帅,其间相距 110 年。难道汪孟辉在袭总帅以后 70 年才生下了汪世显?按常理推算,此时汪孟辉至少有 90 岁了。况且,据元姚燧《便宜副总帅汪公(忠臣)神道碑》,世显之父姓王名彦忠,因何在汪福所撰《族谱》中变成汪孟辉了?是则汪福兄弟连汪忠臣的神道碑都没有见过,或者是有意视作不见而强行窜改自己亲祖宗的名字!

三是磨改元代碑记。汪世显及其子孙的碑铭,仅出土、存世及为诸书所录的有近 20 通,其中见于《族谱》的元代碑铭,经与存世文献对照,颇多问题。如《族谱》卷 4 所录杨奂(1186—1255)撰《总帅义武陇右王汪公(世显)神道碑》,该碑今已不存,撰谱者注"出《元名臣事略》,杨文宪公撰"。按,汪世显死时无封号及谥号。忽必烈即位后始行谥法,"中统三年,论功追封[汪世显]

陇西公,谥义武。延祐七年,加封陇右王"①,中统三年为1262年,延祐七年为1320年。而杨奂死于1255年,他撰碑文时当不知碑主将要加封为公为王之事。苏天爵(1294—1353)《国朝名臣事略》中的《总帅汪义武王传》,全文引录杨氏所撰神道碑文,其中直言"公系出汪骨族",而非《族谱》所录碑文第二段之"公系出南京徽州歙郡之颍川"句。② 再查杨奂:《还山遗稿》卷上《总帅汪义武王世显神道碑》亦言"公系出汪骨族"③,而无"南京徽州"句。因此可以肯定,杨奂原撰碑文根本就没有"系出南京徽州"句。"南京徽州歙郡之颍川"一句,在历代行政区划史上露出极大破绽。元时地方行政区划实行省、路、府、州、县制,歙为县,非为郡。另,所谓"南京",蒙元之南京,指开封,辖地在江北,在江南的徽州路歙县归江浙行省管辖。④ 到了明朝洪武、永乐时,才以今江苏、安徽地置南京(南直隶),下辖有徽州府歙县。⑤ 另徽州在今安徽,为汪华后裔聚居地;颍川在今河南(或言在鲁),为汪氏始祖封地,唐以该地为汪氏郡望。歙县辖境绝无颍川地名。若杨奂真如其本传所说"博览强记,作文务去陈言,以蹈袭古人为耻。关中虽号多士,名未有出奂右者"⑥,不应如此缺乏基本的地理和姓氏常识。故漳县《汪氏族谱》在录载杨奂所撰碑文时,有意添加了"系出南京徽州歙郡之颍川"11字,并磨改原碑文字,以证其家族自蒙古时即自认为徽州汪华之后。

漳县汪氏与徽州汪氏的通谱,最早可能是通过元末汪泽民。《婺源大阪谱》载:"元至正中,礼部尚书(汪)泽民尝会(陇右汪义武)王之子孙袭总帅者于燕京,相与通谱。"⑦查汪泽民于至正三年(1343)奉调京师,参与撰修《辽》《金》《宋》三史,至五年书成,后二月,以嘉议大夫、礼部尚书致仕回乡。若《婺源大阪谱》所说不误,陇西汪氏子孙会见汪泽民就在至正四年(1344)前后。其时,各地农民起义风起云涌,统治者惶惶不可终日,权势人物多设法安排后路。在这种情况下,漳县汪氏提出与徽州汪氏通谱,其目的岂不昭然若揭!

①《元史》卷155《汪世显传》,中华书局点校本,第3650页。
②〔元〕苏天爵:《国朝名臣事略》卷6,中华书局,1996年,第88页。
③〔元〕杨奂:《还山遗稿》卷上,影印文渊阁《四库全书》集部五别集类四。
④《元史》卷59《地理志二》,中华书局点校本,第1401页。
⑤《明史》卷40《地理志一》,中华书局点校本,第910、929页。
⑥《元史》卷153《杨奂传》,中华书局点校本,第3622页。
⑦〔明〕程敏政:《新安文献志》卷96下《行实》按语。

四、家谱世系事迹的讹缺

前文曾言，漳县《族谱》中许多内容抄自徽州汪氏家谱，但徽州谱原有的错误，部分也被《族谱》照搬。《族谱》首卷收有一些唐宋名人序题徽州汪氏家谱的文字，很有价值，但也存在问题。如张九成《汪氏族谱引》，书其写于乾道九年(1173)。张九成卒于高宗绍兴二十九年(1159)，他不可能在死后15年撰写该文。《颖川侯赞》署为“状元及第狄仁杰”，但据新旧《唐书》本传，狄仁杰以明经入仕，不见其曾高中状元。再如《族谱》世表称：“[汪达之孙]四十七世勖，尚则天公主，不仕。”查《新唐书》卷83《公主传》：“太平公主，则天皇后所生，后爱之倾诸女。……主曰：‘以赐驸马可乎？’帝识其意，择薛绍尚之。……绍死，更嫁武承嗣，会承嗣小疾，罢昏。后杀武攸暨妻，以配主。”由此，武则天仅有太平公主一女，先后尚薛绍、武承嗣、武攸暨，无嫁汪勖事。唐高宗萧淑妃有女高安公主，“下嫁颍川刺史王勖”，亦非汪勖。《族谱》编造历史，胡乱攀附，甚为可笑。

汪世显及其五代子孙在蒙元功勋卓著，记在国史，但正史对其世系并无多少记载，故漳县《汪氏族谱》元代世系部分极有价值。然阅读该谱后，我们却发现其中颇多窜乱讹缺之处。依据出土墓志及其他资料可以纠正漳县汪氏元代世系。

1. 汪忠臣子。《族谱·世系》《明汪钊墓志》作惟易，《汪忠让公(忠臣)神道碑》及《蒙兀儿史记》作惟益。上述史料，以作于元贞二年(1296)的神道碑距当事人时间最近，故忠臣子当名惟益。

2. 汪直臣子。《族谱·世系》直臣仅一子名惟庆，汪翰臣有三子，长惟孝，次惟信、惟德。但出土的《汪惟孝墓志》称汪惟孝乃汪直臣之子。

3. 汪惟贤子。《族谱·世系》惟贤有两子：隆昌和庆昌。据墓志，汪惟贤“子男三人：次曰文昌，先公而夭；长曰元昌，资德大夫、中书右丞、淮东淮西道宣慰使；次曰隆昌，扈从车驾见宠顾焉。”[1]

4. 汪惟明子。《族谱·世系》惟明子名智昌。据《汪惟简墓志》，智昌乃汪惟简第三子，则惟明子名不详。

5. 汪惟纯子。《族谱·世系》汪惟纯三子，慎昌、景昌、云昌。据墓志，汪惟纯共有五子，夫人王氏生福昌、延昌，陈氏生继昌、舜昌，第五子庆寿可能是

---

①《汪惟贤及夫人祁氏墓志》，此碑现存漳县博物馆。

庶出。①

6. 汪惟孝子。《族谱·世系》惟孝二子为仕昌、仁昌。据惟孝《墓志》,共有十一子,嫡子复昌侍奉殿陛,余分质诸邸,俱仕。据前考证,家谱惟庆系惟孝之误,今将家谱中惟庆十子列于惟孝名下,恰成十一之数。

7. 汪惟勤子。《族谱·世系》惟勤二子为胤昌、兴昌。据诸墓志,惟勤尚有懋昌、源昌二子。②

8. 汪惟简子。《族谱·世系》惟简有一子顺昌。据惟简《墓志》,共有六子,分别是义昌、棣昌、智昌、信昌、礼昌、也帖里卜花。

9. 汪惟永子。《族谱·世系》惟永七子为泰昌、巽昌、震昌、益昌、绍昌、节昌、庸昌。据《墓志》,惟永七子中有履昌无绍昌。

10. 汪惟仁子。《族谱·世系》惟仁一子名懋昌。据《汪懋昌墓志》,懋昌乃汪惟勤子。

11. 汪惟弼子。《族谱·世系》惟弼十一子:延昌、伯昌、赐昌、道昌、真昌、文昌、福昌、永昌、逊昌、原昌、友昌。其中福昌、延昌是汪惟纯长子和次子(见前),文昌是汪惟贤次子(见前),惟弼实应有八子。

补充《族谱·世系》的缺失。

1. 汪嗣昌子。据《汪惟正及夫人耶律氏墓志》嗣昌子兴孙。

2. 汪寿昌子。据寿昌《墓志》有六子:普达实理、长生仅(应为奴)、万家奴、祥庆奴、阿木哥石力、散哥石力。

3. 汪舜昌子。据舜昌《墓志》有三子,为秃坚帖木儿、文殊奴、智严讷。

4. 汪懋昌子。据懋昌《墓志》仅有一子普颜答石。

5. 汪源昌子。据源昌《墓志》:"子三人:长曰有善,娶兴元路南城县主簿杨成远之女;次曰有严,娶张氏;次曰有贵。"

6. 汪晋昌子有才,携眷定居甘肃成县上店里,为成县汪氏始祖。有才子德忠,任官赵州别驾。其后代在明、清以经学知名。③

校补后的元代汪氏世系如下:

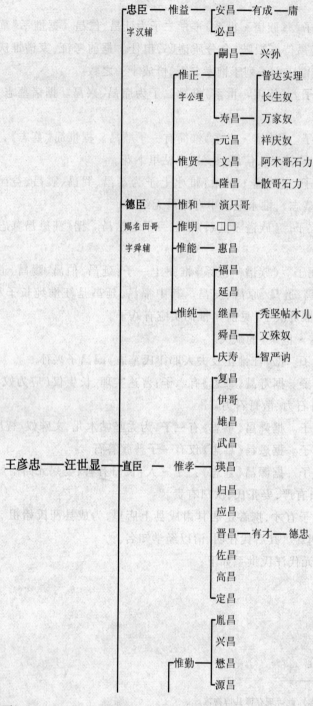

忠臣 ── 惟益 ── 安昌 ── 有成 ── 庸
字汉辅　　　　必昌

　　　　　　　嗣昌 ── 兴孙
　　　惟正 ── 　　　　普达实理
　　　字公理　　　　　长生奴
　　　　　　　寿昌 ── 万家奴

　　　　　　　元昌 ── 祥庆奴
　　　惟贤 ── 文昌 ── 阿木哥石力
　　　　　　　隆昌 ── 散哥石力

德臣 ── 惟和 ── 演只哥
赐名田哥　惟明 ── □□
字舜辅　　惟能 ── 惠昌

　　　　　　　福昌
　　　　　　　延昌
　　　惟纯 ── 继昌 ── 秃坚帖木儿
　　　　　　　舜昌 ── 文殊奴
　　　　　　　庆寿 ── 智严讷

王彦忠 ── 汪世显 ── 直臣 ── 惟孝

　　　　　　　　　复昌
　　　　　　　　　伊哥
　　　　　　　　　雄昌
　　　　　　　　　武昌
　　　　　　　　　瑛昌
　　　　　　　　　归昌
　　　　　　　　　应昌
　　　　　　　　　晋昌 ── 有才 ── 德忠
　　　　　　　　　佐昌
　　　　　　　　　高昌
　　　　　　　　　定昌

　　　　　　　　　胤昌
　　　　　　　　　兴昌
　　　惟勤 ── 懋昌
　　　　　　　　　源昌

（接下页）

兰
州
大
学
文
库

（续上页）

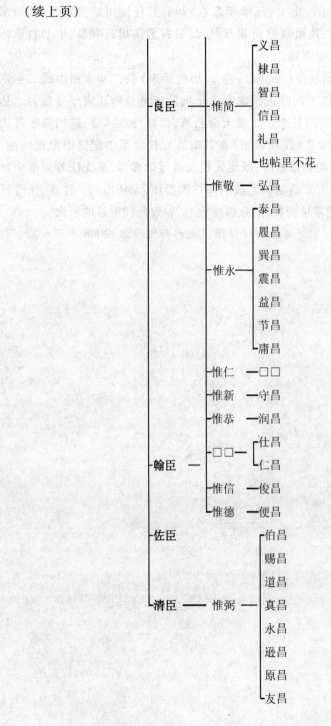

此外，《族谱》所记汪惟孝官职有缺漏。《元史》卷 12《世祖纪九》亦仅有

"以汪惟孝为总帅"一条。出土《汪惟孝墓志》却有其任潼川路宣慰使、四川东道宣慰使、南道宣慰使、西道宣慰使兼万户、尚书右丞四川行省事、中书右丞四川行省事诸职,可补谱史之阙。

民国时漳县人杨国桢撰《漳县志》卷2《历代兵事》载:"明太祖洪武二年四月,武宁王徐达、平羌将军冯胜进兵陇右。元巩昌守将总帅汪庸坚守数月。达怒,命仆其先世之碑,攻围甚急。庸度天命已革,孤城终难永守,遂约降于烽火台,乞保军民无虞。"[①]漳县《汪氏族谱》在其家族元代世系的记述中出现问题,其主要原因,当是其在明初修谱时,既无元代家谱可以参考,又无法看到墓中封存的墓志铭,加以当时其家族墓碑已被明军扑倒毁坏,无法参照。汪福、汪寿兄弟编撰《族谱》时,仅凭零星资料,勉强拼凑成书,导致元代世系的错讹。

与汪小红合撰,《天水师院学报》2008 年第 6 期

---

①《漳县旧志汇编》(漳县文史第六辑),政协漳县文史资料委员会编,2006 年,第188 页。

论《青史》的综合体体例及其特点

　　《青史》是藏族史学上一部重要的历史文献,在藏传佛教史上占有相当重要的位置,国际藏学界将其与《西藏王统记》《布顿佛教史》合称为藏文三大典籍。但我国学术界对廓诺·迅鲁伯及其著作的研究尚不充分。本文主要参考郭和卿先生的汉译本,以《青史》的综合体体例及其特点为研究对象,从引言(对《青史》、著者及编纂体例的背景做一简单介绍)、结构安排、综合体体例及其特点等几方面进行论述,并简要说明《青史》独特的体例对藏族史学产生的影响。

一、引言

　　《青史》是藏族史学中的一部名著,作者廓诺·迅鲁伯(1392—1481)是明代藏传佛教的著名僧人、佛经翻译家和历史学家。他出生于后藏达纳普,9 岁出家,先后师从 60 多名高僧学法,宗喀巴也为其讲授过噶当次第、中观论、纳诺六法。他曾前往印度、尼泊尔听受教法,精通梵文,译有多部著作,成为闻名于印度、尼泊尔、全藏区的大译师。五世达赖喇嘛在他所著的《西藏王臣记》中称赞廓诺·迅鲁伯是一般史学家奉为顶上庄严大宝般的人物。《青史》是廓诺·迅鲁伯的代表作,全书主要记叙了后弘期佛教的复兴,教派、寺院的建立及传承,各派的高僧大德、经典等内容,"是一部九世纪中叶至十五世纪后半期的西藏佛教史"①公元 10 世纪后半期以后,由于西藏新兴势力的倡导和扶植,藏传佛教在朗达玛灭佛后得到复兴并不断发展直至确立。这一时期教派林立,各派经典丛现,百家争鸣,佛苯在激烈斗争中相互吸收、相互融合。但在高僧鲁米后,西藏

----

①王继光:《〈青史〉成书年代考辨》,载《史学史研究》,1988 年 3 期。

不断形成僧权割据势力和大大小小的政教合一统治,对之后的藏族社会带来了深远的影响。因此,《青史》所记载的这一时期的史料就显得十分珍贵。自20世纪以来,《青史》一直被国内外藏学研究者推崇为研究藏族史和藏传佛教的信实史籍,具有重大的历史价值。

元代是藏族文化空前繁荣的时期。元皇朝对西藏的统一管理为西藏各教派之间的文化交流和自由发展创造了极好的条件。西藏文化一方面经过自身长期的发展,已经达到相对成熟的阶段;另一方面,对其他民族文化的借鉴和吸收,又使原来比较单一的藏族宗教文化获得了许多新的养分,取得了长足的进步。在这种氛围下,藏族历史编纂学的发展同样也很迅速。元末明初是藏族史学发展的一个高峰期,这一时期的历史文献不仅数量可观,而且出现了以《红史》为代表的史册,和以《布顿佛教史》为代表的教法史,这是两种成型的且对后世史学产生了巨大影响的史书体裁。

明代是藏族史学创作的丰收期,它承元代史学发展之余绪,达到了一个更成熟的阶段,出现了《汉藏史集》《青史》《西藏王统记》《智者喜宴》等一大批史学名著。王尧先生认为:"明代藏族史学的进步主要表现在二个方面,第一个方面是元代首创的史册类、教法类著作的发展和完善,二者呈结合的趋势。第二个方面是多种新的史著体裁的出现,如王统记、人物传记、世系史等等。"①可以说,在编纂体例的方面,《青史》吸收前代史著和同时期其他史著编纂体例的方法,集各家之所长,创造了前所未有的综合体史书体例,将藏族史学推向了更高的水平。因此,研究《青史》的综合体体例及其特点,对我们从历史编纂学的角度来了解藏族史学具有非常重要的意义。

二、《青史》的结构安排

《青史》全书共分十五辑:第一辑教法来源、西藏历代王朝、西藏前弘期佛教;第二辑西藏后弘期佛教;第三辑旧译密乘;第四辑新密乘及随来的《道果》等法类;第五辑阿底峡尊者传承录;第六辑峨诺(峨译师)、巴操(巴操译师)传承录及中观、因明、慈氏(弥勒)法类如何而来的情况;第七辑密续部说规如何而来的情况;第八辑大译师玛尔巴传承录及著名的噶举派;第九辑廓乍巴和里姑玛的史略;第十辑《时轮》传承及其教授如何而来的情况;第十一辑大手印法门谭;第十二辑息结派初、中、后三期传承情况;第十三辑能断魔境行者及喀惹巴的概

①王尧、沈卫荣:《试论藏族的史学和藏文史籍》,载《史学史研究》,1988 年第 2、3 期。

况;第十四辑大悲观音法门及金刚鬘法类;第十五辑往昔僧众来源及问答等类。

作为佛教高僧,《青史》作者首先简要追述了印度佛教,约略地说明了印度王朝世系、汉地王朝世系、蒙古王朝世系、西藏王朝世系和前弘期佛教。然后就以最主要的篇幅着墨于对西藏后弘期佛教、教派的形成及传承、教法及传承、寺院及寺座传承、各派名僧、经典的记叙。根据全书内容,笔者总结全书的结构如下:第一、二辑为总述部分,除了讲述教法来源和各王朝世系外,主要叙述了西藏佛教的发展情况;第三至十五辑为分述部分,第三辑主要叙述宁玛派,第四辑主要叙述萨迦派,第五至七辑主要叙述甘当派(噶当派),第八至十一辑主要叙述噶举派,第十二至十四辑主要叙述息结派,第十五辑除了叙述僧众来源及问答外,还简略叙述了格鲁派。在这里,我们可以看出,作者廓诺·迅鲁伯对全书的布局谋篇是非常清晰而精细的。全书以藏传佛教发展为纲,以各教派为目,纲目分明,向我们清楚地展现了 15 世纪以前的西藏历史,尤其是后弘期以来藏传佛教的发展史。书中对各教派高僧的记述,也向我们展示了众多栩栩如生的人物形象,让读者难以忘怀。

在全书章节的安排上,作者独具匠心,每一辑分析非常清楚。在各辑中,作者都分了若干阶段或章节来叙述,并有准确的文字归纳。如《青史》第二辑中,以上系西藏后弘期佛教时代及大喇嘛等的章节;以上系大译师的章节;以上系同时代人物的史料章节。① 又如第八辑中,以上系峨宗传承情况;以上系玛尔巴传承的密集法类情况;以上系岗波巴及其寺庙的阶段。② 从所举的两例中,足见作者廓诺·迅鲁伯写史的逻辑严密性。每辑末尾也各有特点,或总结章节内容,"总的说来,从朗达玛毁灭佛教后,约经 70 年间,前后藏中是没有一个出家人的。幸而有许多宁玛派的咒师们在各地区修行,由这些特殊修士敬信,并以衣食等作供养承事。仅依一次净瓶灌顶,而使渐次成熟身心。继有鲁麦等普遍传称卫藏六人或说八人来到的时候,各地区中,始发展出无数的寺庙和僧伽大众。往昔西藏王臣在位时,所翻译的《甘珠尔》和《丹珠尔》,幸还未毁失而足够受用。继而传承出许多善巧成就的士夫,而直至由一切智至尊敬安叔伯传承诸人来作抚育众生等事业。以上系教授诸法类的史事阶段。统为旧译密乘的篇章终"③。或说明资料来源,"以上漾温巴的史事,是根据旺秋迅鲁漾温巴传中选摘少分而撰著的"④。或交代协助迅鲁伯撰写《青史》某些章节的僧人姓名,

①廓诺·迅鲁伯著,郭和卿译:《青史》,西藏人民出版社,1985 年版,第 46 – 50 页。

②廓诺·迅鲁伯著,郭和卿译:《青史》,第 274 – 306 页。

③廓诺·迅鲁伯著,郭和卿译:《青史》,第 133 页。

④廓诺·迅鲁伯著,郭和卿译:《青史》,第 158 页。

"以上为亥母六论的情况。执笔者系垛巴尼侠师"①。或介绍经典的译本,"又《灌顶略示》的那若巴译本,见有雅隆译师、扎泽巴、邦译师等人的译本"②。

从整部书和各辑的结构安排上,我们不难看出作者廓诺·迅鲁伯"全书采取总分式,各辑采取分总式"的谋篇布局特点。

三、《青史》的综合体体例

《青史》作者廓诺·迅鲁伯立足于前人并超越前人和时人,创造了藏族史学中一种独特的史书编撰体例——综合体。这里所提出的综合体体例既不同于汉族史书《史记》的综合体,也不同于白寿彝先生所说的当代新综合体。《史记》的综合体是指吸收前人所著史书的各种体裁,而铸成兼有本纪、列传、世家、书、表,综合叙述3000年各方面历史的史书著述形式。白寿彝先生的新综合体是指吸收中国古代多种史书体裁,以新的历史观念、新的认识水平,形成序说、综述、典志、传记、图录、史表综合的形式。而《青史》作者廓诺·迅鲁伯所创造的综合体是把藏族史学中已有的史册体、教法史、传记体、编年史、王统记和世系史等多种体裁体例形式,加以融合,你中有我,我中有你,巧妙地组合成一部新型的全面叙述数百年西藏及藏传佛教历史的著作。下面就从综合体体例出发来谈谈作者廓诺·迅鲁伯对各种体裁体例的运用。

首先,《青史》吸取了史册体的编纂方法。史册在藏文中称为 Deb-ther,西藏的第一部史册是《红史》,之后又有《新红史》《西藏王臣记》《白史》等。这类史著一般分成两大部分,第一部分,先介绍世界和吐蕃的来历,即先记载佛教的源流,然后是印度、尼泊尔、汉地、西夏、蒙古的王统;第二部分是西藏的历史,先述吐蕃王统,然后记载各个教派的历史。从我们前面分析的整部著作的结构来看,《青史》完全可以按这两大部分进行分类。这一体例的采用为《青史》提供了总纲。

其次,《青史》包含有教法史的内容。教法史在藏文中被称为 chos-vbyung。最早的教法史是著名的《布顿佛教史》,之后又相继出现了一批总结某个教派或地区佛教发展的著作。著名的有《珠巴教法史》《达隆教法史》《贡却伦珠教法史》《噶当教法史》《安多政教史》等。这类史著侧重于教法传承的历史和对各教派教义、经典的阐释,以及一些宗教大师的生平著作、寺院修筑情况的记载。

①廓诺·迅鲁伯著,郭和卿译:《青史》,第263页。
②廓诺·迅鲁伯著,郭和卿译:《青史》,第545页。

《青史》虽然没有直接被命名为教法史,但整部著作中到处都充斥着教法史方面的内容,如《青史》第六辑:"又有玛甲·绛秋准珠(菩提精进):他精通经教和因明;并依据中观广作利他讲说;又著有《根本智论》释疏(即龙树所著《申论》)及《明句论大纲释疏》《中观摄义》《推理锤释论》等。"①这里仅仅举的是名僧著作方面的例子,但表现教法史方面的内容由此可见一斑。而且《青史》中也是以传承关系为纲来叙述教法源流和教派支系历史的。

再次,《青史》采用了传记体的形式。传记在藏文中被称为 rnam-thar,比较著名的有《米拉日巴传》《萨迦班智达传》《布顿仁钦珠传》等。这类著作叙述一位高僧从出生到圆寂的事迹,主要记述这位高僧学经、修法、游方、著作及其培育弟子、修筑寺院等内容。由于许多高僧大德都是以前某位著名高僧的转世,因而他的传记往往都是与其前世有关,也必须简略地记载其前世的生平事迹。《青史》的写作即体现了这一特点。它在记述法类传承、寺座传承、弟子传承时,凡是涉及为佛法做出重大贡献的名僧时,作者都会为他们作传,并根据贡献大小,传记也有详略之分。在《青史》中,几乎每一位著名的高僧都能找到他的传记,这为专门研究某位高僧的活动提供了珍贵的史料。《青史》以后的各类传略史籍大多以它为资料来源。例如由青海人民出版社出版的,杨贵明、马吉祥先生编译的《藏传佛教高僧传略》,凡是涉及明中期以前藏传佛教高僧,都能从《青史》中找到相对应的资料,而且与原文大致相同。从中我们可以看出《青史》对后世史学影响之大。

最后,《青史》还吸纳了编年史、王统记及世系史体例等。编年史在藏文中称为 lo-rgyus,最早、最著名的编年史是《吐蕃王统纪年》,但《青史》并不像《吐蕃王统纪年》那样纯粹按年记事,而是在每一辑中都有一些时间的总结,"如是算来从香敦·纳朗·多杰旺秋诞生后三年岁次戊寅(宋太宗太平兴国元年,公元978)西藏始有毗奈耶教法起直到现在(著者当时)丙申年(明宪宗成化十二年,公元1476),计以前已经过将近五百年了"②。整部著作并不完全是按时间先后顺序来叙述的,而是按教派的发展和传承关系来叙述的。但记年清晰准确是《青史》的一大特色。

王统记在藏文中称为 rGyal-rabs,最著名的王统记是索郎坚赞的《西藏王统记》(也称《王统世系明鉴》)。《青史》第一辑中主要就是关于印度、汉地、西藏、蒙古王统的记载。

世系史在藏文中称为 goung-rabs,著名的世系史有《郎氏宗谱》和《萨迦世系

①廓诺·迅鲁伯著,郭和卿译:《青史》,第225页。
②廓诺·迅鲁伯著,郭和卿译:《青史》,第67页。

史学史论文自选集

史》。《青史》在叙述王统时,也叙述了各王朝的世系,除了王朝世系外,《青史》还记述了一些高僧大德的世系,如详细地记载了萨迦派法王昆·衮却嘉补的世系①、大德绒松的世系等等。

综上所述,我们可以对《青史》综合体体例做一总结性描述:《青史》以史册体为纲,综合了教法史、传记、编年史、王统记、世系史等多种体例,铸成一部综合叙述藏族史和藏传佛教史的巨著。这几种体例在综合体体例中的关系是:史册是骨架,是总纲;教法史是经脉,是线索;传记是血肉,是内容;编年史、王统记、世系史是整个躯体不可分割的一部分,各种体例统一于综合体体例中。《青史》作者超越古人和时人,站在古人和时人的肩膀上,萃取了各种体例的精华,采用综合体体例写成了这部巨著,堪称藏族史学上的典范,为后世史学的编纂提供了范本。同时,也证明了藏族历史编纂学自《青史》开始,又向前迈进了一大步。

四、《青史》的体例特点

《青史》的编纂体例有如下主要特点:

第一,总的来说,《青史》是一部以一种体例为主,综合运用多种体例的综合体史学著作。

第二,内容编排以噶举派为详,但也记述了其他各主要教派和名僧。因作者是噶举派的著名僧人,所以记述噶举派的内容较详。

第三,对噶举派用力颇勤,内容几乎占全书的三分之一。另一方面,噶举派分支较多,有“四大八小”之说,即四大支,八小支,“还只是噶举派两大传承中的一个传承”②。元明时期,噶举派曾控制过西藏地方政权,与中原皇朝的关系十分密切,在各教派中势力较大,影响较广。这恐怕是作者侧重记录噶举派史事的又一原因。从公元 12 世纪初噶举派创立到《青史》著成的 15 世纪末,噶举派已有 300 余年的历史。其间支派盛衰更替,传承关系纷杂,非谙熟此中奥秘者,不能料理。《青史》于此派独能缕分条析,各支派的建立、各支派的传承、各支派所持经义的异同,作者都叙述得原原本本。其中,仅噶举派的高僧就有 100 多人各有详略不等的传记,师徒传承关系十分清楚。这为研究噶举派的历史、考证史事,提供了难得的第一手资料。

①廓诺·迅鲁伯著,郭和卿译:《青史》,第 140－142 页。
②王辅仁、索文清:《藏族史要》,四川民族出版社,1981,第 66 页。

详于噶举派的同时,也叙述了其他各主要教派的历史和高僧大德的活动。这在当时各派纷争的历史背景下,摒弃门派之见,客观写史,是难能可贵的,说明了《青史》更少教派性的偏见。

第四,《青史》中的资料选取重在体现各教派的特点,而不以个人是非好恶定取舍。作者廓诺·迅鲁伯对历史资料的处理是极有特色的,他把有争议的资料如实收录,无个人好恶之见。如《青史》第一辑中,作者在叙述佛祖释迦牟尼的王朝世系时,就分别引用了三种资料中的说法,一种是出自《阿含经》的王朝世系,一种是《世间施设论》所引的《阿毗达摩集论》中的王朝世系,另一种是《律经》中的王朝世系。对于同辑中"别解脱教法"的十八家分法,作者也引用了三种说法。从中可看出作者治史的严谨性。对一些资料的可靠性作者不易确定的,不是轻易地弃之不用,而是为后人的研究提供备用资料。如《青史》第三辑中,"有一些其他书中记载是:毗玛那之弟子是绒曲村的比丘尼哲谟;哲谟的弟子为妥扎甲色的玛尔巴协饶峨(楚光);协饶峨的弟子是香拉普的隆敦·达玛索朗(宏福);达玛索朗的弟子为业日的拉杰·霍尔波"[1],作者对各宗各派都采取一视同仁的态度,"以至读者从《青史》无从知晓作者的基本见解和各教派的从属关系"[2],说明作者十分注意资料的完整性。

第五,体例结构的安排,着力于体现学统师承关系。《青史》每一辑中,除了叙述教法来源、经典、寺庙建筑情况外,着重讲名僧的史事及其弟子传承、法类传承和寺座传承的情况。以传承为线又叙述有各高僧大德的传记,从而增强了史著的生动性、趣味性和资料性。这样的体例结构,的确能够更好地揭示每一辑中各教派的学统师承关系以及他们各自所处的地位。

总之,从我国现存的古代藏族史学著作来看,《青史》可以说是集这些史著之大成。它的问世,标志着藏族历史编纂学在史书体例方面更臻于完善。由于藏族历史的特殊性,书中藏族历史与藏传佛教史相互交错,历史意识与佛学思想融会于一,故而该书的历史述说中宗教成分和神话色彩较浓。但是像这样一部史料可靠、取材丰富、纲目分明、纪年清楚的史学著作,在古代藏族史学上是罕见的。作者廓诺·迅鲁伯为藏族历史编纂学做出了巨大贡献,他所创造的编纂体例对后世藏族史学产生了深远的影响。

《西北师范大学学报》2008 年第 5 期

①廓诺·迅鲁伯著,郭和卿译:《青史》,第 85 页。
②巴桑旺堆:《藏族十大历史名著概述》,载《西藏研究》,1993 年第 1 期。

百科全书和《永乐大典》

　　由法国革命家狄德罗（Denis Diderot）于 1751 年创始的现代百科全书，早已成为现代人学习知识的重要工具和参考。《不列颠百科全书》以其权威性和不断更新的内容，赢得了全世界的读者。经过 15 年努力，《中国大百科全书》第一版 74 卷，也于 1993 年 8 月出齐，它标志着中国正式跻身于国际百科全书家族，是中国现代学术文化走向世界的又一重要步骤。

　　从汇集知识以供查阅的功能说，有人把中国古代的类书称为土产的百科全书。当然，类书与现代百科全书是有不同的，其最大的区别在于：类书只摘编各书中的材料，对其文字一般不加改动，百科全书则是约请专家对各种专门知识和最新研究成果撰文予以阐述，而不只是摘抄材料。

　　编撰于三国时代（220—265）的《皇览》，是中国古代的第一部类书。隋唐以后，各种类书愈编愈多，部头也愈来愈大。明代的《永乐大典》共 22877 卷，另有目录凡例 60 卷，分装 10095 册，总字数 37000 万，是古代篇幅最大的一部百科全书。

　　《永乐大典》为官修书。由文渊阁侍读解缙负总责，从全国各地征召了各科优秀人才 2169 人，耗时 6 年（1403—1408）编出。因书成于永乐年间，明成祖赐名《永乐大典》。

　　《永乐大典》摒弃了一般类书按门类编纂的惯例，改为按韵目与类别相结合的体例。全书按《洪武正韵》的韵目为序，每韵下分列单字，每个单字先注该字音韵、训释，以及该字的篆、隶、楷、草等各种书体，分类汇辑与这一单字有关的天文、地理、人事、名物以至奇闻异见、诗文词曲等各项内容。单字材料中的书名和作者全用红字写出，极为醒目。

　　《永乐大典》收录材料极为宏富。它一反过去类书偏重经、史、集的传统方法，凡上自唐虞，下迄明初的经、史、子、集、释藏、道藏、北剧、南戏、平话、医学、工技、农艺诸书无不包罗。当时，除利用文渊阁藏书外，还派人分赴各地采集，高价收购遗书秘籍，以致该书收入的典籍达七八千种之多，超过了以往任何类书。尤为可贵的是，《永乐大典》所引各项材料，完全据原书整段、整篇，甚至整部地抄入，一字不改，许多古籍赖该书辑录而保存了本来面目或完整地流传了下来。

《永乐大典》的装帧也别具一格。全书采用上等白宣纸，朱丝栏，每半页8行，每行28字，以端正的楷书抄写，墨色黝黑，微发古香。书中插图全都白描而成，精丽工致。书面硬裱，用粗黄布连脑包过，庄重古朴。每册外封，左上为一长方框，题《永乐大典》四字，下注卷某至某，右上为一小方格，题该册所属韵目以及此为该韵目之第几册。

《永乐大典》编成后，在嘉靖四十一年至隆庆元年（1562—1567）间又抄了正副两本，原稿收藏在南京，正本贮于北京文渊阁，副本贮于北京皇史宬。明亡时，南京原本与北京文渊阁本亡毁，皇史宬本于清雍正间移藏翰林院，翰林们往往以衣包窃书，到修《四库全书》时清查，已经缺1000余册，以后又陆续散出。1860年英法联军攻入北京，曾劫掠该书，到1875年重修翰林院衙门时，已经不足5000册。1894年6月，翁同龢入翰林院检查，仅存800册。1900年八国联军侵入北京，有的洋兵以该书代砖支垫军用物品，有的遭焚毁，余下的被帝国主义侵略者劫夺而去。《永乐大典》这部出类拔萃的文化瑰宝，就这样丧失殆尽。

现在，经陆续搜集，国内外仅存该书370多册，其中大陆和台湾收集保存的有231册，北京中华书局于1959年和1980年两次影印该书797卷，为研究该书、发掘和利用我国古代文化遗产，做出了贡献。

《澳门日报》1993年11月28日《学海副刊》97期

《永乐大典》"谥"字残卷的价值

1900 年,八国联军侵入北京,我国珍贵文化典籍《永乐大典》惨遭浩劫。其中,被英国使馆工作人员翟理斯以"战利品"名义劫往欧洲的卷 13345 这一册,现藏美国国会图书馆,并为 1986 年中华书局影印残本《永乐大典》第 10 册所收。该卷共 23 页,半页 8 行,每行皆为双行小字,行 28 字,计 2 万余字。该卷属真韵之谥字部,包括"谥""总叙""谥法一"三部分。查《永乐大典目录》,知《永乐大典》之"谥"字部为卷 13345 至 13366,共 22 卷,内容为谥法 3 卷,历代帝、后、妃、公主、夫人、命妇、王、公、侯、伯、子、男、群臣谥 16 卷,事韵 2 卷。今存者虽仅为该部之首册,却有着重要的学术价值。

残卷保存了明初以前谥法学的丰富文献资料

谥法,是古代根据死者生平的是非功过评定褒贬给予称号的盖棺论定的制度,在传统文化的研究中占有一定的地位。封建社会,谥法是一门显学,历代著述颇多,仅有明一代就达 15 种以上。明代谥法著作,多为嘉靖以后的私人著述,难免有遗漏与偏颇之处。《永乐大典》"谥"字残卷,是现存唯一的撰成于明代前期的官修谥法著述。《永乐大典》这部包罗万象、前无古人的类书,总共22877 卷,竟辟出千分之一的篇幅,来辑录关于谥法和谥号的内容,可见统治者对谥法问题的重视。

残存的一卷,其"谥"字部分,为谥字释文。首先杂引自《说文解字》至《洪武正韵》《声音文字通》等 19 种官私字典韵书中有关谥字的释义和注音,然后从各种字书碑铭中辑出谥字的篆、隶、真、草各种字体及其异体共 16 个,展示了谥字书法的演变。其"总叙"部分,罗列了由《仪礼·士冠礼》至《元史》等 40 余种著作中关于谥法问题的论说,尤以宋人的论说为多。从中,我们可以得知自先秦至元代谥法制度的概貌、不同观点的争论和历代谥法的时尚。其中,如吴韦昭《辩释名》对诸侯谥号不实的批评,唐成伯与《礼记外传》对谥法中"大行受大名,小善受小名"的论说,孔文仲《珩璜新论》对"文"字谥的梳理,都很有价值。该部未引明代资料,说明太祖、建文两朝皆无谥法的规定,其时议谥皆参考旧制斟酌而行,定谥大权完全操纵于皇帝一人手中,成为其任情褒贬的工具,以至洪武 30 余年间,竟只有武臣得谥,文臣无一人给予谥号。其"谥法一"部分,用谥字集解的形式,详列"皇、帝、王、君、神、圣、文、武……商、戾、夷、愍"等总共 84 个谥号用字的诸种谥解及有关注释,杂引《周易》《礼记》《汲冢周书》至《经世大典》等数十种历代典籍的片断作注。历代谥法要著中对有关谥字的解释,大体具备,为学者了解古人谥号的含义及褒贬,提供了宝贵的资料。明中期以前所曾使用过的谥字不过 300 个,残卷已辑有 84 个谥字及其 500 多条谥解和注释,而且古代使用最为频繁的文、武、成、康、献、懿、穆、章、景、昭、贞、宣、孝、平、僖、庄、隐、定、哀、襄、灵、厉、幽、荒等谥字皆列其中,其学术价值当在其所占谥字数量比例之上。

残卷是有关古籍辑佚的渊薮

《永乐大典》"谥"字残卷收录经史子集各类典籍近百种,尤以历代礼书中关于谥法的书籍篇章为多。这些典籍有三分之一以上今已亡佚,我们却能从残卷中窥见其概略。所收吾衍《说文续解》、郭守正《紫云韵》、佚名《五音类聚》、孙氏《字说》、韦昭《辩释名》、苏辙《古史考》、敬氏《续明三传穀梁传》、刘熙《谥法注》、佚名《广谥》、杜预《春秋释例》、沈约《谥例》、贺琛《谥法》、北宋官修《六家谥法解》、蔡攸《政和修定谥法》、陈思《赐谥类编》、俞鼎《儒学敬语》、元官修《经世大典·谥》等,都是失传已久,有的甚至是不为任何书目著录的佚书,从残卷中,却可辑出佚书的部分内容。例如,东汉末著名学者刘熙的《谥法注》,选取《逸周书·谥法》中的 76 个谥号用字进行注释,是该篇最早的注本。原书久佚,仅见苏洵《谥法》注文中引有 20 条,已觉弥足珍贵,而残卷中所录竟达 68 条之多,估计占原书一半以上。再如,晋杜预《春秋释例》,被学者誉为《春秋左传集解》之"羽翼"[1],宋以后佚失。四库馆臣从《永乐大典》中辑出 30 篇,有丛书集成初编本及古经解汇函本。辑本卷 4"释例"之"书谥例第三十七",按语云:"此篇《永乐大典》全阙"。故仅据吕祖谦《春秋集解》所引,录出其"例叙"一段及

----

①《四库全书总目》经部春秋类。

"隐"字的谥解一条。看来,当时四库馆臣的工作也太粗疏,竟不知《永乐大典》将《春秋释例·书谥例》的内容录入其"谥"字卷中,而遽下"全阙"的结论。我们从残卷中辑出《春秋释例·书谥例》中29个谥字、39条谥解及31条注释,弥补了四库辑本的缺失。

最有价值的是《经世大典·谥》门的辑佚。《经世大典》是元文宗至顺间官修的政书,所记元代典章制度甚详,为明初撰修《元史》各志的重要参考材料。明中叶以后,该书却渐至亡佚,世人仅见苏天爵《国朝文类》卷40至42所收《经世大典序录》。清徐松、文廷式诸人,从《永乐大典》中辑出《大元马政记》《大元海运记》《大元仓库记》《大元毡工物记》《元代画塑记》《站赤》《驿站》《元高丽纪事》《皇元征缅记》《诏捕总录》等21卷,使《经世大典》的部分内容得以恢复。笔者研究谥法之学,曾因元代谥法资料的欠缺而深引为憾。查阅《永乐大典·谥》残卷,却发现其"谥法一"的主干内容系录自《经世大典》,遂亟为抄摘,辑成《经世大典·礼典十·谥》门,总字数竟有1.5万余字。该门小序,见《国朝文类》卷41及《永乐大典·谥·总序》,序云:"谥以易名,以定论平生也。而群臣之谥,善恶俱在。今善者多得谥,而恶者无与立谥焉。"反映了自元代开始群臣给谥的一个巨大变化,即只给善谥,不给恶谥。从序言可以推断,该门至少应该有谥字集解和各种人物的谥号辑录两部分。根据残卷可知,《经世大典·谥》门之谥字集解正文分君谥、后妃谥、臣谥三类。我们辑出的君谥53字,后妃谥45字,臣谥54字。有许多字是三者兼用,有些字却为某种人专用,说明当时对各种人物道德和行为的不同要求。辑出的总共463条谥解,有的引用先秦典籍,有的照录前人疏释,但有299条不见于他书,显示了元人的创造精神、元代礼制的特殊和理学在当时的影响。辑佚所得,虽非全帙,却使得《经世大典》的这部分内容重见天日,增加了元代存世典籍,文献价值很高。

残卷所录可校正有关典籍文字的讹误

《永乐大典》征引的书籍,都是根据明前期南京文渊阁所藏的宋、金、元精本摹写,以之与通行本相校勘,多文从字顺,可据以纠正通行本的讹误衍夺。清人利用《永乐大典》雠校群书,做出了不少成绩。我们试以"谥"字残卷与有关现存典籍校勘,也颇有收获。例如,阮元刻《十三经注疏》本《礼记·曾子问》,其"唯天子称天以诔之"的郑注为:"以其无尊焉,《春秋公羊》说以为,读诔制谥于南郊,若云受之于天然。"而残卷所录郑注为:"天子称天,以其无尊焉。在天子上者,惟天耳。《春秋公羊》说以为,读诔制谥于南郊,若云受之于天然。"比阮刻本多“在天子上者,惟天耳”8 字,系对天子之谥号为何要“称天以诔之”的重要解释,更为符合原文口气。通行本夺此 8 字,当据以补足。

《逸周书·谥法》篇,是古代谥法的经典,流传既久舛误甚多,诸本文字差异很大,有许多内容难以理解。仅其小序,即差异甚多。明王圻《谥法通考》卷 1“谥法释义”录其小序为:“周公旦、太公望,开嗣王业,建功于牧野,终将葬,乃制谥,遂叙谥法。”残卷所录,比王圻本增多两节,文字亦有不同。言:“维周公旦、太公望,开嗣王业,攻于牧野之中,终葬及制谥法。谥者,行之迹也;号者,功之表也;车服者,位之章也。是以大行受大名,细行受小名,行出于己,名生于人。”对照《北堂书钞》等隋唐类书与《史记正义·谥法解》,残卷所录最为近古。残卷中录有《逸周书·谥法》中 82 个谥字的谥解,其中有不少与流行本不同而可纠正其错讹者。如“平”字谥,《史记正义·谥法解》录有 3 条谥解,其中第 2、3 谥解与残卷同,其第 1 谥解为“治而无眚曰平”,孔注“无灾罪也”。残卷此谥解为“治而清眚曰平”,孔注“无失阙之”。此谥解又有第 3 种版本,见《十三经注疏》本《论语·公冶长》,其“晏平仲善与人交,久而敬之”。疏云:“齐大夫,晏姓,平谥,名婴者。《谥法》治而清省曰平。”《校勘记》言:“北监本、毛本‘清省’改‘无眚’。案,二本所收盖据今本《周书·谥法解》。考《周书》旧本,本作‘清省’,以今本改古本,非也。”查字书,“眚,目病生翳也,从目生声。”①此谥解是借目翳喻政治问题之义。谥号系依据得谥者的生平业绩确定,而这一谥解又是由晏婴得此谥而拟。因而,要弄清究竟是“清省”“无眚”还是“清眚”,只能通过查考晏婴生平才能确定。晏婴为春秋中后期齐国名臣,历仕齐灵公、庄公、景公三君,于景公四十八年(前 500)卒。其间,齐国先是崔杼弑杀庄公,接着是庆封杀崔杼专权,然后是田、鲍、高、栾诸氏共击庆丰,田陈氏势力日渐发展。晏婴在其间始终坚持气节与道义,不与坏人同流合污。齐景公好治宫室,聚狗马,奢侈,厚赋重刑,晏婴一再劝谏,使景公为之减省刑罚,社会矛盾得以缓和。《左传》中君子评论道:“仁人之言,其利博哉。晏子一言而齐侯省刑。《诗》曰‘君子如祉,乱庶遄已’,其是之谓乎!”②杜预释《诗经》句意是“君子行福,则庶几乱疾止也”③,晏婴所为,根本不是“清省”,也不是“无眚”,而是“清眚”,即尽其能力使乱疾有所收敛,这正是晏婴之谥为“平”的原因。由此可断,残卷中“治而清眚曰平”的谥解为《逸周书·谥法》篇之本来的文字,“清省”“无眚”都是转抄致讹,不可为据。

---

①《说文解字》目部。
②《左传》昭公三年。
③《春秋左传集解》昭公三年注。

残卷对一般典籍也有校勘价值。残卷"定"字谥解"审于事情"的注疏,云:"《列女传》曰:君子谓,卫定姜可谓贤,知远审于事情。"查《四部备要》本《列女传》卷1"卫姑定姜"篇,文云:"君子谓,定姜达于事情。"与残卷有较大出入。"君子谓"的评价,是对在郑师侵卫时,定姜正确分析定策的赞誉。史载:"郑皇耳率师侵卫,孙文子卜追之,献兆于定姜,曰:'兆如山林,有夫出征而丧其雄。'定姜曰:'征者丧雄,御寇之利也。大夫图之。'卫人追之,获皇耳于犬丘。"在卜兆不明的情况下,定姜果断地判定,是敌方将丧雄,于抗御人侵之敌有利。对此事的评价,"达于事情"一说含混不清,显然不及"定姜可谓贤,知远审于事情"更为妥帖。况且,谥解系取自文中"审于事情"四字而定,若原文为"达于事情",谥解中的"审"字从何而来?可以肯定,今本《列女传》此处有讹脱,应据《永乐大典·谥》字残卷予以校补。

张枕石先生曾说,《永乐大典》"每册几乎都是一个历史资料的小渊海,仍有不少有价值的文献资料,有待研究工作者发掘利用"[1]。本文对《永乐大典·谥》字残卷价值的分析,亦可证实此说。

《中华文史论丛》第 56 辑,1998 年 2 月

---

①《永乐大典史话》,中华书局,1986 年,第 26 页。

隽永笃实的清代西北游记《据鞍录》

　　文辞典雅、内容笃实的《据鞍录》,是 250 年前杨应琚撰写的一部有关青海、甘肃、陕西的旅游日记。

　　杨应琚(1695—1767),字佩之,号松门,辽海(今辽宁省)汉军正白旗人。他出身于累代封疆"汉军阀阅最盛"①的显宦世家。曾祖即为高官;祖父杨宗仁官至湖广总督,谥清端;父杨文乾,官广东巡抚;杨应琚本人历仕两广、闽浙、陕甘、云贵总督,东阁大学士,是清乾隆前期声名显赫的大官僚。

　　雍正七年(1729),杨应琚以荫生授户部员外郎,开始了仕宦生涯。雍正十一年以后,正当壮年的杨应琚两任西宁道 15 年,就表现出卓越的行政才干。他仿效西汉朱邑故事,以"湟水作桐乡"②,廉洁守节,百事亲躬,兴利除弊,竭力为西宁民众做好事,为青海的开发,做出了贡献。

　　当时的西宁,是甘肃省的一个府。这里"西邻青海,南达三藏,环以诸番,西北迳通准噶尔"③,不仅是东西交通的枢纽,而且是中央政权控制青、藏的战略冲要。莅任以后,他首先注意西宁的防卫。为此,他走遍辖区各地,对边塞的要害、战争的陈迹、少数民族帐落的强弱,都如聚米于山,算沙于海,指掌可示。他建议在西边的丹噶尔城(今青海湟源县城)驻设县佐,把南边原属临洮府的贵德所改隶西宁,又在东南新设巴燕戎格抚番厅(今青海化隆回族自治县),将大通卫署移驻白塔城,在西宁周围添置这些新的行政区域,改变了该城"一线东通,三面外暴"④的孤悬形势。还自河拉库托(今湟源县哈城)至甘都堂(今化隆县甘都镇),修筑了九座营堡,驻守重兵,在西宁西、南两面形成

---

①李岳瑞:《春冰室野乘》卷上"杨重英遗事"。

②杨应琚:《郊原》诗,载《西宁府新志》卷 40,艺文志。

③《西宁府新志》卷 18,武备志。

④《西宁府新志》卷 3,地理志疆域按语。

了一道纵横数百里的军事屏障。他重视民生,大力招徕人民在巴燕戎、大通等地垦荒种田,在各属鼓励开垦闲散荒地,兴修水渠,使西宁地区的农业发展到一个新的阶段,部分解决了驻边兵弁的粮秣和僧侣口粮单衣之需。他致力于当地的文化事业,带头捐出俸禄创办书院、社学(包括回民社学),请来江浙宿儒主持,自己也常到郡学讲授经旨,对发展当地教育事业、改造重武轻文陋俗起了一定作用。他关心平民疾苦,学习朱熹,发动募捐倡办社仓,以给农民借贷籽种口粮,救济灾荒。还动员各官出俸,在湟水上修建永久性桥梁,使民众免于冰水中危险涉渡之苦,受益者感激涕零,以"惠民"名桥。

甘肃巡抚黄廷桂视察西宁以后,对杨应琚在这苦寒地区的出色成绩颇为赞赏,举荐道"西宁道杨应琚,居官端谨,办事妥协,首倡社仓殚力经营,实为通省仅见"[①],得到清高宗的首肯。从此,杨应琚官运亨通,几年内,由甘肃按察使,迁布政使,擢巡抚,乾隆十九年起,就开始总督一方。每到一地,杨应琚都善于抓住当地急待解决的特殊问题,予以妥善处理。在两广总督任上,他请准允许"出洋贸易留番良民"回原籍居住,强调加强水军海上操作的严格训练,将广东左翼镇从地处内陆的顺德移到号称"粤东门户"的虎门,疏浚整修始凿于秦朝的水利工程兴安陡河(灵渠)。调陕甘总督后,下车伊始,就奏请救济受了旱灾的兰(州)、巩(昌)、平(凉)、庆(阳)等府的贫民,下令养好马匹,购补缺额,受到清高宗嘉勉。鉴于甘肃柴薪昂贵,他借工本招商开采肃州(今酒泉)鸳鸯池煤矿,解决民众的燃料之缺。乾隆二十四年(1759),新疆准噶尔部封建主长期的叛乱活动终于被镇压下去了。杨应琚作为陕甘总督,统筹善后工作。他大抓驻防和屯田两件大事。奏请在伊犁、阿克苏、叶尔羌增置兵备道、总兵各一名,改乌鲁木齐副将为总兵,合理规划了新疆东西部的防卫力量。又在伊犁设同知一员,加强这一边塞前哨重镇的行政管理。他还奏留兵弁、迁来甘肃人民、招徕回族群众,在特诺果尔、长吉、罗克伦、阿克苏、巴尔楚克、恒额拉克等地首次大规模地实行兵屯、民屯、回屯,就地解决驻军食粮,还在军事上互为声援,对新疆地区的安危、巩固和开发起到了不可忽视的作用。清高宗对杨应琚极为褒扬,谕奖他"办事明练,实为最优"[②]。乾隆二十九年(1764)进其东阁大学士,成为位居一品的最高级官僚。

乾隆三十年(1765)中缅边界发生战争。次年初,杨应琚被调补云贵总督。小胜之余,他贪图功利,竟调兵遣将,向缅甸发出通牒,迫其投降。缅人以重兵击溃驻守新街的清军,溯金沙江而上,进入云南境内。70余岁的杨应琚见事情

---

①《清高宗实录》卷233,乾隆十年正月。
②《东华续录》乾隆朝卷58。

棘手,痰疾遽作。布置反击,仍不能得手。奏疏中报喜不报忧,终为清高宗觉察,指责他"神志昏愦,办理贻误","欺饰捏报,若再不知改悔,断不能曲为原贷矣"①。乾隆三十二年(1767)三月,杨应琚被革职议罪,闰七月二十三日"赐令自尽"②,成为乾隆皇帝炫耀边功的牺牲品。

杨应琚"自总角受书,矻矻诸史",经史诗文皆为里手。从政以后,颇以科场失意,"未能登玉堂秉史笔"③为憾。公务之余,勤于著述,他私撰的通纪繁体方志《西宁府新志》,被同时代的名史家杭世骏誉为"精笔削,密鉴裁,经世大业出其中"④的佳作,他著述的《文庙祭礼仪节》⑤和不少诗词铭记,则显示了他在经史诗文等各方面的深厚功力。

乾隆四年(1739),正在西宁道任上的杨应琚奉命入京觐见。六月二十日,由西宁乘马起程,经由碾伯(今青海乐都)、平番(今甘肃永登)等县,二十五日抵兰州省城。因其祖父杨宗仁曾为临洮道员,往南取道临洮。又东行,经由渭源、巩昌(今甘肃陇西)、宁远(今甘肃武山)、优羌(今甘肃甘谷)、秦州(今甘肃天水)、清水等府州县。出大震关,入陕西省境。经陇州(今陕西陇县)、汧阳(今陕西千阳)、凤翔、岐山、扶风、武功、兴平、咸阳等地,七月十九日到达西安省城。继而东向临潼,经渭南、华州(今陕西华县)、华阴、潼关诸州县,七月二十六日由风陵渡入晋。作者曾任河东道台,进入山西后"应酬益繁,无暇记录",故其日记至二十六日辍止。杨应琚这段旅行,横贯三省,行程2700余里。作者把一路上的道里见闻、山川物产、风俗民情、城池关隘、掌故传说、建置沿革、庙宇碑碣、风景古迹,引古证今,详细记载下来,写成了这本日记,冠以《据鞍录》之名。这部著作一写出来,就受到时人的重视,被以软体字精刻成书。清朝末年,著名藏书家、校勘家、史学家缪荃孙又将其以罕见书辑刻到《藕香零拾丛书》中。且为之作《跋》,说:"此录历叙道路、风景,考证古迹,搜访金石,令人想见升平气象。松门累代封疆,未由科目出身,文笔雅洁可爱。纨绔自安之辈,相对亦应愧死。"⑥视该书为清代游记中不可多得的精品。

我们祖国有着悠久的历史,西北各地丰富的名胜古迹是祖国文化遗产的有机组成部分。杨应琚是个有历史癖的封建官僚,《据鞍录》引人注目地以大

---

①《国史列传》卷6,"杨应琚传"。
②《清高宗实录》卷791,乾隆三十二年闰七月。
③杨应琚:《西宁府新志自序》。
④杭世骏:《西宁府新志序》。
⑤见《西宁府新志》卷11,建置志学校。
⑥缪荃孙:《据鞍录跋》。

量篇幅记录了作者沿途勘查古迹、搜访金石的情形。在平戎驿(今青海平安县),他考证了此地即汉安夷故城。在西大通城,他缅怀了宋王厚收复河湟的功勋。在兰州,他指出黄河北王保保城为元扩廓帖木儿据州时筑。在临洮,他瞻仰杨万纪祠,考察哥舒翰碑,访城西湖故址,望秦长城遗迹。在渭源境,他了解了宋渭源堡的准确位置。在巩昌境,他踏勘了宋熟羊城遗址的大小。在宁远境,他从尘埋中发现元太师完泽墓碑。在伏羌境,他观赏了大像山石窟。在秦州境,他拜谒了伏羲庙,游览了天靖山玉泉观,瞻仰了李广墓,记录了仙人崖、麦积窟胜景。在清水,他访查到赵充国墓。在陇州境,他领悟了杜甫诗句"水落鱼龙夜"的出典,参观了唐段秀实祠。在凤翔境,他瞻赏东坡喜雨亭,徘徊于凤鸣岗。在岐山县,他拜谒了周公祠,遥望五丈原,怀古于龙尾镇。在扶风境,他驻马于马援墓前,凭吊了班固墓,游览了龙光寺,访记了法门寺。在武功县,他感慨于张载、康海二祠,摩验旧碑于鸿禧观。在兴平境,他登临马嵬坡,惆怅于太上槐前,还绕道瞻仰茂陵和周诸王陵,详细记录了各陵墓的方位、形制、大小、碑碣、树木。在西安,他流连于西安府学的碑林,谒拜了董仲舒墓,登临慈恩寺大雁塔,追寻了其他盛唐古迹。在临潼,他沐浴于温泉汤,观看华清宫旧址,冒雨登骊山,访朝元阁故址。在华阴县,他观赏了华岳庙,绘声绘色地追忆了9年前登临华山的情景。这些记录,说古道今,十分生动具体地为我们再现了250年前诸多古迹的景观,不仅能帮助我们认识祖国西北悠久丰富的历史文明,而且对今天美化西北、修复历史名胜、发展旅游事业也有不容低估的价值。作者在日记中,还考稽古籍,引证诗词,访问耆老、乡民,力图把这些名胜古迹的历史沿革、名称由来、地理变迁叙述清楚,订正了一些古籍记载的谬误。例如,鸟鼠山何以有此名称,历代学者争论不休。《山海经》称为"鸟鼠同穴之山"。伪《尚书传》以为"鸟鼠共为雌雄"。作者七月四日由临洮赴渭源,经由该山之侧。询问当地人,说:"相传穴入地三四尺,鼠在内,鸟在外,各自生育,不相侵害。"作者认为,此说"较前说近理"。在武功,他拜谒了李世民出生地庆善宫旧址——唐太宗祠。仔细观赏了后殿檐下的太宗诗碑,发现"碑石坚细",而"跌非旧物",产生了疑问。天黑以后,他还"举火周视,见阶前有巨碑卧泥土上,字已击损",他用手指逐字验摸,花了一个时辰,通读了这方宋人游师雄的《初建唐太宗祠碑》,知道了寺宫的沿革。然而,令他更为疑惑的是,碑文叙述寺在城南,如今寺却在城北,真是百思不得其解。询问老人,又检阅旧碑侧小跋,才知道,该寺原在县南18里的谷口镇,南临渭水,后"因水患,将此祠材木并旧碑悉辇来置此,故碑跌不称"(七月十五日记）①。弄清了一个只凭翻寻文献很难解决的问题。而顾祖禹《读史方舆纪要》却轻信传闻，以为该宫"今没于渭"②。实际调查对历史地理研究工作者的重要性，于此可见一斑。

注重对明末清初战争遗址和历史人物轶闻的调查，是《据鞍录》的又一特色。清前期，西北有过几次性质迥别的战争。顺治五年（1648），回籍军官米剌印联合丁国栋等人，以"反清复明"为口号，在甘州（今甘肃张掖）起义，迅速攻克凉州（今甘肃武威）、河州（今甘肃临夏）、兰州、临洮、巩昌等地，威震西北。只是由于清陕西三边总督孟乔芳重兵镇压，在坚持了近 20 个月的浴血奋战以后，终归失败。康熙十二年（1673）十一月，吴三桂等发动三藩之乱。次年，陕西提督王辅臣起兵响应，变乱由南方扩大到陕、甘，声势很大。康熙帝大胆提拔张勇、赵良栋、王进宝等陕甘汉人将领，经过多年征战，才平定了这次分裂叛乱。杨应琚东行时，屡经其中的重要战场，都仔细询查战争遗址，采访战役情况，搜集民间逸闻。在兰州，途经镇远浮桥，他考订王进宝由西宁进军兰州，并非经此桥，而是由河会城用皮囊木筏冒险渡的黄河。在临洮，经乡老指点，他找到了王进宝部下雪夜登城的地点。巩昌，曾是米剌印败于孟乔芳的战场，也是张勇与王辅臣军鏖战之地。杨应琚访查到，米剌印起义得到巩昌城回民的响应，孟乔芳用骑兵"衔枚疾走，乘夜袭营"的手段偷袭起义军营帐。起义军损失惨重，"死尸枕藉"，大伤元气。王辅臣叛军据城时，将城内"搜括无遗"，又"分钞旁邑"，使当地人民受难深重。以至 60 年后的乾隆初年，城内还是"楼橹残缺，墉垣圮损"，一片战后劫余的景象。杨应琚还记下了在这里采访到的安西将军穆成格的逸闻，说："穆将军，人称为细狗将军者是也。将军骁勇无伦比，性喜田犬，虽矢石如雨之际，牵挽抚弄，亦不离左右云。"（七月五日记）在秦州，他"询问国朝秦、陇遗事"，90 余岁的"老革"孟芝兰向他详细地回忆康熙十三年吴三桂总兵陆道清据守该城，与清扬威将军阿密达等所率清军反复周旋争夺的历史，该孟"且能言诸将军之形貌性情，历历如绘。至士女所罹锋镝之苦，将卒餐冰饮血之艰，不禁泪下"（七月八日记）。在陇州，他"访之遗老"，了解到该城曾为李自成起义军夺取，康熙十三年，吴三桂总兵蔡元又攻陷该城，与清军相持数年的史实。这些记载是如此生动翔实，作者又距事件时代未远，调查的材料有相当的可靠性。其中有些资料，不见于他书记叙，对研究清初西北历史、纠正清史的误记缺漏，有宝贵的参考价值。

---

①括号内为引文见《据鞍录》本文的日期，以下皆同此，不另注。
②顾祖禹：《读史方舆纪要》卷 54，中华书局点校本，2005 年，第 2623 页。

对西北山河、风俗民情的生动描绘，是《据鞍录》的又一内容。作者阅历丰富，对西北有深厚的感情，在观察风景调查民情时，有与中原西游之士不同的眼光，发现一些外来人不易注意的东西。沿途磅礴无限的风光和他赴京引见的轻松欣畅的心情相映成趣，在日记中，他以雅致的文笔，向我们展示了西北河山的壮丽、民情的纯厚和风俗的异趣，给人以知识和美的享受。在兰州，作者登五泉寺游玩，日记中写道："山峻耸，左右蜿蜒如张翼。五泉自两腋出，雷奔云泄，汇流成渠。自寺右山径登阁，凭阑俯视，黄河如带，郡城楼橹历历可数。灯夕坐眺，恍然赤霞。自南郭外至山下四里，水甘土肥，园畴平衍，东阡南陌，路净如扫。春时梨杏甚盛，白屋青帘，人往来夕照中，望之正如图画。阁侧有小屋一间，窗户洞开，逼近左腋泉。瀑下多乱石，丛筱乔木，杂生其间，自高而下。每月夕来观，如造异境。自阁右崖腹支径侧足登梯而上，为石佛殿，皆依峭壁架空为阁，下即右腋水泉。佛像甚古，年代不可考。穷目更远，泉声上射，直入耳根。炎夏坐久冷然，善也！"（六月二十八日记）。这篇游记，时而磅礴开阔，时而婀娜娟秀，虚实相生，移步换形，遍检书笥亦颇为难得。在咸阳城东的渭水古渡，他写道："五鼓行，出城门数武，即渭水古渡，登舟，月白如昼，终南对列如屏，贾客艟舶集岸下如雁行，影落水中，摇曳不已，灯火明灭，渭城女墙隐见，楼橹参差，呕轧中淹，凉风满袖，信可乐也。"（七月十八日记）这样动静结合、情景交融的夜景描写，实在不愧缪荃孙"文笔雅洁可爱"的赞语。有时，仅寥寥数笔，勾勒出的景致令你不得不拍案叫绝。如记冰沟驿（今青海乐都北）山中林木稀少，写道："将次冰沟驿，始见山巅有林木，然亦无多，如人仰卧颔下一二微髭也。"（六月二十二日记）比喻之妙，出人意料。再如在老鸦驿，他写道："见民刈麦，籽粒肥满，妇子嬉笑，而鸡犬鸣吠亦若助人忙云。"（六月二十一日记）多么生动的一幅农家乐彩绘！作者对民间习俗的访查是民俗学的宝贵资料。甘肃中部干旱地区向来有饮用涝池水的习惯，但从来不为名人垂青。杨应琚记下了平番县"地艰于泉，过客俱饮涝池水。涝池者，掘地为凹，以积雨雪，人畜共之"（六月二十四日记）。这大概是关于涝池最早的记述文字吧。关于住房，在渭源，他记了当地"盖房以乱石压木片，仅蔽风雨"的板屋（七月四日记）；在秦州，他记下了"屋瓦望若鳞次，然止用仰瓦，不施合瓦"的瓦屋（七月八日记）。据之，我们可以知道各地事物往往名同实异，不经实地走访，哪能知道福建的板房，大兴安岭的木屋，陇西板屋的不同！又哪能区别出江浙瓦屋和陕甘瓦屋的各异呢！西北民风的古朴，在杨应琚的笔下也随处可见。作者在西宁为政清廉，当他离别西宁时，当地民众竟"祖道东门外，攀卧遮留，酒果杂陈，马不能步"（六月二十日记），淳朴之情令人感动。平番县属哈家嘴至苦水驿不过 20 里,但随行仆役告诉作者,哈家嘴的许多人"自黄口以至白发行五、六十年(竟)未曾一至苦水"(六月二十四日记)。似乎可笑,却是实情。

经济的复兴和文化专制的盛行是雍、乾之际的一对怪胎。作者的阶级立场、社会地位,决定了《据鞍录》中不少对清军武功的颂扬和对所谓康乾盛世的吹捧。但是,旅游日记总要以实录为主,故而字里行间还是不少太平盛世下西北城乡穷困雍蔽的景象。作者沿途所经的官廨驿站,竟没有几处像样的,不是"甚为卑隘"(六月二十二日记),就是"上漏旁穿,"(七月四日记)甚至"屋梁将倾,以一木支之,可危"(七月六日记),以至作者不得不尽可能借宿私宅、寺观。就是一些州县城镇也很可怜。渭源县城"蔬菜俱无,雍败可念"(七月四日记),陕西关中门户的陇州"城中亦寥落",竟"有种稻者"(七月十二日记)。人民的生活无比困穷,"侨野质朴"的湟中百姓也因"重利蕉剥"而"常苦贫"(六月二十二日记)。有时,优越的自然条件反而给百姓带来灾难。平番县的红城驿,"夹道皆水田,并(傍)渠多丛木高柳,村舍错置,行者改观。然平邑供支甚夥,美田惟此一带,余多系山坡荒野,民以此苦之,而往来冠盖不知也"(六月二十四日记)。关中平原的遍地碑碣,竟也导致当地居民的厄运。杨应琚写道:"盖乡村有一名碑,即增一累,往来冠盖及诸当道,识与不识,皆索取墨拓,呵叱扰攘,鸡犬不得安宁,每至碑仆字灭而后已,比比皆然。"(七月二十日记)这些材料,对我们冷静地认识封建社会的所谓盛世,颇有益处。

《据鞍录》日记寓情于景,作者一般只以记录闻见为限,绝少议论。偶有议论,却又颇具卓识。七月中旬的关中平原,气候暑热,作者在兴平县"借宿道院,坐大树下至月上始入室,一夕犹数起焉"。这时,他想到了西宁,回忆湟中,"长夏不挥扇,夜间皆覆絮衾,若沉阴积雨,南山数峰犹有新雪。避暑之妙,可甲天下"(七月十六日记)。游玉泉观,见清初陕西三边总督孟乔芳的题榜,他议论道:"孟公既任于国初,抚定三秦,规取全蜀,流寇余孽与夫叛回、晋贼,次第翦除,厥功茂矣。且张侯勇、赵将军良栋等,皆出其麾下,荐才为国,既得力于定鼎之时;迨吴逆鼓乱,复收其功于二三十载之后。呜呼,为大臣者,之所以贵进贤也。"(七月九日记)剔除其中对人民起义的污蔑,作者高超的史识实在令人佩服。

此外,书中对沿途道里的记录,是探索古代丝绸之路东段多条路线的极好资料,书中对官场应酬的叙述、各地物产的记录、寺僧生活的褒贬等,对于研究清前期地理、职官、生产、宗教都有一定的参考价值。

书中也偶有考订不精和误记之处。如六月二十一日言"碾伯县即唐之湟州",其实碾伯在唐代为鄯州,是陇右节度治所,宋元符二年才建为湟州。又如临洮长人现于秦始皇二十六年,他却误记为三十六年(七月三日记)。再如记汉郭香察《华山碑》侧有颜真卿题名(七月二十五日记),其实颜的题名在周天和碑侧等。当然,作为一部长篇游记,此类瑕疵决不至掩其美玉之光辉。

文溯阁本《四库全书》的价值

清朝乾隆年间,中国封建社会进入了政治、经济、文化发展的鼎盛时期。为了阐扬皇朝的"文治武功",朝廷组织了许多大型文化项目,《四库全书》的编纂就是其中之一。在进行大规模的征书活动,并从当时还比较齐全的明朝前期修成的《永乐大典》中抄录失传典籍的同时,乾隆皇帝于乾隆三十八年(1773)正式下诏开"四库全书"馆,组织学者全面系统地整理中国历代典籍,编纂大型丛书《四库全书》。四库馆由永瑢等三位皇子和众多朝廷重臣任总裁,以当时最负盛名的学者纪昀、陆锡熊等为总纂官,具体负责编纂事宜。前后参与编修的著名学者 300 多人,动用学人 4000 余名。乾隆四十六年(1781)底第一分《四库全书》抄成,修书活动历时 9 年。其后又陆续誊抄出多分,分储京师皇宫和南北书库。同时,对已抄成的《四库全书》数次撤改、复校、补遗,到嘉庆十一年(1806),整个《四库全书》的纂修工作才告结束。

《四库全书》是我国古代最大的一部丛书,基本上囊括了除戏曲、小说以外我国 18 世纪以前的重要著作,尤以元以前的书籍收辑更为完备,是我国古代图书前所未有的大结集,堪称"千古巨制,文化渊薮"。据统计,这一丛书共抄录书籍 3461 种,79309 卷;存目书籍 6793 种,93551 卷。[①] 全部书籍按经、史、子、集四部 44 个大类,分类编排抄录。每分《四库全书》约 730819000 字[②],装订为36000 余册。在纂修《四库全书》的过程中,还产生了《四库全书荟要》、《四库全书总目》[③]、《四库全书考证》、《武英殿聚珍版丛书》、《禁毁书目》等副产品,在

---

① 中华书局影印组《出版说明》,见永瑢等:《四库全书总目》,中华书局 1965 年,第 3 页。

② 乾隆五十一年二月十六日《吏部尚书刘墉等奏遵旨清查〈四库全书〉字数书籍完竣缘由折》:"办理三分全书,每分计字七万万三千零八十一万九千字。"见中国第一历史档案馆编:《纂修四库全书档案》,上海古籍出版社 1997 年,第 1928 页。

③ 以下简称《总目》。

我国学术文化史上也具有很重要的地位。

为有利于长期保存，供皇帝和臣僚士子阅读，乾隆间《四库全书》共抄写制作七分。前四分贮藏于北京皇宫文渊阁、盛京（今沈阳）故宫文溯阁、京郊圆明园文源阁、承德避暑山庄文津阁，称"内廷四阁"，或称"北四阁"；后三分贮藏于镇江文宗阁、扬州文汇阁和杭州文澜阁，称"江浙三阁"，或称"南三阁"。底本则贮藏于翰林院，后散失。近代，《四库全书》屡遭劫难，1860 年第二次鸦片战争，英法联军进攻北京，火烧圆明园，文源阁《四库全书》被毁。太平天国时，文宗、文汇两阁书被焚，文澜阁书也有损失，清末民初由人补抄齐全。现今，《四库全书》原本完整保存下来的仅有三部，即现存台北故宫博物院的文渊阁本，现存国家图书馆的文津阁本，现存甘肃省图书馆的文溯阁本。

文溯阁在盛京故宫，建成于乾隆四十七年（1782）正月。该阁与其他诸阁一样，系仿明代宁波"天一阁"的建筑式样而成。阁面阔六间，内为三层，外观为两层重檐硬山式，前后有出廊。阁顶铺黑琉璃瓦，镶绿剪边。黑色代表水，书最忌火，以黑瓦为顶，象征着"以水克火"。阁上梁枋间彩绘"白马献书"图案。阁内悬有乾隆皇帝书写的对联，其中一副是："古今并入含茹万象沧溟探大本，礼乐仰承基绪三江天汉导洪澜。"正北两楹悬乾隆皇帝御书对联曰："由监古以垂模敦化川流区脉络，本绍闻为典学心传道法验权舆。"文溯阁之东有一座黄琉璃瓦顶的碑亭，该碑正面镌乾隆皇帝亲撰的《文溯阁记》，背面镌其所撰《宋孝宗论》。碑文记录了文溯阁的建阁经过和《四库全书》的收藏情况。阁后是仰熙斋，是皇帝读书之所。

乾隆四十七年十一月二十八日誊抄完竣的文溯阁《四库全书》，总计收书3477 种，79897 卷，抄为 36315 册，装为 6144 匣。文溯阁《四库全书》用开化榜纸朱丝栏抄成，每一部书都以香楠木两片上下为夹，并束以绸带，再装入香楠木匣内。书册都是用绢面封皮包背装。根据春、夏、秋、冬的顺序，书皮以四色装潢，"经部"用绿色绢，"史部"用红色绢，"子部"用蓝色绢，"集部"用灰色绢。每匣上面均刻有书名。每册书的首页都钤有"文溯阁宝"，末页用"乾隆御览之宝"，作为御用的标志。

文溯阁《四库全书》自乾隆四十七年十月二十日起至乾隆四十八年（1783），分五拨起运盛京文溯阁，并陆续排次上架藏迄。乾隆五十五年（1790）和乾隆五十七年又由陆锡熊率员两次复校，使其质量更臻完善。文溯阁"内贮藏《四库全书》，经部二十架，九百六十函；史部三十三架，一千五百八十四函；子部二十二架，一千五百八十四函；集部二十八架，二千零十六函。统计经史子集共一百零八架，六千一百四十四函，三万六千册"。文溯阁另外还保存有"《四库全书总目》二十函一百二十七册,《四库全书考证》十二函七十二册,以及大型类书《古今图书集成》五百七十六函,五千零二十册"。① 《古今图书集成》1万卷,是皇子侍读陈梦雷(1650—1741)于康熙四十五年(1706)编成的,雍正四年(1726)经尚书蒋廷锡修订,以铜活字刊印65部。乾隆中,文渊、文源、文津三阁建成时,《四库全书》尚在赶制之中,阁中空旷。乾隆皇帝下令仿照四库书函样式,于此三阁各庋藏铜活字版《古今图书集成》一部,后来文溯阁亦照例收藏一部。文溯阁本《四库全书》庋藏于清朝崛起的盛京旧宫,乾隆皇帝钦定其名为"文溯",以表示"不忘祖宗创业之艰,示子孙守文之模"②。文溯阁《四库全书》入阁庋藏后,专门在盛京(沈阳)设立文溯阁衙门保管此书。

1900年八国联军侵华时期,盛京被俄军占领,文溯阁《四库全书》遭受一定程度的破坏,部分卷册流散。1914年,因袁世凯欲废除共和,复辟帝制,下令将文溯阁《四库全书》运抵北京,存于故宫保和殿。后袁氏复辟失败,文溯阁《四库全书》遂留置北京。1922年,蜗居故宫的溥仪小朝廷,受日本人驱使,以经济困难为由,欲将文溯阁《四库全书》盗售给日本人,价格议定为120万元。消息为北京大学教授沈兼士获知,他于4月22日率先致函教育部,竭力反对此事。迫于社会各界的强烈反对,溥仪小朝廷不得不取消了这项交易。1924年,经张学良、冯广民等奔走交涉,文溯阁《四库全书》运回沈阳。保管委员会派人进京依文渊阁本将文溯阁所佚之16种72卷书补抄完备。1932年文溯阁《四库全书》划归伪国立奉天图书馆。新中国成立后由东北图书馆(后改名辽宁省图书馆)收藏。

1966年10月,中苏关系紧张,出于战备考虑,经辽宁省申请,国家文化部报请周恩来总理同意,决定将文溯阁《四库全书》拨归甘肃省保存。在甘肃省图书馆,该书先后庋藏于永登连城鲁土司衙门大经堂和榆中甘草店书库。甘肃省拨巨资于2005年在兰州九州台建成文溯阁《四库全书》馆,漂泊多半个世纪的文溯阁《四库全书》终于有了安身立命之地,正式入住这座外形严格仿古而内部设施现代化的藏书馆。九州台文溯阁《四库全书》藏书馆,与其他藏书阁一样,是仿明代宁波"天一阁"的建筑规制而成。文溯阁主阁外二内三,一二层为展厅,三楼存放《四库全书》影印本。文溯阁之东是一座黄琉璃瓦顶的碑亭,内立影镌的乾隆皇帝御撰《文溯阁记》碑。副楼占地1400平方米,主要用于学术研究,而文溯阁《四库全书》的真本则藏在设备先进的地下书库内。

20世纪80年代以来,学者日益重视《四库全书》的学术和社会价值,誉其

---

①文渊阁《四库全书》本《钦定盛京通志》卷20《文溯阁》。

②影印文渊阁本《四库全书》集部《御制文二集》卷14《文溯阁记》。

为"传统文化之总汇，古代典籍之渊薮"，而兴起了影印和研究的热潮。其中收藏于台北故宫博物院的文渊阁本于 1986 年由台湾商务印书馆影印出版，化一为万，使学界如沐甘霖，推动了四库学的大发展。2005 年商务印书馆影印出版收藏于国家图书馆的文津阁本。2006 年杭州出版社影印出版补抄齐全的收藏于杭州的文澜阁本。2008 年以来，台湾又印制仿古版文渊阁《四库全书》。如今，国家指定收藏于兰州的文溯阁本，是唯一尚未公开出版的一部存世《四库全书》抄本。

　　2003 年 7 月，上海古籍出版社出版了由甘肃省图书馆编选的《影印文溯阁四库全书四种》。编选者介绍，他们从馆藏文溯阁《四库全书》中选择"书写优美，文图并茂，艺术性、可视性、可读性均强，而且能充分体现文溯阁《四库全书》书品的经、史、子、集各一种，汇为一函，严格仿古、仿真影印出版"[①]。《影印文溯阁四库全书四种》所选四种书，经部为宋代吴仁杰撰《易图说》，史部为元代李好文撰《长安志图》，子部为明代沈继孙撰《墨法集要》，集部为明代康万民撰《璇玑图诗读法》。该书的出版，将深藏书库的文溯阁《四库全书》打开了一扇窄窗，学者由之可以略窥豹之一斑。

　　《易图说》是宋代学者吴仁杰撰著的一部演绎古周易卦象为图，以明其旨的易经研究专著。该书认为六十四正卦为伏羲所作，故其书首列八纯卦各变八卦之图；认为卦外六爻及六十四覆卦为周文王所作，故其书列一卦变六十四卦图，及六爻皆变则占对卦，皆不变则占覆卦图；又认为《序卦》为伏羲所作，《杂卦》为文王所作，今之爻辞当为《系辞》传，今之《系辞》传当为《说卦》传。其说颇新奇，与先儒之说迥异，在易学研究史上独树一帜，后世对此毁誉不一。

　　元代学者李好文撰成于至正三年（1343）初以前的《长安志图》，是长安及其周围地区宫阙、陵寝、名胜及泾渠沿革制度的一部地理类著作。全书共分上中下三卷。卷上收图 12 幅[②]，直观地标明汉唐至元代长安地区宫阙、陵寝、墓葬、寺庙、城池、名胜等的情况，并以文字说明其始建、沿革、四至、碑铭、事迹等，对研究古都长安的历史风物有极为重要的价值。卷中收图 5 幅，详绘其城邑、宫室、庙观、墓葬、原池、村寨、池囿等，其图说录入了元代所见诸碑的文字状况，极为宝贵。还论说了龙首山等关中名胜古迹典故的来龙去脉，考证了长安城的兴废及秦先君陵寝所在，补充了地方志的阙佚。卷下收图 2 幅，详细绘出诸渠的走向、闸斗、支分，沿境村屯、城池、管理机构位置等。其后是关于泾渠因革制

　　①甘肃省图书馆编辑：《影印文溯阁四库全书四种》（上海古籍出版社 2003），随书附《〈四库全书〉简介》文字。
　　②毕沅校本《长安志图》卷上增《奉元州县图》《唐皇城图》，与四库诸本不同。

度及利弊等的 6 篇论说,对关中农田水利建设以及社会民生有着十分重要的意义。

《墨法集要》是明初墨师沈继孙(字学翁)通过向民间制墨大师学习,杂取众长,又亲自长期实践,总结制作佳墨经验的技术专著。成书于洪武戊寅岁,即公元 1398 年。其中有图 21 幅,直观地显示了制墨的设备及过程,是中国科技史和文化史的重要文献。原书本已失传,底本系乾隆皇帝于乾隆四十一年(1776)发现于《永乐大典》中,谕令馆臣收录于四库全书子部谱录类。

《璇玑图诗》又称《织锦回文诗》,是前秦符坚(357—385 年在位)时,始平(治在今陕西兴平市东北 19 里)青年女子苏蕙写给任官远方的丈夫窦滔表达离别之情的闺阁回文诗。该诗以五彩丝线绣于一块八寸见方的锦帕上,诗共 29 行,每行 29 字,中心空缺 1 字,总计 840 字。后人感慨其诗图之妙,在中央增一"心"字,成为后来流传的 841 字。苏蕙在诗心书"璇玑图诗"四字,则《璇玑图诗》系作者自命名。诗以璇玑命名,喻其如日月七星在天体运行,错综复杂,却又有其内在规律。840 字的文字方阵纵横反复、上下左右、里外交互、顺逆循环、斜角隔行阅读,皆可以成诗,是撰成较早、影响最大的一部回文诗。历代释读《璇玑图诗》者众。署名武则天《记》称从中读出 200 余首诗,唐宋间僧人起宗[1]将其用 5 彩分为 7 图 147 段,读出三言、四言、五言、六言、七言诗共 3752 首。[2]明朝武功人康万民,在僧人起宗的基础上,又采用正读、反读、起头读、逐步退一字读、倒数逐步退一字读、横读、斜读、四角读、中间辐射读、角读、相向读、相反读等 12 种读法,增读得五言、六言、七言诗 4206 首,加上起宗所读诗,总计读得诗 7958 首,撰成《璇玑图诗读法》一书,是古代《璇玑图诗》读法的集大成者。

为了正确评估文溯阁本《四库全书》的学术价值,我们用两年时间,对《影印文溯阁四库全书四种》中的四种古籍分别进行了研究,并且以其与文渊阁本同书进行仔细对勘。发现《易图说》《长安志图》《墨法集要》《璇玑图诗读法》等四种书的文溯阁本和文渊阁本的文字或图片的差异达(119 + 438 + 87 + 257)901 处,其中,各自用异体字、简化字、古今字、假借字或避讳字的(59 + 139 + 56 + 139)393 处,两者皆误者(2 + 12 + 3 + 8)25 处,文溯阁本正确而文渊阁本错误或缺佚的(21 + 91 + 17 + 32)161 处,文渊阁本正确而文溯阁本错误或缺佚的(33

---

①起宗究竟是何时代人,道士还是和尚,明清学者有不同说法。郎瑛《七修类稿》卷39《苏若兰织璇玑图诗》称"皇朝起宗和尚"。皇朝指明朝。《四库全书》子部杂家类杂纂中所收元陶宗仪《说郛》卷78上《织锦璇玑图》按语中,称:"起宗道人分图析类,独得其旨。"文溯阁本《璇玑图诗读法·凡例》称:"起宗道人。"我们据宋人桑世昌编《回文类聚》(文渊阁《四库全书》本)卷1,"又五色读法"中录宋太宗至道元年(995)十一月六日广慧夫人之文,断起宗为宋太宗以前人。

②〔明〕郎瑛:《七修类稿》卷39,上海书店出版社,2001 年,第411 页。

+99 +12 +56）200 处。其他尚有或可能底本有误，或二者难辨正误，或两者皆可的 122 处。

通过校勘研究，我们发现文溯阁本与文渊阁本四种书还存在一些篇段不同和可以互补的缺佚。具体说，《易图说》文溯阁本书首有纳兰成德 463 字《序》，而文渊阁本缺佚；同书文渊阁本书末有宋端平丙申（1236）吴人何元寿刊后跋语 170 字，文溯阁本无。文溯阁本与文渊阁本《长安志图》有 6 句段文字差别很大，各说各的，难分伯仲。文渊阁本《长安志图》卷下叶 2《泾渠总图》及叶 3《富平县境石川溉田图》，顺序颠倒。文溯阁本《墨法集要》比文渊阁本多出一篇乾隆皇帝撰述的《御制题墨法集要图说》，却少了文渊阁本有的沈继孙撰《墨法集要原序》以及《墨法集要目录》。文溯阁本《璇玑图诗读法》两本正文卷上叶 18A 至叶 20A，与文渊阁本有大幅度的文句颠倒。文溯阁本与文渊阁本《璇玑图诗读法》卷数标示不一（称一卷或二卷）、对皇帝之名讳或不讳，文渊阁本书首缺佚清前期学者康吕赐识言的标题《苏若兰织锦回文璇玑图诗暨诸读法合刻识言》，文溯阁本提要比文渊阁本少了一段考证文字，根据我们研究，原来文渊阁提要的考证结论是错误的，所以文溯阁本就将其悄悄地删除了。

长期以来，学界有一种说法，现存诸四库本的抄写校勘质量，以文渊阁本为最佳，其他诸本较差。其理由是，"文渊阁在文华殿后，每岁仲春经筵毕，例于此赐茶。乾隆翻阅，时所有之，诚恐再见错误而获罪，故校勘亦较他处为精。再文渊阁之书，系第一部告成者，字亦工整"①。我们校勘文溯阁《四库全书》的四种书，从总体差错率看，文溯阁本《墨法集要》抄校质量优于文渊阁本同书（18：12），文溯阁本《长安志图》抄校质量与文渊阁本差距不大（91：98），文溯阁本《易图说》（21：33）和《璇玑图诗法》（32：56）的校对质量却不如文渊阁本同书。《长安志图》中"癸巳年"，文渊阁本抄成"癸已年"；"分郊画畿"，文渊阁本抄成"分效画几"，显见文渊阁该书抄写者的学识不及文溯阁本的抄写者。由此可见，两阁书的抄写与校勘质量虽然存在每本书的个体差异，但从总体看，文溯阁本《四库全书》的抄写质量绝不在文渊阁本之下，有的书比文渊阁本书的文字错误更少、篇章更多，价值在文渊阁本之上。

文溯阁本与文渊阁本诸书之所以文字缮写校勘质量相差无几，原因是多方面的。第一，因为文溯阁本是在文渊阁本抄出以后的第二分四库抄本。一般情况下，第一分抄本（文渊阁本）经过一段时间的阅读查检，会发现一些不足或问题，在抄第二分书时就可以有所改正。第二，第二分书也是抄校一批，随即进呈

---

① 施廷镛：《故宫图书记》（1925），《图书馆学季刊》第一卷第一期。该文收入《中国古代藏书与近代图书馆史料（春秋至五四前后）》，中华书局，1982 年，第 452－453 页。

皇帝御览一批,制度严密,抄校诸臣在进行文溯阁本抄校工作时"如履薄冰",极为小心。第三,文溯阁《四库全书》的编撰,与乾隆皇帝即将赴盛京巡幸有关,馆臣加倍认真。乾隆皇帝在癸卯年《题文源阁》诗中云:"文渊昨岁庆莲行,文溯因巡亦促成。拟可明年束阁藏,况当熟路驾车轻。"自注云:"昨岁《四库全书》第一分完竣,适春仲经筵礼成,于文渊阁锡宴赏赉有差,以落其成。其二分书照式誊写,易于藏事,因命馆臣上紧督办,送至盛京文溯阁庋藏,亦于今春告竣。"①文溯阁《四库全书》于乾隆四十八年五月在盛京旧宫文溯阁排次上架迄,当年八月,乾隆皇帝亲诣盛京,驻跸旧宫。文溯阁即在盛天旧宫之内,馆臣岂敢不加倍精心缮写校勘?第四,文溯阁本在入藏盛京书库后,曾由陆锡熊、刘权之等负责于乾隆五十五年和乾隆五十七年两次复校,对文溯阁本中的文字曾做过多次校检,查出不少问题,一一予以改正。我们在文溯阁本《长安志图》中发现叶码有明显改写痕迹者22处,它们说明,抽换本抄成后,又查出缺叶或叶码错误,故而再次补抄或对所标叶码进行了改写。陆锡熊等人的复校,保证了文溯阁本较高的抄写品质。而通过对两阁书的校勘,纠正各本中的错误与纰漏,达到两阁本子互正的目的,提高四库本古籍书的文献价值,终将嘉惠学林。

通过对四种书的仔细校勘,我们发现文溯阁《四库全书》有着极为宝贵的版本价值。第一,200多年来,不少古籍收入文溯阁本《四库全书》以后,从未有过单行本出版,其文献和版本价值当然很高。例如,中国科学技术史的重要文献《墨法集要》,是乾隆皇帝从《永乐大典》中发现,谕令馆臣编抄进《四库全书》的。当代除影印诸《四库全书》本及个别丛书中收有此书外,尚无任何出版家出版过单行本。《璇玑图诗读法》一书,除收入《四库全书》之外,未见他处著录。当代除影印文渊阁、文津阁四库本中收有此书外,亦无任何出版家出版过单行本。由两书的版本状况可以推想,在文溯阁《四库全书》中尚有许多原本早已佚失、200年来未见付梓的珍稀典籍,应该引起出版界关注。第二,文溯阁《四库全书》与其他阁的同一部书很可能不是根据同一种底本抄出的,它保存了这种书的某一古老版本的真实状况,有版本学的价值。例如,辛德勇研究,今存各种《长安志》(包括《长安志图》)的版本都来源于明成化本和嘉靖本。② 而据我们的比较研究断定,文溯阁本《长安志图》既非源于明成化本,又非源于明嘉靖本,而是以乾隆中新发现的某种不知名的古版为底本缮写而成的。第三,我们知道,印刷本书籍同一版本中的文字完全一致。而手工誊抄本的同一种书,由于

①《御制诗》四集卷95,影印文渊阁《四库全书》集部。
②辛德勇:《考〈长安志〉〈长安志图〉的版本——兼论吕大防〈长安图〉》,载辛德勇《古代交通与地理文献研究》一书,中华书局,1996年。

种种原因,往往不可能完全相同。《四库全书》全部是手抄本书。书手的写字习惯、文化水平、负责程度不尽相同,校勘者的学识和治学态度存在差异,在撰修《四库全书》过程中由于种种原因,尤其是乾隆皇帝的干预,曾多次抽换、删节、修改书中的篇章或文字,而并不一定每一阁的书都同样进行改动,就使得四库不同阁的同一部书出现了或多或少的文字差异。从而,可以说,每一阁的每一本书都是200年前形成的该书的一个独特的手抄本,是一个新的版本。因此,我们不能将《四库全书》各库本视为一种版本看,而应明确各自版本之不同,在研究和引用时,必须明确标示其为文渊阁本、文溯阁本或文津阁本,否则就可能因无法查证,而出现问题。这是必须引起学者严重关切的。

我们还发现了《四书全书》撰述过程中的不少问题。例如,四库馆对全书的誊抄仅要求用馆阁体,而无规范字体的要求,以至誊写人员抄书时,不一定完全按照底本的写法,而是凭个人书写习惯写来,因而造成诸书同一字的写法各异。再如,通过对《易图说》的研究,我们发现清军机处对纳兰性德的年龄的说法是错误的,从而有意或无意地造成了乾隆皇帝关于《通志堂经解》辑者的文化冤案。《长安志图》提要称该书系作者"再任陕西时作也",而我们查考后发现乃是其第一次任职陕西时。《璇玑图诗读法》书首有武则天序,我们通过考证基本认定该序不是武氏所撰。《璇玑图诗读法》提要中称"起宗道人"是宋元间人,而我们考订起宗是宋初的佛教僧人等等,都是读者在阅读文溯阁《四库全书》四种时应该予以注意的。

我们对文溯阁《四库全书》四种进行研究,并以其与文渊阁本同书仔细校勘,发现了上述诸多问题,目的在于使广大读者,包括学术界同僚,以及相关领导,对文溯阁四库全书有更真切的认识,了解其学术价值和文献版本价值,推动文溯阁《四库全书》的影印出版。我们相信,秘藏深阁230年的稀世珍宝文溯阁《四库全书》在不久的将来,必将在学人的企盼中出版。而其出版之日,就是文溯阁四库全书全面整理研究的开始。本文只是先着一鞭而已。

《文史英华:甘肃省人民政府文史研究馆馆员、研究员文存》

甘肃人民出版社,2013 年

兰州大学文库

文溯阁《四库全书》成书时间考

清朝编纂的《四库全书》是对乾隆以前中国古代典籍的一次最大规模的全面总结和系统整理。全书收录书籍 3461 种，计 79309 卷，另有存目书籍 6793 种，93551 卷，[①]是中国历史上现存最大的一部丛书。《四库全书》修成后共抄录七部。北方收藏四部，称为"内廷四阁"；南方收藏三部，称"南三阁"。经过长期社会动荡，七阁《四库全书》仅存三部半，原存于沈阳，现藏于甘肃省图书馆的文溯阁《四库全书》便是饱经社会动荡和内忧外患而存世的三部之一。文溯阁书至今秘藏深阁，引起学界的特殊关注。对文溯阁《四库全书》抄成装订完成时间的确定，有利于世人更加全面地了解和研究文溯阁《四库全书》。

关于文溯阁《四库全书》的抄成装订完成时间，目前主要有四种说法：

一，乾隆四十七年（1782）七月。杨家骆《四库全书概述》言："乾隆四十七年七月，第二第三第四三分书成。"[②]任松如《四库全书答问》同。[③]

二，乾隆四十七年（1782）十月。郭伯恭《四库全书纂修考》认为："乾隆四十七年十月，二分书已完全蒇工。"[④]

三，乾隆四十七年（1782）十一月二十八日（辛酉）。张崟《七阁四库成书之次第及其异同》一文认为，文溯阁《四库全书》成书于乾隆四十七年十一月辛酉。[⑤] 吕坚《四库全书七阁成书时间考》[⑥]、黄爱平《四库全书纂修研究》[⑦]、郭向

---

①永瑢等：《四库全书总目·出版说明》，中华书局，1965 年，第 3 页。

②杨家骆：《四库全书概述增附五种本》，台北，中国学典馆复馆筹备处，1975 年，第 101 页。

③任松如：《四库全书答问》，上海书店出版社，1992 年，第 34 页。

④郭伯恭：《四库全书纂修考》，商务印书馆，1937 年，第 132 页。

⑤张崟：《七阁四库成书之次第及其异同》，载《国立北平图书馆馆刊》第 7 卷第 5 号，书目文献出版社，1992 年，第 5585－5599 页。

⑥吕坚：《四库全书七阁成书时间考》，载《文献》第 21 辑，书目文献出版社，1985 年，第 134 页。

⑦黄爱平：《四库全书纂修研究》，中国人民大学出版社，1989 年，第 152 页。

东《文溯阁四库全书的成书与流传研究》①等亦同此说。

四，乾隆四十八年（1783）。陈垣先生认为："乾隆四十八年癸卯，第二分《四库全书》成，令原办内阁学士陆费墀送往盛京，会同将军永玮等弆庋文溯阁。"②王伯祥《四库全书述略》③同。

上述诸说皆出自权威专家之口，然只能有一种说法是正确的。我们知道，文溯阁《四库全书》是继第一分（文渊阁）《四库全书》之后抄成的第二分《四库全书》。因此，要弄清这一问题，必须从第一分《四库全书》的抄出装订完成说起。

据《乾隆四十六年十二月初六日内阁奉上谕》云："四库全书第一分，现在办理完竣，所有总校、分校人员等，著该总裁查明咨部，照例议叙。"④以及《候选从九品陈逵奏为铨选无期吁恳圣恩施仁及时报效摺》曰："窃微臣系江苏武进县人。前于乾隆四十四年（1779）六月，在四库馆自备资斧，充当供事。至四十六年（1781）十二月初六日第一分全书告竣，钦奉恩旨议叙从九品，归于双月五缺选用，年满回籍候选在案。"⑤可知第一分《四库全书》于乾隆四十六年（1781）十二月初六日告竣是当时官方的统一认识。

第一分《四库全书》告竣之后，紧接着就进行第二、三、四分书的缮写。据《乾隆御制诗》中《题文津阁》"六年期固非遥耳"的自注云："四库全书第一部已成，其第二、三、四部分庋盛京之文溯阁、山庄之文津阁、御园之文源阁者。据馆臣等奏通限六年全竣，行见装潢贮阁，次第观成云。"⑥根据四库馆臣奏折所保证完成的时限，乾隆四十七年（1782）七月初八，乾隆皇帝谕令内阁云："朕稽古右文，究心典籍，近年命儒臣编辑四库全书，特建文渊、文溯、文源、文津四阁，以资藏庋。现在缮写头分告竣，其二、三、四分限于六年内按期藏事，所以嘉惠艺林，垂示万世，典至钜也。"⑦乾隆皇帝的这个谕令，说的是第一分文渊阁四库全书现已抄竣，第二、第三、第四分《四库全书》限期在六年内抄成。依此，至迟在乾隆五十三年将这三分书全部完成。

杨家骆《四库全书概述》称："乾隆四十七年（1782）七月，第二第三第四三分书成。"将第二三四分书的抄竣装订完成时间说成是乾隆四十七年（1782）七月，此时，距第一分《四库全书》告竣的时间（乾隆四十六年十二月初六），仅仅七个月，

①郭向东：《文溯阁四库全书的成书与流传研究》，西北师范大学博士论文，2004年，第30页。
②陈垣：《纂修四库全书始末》，载《陈垣学术论文集》第二集，中华书局，1982年，第17页。
③王伯祥：《四库全书述略》，载《中国图书·文献学论集》，台北，明文书局，1983年，第497页。
④中国第一历史档案馆：《纂修四库全书档案》，上海古籍出版社，1997年，第1146页。
⑤中国第一历史档案馆：《纂修四库全书档案》，上海古籍出版社，1997年，第2343页。
⑥故宫博物院：《乾隆御制诗集》四集十四册，卷91，海南出版社，2000年，第155页。
⑦中国第一历史档案馆：《纂修四库全书档案》，上海古籍出版社，1997年，第1589页。

与乾隆皇帝限六年完成第二三四分书抄写的谕令发出的时间（乾隆四十七年七月）相同。由以看出，杨家骆先生在此是读书未细，以至将乾隆皇帝提出期限要求的下诏时间，当成了第二三四分书的抄迄装订完成时间，显然是错误的。

郭伯恭在《四库全书纂修考》中将文溯阁四库全书抄迄装订完成的时间定于乾隆四十七年（1782）十月。郭氏通过和珅等人的奏折、军机处的奏折来证明自己的观点，论曰："本年十月和珅等奏云：'臣等将应送盛京文溯阁收贮之《四库全书》，分作五拨；起程日期，公同各总裁等商酌：其第一拨拟于本年十月二十日起运，第二拨拟于十一月二十日起运，第三拨于明年正月初五日起运，第四第五拨运送之书，照例间月一起行走，至三月初五日可以全数运竣。'又军机处于本年十月二十八日奏云：'本年十月十八日，金简告知臣等，于召见时面奉谕旨：俟第二分存贮文溯阁书成，交军机大臣提奏总校王燕绪朱钤。钦此。今据四库馆奏：第二分存贮文溯阁全书，业经办理完竣。理合将总校王燕绪朱钤遵旨提奏。谨奏。'据此，则乾隆四十七年（1782）十月，二分书已完全蒇工，陆续送贮盛京文溯阁。"①

然而，和珅等奏折的内容，是奏告拟自乾隆四十七年（1782）十月起，把文溯阁《四库全书》依时间先后分作五拨运送到盛京文溯阁。我们知道，文溯阁《四库全书》是装订为36000余册的大丛书，每一分丛书即使全部抄迄，要全部装订出来，也需要相当的时日。由此，总是每装订用印出一批书，就集为一拨运往盛京书库。从而，第一拨书的运出时间不可能是文溯阁《四库全书》全部抄迄装订完成的时间。仔细阅读相关奏折可知，和珅等人的这份奏折是《多罗仪郡王永瑢等奏运送盛京文溯阁陈设全书事宜请旨遵行摺》的一个补充。乾隆四十七年（1782）九月十一日，永瑢等上呈《运送盛京文溯阁陈设全书事宜请旨遵行摺》，曰②：

> 恭照盛京文溯阁应行陈设《古今图书集成》一部、《四库全书》一部，现在陆续上紧装订，并前后敬谨用宝入匣，自应随时分拨起运……相应奏明请旨，以便行文直隶总督及盛京将军、奉天府尹衙门，令其预行雇夫，并派员赴京领运，沿途押运。

四库馆为何急于将文溯阁四库全书分批运送盛京，原来，乾隆皇帝定于次年八月巡幸盛京，因此催促在他巡幸时能在盛京看到该书，正如其在癸卯年《题

---

① 郭伯恭：《四库全书纂修考》，商务印书馆，1937年，第131-132页。
② 中国第一历史档案馆：《纂修四库全书档案》，上海古籍出版社，1997年，第1638-1639页。

文源阁》诗中所云:"文渊昨岁庆莚行,文溯因巡亦促成。"①四库馆初步决定:"先将《古今图书集成》五百七十六函,并《四库全书》一千函,作为第一拨,即于九月下旬起程。其余《四库全书》五千一百四十四函,分作四拨陆续启运。"经过"公同各总裁等商酌:其第一拨拟于本年十月二十日起运,第二拨拟于十一月二十日起运,第三拨拟于明年正月初日起运,第四第五拨运送之书,照例间月一起行走",预计次年三月初五日全书可以运竣。从永瑢等的奏折,我们可以知道乾隆四十七年(1782)九月文溯阁《四库全书》正在抓紧装订和用宝(御印),以备分拨运贮盛京文溯阁,并不能得出第二分全书在乾隆四十七年(1782)十月告竣的结论。

而郭氏所引军机处奏书,倒是问题的关键。该奏云:"本年十月十八日,金简告知臣等,于召见时面奉谕旨:俟第二分存贮文溯阁书成,交军机大臣提奏总校王燕绪朱钤。钦此。今据四库馆奏:第二分存贮文溯阁全书,业经办理完竣。理合将总校王燕绪朱钤遵旨提奏。谨奏。"②该奏折系录自王重民编辑《办理四库全书档案》88页正面。原书折文下以小字注:"(乾隆四十七)十月二十八日陈。"十月十八日,乾隆皇帝要求军机处等书成时提奏奖赏总校王燕绪和朱钤,即此时第二分四库全书尚未告竣,可是仅仅过了10天(十月二十八日),第二分四库全书就奇迹般地告竣了,因而要提请皇帝奖励办理第二分四库全书的有功人员,我们不能不怀疑王重民先生所注此份奏折的上陈时间是有问题的。又,若所注之奏折上陈时间正确,则在此奏之前,应该有四库馆报告第二分文溯阁全书,业经办理完竣的奏折,以及乾隆皇帝奖赏王燕绪和朱钤的圣谕。我们查阅《办理四库全书档案》该年十月及其以后的谕折,寻得,"乾隆四十七年(1782)十一月二十八日奉旨第二分四库全书校缮完竣,办理尚属迅速,其承办之总校王燕绪著加恩……遇有中允缺出,即行补用。朱钤,著即授职编修。……钦此。"③军机处提请奖赏与皇帝下谕奖赏的时间竟然相差一个整月,完全不符合清代惯例。而永瑢奏报第二分四库全书告竣的奏折在此年及次年的录文中皆阙如。查上海古籍出版社出版之《纂修四库全书档案》知,军机处奏请奖励王燕绪、朱钤的折子,乾隆皇帝所下奖励王、朱的谕旨,四库馆关于第二分《四库全书》告竣的奏折都在乾隆四十七年十一月二十八日。影印《乾隆朝上谕档·乾隆四十七年正月至四十九年二月》中所载奖励王、朱的上谕也

①故宫博物院:《乾隆御制诗集》四集十四册,卷95,海南出版社,2000年,第218页。
②郭伯恭:《四库全书纂修考》,商务印书馆,1937年,第131－132页。
③中国第一历史档案馆:《纂修四库全书档案》,上海古籍出版社,1997年,第1689－1690页。

是在乾隆四十七年十一月二十八日。① 我们才明白，原来是王重民《办理四库全书档案》②将军机处奏请奖励王、朱奏折的时间注错了，提前了一个月，郭伯恭未曾用其他材料佐证就引用了该材料③，正所谓"失之毫厘，谬以千里"，引用的材料不正确，其得到的观点自然也不正确。故此，第二种说法是错误的。

第四种陈垣先生乾隆四十八年文溯阁《四库全书》告竣的说法，源于《乾隆御制诗集》四集中的几首诗的自注文。其卷95《题文源阁》"文渊昨岁庆筵行，文溯因巡亦促成"诗句的自注云："昨岁（乾隆四十七年）《四库全书》第一分完竣，适春仲，经筵礼成于文渊阁，赐宴赏赉有差，以落其成。其二分书，照式誊写，易于藏事。因命馆臣上紧督办，送至盛京文溯阁庋藏，亦于今春（乾隆四十八年）告竣。至三分书应弃此文源阁者，又可接续缮办，明春想亦可藏事。"④同集卷98《题文津阁》自注云："昨壬寅（乾隆四十七年）春，《四库全书》第一分告成，弆置文渊阁；癸卯（乾隆四十八年）春第二分全书亦竣，命内阁学士陆费墀送往盛京，会同将军永玮等弆庋文溯阁。"⑤同集卷100《题文溯阁》诗句"老方四库集全书，竟得功成幸莫如。京国略欣渊已汇，陪都今次溯其初"自注："昨岁壬寅（乾隆四十七年）仲春四库全书第一分告成，弆置文渊阁。今癸卯（乾隆四十八年）春，第二分全书亦竣，敕总校内阁学士陆费墀送至盛京，弆置此文溯阁。"⑥这几处确实注明乾隆四十八年第二分四库全书告成，并弆藏于文溯阁。

但是《乾隆御制诗集》自注中关于文溯阁《四库全书》成书时间的记载，并不是完全一致的。如《乾隆御制诗集》五集卷9中《题文源阁叠去岁诗韵》自注云："壬寅年（乾隆四十七年）第二分盛京文溯阁书成"⑦、《题文津阁》自注云"嗣于第二年（壬寅年）盛京文溯阁书成"⑧、同集卷17《文津阁作歌》自注云"壬寅年（乾隆四十七年）第二部成，贮盛京之文溯阁"。⑨

《乾隆御制诗集》四集、五集皆出自乾隆一人之手，为何所书第二分四库全书的成书并装订用印完成的时间会出现前后矛盾？郭伯恭先生分析道："或帝

---

① 中国第一历史档案馆：《乾隆朝上谕档》，中国档案出版社，1991年，第486页。
② 王重民：《办理四库全书档案》，国立北平图书馆，1934年，第88页。
③ 详见《四库全书纂修考》第131页注7，第132页注8。
④ 故宫博物院：《乾隆御制诗集》四集十四册，卷95，海南出版社，2000年，第218页。
⑤ 故宫博物院：《乾隆御制诗集》四集十四册，卷98，海南出版社，2000年，第267页。
⑥ 故宫博物院：《乾隆御制诗集》四集十四册，卷100，海南出版社，2000年，第305－306页。
⑦ 故宫博物院：《乾隆御制诗集》五集十五册，卷9，海南出版社，2000年，第272－273页。
⑧ 故宫博物院：《乾隆御制诗集》五集十五册，卷9，海南出版社，2000年，第276页。
⑨ 故宫博物院：《乾隆御制诗集》五集十五册，卷17，海南出版社，2000年，第402页。

至此年已晚莫（暮），追溯往事，不无健忘乎？"①诗作不是史书，史书要求时、地、人的准确，诗作则主要在于其意境和文辞，至于所涉之时、地、人则不必尽求无误。陈垣先生以诗证史没有错，但未曾注意到乾隆皇帝之诗在述及第二分四库全书完竣时间上的相互抵牾，却贸然引用其一说，以至出现万一之差误，实在令人扼腕。

第三种说法，乾隆四十七年（1782年）十一月辛酉（二十八日），是符合史实的说法。文溯阁本《四库全书》系四库馆缮写的第二分《四库全书》，四库馆臣在文渊阁《四库全书》完竣之后，上奏乾隆皇帝请勒限六年抄成第二、三、四分全书，而乾隆皇帝认为二、三、四分书系"照式誊写，易于藏事"，故明确要求，在一年内完成第二分书的抄写和装订等事宜。四库馆加紧工作，于是在不到一年时间，就完成了第二分《四库全书》的缮写和装订工作。据乾隆四十七年十一月二十八日《多罗质郡王永瑢奏第二分应缮全书缮校全竣摺》②云：

> 臣永瑢等谨奏，为盛京文溯阁陈设《四库全书》缮校全竣，恭摺奏闻事。窃臣等奉命办理第二分全书，遵旨限以一年完竣。随经奏明，专派提调、编修吴裕德经管督办，并派进士吴树萱、柴模充作收掌，专司一切稽查、核对、收发事件。又于各总校内专派中允衔王燕绪、编修朱钤二员总司校勘。自本年二月二十七日起，除《永乐大典》及各馆未办成书酌留空函外，陆续共呈进过三万二千册有零。该员等俱各奋勉出力，昼夜赶办，并无贻误稽延。所有第二分应缮各书，业经全数呈览。

在永瑢谨奏的当日，军机大臣也上陈了提请奖励第二分书二位总校的奏折。

这两份奏折上陈关于第二分《四库全书》全竣都是乾隆四十七年（1782）十一月二十八日。乾隆皇帝在当日即下谕，对"其承办之总校王燕绪，著加恩于服阕后，遇有中允缺出即行补用；朱钤著即授职编修；收掌吴树萱、柴模著加恩授为内阁中书，即行补用"③。

对第二分全书告竣以及赏赐谕旨，《乾隆朝上谕档》④、《清实录·高宗实

①郭伯恭：《四库全书纂修考》，商务印书馆，1937年，第134页。
②中国第一历史档案馆：《纂修四库全书档案》，上海古籍出版社，1997年，第1688页。
③中国第一历史档案馆：《纂修四库全书档案》，上海古籍出版社，1997年，第1690页。
④中国第一历史档案馆：《乾隆朝上谕档》，中国档案出版社，1991年，第486页。

录》①、《十朝东华录·东华续录》乾隆卷②,都明确记载为"乾隆四十七年(1782)十一月二十八日(辛酉)"。因此,张崟、吕坚、黄爱平、郭向东诸先生的说法是正确的,第二分文溯阁《四库全书》全竣的时间是乾隆四十七年(1782)十一月二十八日。

2012 年撰

①《清高宗实录》卷 1169,中华书局,1986 年,第 682 页。
②王先谦:《十朝东华录·东华续录》乾隆卷 96,1899 年,第 416 页。

试论钱大昕的历史考证学

我国古代的历史考证之学，至清代乾隆、嘉庆年间发展到鼎盛，考证名家如夏夜群星璀璨夺目，钱大昕则是其杰出代表。总结钱大昕历史考证学的理论和实践，为新史学的繁荣服务，是我们研究史学史的任务之一。

一

从事历史考证，首先要解决目的问题。顾炎武等人以考证为手段，以经世致用为目的，很受今贤赞许。而乾嘉学者埋头考证，似乎为考证而考证，则颇遭今贤微词。钱大昕从事考史，目的何在，不可不首先辨明。

钱大昕从事历史考证，主要有三项目的。

其一是为了贯彻自己的思想政治主张。他说："义以贯道，言以匡时，雕虫绣悦，虽多奚为？"①他总结历史经验，认为学问与国家兴亡密切相关，在《士大夫不说学》中指出："士大夫不可以无学。不殖将落，原氏所以先亡；数典亡祖，籍父所以无后。董昭言，当今年少，不复以学问为本；曹魏所以不永也。史洪肇言，但事长枪大剑，安用毛锥；乾祐所以失国也。蔡京禁人读史，以《通鉴》为元祐学术；宣和所以速祸也。"学问与社会从来都有着密切关系，不重视学术的社会和不关心社会的学术都是难以长久存在的。钱大昕所做的历史考证，多是从现实社会和政治中选题，以考古来喻今世。比如《十驾斋养新录》卷16"父母官"条，表面上是考证父母官名称的由来，实质却在斥责当今"有不爱百姓之官，甚至假其势以恣其残暴，苟有人心者，能毋顾名而惭且悔乎"！卷18"党籍"条，

---

①《潜研堂文集》（以下简称《文集》）卷17《文箴》。

说："奸臣暴君,快意于一时,而被其毒者,流芳于百世,心愈狠而计愈拙,当时无恻隐羞恶之心,后世岂无是非之心哉!徐健庵云:'做官时少,做人时多;做人时少,做鬼时多。'此辈惜未闻斯语。"从中,我们不难感悟到他对当时文字狱倒行逆施的警告。当然,处于政治高压之下,钱大昕是不敢公开指斥当局的。但他用这种婉转的方法,通过历史考证来阐明其经世思想,则是我们应该予以理解的,这就是他自己所说的:"柳翳隐形,志在避祸,千载之下,必有心知其意而莫逆者。"①

其二是为了纠正颓废的学风。宋明时代,理学盛行,许多学者崇尚空谈,学风败坏。清初学者对此已有深刻批判。但风气转变原非易事,况且清王朝从巩固政权出发,仍大力提倡理学,故而钱大昕从事考史,每讲学风,则以明季为鹄的,以纠止空疏学风为己任。他批评"明代人空疏无学,而好讲书法","明人好谈名节,而于记载多失讨论","盖八股取士所得,皆束书不观,游谈无根之子衣钵相承,转以读古书为务外",以至著述"涉笔便误",学子"揣摩剽袭",世人"口耳与身心相庋"。② 他提出纠正的方法是"多读书,善读书","穿穴经史,实事求是。虽议论不必尽同,要皆从读书中出"。③ 由此,钱大昕读书考史,颇注意以之揭露理学之妄说。如理学讲妇人要从一而终,钱大昕则考证礼之七出之文,说:"先儒戒寡妇之再嫁,以为'饿死事小,失节事大。'予谓……去而更嫁,不谓之失节。"④这哪里是为考证而考证!

其三是为了给后世留下信史。历史记载有曲笔和讹谬,考证就是为了纠止讹误,恢复历史真实。钱大昕在《廿二史考异序》中明确阐述道:"夫史非一家之书,实千载之书,祛其疑乃能坚其信,指其瑕盖以见其美。拾遗规过,非为龁龁前人,实以开导后学。"正是由于钱大昕等学者的艰苦考证,使我们今天研究古代史时资料上的障碍少了,他们的贡献岂可低估!

二

有人把历史考证看作雕虫小技。其实,这一学问很大,没有正确的思想、丰富的学识、纯熟的技巧,是很难搞出成绩来的。

从长期从事历史考证的实践中,钱大昕总结出考史者应具备诸多的基础和

---

①《十驾斋养新录》(以下简称《养新录》)卷13《史通》。
②《养新录》卷13《竹书纪年》,卷14《太仓州志》,卷16《双声》。
③《文集》卷25《严久能娱亲雅言序》。
④《文集》卷7《答问四》。

条件。

第一要实事求是，不迷信盲从。钱大昕反复讲史学要实事求是，不妄下雌黄。他批评王安石"心术不正，即在好非议古人"①，赞扬顾炎武、惠栋等人"皆精研古训，不徒以空言说经，其立论有本，未尝师心自用，而亦不为一人一家之说所囿"②。他最反感"擅改古书，以成曲说"，说这"最为后儒之陋"。③ 要实事求是，就必须破除迷信。在《释道俱盛于东晋》《轮回说》《星命说》中，他痛斥佛道和天命说教的谬妄。对前贤师友他也绝不盲从，敢于批评他们的不足与错误。正是由于朴素的唯物思想和独立思考的精神，使钱大昕在从事历史考证时能高屋建瓴，头脑清醒，突破藩篱，有所发现。要实事求是，还必须摒弃门户之见，不偏激穿凿。他批评朱熹"意尊洛学，故于苏氏门人有意贬抑，此门户之见，非是非公也"④。他发现偏激的见解往往源于处境和地位的不同，因此告诫："处患难者，勿为怨天尤人之言；处贵显者，勿为矜己傲物之言；论学术，勿为非圣悖道之言；评人物，勿为党同丑正之言。"⑤

第二要知人论世，不苛求古人。他认为研究历史，从事历史考证，"必知其人而论其世"⑥。他不喜为人之诗作序，就是因为诗寓情志，倘"不知其人志趣所在而强为之辞，赘也"⑦。他最痛恨有的人"强作聪明，妄生疙疭，不稽年代，不揆时势，强人以所难行，责人以所难受，陈义甚高，居心至刻"⑧。

第三要有广博的知识，不空疏措大。他说："自古史家之患，在于不博。"⑨强调史家必须注重舆地、官制、氏族之学。他说："读史而不谙舆地，譬犹瞽之无相也。"⑩批评贞观"史臣不谙官制"，以至《隋书》多误。指出"氏族之不讲，触处皆成窒碍"⑪。钱大昕本人就是一位公认的知识渊博的学者，段玉裁赞扬他"凡文字音韵训诂之精微，地理之沿革，历代官制之体例，氏族之流派，古人姓字里居官爵事实年齿之纷繁，古今石刻画篆隶可订六书故实可裨史传者，以及古九

①《养新录》卷16《曾王晚年异趣》。
②《文集》卷33《与晦之论尔雅书》。
③《文集》卷31《跋陶渊明诗集》。
④《养新录》卷7《宋儒议论之偏》。
⑤《养新录》卷18《文字不苟作》。
⑥《文集》卷26《郑康成年谱序》。
⑦《文集》卷26《李南涧诗集序》。
⑧《廿二史考异序》。
⑨《文集》卷18《记琉璃厂李公墓志》。
⑩《东晋南北朝舆地表序》。
⑪《二十四史同姓名录序》。

章算术,自汉迄今中西历法,无不瞭如指掌"①。正因为此,钱氏在考史中能触类旁通,游刃有余,做出显著成绩。

第四要注重证据,搜集丰富的资料。钱大昕终生勤于搜集各种考史资料。他自己藏书丰富,"插架图籍,不为不富"。他还与许多藏书家建立了深厚友谊,以便向他们借阅罕见图书。为了考史需要,他有时花很长时间搜寻某一种书,比如宋《宝祐会天历》,他就找了 50 年才在苏州吴氏家见到。他特别重视以金石证史,自称"平生最嗜金石刻,钟鼎款识穷爬掻"②。先后得到金石文字两千数百通,编成《潜研堂金石文字目录》《附录》及《金石文跋尾》共 35 卷。以金石证史,其"考史之精博,逐能超轶前贤"③。

第五要区别各种资料的考史价值。丰富的资料是考史的基础,但各类资料的可信程度不尽相同。钱大昕经过几十年的探讨,精辟地指出了各种资料的证史价值。他认为金石文字最可信,说:"史文转写或失其真,唯石刻出于当时真迹,当据碑以订史之误,未可轻訾议也。"④在各类史书之中,他认为实录比正史更为可靠。而正史又比方志、家乘可信。对于正史,他又尊私撰而斥官修。钱大昕还重视诗歌和小说笔记的证史之功,说:"谁谓小说无裨于正史哉!"⑤他独具慧眼,注意发掘民族文献。《元朝秘史》《元圣政典章》《圣武亲征录》《朝鲜史略》等书都因他的访求评论而得为治史者所重。

第六要求善本。钱大昕精于版本目录之学,但求书是为了运用,求罕本珍籍亦为考史。他说:"经史当得善本。……若日读误书,妄生驳难,其不见笑于大方者鲜矣。"⑥他赞扬时人冯应榴据宋元刊本考订辨正所著之《苏诗合注》,说:"立言愈慎,考古愈精,披沙而金始露,凿石而泉益清,是书出而读苏诗者可以得所折衷矣。"⑦这里讲的是一部书,但推而广之,亦是钱大昕艰苦考史的经验之谈。

三

历史考证是一门精深的学问。朱熹曾经说:"读书玩理外,考证别是一种功

---

① 《潜研堂文集段序》。
② 《潜研堂诗集》卷 19 《王汇英家藏古钱歌》。
③ 王鸣盛:《潜研堂金石文跋尾序》。
④ 《养新录》卷 6 《特勤当从石刻》。
⑤ 《养新录》卷 6 《五代史》。
⑥ 《养新录》卷 8 《经史当得善本》。
⑦ 《文集》卷 26 《苏诗合注序》。

夫,某向来不曾做。"钱大昕很赞赏此话,说"朱文公议论平实"①。以历史考证方法论,钱大昕超越前人和时贤,卓然独立,达到圆浑自如、至缜至密的程度。

考史的第一步是发现问题,确定考证对象。钱大昕主要是通过不同资料的校勘来找出差异,予以辨正。他把自己的考史专著定名为《廿二史考异》,其因正在于此。他自述其写作过程是对廿二史"反覆校勘,偶有所得,写于别纸,涉猎既久,启悟遂多"②,前后花了近40年功夫,终成斯书。钱氏校勘不外乎陈垣先生《校勘学释例》中总结的对校、本校、他校、理校诸法。通过校勘,发现差异。凡文字上的错讹衍脱,往往直接解决。但对那些问题较为复杂,真伪难以骤定,众说难以适从者,就需要运用考证的方法予以解决。

钱大昕也凭借自己对历史、地理、职官、年历、文字音韵、姓氏、史例、避讳、谥法等广博的知识,发现历史记载中的问题,进行考证。比如《隋书·经籍志》"梁有魏司农卿董遇注《周易》十卷",钱氏凭其职官知识立即指出,此"卿"字乃"史臣以意增之"。③

还有一种做法是从现实政治、社会或读史中提出某一方面的问题,进行系统的爬梳考证。例如清乾嘉间动辄将人凌迟处死。钱大昕两次作文,专题考证凌迟之刑的由来及历史,且引陆游奏状,称此刑"感伤至和,亏损仁政,实非圣世所宜遵也"④。

此外,还有因朋友学子的询问而进行考证,因新发现的碑石文字、珍稀书籍引出考证,或为了学术上的需要进行考证等。

钱氏给阎若璩作传,称其"平生长于考证,遇有疑义,反复穷究,必得其解乃已。学问之无穷,而人尤不可以无年也"⑤,这其实也是钱氏自己从事历史考证的艰辛历程。《十驾斋养新录》卷15《吴越武肃王庙碑》一文,就记载了他考证该碑碑文疑义的过程。《会稽志》中讲,吴越武肃王庙有一巨碑,立于荒园中,内容是"唐长兴七年吴越王弃宫馆,后二年嗣王建庙于越",但宋人刘恕《吴越纪年》则称"天福元年七月乙卯,立武肃王庙于东府"。天福元年与长兴七年为同一年(丙申),都当公元936年,两者已有不同。更主要的在于《五代史》、《吴越纪年》、钱俨《吴越备史》都说武肃王钱镠死于长兴三年(932年壬辰)。庙碑言其长兴七年死,显然有一误。钱大昕说:"然碑当时立,立碑者皮光业为其国丞

---

①《养新录》卷18《朱文公议论平实》。
②《廿二史考异》卷23。
③《廿二史考异》卷34。
④《文集》卷31《跋渭南文集》。
⑤《文集》卷38《阎先生(若璩)传》。

相,亦不应误谬至此。盖皆不可知。予读此志,蓄疑有年。"后来,朋友送给他风山灵德王庙碑拓片,文署"宝正六年重光单阏岁"。见此,钱大昕才恍然大悟。原来,宝正是吴越武肃王的年号,他死于宝正七年,即后唐长兴三年,丞相为之立碑,当然用宝正年号,称"宝正七年弃宫馆"。后来,吴越王钱弘椒归顺宋朝,忌讳钱镠自建年号事,"乃磨去宝正,易以长兴,非复元刻之旧矣"。这一个小问题的考证,竟花了这么大的功夫,实在是外行人难以想象的。钱氏有《绝句》言:"灵鹊不如拙鸠,快马不如钝牛。记得黄涪翁语,真富贵在千秋。"[1]他正是以拙鸠钝牛的精神,不畏艰险,辛勤地在文献的瀚海中遨游搏击了50年,才对廿二史以及许多其他古籍进行了精审的考证,给我们留下了数百卷的皇皇巨著。

四

在从事具体问题的历史考证时,钱大昕因对象与内容不同而灵活运用各种手段和方法,如果要一一予以剖析,大致有如下十二法。

第一,专题资料梳理排列法。这是古代学者做笔记,考证某些具体历史问题常用的方法。大体是将历代各种典籍材料中有关此专题的记载说法,尽可能全部找出,予以梳理比对,查清所要考证专题的来龙去脉,演变过程,分歧所在或致误原因,解决问题。进行这种方法的考证,史家资料掌握的多少是最关键的。钱大昕平常读史非常细心,遇有问题或值得重视的材料往往随手录出,以后进行考证时,有关材料则随即涌出,排除异说、弄清事实也就不困难了。反之,如果资料搜集得不全,就据之下断语,就难免偏颇甚至完全搞错。

钱大昕用这种方法进行的考证很多。例如《潜研堂文集》卷12《答问九》对魏晋中正制度的考证。他先概括了从各种史书中得到的此制度的一般情况,然后引《晋书·刘毅传》的有关记载,得知州大中正选举的程序。引《文献通考》得知县亦有中正以及中正荐举人才的具体方法。原原本本,令人信服。当今学者讲魏晋选举制度,无不以此为根据。

第二,事实反证法。这是一般历史考证常用的方法。大体在判断某一史实或说法的正误时,设法找出与此完全相反的确凿证据,以推翻伪误,确立正确的意见。从逻辑学来说,这是由证明反论题之假以确定原论题之真的间接证明方法。使用这种方法,最重要的是反证材料选择,必须是自身真实性毫无疑义而且又正好与伪误完全相反的。如果材料自身不够可靠或者说法含糊,就不能拿

---

① 《潜研堂诗续集》卷5《绝句》。

来作为证据。

钱大昕把这种方法称为"以矛刺盾"①，并运用这种方法解决了许多难题。比如唐代宗之子嘉王李运的卒年，《新唐书·十一宗诸子传》和《德宗纪》都说是贞元十七年(801)，而《文宗纪》却说在开成三年(838)。钱大昕指出："两说必有一误。古称三占从二，则以为贞元者或可信。"实际上究竟如何，钱氏找出《唐大诏令·宝历元年南郊赦文》中"亚献嘉王运、终献循王遹各赐物一百匹"的记载，一下子否定了贞元十七年说，"则敬宗时嘉王尚无恙，其薨年必在开成，而断非贞元，可深信而不疑矣"②。

第三，历日推算法。考证年月日的记载差误、人的年龄与区别不同时的人事，多用此法。大体是从有关材料中找出与所考专题有关的一些时间记述，据以推算或比较，就可解决问题。使用这一方法，最重要的是考证者必须有丰富的年历学知识。钱大昕著有《三统术衍》和《四史朔闰考》两部年历专书，又有许多专题论说，是一位学兼中西、精湛入微的历算学家。他运用历日推算法进行考证就纯熟自如，成果卓著。例如，明王世贞《弇州四部稿》第40卷《庚午元日日食诗》言："甲寅元日雨不食，庚午正元食稍微。"是说嘉靖三十三年元旦有雨而不见日食，隆庆四年元旦有日食。钱大昕查史书却言：嘉靖三十二年正月初一日食，雨，不见；而次年元旦那一天没有日食。他本以为王世贞是述己所见，不应有错，后来用《大统术》推算，"嘉靖癸丑正月戊寅朔，入交二十六日七千六百七十七分有奇，正入食限。而甲寅正月壬寅朔，入交二日四千八百二十一分有奇，则已逾食限矣"③。就是说，根据推算，嘉靖三十二年元旦不可能出现日食，王世贞诗所述当是记忆错误。

第四，引文辑植溯源法。各种著述中的记载、说法、引文，一般都有所本，抄辑汇录的诗文，也都是据他本所录。遇到疑难问题，如果能找到此说法或记载的出处，或所辑录诗文的原始依据，往往能弄清真相。钱大昕很重视这一方法的运用，说："言有出于古人而未可信者，非古人之不足信也。在人之前尚有古人，前之古人无此言，而后之古人言之，我从其前者而已矣。"④就是讲历史考证要尽量追溯最早的记载。例如高士奇《天禄识余》说："《周礼》漏下三刻为商。商音滴。"邵长蘅《古今韵略》十二锡部商字下，亦引"日入三商为昏"。钱大昕指出，高氏所引之文不在《周礼》，而在《仪礼·士昏礼》注中，原文为"日入三商

---

①《十驾斋养新余录》卷中《晋书地理志之误》。

②《文集》卷28《跋唐大诏令》。

③《文集》卷31《跋弇州四部稿》。

④《文集》卷16《秦四十郡辨》。

为昏",疏云:"商谓商量,是漏刻之名。"他说:"既以商量为义,则读如参商之商明矣。商商二字,形声俱别,岂可读三商为滴之滴!且其文出《仪礼》郑注,乃误作《周礼》,又妄改为漏下三刻,是并《周礼》亦未尝读也。"①

第五,据籍里、履历、行踪考订法。这是考证与人物行事有关问题时用的方法。历史记述中,有不少将名人在别地的活动误说为本处的,有将前后年世相差较远的人妄说为共事的,有将毫不相干的同姓名者误认为一人的。遇到这类问题,钱大昕往往考查有关人物的地望、履历、行踪、世系等予以鉴别。例如,元人蒋子正《山房随笔》记有辛弃疾、朱熹、张栻的一件逸事,说:"辛稼轩帅浙东时,晦庵(朱熹)、南轩(张栻)任仓宪使。刘改之欲见辛,不纳。二公为之地云:某日公宴,至后筵便坐,君可来。门者不纳,但喧争之,必可入。"刘改之依计而行,果然被辛弃疾召见,当堂赋诗,颇受赞誉等等。钱大昕道:"予考《宋史·辛稼轩传》,稼轩两知绍兴府皆在庆元四年(1198)以后,与朱、张皆不同时。晦庵提举浙东乃在淳熙八、九年间(1181—1182),南轩未尝官浙东也。传闻之难信如此。"②既然三人从来没有同时在浙东任官,哪里会有三人在一起宴会和召见某人的事呢!

第六,据用语、称呼考订法。许多用字、话语、称谓、名号具有强烈的地域性和时间性。比如,元朝人称元为大元,明人绝不这样称;西北人称小为尕,称孩子为娃,他地不这样称;活人不会有谥号;帝王未登位和死后不称尊号;避讳字是有其人名才有此讳;地名都有其产生的时间……这些材料都可以用来考史,尤其是判定某些文献的著作年代或真伪、附益等。钱大昕常常用这种方法进行历史考证。例如,唐宣义郎周远志等造阿弥陁像,并有记文,年号署为上元。但唐高宗和肃宗都有上元年号,一在674至676年,一在760至761年。钱大昕根据记文中"奉为天皇天后"的文字,断定其"在高宗朝无疑"③。因为唐高宗于咸亨五年被尊称为天皇,武皇后为天后,并改年号为上元。唐高宗死后,武后称皇太后,不再有天皇天后之称。

第七,歧说择优法。同一问题有不同说法,用其他方法难以确定时,可以分析各种说法的可靠程度,从中选出在史料学或文化典制学上看来最为可靠的说法。钱大昕用此法进行过许多考证。例如,据《辽史》记载,辽道宗有清宁、咸雍、太康、大安、寿隆五个年号。但洪遵《泉志》、晁公迈《历代纪年》都说有寿昌年号,《东都事略》《文献通考》有寿昌无寿隆年号。钱大昕考证说:"予家所藏

①《养新录》卷14《天禄识余》。
②《文集》卷30《跋山房随笔》。
③《文集》卷32《跋阿弥陁像文》。

辽石刻，作寿昌者多矣，文字完好，灼然可信。且辽人谨于避讳，道宗为圣宗之孙，断无取圣宗讳纪元之理。此《辽史》之误，不可不改正。"①

第八，方位确定法。地名考证，重要的是确定该地的大体地理方位，方位一定，再在小范围内搜寻，往往可以得其准确位置。钱大昕精于地理之学，用此法纠正了前人的许多误说。例如，《资治通鉴》卷171陈太建五年九月有"前鄱阳内史鲁天念克黄城"，胡三省注此黄城在谯州，即今安徽蒙城附近。钱大昕考察了这次陈朝军队北伐的行军路线，周炅、鲁天念一路是"别取江北蕲、黄之地"，由之北寻，附近有安昌、汉阳、义阳等地名。通过对《隋书·地理志》和《周书·杞国公亮传》的分析，指出此"黄城与安陆相近，则必为黄陂城，非淮口之黄城矣。胡氏乃以下蔡之黄城当之，则安昌、汉阳、义阳皆风马牛不相及矣"②。

第九，据音韵考证名称之实。古代有很多人名、地名、事物名，由于据民族语言、方言译为汉语、通语，用字有所不同，而使后人误解，或以一为二，或误二为一。钱大昕在音韵学上造诣很深，又通习蒙古语，所以在运用音韵考证名称方面取得了很大成绩，往往使学者叹为发千古之覆。例如《晋书·载记秃发乌孤》言"秃发"姓氏的来历，说因"鲜卑谓'被'为'秃发'，因而氏焉"。钱大昕在《廿二史考异》卷22中指出："秃发之先与元魏同出，秃发即拓跋之转，无二义也。古读轻唇音如重唇，故赫连佛佛即勃勃。发从龙，得声，与跋声正相近。魏伯起书尊魏而抑凉，故别而二之。《晋史》亦承其说。"

第十，多重证据法。由于历史现象本身的复杂性，使得孤证有时难以定案，这就需要凭多种不同性质的证据以考订，使结论更为可靠。钱大昕治史提倡"不穿凿，不诋毁"，只要资料允许，尽量从多方面进行考订，以使其"确乎不可易"③。例如关于陶侃为陶渊明曾祖的考辨，《宋书》和《晋书》都这样讲，清人阎咏却据《赠长沙公诗序》中"昭穆既远，已为路人"一句，否认此说。钱大昕先以陶渊明《命子诗》，继以谱牒学历史，又以官制，再以宗法制度与其家世状况，再以两人之居地，最后以颜延之《靖节诔》，从六个方面，层层剖析，一举驳斥了阎咏的误说。

第十一，常识判断法。有些史书中的说法与常识抵触，有些问题难以找到其他证据却又是常识性的，就可以用常识判断法。钱大昕有不少考证运用此法。比如《史记·秦本纪》载，昭王四十四年攻韩南郡，取之。《六国表》作"南阳"。但昭王三十五年已置南阳郡，此处又讲攻韩南阳，取之，岂不矛盾。钱大

---

①《养新录》卷8《寿隆年号误》。

②《廿二史考异》卷27。

③《文集》卷38《严先生（衍）传》。

昕考证说,昭王三十五年所置南阳郡是原魏之南阳。韩国的南阳,秦在以前曾攻占其中二城,但"战国时大郡或领十数城,非一时所能尽拔,至是始悉取之"①。这其实是个常识问题,一点就通。

第十二,考而不断法。有些历史问题,有分歧说法或明显有误,但凭现有材料又难以定其是非或建立新说,钱大昕就经过一定考证,不做结论,留待后人深究。例如,明将耿炳文的结局,《明史》说是自杀,《长兴县志》说是阵亡。钱大昕将各种材料列举以后说:"今正史、野录俱载建文命帅师讨燕,此大可疑事。盖实录为西杨改削,文献无征,不可不为辨明,恐贻误国史,所关非小耳。《三吾集》予访之未得,姑记竹垞说,俟异日考论之。"②这是因资料不足,而存以待考。

五

我们总结了钱大昕历史考证学的思想和方法,充分肯定其对历史文献学的巨大贡献,并不因此说,钱大昕的历史考证是完美无缺的。许多同志在评论钱大昕时已举出了他在一些方面的不足。我们在翻阅钱大昕历史考证著述时也发现了个别的问题。例如,他对某些问题的考证有前后自相矛盾之处。在《十驾斋养新录》卷 20 中他考证陆德明著《经典释文》"在陈而不在隋唐"。但在《十驾斋养新余录》卷上却言"陆德明著书在隋季"。其实,据现代学者考订,陆氏之书始作于陈,完成于隋。另外,他的考证结论也有明显错误。在《十驾斋养新录》卷 16 中说:"左军羊长史名松龄,不见晋、宋二史。"其实在《晋书·陶潜传》中就有"其乡亲张野及周旋人羊松龄、庞遵等或有酒要之……"在这里,我们似乎也应该像钱大昕那样,不能迷信盲从过分吹捧前贤,总以"实事求是"为要。

《兰州大学学报》1991 年第 2 期

---

① 《文集》卷 12《答问九》。
② 《十驾斋养新余录》卷中《耿炳文》。

晚清官修史书述论

官修史学,自汉代开始,经过十几个世纪的发展,到清代已处于完全程式化的状态。清代的各项官修史书制度,大体在乾隆年间定型,鸦片战争以后,作为皇朝的一项恒定事务,一切照章办事,一直延续至皇朝灭亡。

这段时间,常设的修史机构,仍然为翰林院所辖之国史馆,军机处所辖之方略馆,内务府所辖之武英殿修书处。例开的史馆有:内阁负责的实录馆,新皇帝继位后奉旨开馆;宗人府负责的玉牒馆,每十年一开;翰林院负责的起居注馆,每年年初开始;特开的史馆是由内阁负责的会典馆。这些机构,一如既往地编纂或续修了大量的官修史书,为我们研究有清的历史,储备了丰富的史料。

在救亡图存史学已蓬勃展开,资产阶级史学开始产生的时候,官修史学仍然以宣扬祖宗"圣德"、皇朝武功和作为治世龟鉴为目的;当先进的史学家们根据时代的需要,学习西方经验,对著史体裁和对象进行各种探索革新的时候,官修史学却每每以"悉遵祖制"自诩,体例缺乏变化。况且,由于皇朝危机四伏、经济窘迫,此时官修史学的气象与规模也远逊于鼎盛的乾隆年间,呈现出僵化与没落的倾向。

当然,近代社会的情况与前代大不一样。外国资本主义的侵略横行,朝廷的腐败出卖与内争,农民和少数民族接连不断地暴动,近代工业的产生和商业的发展,地主阶级有识之士的救国图强,资产阶级的谋划改良与革命,种种情况交织在一起。官修史书要反映这些前所未有的复杂局面,不能不在坚持原来记史对象的同时,适当予以转移。例如其方略,就从传统的战争主题变为新纂《筹办夷务始末》。其案录,随着中外关系的复杂,商业与海运的发展和改良政治的需要,而撰出《钦定各国政艺通考》《海运新案》《大清商律》等。

清代官修史书多需历朝不断补充,最后方成定本。而作为皇朝末期的官修史学,处于这种总结阶段,其成果颇令人注目。据不完全统计,其间共编撰成:

从宣宗到德宗的四朝《实录》1803 卷,《圣训》545 卷;太祖至文宗《圣训》762 卷,《清会典》《会典图》《会典则例》1590 卷,各部院《则例》40 种,《志》《案》《录》13 种 1022 卷册,《玉牒》6 卷,《方略》8 种 1410 卷,国史馆写定稿本包括《本纪》《志》《传》《表》和《皇清奏议》5686 卷册,《清一统志》560 卷;道光至宣统二年《起居注》千余册,等等,数量巨大,有研究价值。

一、《清会典》的续修

我国古代关于一朝一代官署职掌和典章制度的资料总汇称为会典或会要。清朝定鼎以后,非常重视会典的编纂,以汇编现行的政治制度,为从事行政参考。鸦片战争以前,清廷曾四次组织《清会典》的修撰。第一次在康熙二十三年(1684),按照《明会典》"以官统事,以事隶官"①的体例进行编纂,所收资料,起自崇德元年(1636),迄至康熙二十五年(1686),初次确定了《清会典》的规模。第二次在雍正二年(1724),重新开馆,经 9 年努力,始告藏工,计 250 卷,所收资料,迄至雍正五年(1727),于雍正十年刊行。第三次在乾隆十二年(1747),于二十九年撰成,所收资料,迄于二十二年(1757)。这次在体例上有较大变动,将原来混合的典章与事例分开编纂,以《会典》为纲,《则例》为目,成《会典》100 卷,《会典则例》180 卷,二者相辅而行。第四次在嘉庆六年(1801),所收资料迄于嘉庆十七年(1812)。这次增修,本着"务求详尽"的原则,则例补充很多,并将则例改称事例,成《会典》80 卷,《会典事例》920 卷,另增编《会典图说》132 卷。

光绪间,对《会典》进行第五次,也是最后一次增修。从光绪九年(1883)开馆,到二十五年(1899)成书,计成《会典》100 卷,《会典事例》1220 卷,《会典图》270 卷。这次纂成的《会典》大体有三个特点:第一,取材广博。德宗《续修大清会典序》称,修撰者"博稽群籍,定别异同,或因旧存,或补未备"。他们不仅搜罗了各衙门的档案等材料,还专门到皇史宬抄录列朝《实录》,参阅了国史馆和内廷所藏档案文献书籍,有了这样优越的资料条件,参考了许多从来秘不示人的机密档案,内容极为丰富,故而其《凡例》敢于自诩该书"网罗掌故,实集大成"。第二,体例完备。《清会典》经三次体例变动,至此更为完备。《会典》记载政府各部门的职掌,百官奉行的政令,以及职官、礼仪等制度,类目有宗人府、内阁、军机处、吏部、户部、礼部、兵部、刑部、工部、理藩院、都察院、通政使司、大理寺、翰林院、詹事府、鸿胪寺、国子监、钦天监、太医院、侍卫处、奏事处、銮仪卫、八旗

①《四库全书总目》史部政书类《钦定大清会典》提要。

都统、前锋、护军、神机、步军诸营、内务府、总理各国事务衙门等 40 余类。以政府机构为纲，各机构的政事为目，在每一官衙项下，叙其内部构成、官员、职掌以及它们的变化。有此一编，清朝从中央到地方的各种官署设置、体制、职掌如鱼贯雁行，排列井然，有清二百数十年间，政府机构及其政策法令的嬗变亦极为明了。《会典事例》是制度、政策施行的详尽阐述，它按照会典条目，依年系事，凡有关清朝的政策、军事、民族、宗教、土田、户口、钱法、盐法、赋税收支、驿递邮政、行政区划、科举制度及其沿革，无不备载，是清代官方文献的分类汇编，它与会典"一具政令之大纲，一备沿革之纲目，互相经纬，条理益明"①。《会典图》是典例的形象材料，包括礼、乐、冠服、舆卫、武备、天文、舆地等七类图，每图皆有图说，以详细说明所绘事物的情况尺寸等。《光绪会典》以会典、事例、图三者互为补充，纲目形齐全，成为历代会典中体裁最完备之作。第三，资料翔实。《光绪会典》保留了前几次修会典的主要内容，还根据形势的发展，增添了新的材料，补充了道光至光绪二十二年间新的情况和事例，会典门类增加了神机营和总理各国事务衙门。我们知道，总理各国事务衙门系咸丰十一年（1861）新设，从《会典》该目中，我们可得知其如何创立、设官、职掌，以及它怎样从办理洋务和外交的机构权力渐大，演变为近似内阁的过程。礼制中，因慈禧专国，增加了垂帘听政事宜和亲政礼。《事例》主要增辑了盛典，尽量探讨了各项制作的原始，分录了例案，从而使行政有了更明晰的样板。邓之诚先生指出："清以例治天下，一岁汇所治事为四季条例，采条例而为各部署则例，新例行，旧例即废，故则例必五年一小修，十年一大修，采则例以入会典，名为会典则例或事例。"②《光绪会典》就增加了 1813 至 1896 年间 80 余年的事例，还补充了其前的一些事例，资料翔实丰富。图不仅在类目上有所变动，而且增添了许多新图。如天文一门，《嘉庆会典》只有 157 图，这次新增了 175 图，总为 332 图。图说对"旧图说之误者正之，略者补之，说所未详更立之表"③。增绘之图，如服制图，乐图中的舞谱，冠服中的皇太后、皇子、皇子福晋的冠服图，舆卫中的皇太后仪驾图、武备中的御制枪炮诸图等，都极有价值。

二、国史馆作品

国史馆是官修史书的一个重要部门。康熙至乾隆初，曾三次开馆，修撰天

---

① 《四库全书总目》史部政书类《钦定大清会典则例》提要。
② 《中华二千年史》卷 5 下册，中华书局，1958 年，第 531 页。
③ 《大清会典图》卷首"奏折"。

命至雍正的国史。乾隆三十年(1765)七月,重开国史馆,此后,直至清末,国史馆成为翰林院下属的常设机构,负责撰修清一统志、皇清奏议和国史。一统志是一代地理总志,自康熙二十四年(1685)起,三次修撰,最后于道光二十二年(1842)成书,称为《嘉庆一统志》。《皇清奏议》是对官员有关重大国政、方略、制度等方面的奏折的汇编,国史馆所辑顺治至光绪十年的《皇清奏议》有890册之多。

国史馆从事的最大工程是修撰本朝国史。清代国史,沿袭《史记》《汉书》开创的纪传史体例,分为本纪、传、志、表四种体裁。清国史馆本纪,照例在该皇帝实录修成后,再据以撰纪。所撰有自太祖至穆宗的十种本纪。[①] 其中近代所修,为宣宗至穆宗的三种本纪,计134卷。馆撰列传,包括亲王传、宗室传、大臣传、功臣传、循吏传、儒林传、文苑传、忠义传、孝友传、列女传、节烈传、土司传、四裔传、贰臣传、逆臣传等,以及宗室王公功绩传、外藩蒙古王公传、贤良祠小传、昭忠祠小传等,数量很大,现存稿尚逾万数。馆撰志,包括天文、时宪、地理、礼、乐、舆服、仪卫、选举、职官、食货、河渠、兵、刑法、艺文,共14种。据陶湘《故宫殿本书库现存目》(中册)史学类记载,到1933年时,国史馆志稿尚存有1330册。馆撰表,包括文职大臣年表、武职大臣年表、恩封宗室王公表、宗室王公功绩表、满汉忠义表、贰臣表、外藩蒙古回部王公表等,也有数百册之多。

吸收历代修史的成功方法,加上自身200多年经验的积累,清末,国史馆修史有一整套缜密有效的程序。第一步搜集资料。各部门必须及时向国史馆录送各种档案文献资料。《钦定台规》卷12言:"臣民奏章,天语批答,应分曹编辑,以垂法戒,备章程,为纂修国史之用。令六科每月录送史馆,付翰林官分任编纂。"从各方面搜集来的材料大体分为两类,凡属官方的资料,编为长编档册,凡属专题性或个人传记资料,则归入有关传包内。第二步汇抄长编档册。长编档册系资料汇编,是国史馆为撰辑国史汇抄的档册,包括长编总档和长编总册两种。总档是将从内阁、军机处移取来的上谕档(皇帝特降谕旨)、列传档(京内外臣工奏折的簿册,每月一册)、丝纶档(内阁票签处记载谕旨的簿册,每月一册)、廷寄(军机处记载谕旨的重要档册)、月折(军机处汇抄各部院奏折的档册,按月分册)、议复廷寄(军机处分类立册的有关谕旨的档册)、军务档、河工案卷、江南漕运等档案,分别按年月日摘录汇抄成册。而长编总册,则是总档的目录,记载总档每日资料所涉及的人名,以便在撰修人物列传时查询。现存于北

---

①李鹏年:《国史馆及其档案》(载《故宫博物院院刊》1981年第3期)言:"光绪本纪未保存下来。"似乎国史馆曾撰有《光绪本纪》。考《清会典》卷70,有"列圣实录告成后,皆由馆恭纂本纪",《光绪实录》至民国十年(1921)才完成,怎么可能再据之撰修《光绪本纪》?

京和台北的清国史馆长编档册涉及乾隆到光绪间,数量很大。第三步专题资料的整理。例如为撰写人物传记,要整理排比各地送来的此人的传记资料、讣闻、哀启、行状、行述、咨文,吏部造送的履历、出身清单、奏折、片文、祭文、年谱、文集、政绩或功绩折等。还要据长编档册摘录出各种档案中此人的有关事迹和上谕、奏折等,称为事迹册。第四步撰稿。国史馆撰稿,有初辑、重缮、校订、增辑、定稿的区别。如列传,初辑本一般以官方资料,即事迹册、履历片、出身单为主,参照其他材料,汇编考订辑录而成,往往大段摘录原始材料。初辑本重缮校对后,由另一人进行复辑,补其漏略,正其舛误,往往多有增删。然后呈请校阅,始成定稿。如台北故宫博物院所藏光绪二十一年修撰的岑毓英传稿,先由协修陈田纂辑,经缮写校对后,由张星吉复辑,再经李大人阅过,始成定稿。第五步呈送御览。国史馆所定之稿,都要呈请皇帝钦定。清末,皇帝之御览多徒具形式,主要由军机大臣阅看。汉文本由汉军机大臣看,满文本由满军机大臣看。若有疑问,还要调阅有关档册文献,进行考订,一般直接予以批改。第六步缮写正本收藏。经御览的国史,即为定本。其中的本纪缮写正本,藏之大内乾清宫,臣工列传、表、志等发还国史馆收存。

清国史馆经历朝陆续撰修的国史,体例严格,撰述认真,考核精详,数量大,资料丰富,学者普遍认为,其价值远在《清史稿》之上。

清国史馆所撰本纪、志及大部分传表的定稿本,至今尚分藏于北京第一历史档案馆和台北故宫博物院。只有一小部分国史馆列传,陆续有所刊布,社会上流行的《清史列传》《国史列传》《满汉名臣传》《国朝耆献类征》等大部头的清代传记,差不多都与国史馆列传有关,从中可以窥见清国史馆作品的情况。倘能将北京、台北所藏国史馆定稿全部整理出版,将是清史学界的一件盛事。

三、几种方略的编修

方略,或称纪略,为清代独创的著史体裁,是在重大军事政务行动结束后,经奏请皇帝批准,将该事件过程中的有关诏令奏议按时间顺序整理刊刻而成的资料书。

撰修方略,始于康熙二十一年(1682)敕撰《平定三逆方略》。康、雍间曾三次开方略馆,事毕即予撤销。乾隆十四年(1749)始将方略馆作为常设机构,与国史馆和武英殿修书处合称内廷三馆。方略馆又被称为军机处大库,在隆宗门外咸安宫之左,库内专门存放录副谕奏。原来,清代官员的奏折,经皇帝批示后,每日寅、卯二时,发军机处抄副本存档,以备查阅,而把原折封发奏事官员遵办。录副谕奏每日汇为一束,每半月合为一包,并及时整理汇订成册。据庄吉发《清代宫中档的史料价值》①言,台湾故宫博物院收藏有乾隆至宣统朝的录副谕奏约19万件。撰修方略,是方略馆臣的专门性工作。每遇撰集,由皇帝钦派方略馆总裁,一般由满汉军机大臣任之。而方略馆之提调、收掌、纂修,则以满汉章京兼充。他们从存档中取出这一事件过程中形成的全部档案,包括文武官员的奏折和有关谕旨,进行一些删节和文字订正,按文件形成之年月日编录出来,奏请皇帝钦定,再交内府刊印。

清代官修方略计25种,其中编定于鸦片战争以后的8种,其情况大体如下:

书名	卷数	总裁	撰成时间	所收资料时限
剿平粤匪方略	420	奕䜣等	同治十一年	1850—1866
剿平捻匪方略	320	奕䜣等	同治十一年	1855—1868
平定云南回匪方略	50	奕䜣等	光绪二十二年	1855—1879
平定陕甘新疆回匪方略	320	奕䜣等	光绪二十二年	1855—1888
平定贵州苗匪纪略	40	奕䜣等	光绪二十二年	1855—1881
道光朝筹办夷务始末	80	文庆等	咸丰六年	1836—1849
咸丰朝筹办夷务始末	80	贾桢等	同治六年	1850—1861
同治朝筹办夷务始末	100	宝鋆等	光绪六年	1861—1875

从上表可知,近代官修方略与以前诸方略比,有相同,又有不同。

相同处:其一,体例一以贯之,都是用编年的方法,收载某一事件(或段)的原始文献资料,属资料汇编性质。清代官修方略,在《四库全书》中多收于纪事本末类,而《皇朝开国方略》却归入编年类。李宗侗先生说,清代方略"以体裁论,属于编年,但因只记一役之前后,故又属纪事本末"②。其实方略所载为谕旨和奏折,在四库中收入诏令奏议类更为适宜。其二,卷帙大,搜罗材料广,保存了丰富的专题历史文献。方略所收,都是军机处录制的奏折及谕旨副本。由于清代录副制度的严密,故而材料搜罗比较齐全,不少谕旨、朱批,未编入《实录》《圣训》,却仅见于方略内,况且其数量巨大,足以帮助我们了解官方在这一历史事件中比较全面的意见和情况。其三,史料价值高。方略所收,为历史事件当时官员的报告、建议、要求和皇帝的谕旨。对谕旨为全文照录,对奏折进行了一定的删节。经抽样对《平定陕甘新疆回匪方略》的奏折与所录原奏折比勘,发现,方略对奏折原文的整理主要为:删削赘文,改正语气不明之处,连贯被隔断的文义等,是必要的文字加工润

①《清代史料论述》(二),台北,文史哲出版社,1980年,第12页。
②《中国史学史》,中国友谊出版公司,1984年,第176页。

色和删节,而不是内容的更动,故其史料价值不亚于档案原件。当然,清代将领战报,难免有讳饰战败、无端冒功、铺张战绩等问题。但是,由于清廷编纂方略的目的,除了炫耀皇朝武功之外,也为了做处理有关问题的借鉴,虚假的材料没有借鉴意义,所以,从主观上说,方略编纂者比较注意材料的真实性问题,甚至收载某些冒功奏折,本来就是为后边揭发虚冒做铺垫。研究者倘能通盘检查史料,一般不会被其中个别的不实史料所迷惑。其四,站在清朝统治者的立场,对人民起义多污蔑之词,又不收敌对一方的文献。

不同处:第一是选题的转变。从传统的镇压"内乱"的题材转向外交洋务。外国资本主义的侵略和中国民族工业的崛起与人民的反侵略斗争,是中国近代历史的主要内容。为了适应这种形势,由协办大学士杜受田发凡起例,诏令交馆编纂《筹办夷务始末》,而后更继续其事,编成道光、咸丰、同治三朝筹办夷务始末,将历年恭奉上谕廷寄,以及京外臣工折奏,各国往来之照会书函等件,无不罗列于篇。其他几种近代方略,也都或多或少地反映出近代中国社会的特点,甚至包括一些涉外内容,这就为研究中国近代史,特别是中外关系史,提供了系统而重要的资料。第二是篇幅更大。清代官修诸方略,超过百卷的7种,其中近代就有4种。近代方略所涉及的反清事件,只有太平天国运动尚存一些起义一方的文献,其他几次的起义一方极少有文献传世,而关于外交洋务的外国档案文献又不易查找,只有这8部方略,以其1410卷、近1500万字、3万件以上的谕旨奏折,为我们提供了大量的比较完整而集中的专题资料,对研究近代有关史事,有无可替代的重要价值。第三,一般方略只收录军机处存录副谕奏,不收内阁所存奏折谕旨和密折留中未奉谕旨者,《筹办夷务始末》扩大了收录范围。其凡例云:"书中所载谕旨,谕内阁者十之二三,谕军机者十之七八","有未经纂入实录及圣训者,悉载此书"。该书对皇帝的密谕及在奏折中的朱批和朱笔圈点勒抹也一律保存,提供了不少内幕材料,于深入研究有关问题,甚为关键。

总之,近代的这几种官修方略,保存了大量可靠的官方档案文献材料,内容丰富,涉及面广,价值很高,应该引起研究者的高度重视。

《历史文献研究》总第 19 辑,2000 年

《抚闽奏稿》篇序厘正暨缺目辑补

　　100年来,丁日昌是一位大受毁誉的历史人物。他由下吏起家,先后任江西万安县知县、苏松太道、两淮盐政使、江苏布政使、江苏巡抚、福建船政大臣、福建巡抚等,在同治、光绪期间中国封建统治集团争取近代化的洋务运动中扮演了重要角色。对丁日昌生平和思想的研究,近年来愈来愈受到国内外同行的重视。丁日昌未刊著述,也陆续得到整理出版。其中最重要的,是由丁氏门人刘瑞芬、陆润庠校定的《丁禹生政书》,先在台湾文海社以《丁中丞政书》之名影印温廷敬整理本,继在香港排印范海泉、刘治安点校本。

　　《丁禹生政书》包含了丁日昌的多数为政公文奏折,有重要价值。书中所收《抚闽奏稿》,是丁日昌自光绪元年十一月十四日(1876年1月11日)至光绪四年四月初六日(1878年5月7日)担任福建巡抚期间的奏折结集。前广东省图书馆馆长徐信符先生在《丁禹生政书》抄本题识中指出:"此书至后之《抚闽奏稿》四卷,大部系言台湾者。阅读后,对于光绪初年台湾情况,了然在目,实为研究近代台湾之珍贵资料也。"

　　《抚闽奏稿》史料价值很高,却校订粗率。所收奏疏及附片共86篇,就有4篇系两两内容重复。除少数奏片附注年代外,绝大多数不注年代,全部奏折皆无奏进年月日,因而篇目的编排顺序杂乱无章,奏疏与附片分隔,颠倒错讹不一而足,许多奏折缺载,又阑入其为福建巡抚以前的奏折和他人主稿的奏折。这些问题,严重地影响了该书的使用。为此,我们以《清德宗实录》为主,参考《光绪朝东华录》《清季外交史料》《中国近代史资料丛刊——洋务运动》《中国近代工业史资料》等,详审各篇正文,考订其拟定或奏进时间,清理出各奏疏的附片,按照先后,厘定了全书各篇的顺序,然后列出其抚闽缺收奏折目录。料想经这一整理,丁日昌《抚闽奏稿》近成完帙,以为该书的使用提供方便,对研究丁日昌晚期的业绩和思想,也有意义。

一、篇序厘正

对篇序的厘正,我们按照新厘定顺序列出篇名,说明此篇在原书中的顺序,然后考订和说明新定顺序的理由。

1. 船政需款会商筹拨片(原第3篇)

据《清德宗实录》(以下简称《实录》,日本东京大藏出版株式社印本)卷16,光绪元年八月二十七日,任命丁日昌为福州船政大臣。他于九月初二日起程由天津南下,十月十一日到达福州船政局。该片言:"臣本拟日间晋省,与文煜、李鹤年、王凯泰等面商筹款事宜,因在轮船呕吐过甚,旧症复发,一俟稍为痊可,即当晋省会商一切。"可见,拟片时他刚到福州船政局不久,即光绪元年十月中下旬。此时,他尚未任福州巡抚,故此片似可剔。从拟奏时间看,应置于第1篇。

2. 请饬筹养船经费疏(原第2篇)

《实录》卷24,光绪元年十二月二十二日"沈葆桢、丁日昌奏,养船经费不敷,请归地方官设筹支应;丁日昌奏,请收回成命;各一折"。查本篇奏题为"养船经费不敷,请旨饬归地方官设筹支应,以全大局",则此疏当为光绪元年十二月二十二日奏进。此时丁日昌已被任命为福建巡抚,但此疏仍署以船政大臣衔。

3. 铁胁厂兴工片(原第4篇)

据孙毓棠《中国近代工业史资料》第一辑上册页397-398,转录《船政》卷13,页9-10,此片为光绪元年十二月初四日所拟具。按据《实录》卷21,光绪元年十一月十四日,因福建巡抚王凯泰死,以丁日昌为福建巡抚。又据丁日昌《谢恩请收回成命折》言:"臣于本年十二月初三日奉上谕'福建巡抚著丁日昌补授'。"而朝廷于十二月二十二日同时对《请饬筹养船经费疏》和《谢恩请收回成命疏》下旨,则二疏为同时拟定。因此片仍为船政事务,且丁日昌不愿就任福建巡抚,故此当为《请饬养船经费疏》之附片。

4. 谢恩请收回成命疏(原第1篇)

据上引《实录》卷24,此疏系光绪元年十二月二十二日奏进。又据本文和《铁胁厂兴工片》原有具文时间,则本疏为十二月初四日拟文。

5. 闽省光绪元年分出入大数疏(原第14篇)

清户部规定,各省应于年终开单奏报岁入岁出大数。但据《实录》卷25,光绪二年正月初三日载闽浙总督李鹤年奏,"福建巡抚丁日昌现未接篆,暂将关防封存"。看来,丁日昌接巡抚职当是正月接到十二月二十二日谕旨以后的事。

此疏应为接职以后所上,时间约在光绪二年正月中旬以后。

6.清理积案以苏民困片(原第8篇)

片内言:"臣蒙恩简授福建巡抚,接任后即经严饬各属实事求是,勿得仍蹈从前积习。月余以来,披阅各属册报……"即为接任月余,当为光绪二年二月所上,殆为《闽省光绪元年分出入大数疏》之附片。

7.凑款预解西饷片(原第6篇)

《实录》卷27,光绪二年三月初一日,"丁日昌奏,洋债不宜多借各折片",系针对左宗棠因出关需饷,拟借洋债1000万两的奏议而发。然此折缺收。谕旨中言:"丁日昌所陈,先行凑齐六十万两,汇由沈葆桢处汇解。"为本片中语。故此篇当为《洋债不宜多借折》之附片,拟文在光绪二年二月。

8.补用道区天民暂行革职片(原第30篇)

《实录》卷27,光绪二年三月癸巳朔,"丁日昌奏,请将任听书吏舞弊之道员革职查办",即指此片。《光绪朝东华录》(中华书局1958年排印本)页201,将此片列于三月一日。

9.署内设局派员清理词讼片(原第7篇)

《实录》卷27,光绪二年三月初一日,"丁日昌奏,于署内设清理词讼局",即指此片。《光绪朝东华录》页202,列此片于三月初九日。

10.已革知县查讯议拟疏(原第28篇)

各处均不载此疏奏进情况,本篇亦无可靠的拟具时间可资考证。然此系处理陈年积案,向为丁日昌所重视,接闽抚任后,亦即大抓此事。以此分析,该案大体在其接任福建巡抚不久后即予清查议拟,故系该疏于此。

11.赴港招募学生片(原第5篇)

丁日昌任福州船政大臣至光绪二年三月初。据《丁日昌评传》页93,丁日昌于光绪二年二月派唐廷枢、黄达权赴香港招选英国学堂40名优良学生。此即为该事之报告。

12.艺新轮船下水缘由片(原第23篇)

此篇题下原署"丙子",即光绪二年。《中国近代工业史资料第一辑》页422载:"艺新木胁兵船,光绪二年三月初三日下水,五十匹马力。"故此片当为此时拟具。

13.福清县知县魏弼文革职片(原第35篇)

《实录》卷28,光绪二年三月二十四日,"丁日昌奏,请将玩误公事之知县革职查办",即指此片。

14.招募洋教习缘由片(原第36篇)

此片言:"臣派员前往香港英国学堂挑选学生四十名来厂学习,并拟延请西人认真教习,业经奏明在案。"则此片在《赴港募学生片》后。而此片系福州将军文煜、两江总督沈葆桢、闽浙总督李鹤年会奏。据《实录》卷28,光绪二年三月二十二日,"命闽浙总督李鹤年入觐,以福州将军文煜兼署闽浙总督"。依此,本片当拟于三月底以前。

15. 侵吞工费革职追办疏(原第 71 篇)

此篇题下署"丁丑",即光绪三年,误。《实录》卷29,光绪二年四月十三日,"文煜等奏,劣员侵吞工费,请革职追办一折",即指此疏。

16. 汇参摘顶勒限清理积案片(原第 32 篇)

此篇标题,香港本目录与正文不符,正文无"汇"字,恐以有"汇"字为是。《实录》卷29,光绪二年四月十三日,"福建抚巡丁日昌奏,请惩积压词讼州县,奖励清理词讼州县",即指此片。本篇当为《侵吞工费革职追办疏》之附片。

17. 遵旨冬春驻台片(原第 17 篇)

片内言:"臣等于三月二十五日钦奉谕旨:着丁日昌仍遵前旨,冬春驻台,夏秋驻省,以期两地兼顾。"按,光绪三年三月,丁日昌正在台湾,故此片当在光绪二年。又篇内言:"且已交夏令。"交夏令系指进入四月。依上,此片当拟于光绪二年四月。

18. 军火浮开充数分别严参疏(原第 25 篇)

《实录》卷30,光绪二年四月二十六日,"前因同知文绍荣等采办军火,有浮开价值等情,当谕文煜等查办。兹据文煜等查明具奏",即指此疏。

19. 纵令蠹棍殃民即行革职片(原第 27 篇)

《实录》卷30,同上日,"以纵匪殃民,革福建瓯宁县知县郑启明职",即为对此片所请的谕旨。此篇当为《军火浮开充数分别严参疏》之附片。

20. 变通委署州县新章片(原第 16 篇)

各处不见本片奏进记录。但《实录》卷30,光绪二年四月二十三日,有"湖南巡抚王文韶奏,请变通部咨委署州县章程。下吏部议"。丁日昌此片与之片题近似,当在其时前后奏进。

21. 审明参将劣迹分别议拟疏(原第 37 篇)

《实录》卷28,光绪二年三月二十四日,谕令文煜等严行查办参将黄得桂等。此疏即为对该谕令的执行报告。查《实录》卷27 和卷29,光绪二年三月初一日令丁日昌查参朱干隆,四月十三日即据丁日昌奏将朱干隆革职。由此推定,从发出谕旨到丁日昌查复进奏,大体需 40 日。依此推测,本疏约于光绪二年五月初奏进。

22. **参虚冒克扣及贩卖洋药之文武各员疏**(原第24篇)

《实录》卷32,光绪二年五月十七日,"文煜、丁日昌奏,特参文武各员,请旨分别革职正法一折",即指此疏。

23. **特参延不获犯文武各员疏**(原第29篇)

《实录》上卷同日,"福州将军署闽浙总督文煜等奏,请将疏防劫案之晋江县知县金锡蕃等议处",即指此疏。

24. **参疏防监犯越狱各官疏**(原第21篇)

《实录》上卷同日,"以疏防越狱,革署福建南平县知县胡益源职",即为据此疏所下谕旨。

25. **候补府张其曜摘去顶戴片**(原第20篇)

各处无本片奏进记录。但篇内言"前署南平县知县胡益源……于疏防监犯越狱案内业已奏参革职留缉",知此片与《参疏防监犯越狱各官疏》同时奏进。

26. **闽省水灾办理拯恤情形疏**(原第10篇)

《实录》卷33,光绪二年闰五月初十日,"文煜、丁日昌奏,福建省城骤遭水患,现办拯恤情形一折",即指此疏。

27. **不职召灾吁请褫职疏**(原第12篇)

《抚闽奏稿》之《谢恩疏》中引有对此疏之谕旨,为六月初二日差弁赍回原折之朱批。以时间推论,其原疏约于闰五月奏进,或即与《闽省水灾办理拯恤情形疏》同时奏进。

28. **谢恩赏方略疏**(原第18篇)

篇内云:"臣于闰五月初三日赍折差弁回闽,捧到恩赏《钦定剿平粤匪方略》《钦定剿平捻匪方略》各一部……"按光绪头几年,仅二年有闰五月,故此疏当拟具于光绪二年闰五月。

29. **参轻视灾务福防同知片**(原第13篇)

片内言:"福州省城骤遭水患,办理拯恤大概情形,业经臣等驰奏在案。"又言:"迨至水退之后,亦并未见该丞将南台被水情形分别轻重禀请抚恤。"按洪水渐退在五月二十四日,则此片当在光绪二年闰五月奏进。

30. **派员严讯追赃疏**(原第26篇)

该疏要求允许对文绍荣等刑讯追赃。《实录》卷34,光绪二年六月初一日,"兹据文煜等奏,连日研讯革员沈纯等,或供词狡展,或延不缴赃,或不肯供认,请从严审讯等语",即指此疏。

31. **闽省水灾催提各省协饷疏**(原第11篇)

《实录》上卷同日,文煜等"另折奏,请饬催省积欠协饷",即指此疏。《光绪

32. 谢恩疏(原第 19 篇)

疏中言:"六月初二日差弁赍回原折,奉旨……"又言:"除将续查被水情形分别赈恤,另行奏报外。"据《实录》卷34,续查福州被水情形并筹赈抚事宜之疏系于光绪二年六月十一日奏进,此疏亦当为同日奏进。

33. 停募台兵挑选汰留片(原第 15 篇)

《实录》卷35,光绪二年六年二十四日,"福州将军兼署闽浙总督文煜奏,台湾水陆各营兵汰弱留强,暂停招募",即指本篇。

34. 救水员弁在事出力片(原第 76 篇)

此篇原系于光绪三年水灾之后。查篇内言:"闽省于本年五月间洪水骤至,高达丈余或七、八尺不等。"而三年水灾是"水深五、六尺至丈余不等"(《实录》卷51),只有二年水灾提法为水头"深至七、八尺及丈余不等"(原第 26 篇)。与本篇提法相同。又篇内提到请予总兵张升楷等格外奖励,而《实录》卷55,光绪三年八月十一日有"以滥募勇丁、浮开夫价,革福建总兵张升楷职",此当从丁日昌等所请。丁日昌不应先请求格外奖励,旋即请求严处该员。故此篇应为光绪二年折。《实录》卷34,光绪二年六月十一日,"文煜等奏,闽省被水较重,亟需商贩运米接济,请饬经过各关免税放行"。而本篇言:"各处招商贩运之米应期而至,百姓照常复业,几忘经此大灾。"则此篇当在六月中下旬以后奏进。

35. 申明科场成例拔取真才疏(原第 22 篇)

此篇题下原署"丙子",即光绪二年。清制,乡试三年为一科,逢子、午、卯、酉年为正科。光绪三年适为子年。又清乡试考期定于八月,而本篇言:"臣现在责成提调、监试,以及内外廉、内外巡大小文武各官,无论何处有弊,即惟该营官员是问。"则此疏为光绪二年八月乡试期间所拟。

36. 特参谬妄不职知县疏(原第 34 篇)

《实录》卷38,光绪二年八月初八日,"以谬妄不职,革署台湾嘉义县知县杨宝吾职,并查办",即为依此疏所下谕旨。

37. 查勘台北硫磺樟脑茶叶情形疏(原第 52 篇)

请派大员督办台务疏(原第 68 篇)

这两篇奏疏,内容完全相同。查本疏奏题"为台北开煤机器已到,请专派大员督办兼查勘硫磺、磺油、樟脑、茶叶各情形",则两篇本为一篇,原校订者各拟标题而误分列二处。

《请派大员督办台务疏》篇题下原署"丁丑",即光绪三年,误。

《中国近代史资料丛刊——洋务运动(七)》页70-73,全录本篇,题《光绪二年八月二十四日闽浙总督文煜等奏》,则此疏之拟奏时间已很明确。

38.参撤嘉义县知县片(原第46篇)

《实录》卷40,光绪二年九月十九日,"丁日昌奏,请将滥收陋规之知县革职",即指此片。

39.台属被灾情形片(原第63篇)

《实录》上卷同日,"闽浙总督文煜奏,台湾各属自四月至六月风雨为灾",即指此片。

40.防患未萌片(原第31篇)

篇内言:"经臣拟定救护章程奏明通饬遵办。"查《实录》,为光绪二年五月二十七日旨。又,篇内言:"本年四月十五六等日,台湾巨风大作。"关于台湾遭风灾事,是九月十九日奏进疏折中报告的。本篇不应早于该折,故系于此。

41.闽省被灾赈恤情形疏(原第77篇)

《光绪朝东华录》页310,光绪二年十月初四日,收有本篇全文,时间当定于此。

42.修筑堤坝片(原第79篇)

《光绪朝东华录》页313,光绪二年十月初四日,收录本篇。本篇当为《闽省被灾赈恤情形疏》之附片。

43.拿办匪犯员弁请奖疏(原第65篇)

此疏香港本标题目录与正文不一,正文标题"弁"为"既"字,恐系排印之误。

《实录》卷41,光绪二年十月十八日,"以拿办铜锣庄匪犯出力,予台湾道夏献纶……升叙有差,复福州都司杨金宝职",即为从此疏所请。《光绪朝东华录》页319将此疏系于十月二十九日。

44.省台远隔重洋难以兼顾片(原第53片)

《实录》卷43,光绪二年十一月十九日,"丁日昌奏,省城台湾势难兼顾情形",即指本片。

45.台湾生番未靖力疾渡台办理疏(原第39篇)

《实录》上卷同日,"丁日昌奏,力疾赴台各折片",即此疏。

46.台北生番滋事办理情形片(原第41篇)

《实录》上卷同日,"文煜、丁日昌奏,台北生番滋事,现筹办理",即指此折。

47.台湾举办垦务矿务片(原第56篇)

《实录》上卷同日,谕旨中"丁日昌指日赴台,拟先于北路试办矿务垦务,并拟于香港、汕头、厦门等处设立招垦局,冀免穷民出洋庸工之苦",即为本篇中词句。

48. 勘台湾北路后山大略情形疏（原第40篇）

《实录》卷45，光绪二年十二月二十二日，"福建巡抚丁日昌奏，东渡亲勘台湾北路后山大略情形"，即指此疏。

49. 查勘北路淡水彰化大略情形疏（原第57篇）

《实录》卷46，光绪三年正月二十二日，"丁日昌奏，查勘台湾北路回抵郡城布置大略情形"，即指此疏。

50. 现探小昌宋已到兵船二号情形片（原第44篇）

《实录》上卷同日，丁日昌奏，"调方耀一军赴台，请饬预筹饷银"，即指此片。《清季外交史料》卷9录此片，题为《闽抚丁日昌奏西班牙将派兵船来台请调兵预防片》。

51. 殄除民害片（原第61篇）

各处无本片奏进记录。篇中有"臣去冬路过艋舺时"，此篇当为光绪三年。又言："臣到郡后……"当即三年正月事，故系于此。

52. 改设台北府片（原第62篇）

设台北府于台北艋舺系由沈葆桢于光绪元年十二月奏准。本篇言"上年沈葆桢奏准将艋舺建设台北府"，则此篇为光绪二年拟具。又篇中言"臣此次亲往阅看，设郡之地系在一片平田，毫无凭藉"，查丁日昌任福建巡抚期间仅光绪二年十一月至三月驻台。而《查勘北路淡水彰化大略情形疏》言"臣当于十一月二十九日自鸡笼起旱，行抵艋舺，阅看该处拟建府城形势"，则本片当于二年底拟，三年正月奏进。

53. 保奏守备孙思敬片（原第85篇）

《光绪朝东华录》页364，光绪三年二月初十日，"谕，孙思敬着暂行革职，留于台湾差委。丁日昌自请议处，着加恩宽免"，即对本片谕旨。

54. 员弁纵贼殃民从严惩办疏（原第60篇）

《实录》卷48，光绪三年二月二十七日，"以玩视捕务，摘台湾北路协副将乐文祥等顶戴……"为据此疏所下谕旨。

55. 台营病故员弁请恤片（原第58篇）

此篇香湾本标题目录与正文不同，正文"弁"作"既"，当以目录为正。

《实录》上卷同日，"予台湾抚番积劳病故湖北知县梁启熙等分别赏恤如例"，即从本片所请。

56. 台湾岁试审竣疏（原第45篇）

篇内言："随于二月十三日移进考棚，严密关防，按次举行岁试。……现在文武岁试已一律告竣。"则为岁试后所拟。清制,童试三年两考,丑、未、辰、戌年为岁考,寅、申、巳、亥为科考。光绪三年为丁丑年。故知,此疏约当光绪三年二月下旬拟具。

57. 添设熟番学额饬部立案片(原第55篇)

篇内言:"臣此次在台巡查南、北路甫回,即举行岁试,所以番童应定学额未及奏咨,暂行变通,于番童内酌取一名归入府学,以资观感。……合无仰乞天恩准饬部臣查照立案。"则本片为岁试后拟具,当系《台湾岁试事竣疏》之附片。

58. 设法清理监押人犯并勒限查办疏(原第9篇)

《光绪朝东华录》页378-380全录此篇,系于光绪三年三月初一日。

59. 结销积案各员开复片(原第33篇)

《光绪朝东华录》页380-381全录此篇,系于光绪三年三月初一日。当为上疏之附片。

60. 台湾府属杂饷征收苦累情形疏(原第54篇)

《实录》卷49,光绪三年三月二十五日,"丁日昌奏,台湾府属各项杂饷征收苦累开单恳恩豁除一折",即指此疏。

61. 内山番民饥困动款施赈片(原第50篇)

《实录》上卷同日,"丁日昌奏,筹款赈济番民各折片",即指本篇。

62. 惩办蠹役片(原第59篇)

《光绪朝东华录》页391,光绪三年三月二十五日,"丁日昌奏,惩办蠹役并将台湾县知县白鸾卿撤任。报闻",即指此片。

63. 开通后山新路拟将委员请奖片(原第51篇)

篇中言:"臣今年正月巡查南路时,在恒春觅得一路……因饬前恒春县知县周有基就近分雇番民,克期开凿,已报竣功。当饬候补道、前台湾知府周懋琦前往查验,据称……"

按《抚闽奏稿》所收之《查勘台湾后山卑南等处情形疏》(吴赞诚所拟)云:"周有基所开此段石路二月间抚臣曾派周懋琦勘明。"本片当系光绪三年二三月间据周懋琦报告所拟。

64. 请核实征额片(原第47篇)

清厘台湾府属叛产一案片(原第74篇)

两篇内容完全相同,误拟二题而分置各处。《请核实征额片》标题下原署"光绪三年"。又上海英文报纸 *The North China Herald* 1877年(光绪三年)6月16日刊有本篇全文,则此篇当奏进于此前。篇中言:"臣到台后""臣此次巡查南路",不言其病重离台事,则为光绪三年二三月拟具。

65. 遵旨剿抚生番缘由片（原第43篇）

《实录》卷50，光绪二年四月十四日，"丁日昌奏，攻破率忙番社，分别剿抚情形"，即指此篇以后之正式捷报，此片当为较前奏进。

66. 淡水都司即行革职片（原第70篇）

篇内言："臣日昌驻台时……密饬署凤山县陈祚查复拿究……兹据台湾府张梦元详……"则此篇当于由台返闽后所奏，时间约在光绪三年三四月。

67. 裁汰台营片（原第67篇）

篇内言"吴光亮称，于四月十五日自郡动身"，又"吴赞诚到台后，闻定于五月初七日由水路前赴后山、卑南、秀孤峦等处巡查"。而吴赞诚赴台系光绪三年事，故本篇当拟于光绪三年五月上旬。

68. 闽省遭水力疾销假疏（原第78篇）

《实录》卷51，光绪三年五月二十四日，"何景、丁日昌奏，福建省城骤遭大水，现筹抚恤等语"，本疏当与之同时奏进。

69. 闽属被水赈恤疏（原第75篇）

《实录》卷52，光绪三年六月初二日，"闽浙总督何景等奏，福州各属及延、漳两府同时被水"，即指此疏。

70. 遵旨拿获重犯就地正法疏（原第38篇）

《光绪朝东华录》页428，光绪三年六月初八日全录本篇。

71. 闽省续办灾务疏（原第80篇）

本疏系报告福州城及上游各属水退后续查灾伤办理情形，《闽属被水赈恤疏》言福州于五月初十日以后水退，则本篇当在五六月奏进。

72. 守备嘉朝泰革职片（原第69篇）

《实录》卷52，光绪三年六月十三日，"何景、丁日昌奏，特参废弛营伍之守备等语"，即指此篇。

73. 请旨责成绅士捐办工程片（原第83篇）

《实录》上卷同日，"闽浙总督何景等奏，责成绅士陈景亮等九员，将此次被水应行筑坝开河两项工程，即日开工，经费则由九人中捐资举办"，即指此篇。

74. 灾区粮米展限征收疏（原第81篇）

《实录》卷53，光绪三年七月初四日，"缓征福建闽、侯官两县被水地方旧欠钱粮粮米"，即从此疏所请。

75. 劝谕淮沪各商捐赈片（原第82篇）

《实录》上卷同日，"何景等奏，闽省水患频仍，请劝谕淮沪各商捐赈等语"，即指此篇。本篇当系《灾区粮米展限征收疏》附片。

76. 因病恳恩派员署理疏（原第 86 篇）

《实录》卷 53，光绪三年七月初五日，"福建巡抚丁日昌赏假回籍养疴，以布政使葆亨署福建巡抚"，即对此疏的谕旨。《光绪朝东华录》页 457，将此系于七月初八日，文字为"谕：丁日昌奏病势复剧，请假回籍调理一折。丁日昌着赏假三个月，准其回籍就医。福建巡抚着葆亨署理"。

77. 台北遭风情形片（原第 64 篇）

《实录》卷 55，光绪三年八月十一日，"闽浙总督何景等奏，台北遭风抚恤情形"，即指此篇。

78. 整顿台防营务片（原第 66 篇）

《实录》上卷同日，"以滥募勇丁浮用夫价，革福建总兵张升楷职"，即为对本片的谕旨。

79. 剿办台湾后山凶番情形疏（原第 48 篇）

《实录》卷 62，光绪三年十一月二十五日，"何景等奏，剿办台湾后山凶番情形一折"，即指此疏。

80. 台北所属厅县员缺照部章变通办理疏（原第 49 篇）

篇中言："今年四月本任抚臣丁会同臣何景、两江督臣沈葆桢奏调江苏补用知府、海州直隶州知州林达泉试署台北府知府，亦经奉旨允准。"查《实录》卷 56，光绪三年八月二十四日，"以林达泉试署台北府知府"，即是。则本疏拟于光绪三年。又篇中言："该府林达泉于七（十？）月交卸海州篆务，十一月航海来闽，当经札饬驰赴台北府新任，以重职守。"以此定本疏在光绪三年十一月至十二月拟进。

81. 拟遵旧章轮赴台湾巡查片（原第 84 篇）

《实录》卷 68，光绪四年二月二十三日，"福建巡抚丁日昌奏，拟遵旧章以总督、将军轮赴台湾巡查"，即指此片。

82. 后山番务已靖俟假满再赴闽疏（原第 72 篇）

篇中言："臣前于十二月十三日钦奉谕旨'赏假三个月，安心调理'。"系指《实录》卷 61，光绪三年十一月初六日谕旨。篇中又言："适接台湾道夏献纶禀称……于上年十二月十九、二十等日已将后山阿棉山、纳纳社两股凶番巢穴全行攻破……"则为光绪四年初之事。

83. 查勘台湾后山卑南等处情形疏（原第 42 篇）

此折由文煜、何景、丁日昌会署，但主稿者为吴赞诚。篇中言于五月、六月在台湾巡视情况，皆用第一人称。查丁日昌任福建巡抚期间，仅于光绪二年十一月至三年三月驻台。光绪二年和三年五六月，皆忙于福州救灾事，无暇顾及台湾，更不可能去台湾各地巡视。据《实录》卷 49，光绪三年三月二十五日，谕

"该抚(丁日昌)着赏假一个月,回省调理。吴赞诚因公赴台,所有台湾防务审宜,即着吴赞诚暂行接办",故巡视台湾及主拟疏折者当系吴赞诚。本篇似宜从《抚闽奏稿》中剔出。

84. 拟开辟台湾中路六社归入版图片(原第73篇)

从文中内容及口气看,此折亦为吴赞诚所拟。又篇中所云"臣现拟于该社紧要适中之地先行筑一土城"。据连横《台湾通史》(商务印书馆1983年版)页64言,光绪三年冬建埔里社厅城。依此,该折当与《查勘台湾后山卑南等处情形疏》大体同时拟奏。

二、缺目辑补

以下按时间先后为序,列出《抚闽奏稿》缺载的奏折名称,并简述材料出处。

1. 保荐接办福建船政人员疏

光绪二年二月十日奏进,《实录》卷26,页5。

2. 署知县朱干隆纵勇殃民请撤任参办片

光绪二年三月初一日奏进,《实录》卷27,页1。

3. 台湾北路旧勇请分别汰留片

光绪二年三月初一日奏进,《实录》卷27,页1。

4. 洋债不宜多借片

光绪二年三月初一日奏进,《实录》卷27,页2。

5. 台湾抚番开山事宜巡抚难以兼顾请另派员专办台事疏

光绪二年三月初七日奏进,《实录》卷27,页9。

6. 请将舞弊侵饷各员带职审办疏

光绪二年三月二十四日奏进,《实录》卷28,页6;《光绪朝东华录》页206。

7. 请将纵勇殃民福建知县朱干隆革职折

光绪二年四月十三日奏进,《实录》卷29,页10。

8. 德国多纳船主及大伙被人谋杀获审片

光绪二年四月十三日奏进,《光绪朝东华录》页218;《清季外交史料》卷5,页37－38。

9. 匿报词讼押犯悬牌不实之同知李钟霖等请摘案给限清结片

光绪二年五月十七日奏进,《实录》卷32,页2。

10. 请调员襄办洋务折

光绪二年五月二十七日奏进,《实录》卷32,页11。

11. 筹议救护洋面遇险章程折

光绪二年五月二十七日奏进，《实录》卷32,页12。

12. 闽清县水灾情形片

光绪二年闰五月初十日奏进，《光绪朝东华录》页233。

13. 续查福建省城内外及上游各县被水情形现筹赈抚事宜疏

光绪二年六月十一日奏进，《实录》卷34,页12。

14. 闽省被水较重亟需商贩运米接济请饬经过各关免税放行折

光绪二年六月十一日奏进，《实录》卷34,页11。

15. 特参侵蚀潜逃员弁请旨革拿惩处折

光绪二年六月十一日奏进，《实录》卷34,页10。

16. 筹办漳浦匪徒片

光绪二年六月十一日奏进，《实录》卷34,页10。

17. 请革贪鄙不职副将片

光绪二年六月十一日奏进，《实录》卷34,页13。

18. 已故总兵亏短银两请饬提还归款折

光绪二年六月二十四日奏进，《实录》卷35,页11。

19. 请予拿获要犯之福建补用同知何銮奖叙折

光绪二年六月二十四日奏进，《实录》卷35,页12。

20. 请将捐助闽赈员绅援照同治十年天津被水赈恤请奖案办理折

光绪二年六月二十四日奏进，《光绪朝东华录》页245。

21. 海防有事召募勇营分路巡防请将记名提督高登玉等留于闽浙补用折

光绪二年七月二十四日奏进，《实录》卷37,页8。

22. 请将贝锦泉以总兵归闽补用折

光绪二年七月二十四日奏进，《实录》卷37,页9。

23. 请将撤任之副将郝富有革职片

光绪二年八月初八日奏进，《实录》卷38,页9。

24. 酌度省台情形片

光绪二年八月初八日奏进，《实录》卷38,页10。

25. 以失察丁役诈赃请将知县革职片

光绪二年八月初八日奏进，《实录》卷38,页10。

26. 以营务废弛才不胜任请将参将降职补用片

光绪二年八月初八日奏进，《实录》卷38,页10。

27. 讯明采购军械亏蚀银两之革员分别定拟疏

光绪二年八月二十六日奏进,《实录》卷39,页12;《光绪朝东华录》页287。

28. 自请严议片

光绪二年八月二十六日奏进,《实录》卷39,页12;《光绪朝东华录》页287。

29. 请将藉端科派办事荒谬之知县严议折

光绪二年八月二十六日奏进,《实录》卷39,页12 – 13。

30. 重议办理捐助闽赈员绅请奖疏

光绪二年九月十一日奏进,《光绪朝东华录》页295。

31. 请饬道员迅速赴闽折

光绪二年十一月初二日奏进,《实录》卷42,页1。

32. 遵查九龙山并无匪党潜踪并请通行晓谕折

光绪二年十一月十七日奏进,《实录》卷43,页1 – 2。

33. 台湾事宜亟应统筹全局疏

光绪二年十一月十九日奏进,《实录》卷43,页3。

34. 请将江苏候补知县高心夔调赴台湾襄助片

光绪二年十一月十九日奏进,《实录》卷43,页3。

35. 闻日国调拨兵船冀围图索片

光绪二年十一月十九日奏进,《实录》卷43,页4。

36. 琉球遭风难民译讯抚恤折

光绪二年十二月十日奏进,《光绪朝东华录》页337。

37. 审明谋毙英人各犯分别定拟折

光绪二年十二月十五日奏进,《清季外交史料》卷8,页30 – 33。

38. 统筹台湾全局折

光绪二年十二月十六日奏进,《洋务运动》(二)。

39. 察看台湾鸡笼八斗煤矿片

光绪二年十二月十六日奏进,《清务运动》(七)。

40. 西班牙因有船在台搁浅破坏调兵来华筹议对付办法片

光绪二年十二月二十二日奏进,《清季外交史料》卷8,页35 – 37。

41. 调拨轮船炮位片

光绪三年正月二十二日奏进,《实录》卷46,页13。

42. 总筹台湾全局拟开办轮路矿务片

光绪三年正月二十二日奏进,《实录》卷46,页14;《清季外交史料》卷9,页10。

43. 请另简熟悉工程大员折

光绪三年正月二十二日奏进,《实录》卷 46,页 14;《清季外交史料》卷 9,页 10。

44．幕友需才请将翰林院庶吉士钟德祥留台襄助折

光绪三年正月二十二日奏进,《实录》卷 46,页 14。

45．请以提督蔡国祥等留闽浙补用折

光绪三年二月十七日奏进,《实录》卷 48,页 3。

46．以延不获犯请革署台湾淡水厅同知郑元杰等职片

光绪三年二月十七日奏进,《实录》卷 48,页 4。

47．巡查台湾南路察勘旗后炮台情形疏

光绪三年二月二十七日奏进,《实录》卷 48,页 13。

48．请派大员督办后路粮台片

光绪三年二月二十七日奏进,《实录》卷 48,页 13。

49．西班牙窥伺台湾情形片

光绪三年二月二十八日奏进,《清季外交史料》卷 9,页 20 - 21。

50．台湾后山防务紧要拟请大员移札并请假一月回省调理折

光绪三年三月二十五日奏进,《实录》卷 49,页 14。

51．办理矿务情形片

光绪三年三月二十五日奏进,《洋务运动》(七);《实录》卷 50,页 10 - 11。

52．攻破率芒番社分别剿抚折

光绪三年四月十四日奏进,《实录》卷 50,页 10 - 11。

53．回省筹办饷事折

光绪三年四月十四日奏进,《实录》卷 50,页 10 - 11。

54．拟将省城电线移至台湾片

光绪三年四月十四日奏进,《清季外交史料》卷 10,页 12 ~ 13;《实录》卷 50,页 11。

55．请将欠饷之员弁革职并讯惩滋事兵丁折

光绪三年四月二十一日奏进,《光绪朝东华录》页 410。

56．琉球遣使入贡日本梗阻请旨办理折

光绪三年五月十四日奏进,《实录》卷 51,页 12;《清季外交史料》卷 10,页 16 - 18。

57．请将殉节之道府各员予谥建祠折

光绪三年五月十九日奏进,《实录》卷 51,页 15;《光绪朝东华录》页 420。

58．请拨台湾办理轮路经费改办马车路并购铁甲船折

光绪三年五月二十三日奏进,《实录》卷51,页17。

59.福建省城骤遭大水现筹抚恤疏

光绪三年五月二十四日奏进,《实录》卷51,页17-18。

60.筹备海防饷项请分别截留并饬部解拨京饷折

光绪三年五月二十四日奏进,《实录》卷51,页18。

61.筹办福建厦门海口防务折

光绪三年五月二十四日奏进,《实录》卷51,页18。

62.筹办赈恤由官发价采购平粜米石及招商运米情形折

光绪三年六月初二日奏进,《光绪朝东华录》页425。

63.运米赈饥恳准免税折

光绪三年六月十三日奏进,《实录》卷52,页6。

64.福建赈务需款甚急请饬浙江迅解协饷折

光绪三年七月初四日奏进,《实录》卷53,页6-7。

65.请将台湾府属民欠供粟豁免折

光绪三年八月十一日奏进,《实录》卷55,页11;《光绪朝东华录》页466。

66.请颁给福建致用书院匾额折

光绪三年八月十九日奏进,《光绪朝东华录》页468。

67.闽省乌石山名胜俯瞰全城拟令教堂他徙片

光绪三年九月初日奏进,《清季外交史料》卷11,页16-17。

68.病势加剧恳请开缺折

光绪三年十一月初六日奏进,《实录》卷61,页10。

69.以病难速痊恳请开缺折

光绪四年四月初六日奏进,《光绪朝东华录》页582;《实录》卷71,页8。

70.劝办潮州并香港各埠捐务集有成数及捐款分解晋豫折

光绪三年四月初六日奏进,《实录》卷71,页7;《清季外交史料》卷13,页19-20。

71.香港总督及巫来由王捐赈应否致谢折

光绪三年四月初六日奏进,《实录》卷71,页7-8;《清季外交史料》卷13,页20。

《潮学研究》第2辑,1994年

关于《光绪朝东华录》撰修的几个问题

在清代诸种《东华录》中,《光绪朝东华录》是内容最为丰富,使用最为频繁,却又比较缺乏研究的一部书,李志英《〈光绪朝东华录〉研究》①(以下简称"李文")一文填补了这一空白。但由于原书无序无跋,李文在该书撰修的问题上,不免沿袭旧说,间有不当。我们特作此文,试图予以补充和商榷。

李文说:"《光绪朝东华录》,原名《东华续录》,宣统元年由上海图书集成公司出版。1958 年,中华书局将《东华续录》改名为《光绪朝东华录》,并断句整理,重新出版。"这里对书名的说法是不准确的。《东华续录》是王先谦所编乾隆至同治诸朝《东华录》的书名,而《光绪朝东华录》在编纂时刊登于《申报》的广告中,就称为《光绪朝东华录》或《光绪朝东华续录》,后来出版时,即正式以《光绪朝东华续录》为名,只是书口中上方为《东华续录》,下方为"光绪某年某月"。显然,这里的"东华续录"四字仅仅是为避免与下边的年号重复而做的简称。其正式名称,应以该书首页为准,称《光绪朝东华续录》。李文甚至沿袭《续修四库全书提要》之误,称该书为上海图书集成公司出版。查该书原版和 1909 年《申报》可知,出版者应为上海集成图书公司。一词之倒,名称迥异。

李文对《光绪朝东华录》的编撰情况未置一词,仅言该书于宣统元年出版,对此我们略作补充。1909 年 1 月 16 日(光绪三十四年十二月二十五日)的《申报》上开始登载"集成图书公司编纂《光绪朝东华录》预告",预告说:"上海朱锡百太史,名寿朋,平时尝荟萃光绪建元以来之事实,仿史传编年之例,依次编辑,已成二十余卷。"此时距光绪帝病死仅两个月,以朱寿朋一人之力,要在如此短暂的时间内,编纂出 20 余卷似不可能,因而,他编纂《光绪朝东华录》的工作应是在较早的时候即已进行。至 1909 年 7 月 1 日,《申报》关于该书的广告中即

①见《近代史研究》1986 年第 5 期。

称"全书二百二十卷一律编竣,出书在即"。

最后是关于《光绪朝东华录》的编写人员问题。李文仅称该书为"朱寿朋编",并未提及有否其他人参与编纂工作。事实上,《光绪朝东华录》的编撰,并非朱寿朋一人之功。关于这一点,集成图书公司在《申报》上为该书所做的预告和广告已说得清楚明了。从前述 1909 年 1 月 16 日《申报》的预告可知,在当时,朱寿朋一个人虽已编纂出《光绪朝东华录》中 20 余卷的内容,但集成图书公司认为:"是书卷帙浩繁,恐出版稍迟,无以副海内同人之望。兹由本局敦聘朱太史为总纂,并延请潘太史鸿鼎,汪孝廉锡增,章主政圭缘等诸名宿同任编纂之事,以期迅速续成。"在后来的广告中,又介绍说"(本局)敦请朱锡百、潘铸禹(鸿鼎)两太史主持其事,并延请名宿分司校纂"①。经查对原书,在各卷之首,均有"臣朱寿朋敬撰",其左是臣某某某恭校,依次有潘鸿鼎、汪锡增、沈彭年、张毓英、章圭缘等名字。由此可见,《光绪朝东华录》是在朱寿朋一人编辑 20 余卷后,由集成图书公司出面,延请一批人组成编纂班子,在朱寿朋、潘鸿鼎两人的主持下,合众人之力,共同编纂的。不过,考虑到朱寿朋首起编撰之事,后又担任全书总纂,《光绪朝东华录》仅仅署他一人之名,也是理所当然的,但要说《光绪朝东华录》仅为朱寿朋一人所编,显然不妥当。

以上材料,是我们翻阅 1909 年和 1910 年的《申报》所得。不全或不当之处,尚希指正。

与蔡新职合作,《近代史研究》1993 年第 2 期

①1909 年 2 月 20 日《申报》。

纪念学术通人赵俪生先生

　　著名历史学家、教育家赵俪生先生于 2007 年 11 月 27 日逝世,终年 91 岁。多半年来,我脑海中不时浮现出 11 月 20 日下午在甘肃省人民医院干部病房探望的情景。当时,赵先生瘫坐在轮椅上,鼻孔里插着吸氧管,两眼无光,脸色煞白,寿眉低垂,鬓须肆张,喉中不时呕呕地喘着粗气。交谈不到 10 分钟,就会双眼紧闭,因缺氧而昏迷过去。听医生说,老先生的肺部弥漫性感染,其他脏器都受到影响,很少有逆转的可能。我告诉先生,29 日将在榆中校区为学生做"赵俪生的生平和学术"讲座。他说,我有什么好讲的! 又说,说不定到时候我就不在了。想不到,这竟然成为谶语。27 日 10 时半起,我先后接到两个通报先生弃世的电话,即在校园网发出帖子,沉痛宣布赵先生仙逝的噩耗,同时通告 29 日晚上的学术报告,将和同学们一起祈祷赵俪生先生操劳一生的伟大灵魂得以安息! 那天讲座之后,学生们在教学楼前举行烛光追思会,大家默默地肃立在摆成"先生走好"四个字的 91 支白烛光前,长久默哀,情景十分感人。

　　赵先生是 11 月 17 日因咳喘严重送进医院的。他预感到这是最后一次住院,平静地安排了后事。25 日,我去看望已报病危、处于弥留之际的赵俪生先生。先生已经转移到特护病房,经过几次抢救,上了呼吸机。用三根黑带子在头和两颊固定着的呼吸罩,捂盖在他未戴假牙的瘪陷的口唇上,依靠着呼吸机,噢噢抽动着,喘着粗气。大概这个过程太难受了,所以前两天他就一再伸手要将呼吸罩扯掉。今天躺在病床上的赵先生始终处于昏迷状态,双手无力地垂放在床边,一动不动,没有睁开眼睛,更没有对进来探望的人哪怕用眼神打一下招呼。只有在医生为他吸痰时,因吸管插入鼻腔深处,刺痛气管,才见他一再抽搐,头部剧烈地晃动着。吸了痰以后,喉咙里的呼呼声才稍微小了一点。我看着先生昏迷抽搐的样子,痛心地想,这就是那个在"一二·九"运动中掌门旗的清华学生吗? 这就是那个抗日游击队潇洒的大学生指导员吗? 这就是那个用如椽之笔写出数百篇充满灵性引领潮流的学术论文的大家吗？这就是那个在大学讲堂用智慧和富于磁性的嗓音拨动千万学生心智的名教授吗？人生的结尾为什么总要遭受如此的煎熬！

回到 11 月 20 日。瘫坐在轮椅上的赵先生一见我就说："老汪，我不行了，就要死了。不过我没有留下遗憾。"接着，他断断续续地说道："我们编辑的那六本书（《赵俪生文集》）出版后，各方面的反应热烈。我的老同学赵德尊前几天电话中还说这件事。最近，学校又送来了教育部的奖状，也算是对几十年治学的一个交代。"他表示很想见到甘肃省社科院的郝树声，因为是她在"文革"结束后请他重新登上历史系的讲台。他特别伤感地说："我依着（夫人高）昭一这株树健健康康、丰丰富富、踏踏实实地生活了 68 年，没有一点遗憾。从去年昭一去世后，我文章不能写了，字也不能写了，我的精、气、神一下子全没有了……"我想，这些谈话可以视为赵先生临终对自己一生的总结。

20 世纪中国史学的最后代表者

赵俪生先生，名甡，以字行，1917 年农历四月二十五日出生于山东安丘县一个败落的家庭。这位苏俄十月革命的同龄人，天生带有他那个时代的烙印。先生评价自己，是一个理想主义者，始终秉持为消除贫富不均、贵贱不等而奋斗的人生理想。几十年间，他从参与政治斗争，再而抗日救国，再而史学领域，用不停息的搏击，去追寻理想的彼岸。

中学时，他因为创办进步文艺副刊差点被捕。就读清华大学外文系（后转入哲学系）时，他参加左翼作家联盟和中华民族解放先锋队，翻译俄苏文学，在"一二·九"运动中掌门旗，"搏斗中表现英勇"①。七七事变后，在民族存亡的紧急关头，他投身中共领导的晋南新军，从事抗日游击战争，以满腔激情投入反击帝国主义侵略的战场。后来因病离开部队，到关中做中学教师。他在接受中共西安城工部负责人程之平的委托，做一些情报工作的同时，撰写了《在王老婆山上》《中条山的梦》等反映抗日前线生活的作品，并开始了以顾炎武活动为主线的学者反清复明秘密活动的研究。因仰慕顾炎武的为人和气节，而给 1940年出生的长女取名绛（顾氏本名）。胡适对赵俪生撰写的《清初山陕学者交游事迹考》十分赞赏，1947 年初将其发表于自己主编的《大公报·文史周刊》上；1946 年 7 月，得到老师闻一多先生被特务枪杀的消息，他不顾肆虐的白色恐怖，

---

① 蒋南翔语，见赵俪生《篱槿堂自叙》，上海古籍出版社，1999 年，第 46 页。

撰写《混着血丝的回忆——悼念闻一多先生》，表示要"坚定自己的意志去为闻先生未竟的遗志而努力"[①]；为了鼓舞国统区学生反饥饿反迫害斗争，他撰写明末反宦官黑暗政治的东林党人《赵南星评传》，经叶圣陶先生推荐，发表于《读书通讯》之中。很显然，赵俪生先生一开始进入史学，就将其与个人理想及时代要求紧密联系到了一起。

1948 年夏，开封解放。根据城工部安排，时任河南大学副教授的赵俪生，以及嵇文甫、苏金伞等随攻城部队撤至解放区。在襄城的一座教堂，赵俪生一行受到中共中原局首长刘伯承、陈毅、陈赓的欢迎。陈毅在讲话中称："我们今天在这里相会，意味着两条战线的合流。我们用枪杆子打蒋介石，各位先生用笔杆子讨伐蒋介石。今天这两支同盟军凑到一起来了。"[②]对包括赵俪生先生在内的红色教授以笔杆子争取人民解放的业绩予以高度评价。

1949 年 10 月中华人民共和国成立，正在济南市总工会任职的赵俪生觉得几十年奋斗追求的理想实现了。他踌躇满志地规划今后的学术工作，撰写《论中国新史学的建设问题》一文，在《新建设》第 6 期上发表。提出，在改造旧史学的同时，要进行新的通史、新的断代史和新的专史的写作。而马列主义原理与中国具体史料相结合，则是中国新史学建设的必由路径。[③] 他的见解，体现了时代主题的本质要求，开启了新史学的发展道路，被誉为"新史学的功臣"。

1953 年，赵先生与夫人高昭一开始联袂从事中国农民战争史的研究，次年出版了新中国第一本个人的农战史研究专著，并在山东大学历史系四度开设农战史课程，讲授研究心得。赵先生夫妇通盘梳理史料，着重探讨不同时代农民身份的差异、起义和国家机器的关系、农民战争与多民族的关系、宗教在起义中的作用等四个相互关联的专题，建立了一套完整的理论框架，大大丰富了农民战争史的研究内容，成为公认的中国农民战争史研究的开拓者。十几年前，我曾当面询问："赵先生，您当年从事农民战争史研究，是不是为了彰扬中共领导的武装斗争的成功？"他的回答，先用了一个问号，后用了一个句号。在晚年的学术回忆中，赵先生坦陈当年从事农战史的研究，是受了"只有这种农民的阶级斗争、农民的起义和农民的战争，才是历史发展的真正动力"论说的影响，以自己的研究，企图解释这个违背基本史实的"宸断"。到头来，却因为自己既有让步政策，又有反攻倒算的观点，导致接受和阐述了这些观点的他的学生孙祚民和孙达人受到钦点的斥赏。站到今天的史学高度看，花费了赵俪生多年心血，

①赵俪生：《文史学的新探索》，海燕书店，1951 年，第 43 页。
②赵俪生：《篱槿堂自叙》，第 111 页。
③赵俪生：《文史学的新探索》，第 154 页。

最后却戛然而止的农战史研究，并非毫无是处。首先，古代中国的历史是由地主和农民组成的，过去学者只研究帝王将相才子佳人，农战史将研究对象转向了社会最基层的农民，是历史学的新跨越。其次，决定古代社会朝代兴衰、经济枯荣、民俗演进的是广大的农民群体，农战史研究为新型中国古代史的写作奠定了基础，为古代政治史、社会史和经济史等专史研究开启了新的路数。再次，赵俪生先生建立的农战史理论，对当代许多理论和现实问题，有重要的参考价值。例如他对宗教在农民起义中作用的研究，引发了"9.11"事件后，他对宗教中所具备的两个因素——虔诚和愚昧的思考，"希望将愚昧的部分抛弃掉而发扬它虔诚的那部分"。他关于农民身份和生存状况的研究，由他的学生秦晖发展为农民学，对于中国社会问题主要是农民问题的解决，有极深的透析和重要的启示。

赵先生以自己对农民问题的深刻理解，来分析古史分期问题，1957年发表《从阶级关系和阶级斗争角度来看我国古史的分期》（载《兰州大学学报》1957年第1期）一文，认为："在我国历史上奴隶制的下限应该是西汉之末，封建社会的上限应该是三国、魏、晋，而东汉是过渡时期。"现在看来，企图用削足适履的办法，以中国的历史去证明马列某种说法的"四海皆准"，本身就是幼稚的教条主义。但是赵先生在那种政治环境下，敢于与钦定春秋战国之交说唱反调，旗帜鲜明地提出自己独立研究的见解，表现了极大的理论勇气。其论证，对今天研究周晋社会状况和历史发展的渐进性，也有着很大的启发。

1958年初，赵先生被揪回山东大学，补划为右派分子，从此成为社会的另类，丧失了发表文章的权利，更别说研究以阶级斗争为主线的农民战争史了。在身心疲惫、生活艰难的时日里，赵先生不甘于思想被封闭，他看到剥夺了农民土地所有权的"公社化"，造成农村和农民的贫困与骚动，敏感地觉察到土地所有制在中国社会中的根本性质。他以揭示古代农民战争根源为由，开始了中国土地制度史的研究。他认真阅读马恩英文著述，从探求亚细亚生产方式在中国历史上的表现入手，结合中国土地制度的实际，终于找到了中国土地私有制渐进性的理论根据，用20年时间写出《中国土地制度史》（齐鲁书社1984年出版）一书，阐述了数千年中土地私有制从浅化到深化的发展历程，认为所谓"亚细亚生产方式"是指公有制在私有制社会（阶级社会）中的遗存。古老共同体经济形式的遗存和军事政治上的专制，是中国古代私有制由浅化向深化历程中的两大阻力。中国古代无论私有制和公有制都不成熟，一直带有"亚细亚"色彩。现代资本主义的纯粹私有制，在鸦片战争以前，有的甚至在土地改革以前，都未曾出现。在抨击专制制度对农民土地所有权剥夺的同时，肯定土地改革赋予农民土地所有权对解决农村和农民问题的意义。这一研究更重要的意义,是在为一直被丑化为"罪恶"的私有制平反,找到了几十年政治经济弊端的根源。

我的导师张孟伦(1905—1988)与赵俪生先生,一位重史料,一位重理论,平时不少互相讥讽。他俩住门对门,我常常是出了这扇门,进对面的门。两位先生总向我打听对门怎么说自己。我左右为难,一向是报喜不报忧,言张说赵很会写文章,言赵说张做学问很细心。其实二位对自己的优势和不足都很清楚。赵先生说:"我知道自己的底子不行,所以我得补自己的老底。"当土地制度史研究告一段落以后,一向善于"追补"的赵俪生先生开始了对先秦典籍的通读和反思,进行中国综合文化史的研究。我想,20世纪80年代初,他之所以转向研究古代文化,主要不是为赶当时已经开始的文化研究热,而是对"左"倾政治压制人性的思考,使他产生对传统文化的迷茫,他在试图寻找"左"的文化根源和发扬人性尊严的良方。

赵先生将《尚书》《周易》《诗经》《礼记》《周礼》《论语》《孟子》《管子》《庄子》等一本本仔细读过,用医学上照CT的方法一一切片检验。先生认识到,经济基础在历史发展上的力量并不是以前所说那么大,人们的思维、意识的力量也是不可忽视的。他否定"不是……就是……"的机械思维模式,在论文中指出,中国的思想家很难用唯心或唯物来界定,唯心主义"对唯物主义的发展起过很重要的促进作用"[1]。他认为,《周易》是中华综合文化的起点,继之以儒家、道家、墨家、阴阳家等百家争鸣,中华文化由此奠定。只要将《易》《诗》《书》三者串联起来,就不难寻觅到中华文化的源头。赵先生青少年时代深受新文化运动的影响,几十年的学术生涯尤其是个人遭遇又使他深知专制主义的危害,所以对与专制制度连体的所谓传统文化的探讨,更多是批判性的。他发表文章对盛行的"21世纪是中华文化的世纪"论予以痛击,说,"在现社会,提倡一点儒学,并不是准备让它有朝一日'篡位',而是希望它能对现社会的一些弊病进行一些教化补救而已"[2]。他研究王阳明"致良知"说,指出:"在教条主义充塞的海洋里,我们不正是急需王阳明牌的'去蔽''致良知'、求'吾心之灵明'去启迪自己的主观能动性吗?"他看重《易》中所含原始思维的古代辩证法,批评有些人将三国王弼已经摒弃的《易》的占卜之学搞得轰轰烈烈。他对时说绝不盲从。在西化说甚嚣尘上的时候,他到美国访学。回来对我说,我算领教了西方文化,大家都忙于赚钱,人情太冷漠了。

著名学者金景芳先生盛赞赵俪生先生"博学多通,才、学、识兼长",特别欣

---

①赵俪生:《王阳明和他的学派》,载《文史知识》1982年第2期。
②赵俪生:《我看儒学》,载《社科纵横》1995年第1期。

赏赵先生在研究中国农民战争中提出的四个专题和在土地制度史关于"亚细亚生产方式"问题及公有制与私有制问题的看法。对赵先生论述东西文化差异的独到之处"惊叹不已",认为"这是作科学研究从具体事实升华为纯理论,不是穿穴载籍,并有高度的抽象力是办不到的"。① 1991 年起,我开始从事赵俪生先生学术成就的总结工作。随着时间的推移和对赵先生学术日渐深入的了解,我认识到赵俪生先生是具有独立学术品格的马克思主义史学家,他的学术道路体现了 20 世纪中国马克思主义史学一个典型的侧面。在 60 多年的学术生涯中,赵俪生先生顶着不断的挫折和打击,顽强地维护思想自由,逐渐学会避开与强势权力的正面交锋以保护自己,站在学术工作的前沿,奋力耕耘,在中国农民战争史、中国土地制度史、思想文化史、史学理论、西北地方史等领域的研究中,做出了卓越的贡献。他是一位学术通人,他的论著,是现代中国学术宝库中的珍品。为此,在学校支持下,我们集结了赵先生一生学术研究的主要著述,于 2002 年编辑出版了 6 卷本 250 万字的《赵俪生文集》。其中,第 1 卷是关于史学理论与史学方法、中国农民战争史研究的著述;第 2 卷是关于中国土地制度史和中国古代史研究的著述;第 3 卷是关于顾炎武研究的著述;第 4 卷是关于中国思想文化史、西北地方史研究的著述和其他学术论说;第 5 卷是作者的自传、自序、杂诗、序跋书评和师友回忆;第 6 卷是文艺创作和翻译作品。

《赵俪生文集》出版后,学界对赵俪生及其学术成就更为关注、好评如潮。2006 年底,该书获得第四届中国高校人文社会科学研究优秀成果奖历史学一等奖。消息传来,赵先生虽表现平静,内心却感慨良多。我们知道,赵先生是个性情中人,生性率直,却不善处理人际关系。他敢怒敢骂,论著中常常不加隐讳指名道姓地批评,为此得罪了不少人。加之他历来都是从马列原著中发掘理论根据,直抒胸臆,而不是人云亦云,追逐时势,对几十年间自视为正统马列代表掌握学界大权的"权威"从来不迎合上套,更招惹来诸多是非。在 20 世纪 80 至 90 年代,我们曾几次以赵先生牵头申报中国古代史博士点,却屡报屡败。传来的消息说,有位被赵先生骂过的学科副组长不说话,其他成员只好投弃权票。想想 1978 年底,这位先生曾礼请赵先生担任他为长的某某研究会副会长,几年后竟翻云覆雨如斯,我们切身感受到学界也有可怕的"秋后算账"。20 世纪 90 年代以来,老一代学人多已退出学术领域,晚年的赵俪生先生却宠辱不惊,笔耕不辍,坚守理想,对现实的中国和世界越来越关切,思想越来越率真透彻,文笔越来越生动犀利,观点越来越少顾忌。人们回过头来看,新中国史学奠基人之一

---

① 《赵俪生史学论著自选集·序》,山东大学出版社,1996 年,第 1、3 页。

的赵俪生,人品和学问卓然独立,高擎头帜,奋勇前行,品位很高,贡献很大,终于他的文集获了大奖。赵俪生先生是20世纪中国史学的最后一位代表者,他的逝世标志着一个学术时代的结束。

培育领军人物的大学教授

11月20日下午,赵俪生先生特别要我将省社科院的郝树声请来医院。4点多钟,郝树声及其丈夫张德芳闻讯赶到,赵俪生先生正躺在床上呕呕地大声喘气。医生为他用了一次药,精神稍好一些,就对来到床前的郝树声大声说,你们来看我,我很高兴。接着,他们很兴奋地回忆起1977年郝请他为同学上课的情景。郝说,1977年上半年,班上同学向系里要求请赵先生给他们上课,管事的老师说,前些年他们批判过赵,不好出面,你们自己去请吧。于是她和张德芳来到住在狭窄平房的赵家,赵先生非常高兴地接受了他们的邀请。他们的谈话,使我深切地感受了赵俪生先生视课堂讲授为生命的职业精神,他临终念念不忘的是在被禁锢和批斗10年后乍暖还寒的政治空气中,请他重上课堂的学生。人们习惯于称赵俪生是著名历史学家,但是,他的终生职业是大学教授,是教育家。

赵俪生先生的教学生涯在清华大学读书时已经开始。当时,中共北方局北平西郊区委社会工作部在清华三院后身创办了一所工人子弟小学,赵俪生被聘为六年级国文教员兼班主任。几年后,在山西晋南政治保卫队宣传科时,赵俪生负责为基层"军事干部轮训班"讲课,内容一是新三民主义论,二是抗日民族统一战线。两课有延安解放社出版的统一教材,但是赵俪生从来不照本宣科,而是将其融会贯通了,用通俗的语言讲述,收到很好的效果。赵先生说:"可别小看当年的讲课,那是后来历史学教授的发轫之地呀!"①

1939年,赵先生因患细菌性痢疾加疟疾,请假离开部队,到西安治疗。夫妇二人无任何经济来源,夏初还穿着部队的棉军装。在省教育厅当厅长秘书的老师杨展云介绍赵俪生先生到乾州中学任教,以养家糊口。同时由于阎锡山大举屠杀新军,部队已经回不去了。赵俪生先生终于开始了人生的大转折,从战场转到教坛。他教四个班的英语,兼丁班级任老师(班主任),同时还开夜车撰写小说以及翻译英文版的德国进步剧本《福劳利德镇》。赵俪生的英语教学效果优异,在全省中学单科抽查考试中获得第一。西安高中校长为此聘请他到该校

①赵俪生:《篱槿堂自叙》,第80页。

任教。其后,赵先生又在蔡家坡扶轮中学、雍兴工业职业学校任教。其间,他还从事秘密政治活动,从事顾炎武和关中学者的研究。

1947年夏,经中央研究院史语所所长傅斯年介绍,赵俪生被河南大学校长姚从吾聘为文史系副教授,自此,赵先生开始了60年的大学教师生涯。为了在大学讲坛站稳脚跟,他不仅十分努力地备课,而且注意向老一辈历史学家、系主任嵇文甫学习。他发现,嵇文甫的课,都是在大礼堂上,原因是听的人太多,据说连便衣侦探也来听。嵇老最高明之处,在于他讲的道理全是辩证法和唯物论,但这类的词句他却不用,他用的全是传统的,让找把柄的人什么都抓不到。嵇先生很看重赵俪生,将自己主讲的"明清思想史"让给他教。同时,赵还给工学院开设"中国通史"课。高昭一先生描述道:"为了把(教学)工作做好,他花费了很大的心血。记得盛暑天,俪生穿一条短裤,光着脊梁,汗流浃背,几乎整天坐在书桌边,临时备课、写讲稿,就这样在大学讲台上赢得赞誉之声,课上得很顺利。"[1]

1948年夏,赵俪生随攻城部队撤至解放区。其后,被安排到位于河北正定的华北大学研究部任研究员。校长吴玉章、副校长兼研究部主任范文澜和副主任艾思奇对其爱护备至。赵与艾思奇、何干之过从甚密,提高了自己的理论水平,学到如何将唯物论应用于中国史学研究的方法。

在与副校长成仿吾因进京知识分子政策发生冲突以后,赵俪生被贬到济南市工作。后到中国科学院翻译局,协助局长杨钟健设计创刊《中国科学》《科学通报》,与叶丁易合作创办《光明日报·学术副刊》,负责组稿,自己也在上面发表文章。因向上级状告院长郭沫若对非党副院长颐指气使的蛮横作风,招致院长批示"照准"他"辞职"。

在艾思奇的帮助下,赵俪生先生到位于长春的东北师范大学历史系任教研室主任,讲授中国古代史。1950年冬,应华岗校长邀请,赵俪生受聘山东大学历史系。在"同槽"的八位历史系教授中,赵俪生是最年轻的一位。经过长期学术积累,有着精深理论修养,又受革命理论家华岗校长的赏识,30多岁的赵俪生先生,精力旺盛,在大学讲坛上大展宏图。他同时担任社会发展史、辩证唯物主义与历史唯物主义、马列主义史学名著选读、中国通史明史段等课程,超负荷运转。1953年春,历史系要他承担中国农民战争史课程,他愉快地接受了这一艰难而具有开创性的任务。在夫人高昭一的帮助下,当年秋季,赵俪生先生就为本科生开出了全国高校第一个中国农民战争史课程。边研究、边开课的赵先

---

①高昭一:《回首忆当年》,1994年家印本,第81页。

生,在农战史的课堂讲授中新见迭出、妙思纷呈,为中国史学界培养出一批出类拔萃的领军人物。

1957年夏,受教育部派遣,赵俪生到兰州大学任教,自此终生寄居陇右。在兰州,赵先生的教师生涯并不愉快。如日中天的他,先是被山东大学补划为右派分子,剥夺了上讲台的权利。大饥荒最严重时又被派到河西山丹农场劳动,差点送命。1961年到1965年底,是他兰大教授生涯中辉煌的一段。主政兰大的著名教育家江隆基在1938年就与赵俪生有交往,他说:"兰大文科三系,称得上有真才实学的,就是一个赵俪生。"还说:"1934年入学的清华学生,出过几支大手笔,赵俪生是一个,王瑶、韦君宜也是……"①江校长排除干扰,将濒临死亡的赵俪生先生从山丹要回来,在他恢复元气以后,大胆地决定,让赵俪生为新招进来的历史系66级学生上中国古代史课。戴着右派帽子的赵先生对江校长的决定喜出望外、感激涕零,10多年后他回忆道:"当时我是没有资格开课的,只配在资料室里打打杂,有时候做清洁卫生工作。可是忽然通知我开中国通史,这真是一步登天了。没有沦落过的人,是不会懂得这种滋味的。我一贯有一种报恩的思想,于是我一鼓作气教了五个学期,从中国猿人讲到鸦片战争。"②其间,赵俪生还为历史系69级上中国古代史、中文系68级上中国通史,为历史系66级、67级讲中国土地制度史,并给青年教师办班,以章太炎《自述学术次第》等为教材,传授史学研究的方法。江校长亲自多次到教室听赵先生讲课,还要求崔乃夫、丁桂林等领导同志带了机关干部去听课,以提高自己的修养。有一次在历史系69级听赵先生讲古代史,下课后,学生们往门口拥,江校长大声说:"同志们,请赵先生先走!"使学生们深受教育。

好景不长,1966年初,赵俪生先生被派到榆中县农村搞"社会主义教育运动"。5月底,"文革"波及兰州大学,赵先生被当作"牛鬼蛇神"揪回学校批判。自此,断断续续一直被整到1969年9月。林彪一号通令发出,赵俪生先生被疏散,投靠在贵州息烽三线厂工作的大女儿。次年初,赵俪生先生被迫退职,经周恩来总理亲自过问,才于1972年复职。不久,兰州大学历史系确立沙皇俄国侵略我国西北地区史研究课题,赵俪生先生参与其中,主要从事西北史研究和英文资料翻译。每当阶级斗争的弦绷紧的时候,他又被拉出来当靶子。

1977年,赵俪生先生被历史系学员郝树声等请来为他们上课,这是他11年后重新登上大学讲台,作为一位将课堂教学视作生命的优秀教授,其激动的心

---

①赵淮青:《我所认识的赵俪生先生》,载《赵俪生先生八十寿辰纪念论文集》,山东大学出版社,1996年,第8页。

②赵俪生:《回忆江隆基校长》,载《赵俪生文集》第5卷,第447页。

情难于言表。1978年夏,赵俪生先生招收了7名专门史研究生,研究方向分别是中国土地制度史和中国农民战争史。1986年,又受国家教委委托,主办中国经济史助教进修班。几年间,他先后开设了中国土地制度史、中国古代社会经济史、中国综合文化史、明清思想史、史部目录学、史学概论等课程。当时,历史系各个专业的研究生都选修其课,甚至本科生也溜进来蹭课,以一睹赵先生的风采。年逾花甲的赵先生精神抖擞,纵横捭阖于三尺讲台,努力追补着已经丧失的岁月,高超的教学能力得到最大的释放。1979年以后,赵俪生先生应邀先后到苏州、无锡、杭州、上海、徐州、淄博、湘潭、天津、济南、青岛、成都、昆明、西安、武汉等地的数十所高校讲学,将智慧的种子播撒到大江南北。1992年,赵俪生先生离休后,还经常应邀为学生做学术报告。这些年,每逢赵俪生先生生日,我都带了研究生去为他祝寿。看到这些后学青春的面孔,赵先生总是非常高兴,向他们询问论文的选题,并给予精准的指教。赵俪生先生为培养一代代史学人才真是鞠躬尽瘁、死而后已。

华东师范大学王家范先生在张荫麟《中国史纲》导读《前言》中写道:"记得严耕望先生说过,中国通史必须折中于重点与全面之间,并能上下脉络连贯一气,与断代史有别,与专史也有别。因为有此种种考虑,所以大学'中国通史'可说是所有历史系课程中最难讲的一门课。过去大学'中国通史'课程教得最成功的,耕望以为应该数钱穆宾四先生为最。据笔者所知,较晚还有一位,就是50年代曾在山东大学教中国通史的赵俪生先生。"①当今历史学教授成千上万,但获得如此盛誉的仅赵俪生先生一人而已。

赵俪生先生的历史教学工作受到多般盛誉,当之无愧。

第一,是他对教育工作有强烈的责任感。赵先生始终将课堂教学视为生命。50多年间,他几次被政治运动剥夺上讲台的权利,对"左"的路线深恶痛绝。一旦有了上讲台的机会,就拼出老命,超负荷地带课。只要有教学任务,不管是紧裹大衣还不住打战的严冬,还是汗流浃背胳膊生痱的酷暑,他都"如临大敌"般地提前在家中认真备课,将要讲的问题进行细致的梳理,归纳出理性的思路,将查阅的资料写在小纸条上,然后才满怀敬畏地走上讲台。赵先生每次讲课都特别卖力,精神处于极度亢奋之中,以至每次课下来都精疲力竭,即使在冬天也是浑身汗湿。下课回家,赵先生就累瘫在床上,盖上被子,由夫人高先生替他用毛巾擦拭汗液,换上干净的衣服,还要休息好几天才能复原。晚年的赵俪生先生,以顾炎武"苍龙日暮还行雨,老树春深更著花"的诗句自勉。87岁时,

---

①王家范:《张荫麟〈中国史纲〉导读〈前言〉》,上海古籍出版社,1999年,第12-13页。

疾病缠身的他，还想贾其余勇到距兰州47公里的榆中校区为本科生做学术报告。高昭一先生拦不住他，拉我当救兵。我说，且别说长时间坐车要消耗多少体力，关键是报告以后浑身大汗，万一感冒了怎么办？在我们的坚决阻拦下，赵先生终于未曾去榆中校区，却一再为之憾然。

第二，以高水平科研成果为基础的启发式教学。赵俪生先生始终将教学与科研结合，从教学需要提炼科研课题，用高水平的科研成果保障和提高教学质量。在几十年教学工作中，赵俪生先生总是挑战自我，敢于承担那些难度很大，属于学术前沿的课程。例如在河南大学的明清思想史，在山东大学的逻辑学和农民战争史，在兰州大学的中国古代史、中国土地制度史和综合文化史等。对这些课程，他都是先集中进行研究，大问题越做越小，小问题越做越大，从一个个小问题的研究中找出规律，再进行总结，写出综合性的讲义。在讲课中，他仍然不停地思考，对已有的观点进行检验、深化或否定，再对讲义进行修改。如此写稿、讲课、改稿、再讲课，最后定稿，成为专著，拿出来出版。他的《逻辑学教程》《中国农民战争史论文集》《中国土地制度史》等专著都是这样成型的。这些在本学科具有开创意义的著作，至今仍然是有关专业学者案头必备的经典。他的中国土地制度史讲义，在"文革"前已经写成，而且两次授课，两度修改。疏散到贵州后，又一次修改增补，复写三份，书眉题以"篱槿堂遗著"5字，将出版的希望寄托于身后。1978年夏，他经过修改，将自以为有把握的部分，铅印成讲义，供研究生参考，同时在讲课中继续探索新的问题，终于又写成12万字的《论要》，将两部分合到一起，交付正式出版。

山大、兰大历史系的学生，从来都是冲着教师学术研究的水平来听课和评课的。赵俪生先生始终活跃在史学前沿，又注重以学术前沿的思考上课，当然对学生有极大的吸引力和治学方法的启迪。赵俪生先生曾深有体会地说："受教的学生们不喜欢的教法，是一种平铺直叙的、人云亦云的、重点不突出或者根本没有重点的、不提出问题不解决问题的课。他们喜欢的，是重点突出的、提出问题并在一定程度上解决问题的，从而鼓励和启发了学习者的兴趣并从实际中诱导了学习者的独立操作能力的课。我们讲中国通史的，也不例外。……在系统知识传授的基础上，一定限度地诱导一些争论，这对启发学生独立思考、独立操作能力方面，将起到很好的作用。"①我们常说，高校要培养创新型人才。赵俪生先生20多年前的这段话，不就是培养创新人才经验的最好总结吗！中国政法大学教授金雁称赵先生的这种教学是问题意识，她说："赵先生讲课最大的特

---

① 赵俪生：《中国通史史论辞典·序言》，黑龙江人民出版社，1992年，第1页。

点是'问题意识'非常突出。一个问题套着一个问题,使人总在'为什么'里邀游,调动你高度紧张的思考,然后从逻辑关系上一层层地推开,在这个过程中我突然有了把原来的'死知识点'贯通整体的意识,甚至有了与先生不同的看法,这让我非常兴奋,有了争论的冲动。可以说是赵先生的这种传道授业方式把我领入史学领域的,后来我搞俄国农村公社就是受赵先生讲'亚细亚生产方式'时谈到俄国公社的启发。"赵俪生先生的思想是开放的,学问是开放的。执大学教鞭60年,赵俪生的学生成千上万,他没有培育出一个死守师说的赵家学派,却以授人以渔的教学,培养出了史学、文学、哲学、经济、文化、地理,甚至自然科学方面的诸多领军人物。

第三,杰出的讲课艺术。赵先生上课,从来不拿讲义,每次只带了抄着原始材料的几片纸头,就成竹在胸,侃侃道来,口说手舞,奋笔板书,令人敬服不已。这种习惯,造就了赵先生出口成章的本领。记得2001年底,我们受《史学史研究》编辑部的委托,要做先生的访谈,事先向他通报了访谈要求。12月21日,应约到他家,赵先生提前已有所思考,未拿一片纸,坐在低板凳上,对着录音机连续讲了75分钟。其内容包括,他治学的六个阶段,对11月北京唯物史观讨论会的评论,以及对青年学人的希望。事后,邱锋将录音一字不易地转写,就成了一篇精粹利落、逻辑严密的7000余字长文。

赵先生对课堂教学有着高超的驾驭能力,他的气势和激情以及雍容大度的风姿素为学生所称道。课堂上他眯着双眼,神采飞扬,全神贯注于课题的阐述之中,条理清晰,深入浅出,博约结合,抑扬顿挫,妙语连珠,把知识性、科学性和趣味性融通于一体,将每个学生的注意力都吸引过来,思想都调动起来。对那些极为枯燥的理论课,他也努力议论风生,用他独特的语调、手势传达那些经过自己深思熟虑的内容,甚至列举那些能刺激学生听觉和情绪的例子,以活跃课堂气氛,加深学生的印象。一堂课下来,学生似乎不是在听课,而是在欣赏有深刻内涵的讲演艺术。著名文学理论家蓝翎生前回忆道:"当年听先生讲课,有一次下课后,兴奋不已,忘乎所以,模仿先生讲课时的神态,两手平伸,双目前视,大声直呼:'回到康德那里去吧!'""先生的那句批评唯心论的话:'回到康德那里去吧!'像话剧舞台上的所谓停顿,是典型的'赵氏停顿',是经过了充分讲述论证之后总结式的停顿,给听者留下无穷的反思。"①

---

① 蓝翎:《仁者长寿》,载《赵俪生先生八十寿辰纪念文集》,第1、2页。

相伴 68 年的学者夫妻

1963 年秋,我从学校图书馆借出赵俪生先生 20 世纪 40 年代撰写的中篇小说《中条山的梦》,其中一段是夏支队一中队指导员杨轲与其妻秋爽走回住屋的文字:"在遍生着酸枣树的沟涧那边,有两个人正沿着小径慢步走下那陡坡来。那矮一些的,一望而知是秋爽同志的坚实的身躯;并排走在她的旁边的,是一个魁梧的青年男子,穿着一件簇新但显然太短了的俘获来的敌军黄呢大衣,从那大衣下面,露出两条有点太不匀称的骆驼似的长腿。"看到这里,我会心地笑了,这一对青年抗日伴侣,不就是赵俪生、高昭一夫妇的自我描画!

高昭一先生 1914 年 11 月出生于河北正定的一个大家庭,舅舅王士珍是"北洋三杰"之一,在北洋政府中当过内阁总理、军政部长。她自幼丧母,受后母欺虐,早熟,独立生活的能力很强。1936 年在正定女师读后期师范时,她参加中华民族解放先锋队,从事抗日宣传。次年赴太原加入牺盟会。1938 年 1 月赵俪生与高昭一在山西离石第二战区战地工作团相识。两周后,两人举行了一个茶话会招待战友,就宣布结婚了。论相貌,赵、高二位似乎并不匹配。赵一米八一的细挑个子,长脸,宽额,隆准,大下巴,仪表堂堂。高五短身材,双肩结实,宽鼻,嘴吻微突,被王瑶先生称为"不算漂亮"。当年风流倜傥的赵俪生是怎么看上了相貌平常的高昭一呢?用赵先生自己的话说:"父亲死后,我们这个家已经跌落到最低点,应该有所振作了。所以我自己选择对象,不找那些谈情说爱的,而要找成家立业的。""我一眼就看上了高昭一,我感到她和那些花花哨哨的女孩子不一样,我认定她是一个'成家立业'的好伴侣。"经过抗战烽火洗礼的赵俪生夫妇,在崎岖的人生旅途中相互搀扶、患难与共,相伴 68 年,成就了中国学术界的一对模范夫妻。

高昭一不仅是赵先生的精神和生活的终身伴侣和坚强支柱,更是其处理诸多事务的主心骨和学术研究的合作者。

几十年间,除了在山东大学 7 年生活稍微安逸外,他们夫妇一直经济紧张、处境困顿。在山西游击队他们吃大灶,每月只有 5 角津贴。后到关中教书,抗战间工资折半,两人仅有 80 元收入,这才过起了小家庭生活,也多是一碟盐、一碟辣子拌饭。1958 年赵先生被补划为右派分子,工资降至七级,家庭生活条件陡降。1960 年 3 月,赵先生被发配到甘肃师院在山丹的农场改造,从事繁重的体力劳动,还曾经被罚跪,甚至不给饭吃。高昭一在兰州带着孩子在饥荒中挣扎,还要省出一点口粮,加工成熟食,邮寄给在农场的赵俪生。干瘦而全身浮肿的赵先生,每当收到兰州寄来的救命食品,当即狼吞虎咽,一扫而光。在家中高昭一带着孩子们挖草根拾野菜充饥。有一次她吃野菜中毒,全身浮肿,指甲紫黑,头昏眼花,差点丧命。1961年2月,赵先生的二女儿到皋兰山上采食地耳填塞饥肠,失足殒命。只剩一具骷髅的赵先生被江隆基校长急电叫回。当时食物极端缺乏,赵先生既要恢复调理病躯,又要从事学术研究,不得不变卖家中藏书,以购买高价食品。不久,江隆基得知赵家窘迫的经济状况,特批每季度100元的生活补贴。高昭一又毅然退职,用数百元的退职金购买高价粮,使全家不致饿毙,还每晚熬点玉米面糊糊,为赵先生补充营养。一直到"文革"结束,赵先生家的经济状况仍然不好。他终生嗜茶,那些年他只好托人买1元多一斤的茶叶末充饮。

赵俪生先生幼年家庭生活困难,身体素质欠佳,瘦长的身板十分单薄。在山西抗日前线时,他罹患恶性疟疾,因前方战斗频繁,经常转移,缺医少药,以至生命危殆。幸得高昭一向部队请假,拖着病重的赵先生,扒车找饭,转至西安投靠亲戚,问医治疗,精心照料,方得重返战地。在乾州中学任教师的1941年,赵先生因工作繁重,积劳成疾,感染伤寒,几次濒于危殆,经一学生祖父治疗,高昭一日夜照料,方转危为安。不久,在蔡家坡雍兴高级工业职业学校任教且从事秘密工作的赵俪生,因特务横行,精神过于紧张,而发生焦虑性神经病。1947年在河南大学,因教学和治学勤奋,肺部感染结核。1960年在山丹农场劳动,给庄稼浇水时,被冰块划伤,腿部化脓感染,幸被到农场巡视的校医院院长发现,坚持送进医院,才保住了那条腿。1963年,46岁的赵俪生拔去剩余的病牙,装上满口义齿。两年后又患腿疾,不利于行。"文革"开始后,赵俪生是全校第一个被抛出的"反动学术权威"。几年中,他被批斗、"统管"、罚做重活脏活、强迫退职,反复折腾。记得1968年时常传达和庆祝"最新最高指示",兰州大学各系学生和被统管的"牛鬼蛇神"都要排着队进大礼堂开会,"牛鬼"的队伍比任何一个系的队伍都要雄壮,赵先生因为个子高,总是低着头,走在队伍的最前列。那时,赵先生的工资停发,子女被发配下乡,全家只有48元的生活费,还要遭受各种政治上的欺压凌辱。就这样,赵俪生和高昭一夫妇还是艰难地活了下来。1973年赵先生又一再挨批斗,患上高血压和心动过速。

1978年以后,赵俪生重新焕发学术青春,他带研究生,搞科研,外出参加学术会议和讲学,却依旧保持在校园里顺着墙根低头走路的习惯。这一段时间,虽然也时有不愉快事件发生,但赵先生的精神和身体一直较好。1986年,他的一个女婿因癌症逝世,他害怕自己的器官有病。我专门联系了一位省医院的专家,用当时还很稀罕的B超机做脏器检查,得出全都健康的结论,使他增进了信心。80岁以后，赵俪生先生的身体机能逐渐衰退，先是右眼白内障，手术植入人工晶体。接着是前列腺炎，治来治去，最终切除，在腹部插一根管子，挂上了尿袋。那时，我去赵先生家，他们夫妇常常谈起各自的身体，谁会走在前边。高昭一先生三四十岁就有心脏病，一犯病就大把吃药卧床静养。但她信心十足，自认为家族有长寿基因，她的一位姐姐已寿过百岁。而赵俪生先生的祖、父皆仅四五十岁阳寿，自己已创造了家族男性寿命的记录。2000年7月，当年山东大学历史系"八大教授"之首的杨向奎以90高龄去世。赵俪生先生不满足于成为"八大"之仅存者，还要争"八大"之最长寿者，说："我一定要活过90岁！"2005年初，赵先生查出肾癌，子女对赵先生夫妇善意隐瞒了实情，只称是糖尿病，每天为他注射治癌药物，却说是降糖。好在先生年事已高，机体代谢率极缓，他不仅活过了医生判定的半年，而且奇迹般又过了将近3年，才因肺部弥漫性感染导致呼吸困难，引发缺氧性休克逝世。

　　2006年9月1日凌晨，高昭一先生平静地走完了她94岁的生命。此后，赵先生的精神一日不如一日，外表木讷，内心十分痛苦。一再为终身伴侣先去、知音不再伤心，为余下孤独残年的人生痛心，为从此自己手不能写字、脑难以集中思索难心。我建议他有什么想法就口述，让外孙邱锋记录整理。次年2月，赵先生给了我一篇电脑打印的文稿《忆我妻》，文章末尾深情地说："我读过一篇《凌霄花诗》，其中有两句是'偶倚一株树，遂抽百尺条'。我这一辈子倚过两株树，一株是我的母亲，从生下倚到二十岁；第二株树就是我的妻，从二十一岁到八十九岁，倚了差两年不到七十年。她帮助我祛除少年时候的飘零阴影，过了这完整的九十年，我很感谢她。"2007年11月20日躺在病榻上的赵先生对我说："我要死了，不过我没有留下遗憾，我们赵家没有一个人活到我这么大岁数的。"这中间高昭一先生功莫大焉！

　　高昭一先生受过良好的教育，有厚重的旧学根底，又阅读过许多马列的书籍，知识丰富，思维细腻，是赵先生治学的好帮手。40年代，赵俪生撰写报道抗日前线的小说，发表怀念因反蒋而被特务杀害的业师闻一多的文章时，高昭一也在《新华日报》上发表了《抗日锄奸记》的报道，向《中国时报》投寄揭露伪国大代表张希文丑行的文章。1953年赵俪生夫妇在山东大学开了一爿"夫妻小店"，共同研究中国农民战争史，搜寻、整理、摘录浩繁的史料，为有影响的农民战争绘制地图、编纂年表，最重要的是理论的建树。两年后二人合著的《中国农民战争史论文集》，由上海知识出版社出版。《篱槿堂自叙》第239页，有一帧50年代赵俪生、高昭一进行学术研究的照片，夫妇二人着单衣，各占着八仙桌的一侧，在埋头写着什么。桌上摆着一个白色的瓷茶壶和几个茶杯。靠墙的长条桌上是摞得很高的线装书,立在左侧墙根的书架上则排满了洋装书。如果说,中年的赵俪生先生更偏重于理论的思维,高昭一先生似乎更注意于微观的探索。二人相濡以沫,相得益彰,在学术界传为佳话。80岁时,高昭一先生撰写的《回首忆当年》一书,自费印行送亲朋好友。1996年高昭一先生撰写《我与俪生走过的路》,编入山东大学出版社出版的《赵俪生先生八十寿辰纪念论文集》,旋即被《新华文摘》转载。

高昭一先生说:"我们不像夫妻,而像朋友、同学或弟兄,经常是切磋、琢磨。"多年来,赵先生夫妇都是晚上看完新闻联播就洗漱后上床休息,半夜两三点醒来,老两口在床上谈时事、论学问、忆往昔、讲家庭,天亮后才起床用餐。谈起学术,二位总是兴致很浓,争论不休,互相启发,互为补充,赵先生的不少文章,就是在这种"床谈"以后写出来的。20多年间,每当我去赵先生家探望,屋门打开,首先见到的总是头发花白、慈眉善目的高先生,她将我引进狭窄的客厅,然后提起嘶哑的嗓子冲着里屋喊道:"汪先生来了!"再坐在长沙发的一端,听我和赵先生谈话。赵先生多年耳背,高先生有时不得不对着他的耳朵当传声筒,还在赵先生想不起某人名某诗句时,一口准地说了出来。有时分析说到的事情,往往比赵先生更高明、更透彻、更无遮拦。

在《〈回首忆当年〉序》中,赵先生称:"高昭一同志文风耿直,不喜欢打弯。不但文章,就连她这个人也是不打弯的。时下有句惯用语,'买账'。不管这词的含义是好是坏,在我呢,实在非'买账'不可的时候也只好'买账',而高昭一同志我和她过了一辈子,她是'绝不买账'的!凭这一点,她没有白活了80岁,没白受了这一辈子的'折腾',留下了这样的人格,留下了这样的文风。"从中,我们不仅看到他对妻子人格的赞扬,更理解一个理想主义学者在高压环境下痛楚的心路。有人将赵俪生称为"一位讳言历史的历史学家",说他写回忆录讳言打过右派,只字不提"文革"遭遇的巨大灾难,不提在山东大学时发言批判过束星北……其实,赵先生的《篱槿堂自叙》叙事至1949年初在华北大学与成仿吾的冲突,而《赵俪生文集》第5卷的《自叙》则补充了1955年被当成反革命分子批斗的事,最后是被打成右派的专章《"另册"一案的全部过程》。他也没有讳言"文革"灾难。1992年6月,他曾以《我的四个"剿匪司令部"》为题给我讲了40多年间屡次挨整的事情。后来,他将其中的一部分内容,写成《从〈困卦〉谈起》一文发表,对极"左"路线进行了深刻的批判。批判束星北,是时势所致。凡对现代中国有过接触或研究的人都知道,在召开政治批判会时,人们为了自我保护,也不得不敷衍地批判几句。在《束星北档案》一书中,王彬华提到赵俪生后来曾说过,束星北身上有一种可贵的品质,像一种易碎的稀有元素,需要大家好好保护。赵俪生所谓的稀有元素,当是指知识分子的独立自由精神,这是经历过多次运动后的反思之语。

其实,在打成右派以前,赵俪生先生还批判过吕荧,批判过胡适,批判过向达……他自己又何尝没有遭到别人的批判!8 年前开始编辑《赵俪生文集》时,我曾有意将他几十年间写过的"认罪书"和交代材料,以及导致他屡次挨整的被称为"攻击土改政策"的《从中原到华北》的书稿收进去,以展示更加完整的历史。一位相熟的党员领导告诉我,1978 年他被抽调参加清理赵先生的档案,按照文件精神,将赵先生写的交代材料以及别人的揭发批判材料拣出来,打成一大捆全都销毁了。他看到的揭发材料有不少是赵先生最要好的朋友写的。与别人不同的是,赵俪生先生敢于反省和自责,而且在后来竭力予以补救。他曾向赵淮青诚恳地说:"我曾奉命批判过吕(荧)先生,很对不起他。"赵淮青说:"您批吕先生,说的是些无关紧要的话,明眼人一看就知道您的用意,会理解您的。"他答:"那也不行,当时我是肃反对象,上边叫我'立功赎罪',我自己想过关,几十年后想起这件事来,心里还不好受。"①赵先生批判胡适的文章被收录于有关的专书中,但"文革"后是他第一个写文章为胡适"大胆假设、小心求证"正名。发表于先生去世数日的某人文章为什么这样不顾事实?对一位伤痕累累,始终踏着荆棘、奋勇向前,而又敢于自我剖析的逝者,我们有什么权利指手画脚、说三道四?

赵俪生先生以教师为业,以史学成名,以传奇和抗争的经历饮誉士林。他文、史、哲皆通,古文、英文、理论、文献、口才、学养、文章、书法、绘画皆长,既立志救民于水火,又早悉政治的险恶,虽避之不及,累累受困,却终生不改初衷,昂然挺立。他是一位少有的通人,是这个扭曲时代始终未被吞没的弄潮者。91 岁时,他无遗憾地走了,留给我们的是永远不无遗憾的思索!

《兰州大学学报》2008 年第 6 期

---

① 赵淮青:《"史学界的杨小楼"赵俪生先生》,载《山东大学报》2007 年 11 月 30 日。

沐春霑雨,感念刘乃和先生

敬爱的刘乃和先生辞世已经 10 年。每当想起刘先生多年间对我在学术上的提携与关照,尤其是在我撰写和出版《谥法研究》过程中无微不至的指教与帮助,不禁感念万千。

我于 1981 年研究生毕业后,留兰州大学历史系任教,主要讲授中国历史文选。这门课程的教学涉及许多历史和文化知识,其中就包括谥法知识。为此,我不得不常常翻检有关典籍,寻求谥号的解释,探寻古人盖棺论定的生命价值追求和人物评价体系的社会稳定手段。在查询和分析谥法资料的过程中,我逐渐认识到谥法之学在传统文化中的重要地位,及其在历史研究中的工具性特质,发现谥法问题尚无总结性的专门著述,于是初步确立了这个研究课题,大力搜集复制有关资料,拟出了研究专著的写作计划和著述提纲。首先编写了《谥字集解》,以便在著述中随时检索;接着就撰出《谥法的产生和谥号的种类》一文,发表于中华书局《文史知识》1986 年第 9 期,并被收入该社《古代风俗礼制漫谈(三)》一书之中。

牛刀小试的成功,对我有很大的鼓舞,提高了学术自信心。我在京、沪、宁等地的图书馆更大范围地搜集谥法资料,同时继续废寝忘食地进行专著的写作,并利用各种机会,向专家请教。此时,我最想请教的就是刘乃和先生。还在1963 年读大学本科时,我就细读过陈垣先生的《史讳举例》,对该书总结古代避讳之学,为文献研究提供新手段的成就敬佩之至。在该书 1956 年"重印后记"中,陈垣先生称:"今本系刘乃和君校本,刘君于本书用力至深,曾将全部引文一一检对原书,正其谬误,其须加卷数及引号者并加注卷数引号。"由是,我知道了刘乃和先生学问的深厚。这些年又阅读过不少刘先生发表的古代文化和文献学的文章,受到很多的启发。更重要的是在 1985 年南京年会上,我已经拜会过时任中国历史文献研究会副会长的刘乃和先生,她学识渊博,温文尔雅,待人和气,有一种难以言表的学术亲和力,必将能给我很大帮助。

1987年4月,在江汉大学举行首届中国历史文选教学研讨会。25日午后,我敲开了刘先生的房门,向她汇报自己近期的科研情况,尤其是撰写《谥法研究》的设想,刘先生细心倾听,不时发表一些指导性意见。可惜来人告知送先生离会的小车已到,我帮着提了行李送刘先生下楼,临开车前她还叮嘱,要我给她写信。10月,中国历史文献研究会第八届年会在昆明举行,吸取武汉教训,年会第一天晚饭后,我就去拜见刘乃和先生。一见面,刘先生就说:"这些年你的科研很有成绩。我认真读过《司马光和〈资治通鉴〉》中收的你的那篇文章(指《〈通鉴目录〉初探》),很显功力,为该书生色不少。"我感谢刘先生对拙文这么高的评价,随即向她报告了《谥法研究》的写作进展和总体设想。刘先生说:"这是一个很有研究价值的选题,陈垣先生的《史讳举例》已经有所涉及,但近代以来,尚没有全面总结的著作问世。你一定要将这个选题做好。"当时,专著初稿已经写出了一多半,我于是请教道:《谥法研究》的篇幅是否控制到十五六万字?"刘先生说:"前不久,我为教委的一本书撰写过《谥号、庙号、尊号》的文章,知道这个题目可以研究的东西很多,写十几万字肯定不行。再说,十几万字的书也太薄了,二十万以上才合适。"

根据刘先生的指导,我废寝忘食,埋头著述,经过3年多的努力,终于撰出《谥法研究》的书稿,并致函刘乃和先生,报告成书消息,请求赐序。1988年3月30日,刘乃和先生复信道:"得信非常高兴。两年来,集中全力撰写的《谥法研究》,终于脱稿,这样的专题,能写二十多万字甚为不易。谥法问题过去虽有专书,但或为不详,或为断代,近代则尚无总结之作。今观大著章节目录,知所收甚全,出版后当受社会欢迎。让我作序,定当遵命。如能将此书要点、重点及自以为得意之笔写出,以为参考则更好。"

收到刘先生同意作序的信,我并没有写书稿"要点、重点及自以为得意之笔",而是冒昧地将书稿全部寄呈。刘先生不仅没有责怪,反而在繁忙的教学和科研工作之余,花费大量时间,为我审阅了近1000页的书稿,有的地方还随手做了批改。

这年暑假,应张大可教授邀请,刘乃和先生来到兰州,为我们举办的全国高校中青年教师中国历史文选教学研讨班授课,讲课题目是陈垣先生创设中国历史文选课程的回忆,受到学员的热烈欢迎,也为这门课程理论框架的建构奠定了基础。会后,我根据记录,将讲课内容整理成文,寄呈先生。在这次会上,我与刘乃和先生有了较多接触,并陪同刘先生走访了我校赵俪生和张孟伦两位教授。

从 1986 年起,我就不断联系有关出版社,谋求《谥法研究》一书的出版。书目文献出版社刘卓英先生、巴蜀书社袁廷栋先生等都为此做出了许多努力。但因为出版该书经济效益不佳,最终都被决策者否定。数年之间,屡遭退稿,我沮丧至极。记得《史通·自叙》有言:"将恐此书与粪土同捐,烟烬俱灭。后之识者,无得而观。此予所以抚卷涟洏,泪尽而继之以血也。"如果能找到时光隧道,我真想抱住刘知几一起大哭一场!

我将拙作屡货不售的情况报告刘乃和先生,言先生若工作太忙,赐序事可往后推。刘先生在回信中对学术著作出版的现状颇为不平,说:"你的谥法书稿,我已全部看过,我以为是高水平的。目前体脑倒挂,出版学术著作不易,水平越高的学术论著越不能出。但我想总不能永远这样下去,咱们十一亿人口的大国,终不能只有迎合低级趣味的出版物吧!现在无可奈何,只得耐心等待吧!"

刘先生对书稿的评价如此之高,使我非常感动,更增强了信心。于是我一边修订书稿,努力提高其学术质量,减少差误,一边继续联系出版单位。1993 年5 月,在苏州顾颉刚先生 100 周年诞辰学术讨论会上,遇见上海古籍出版社二编室主任张晓敏先生,向他谈起《谥法研究》书稿的情况。张晓敏先生对该选题很感兴趣,答应尽最大努力,争取由该社出版。回兰州后,我将书稿寄往上海。几个月后,接到张晓敏来信,言他通读了书稿,并请沪上专家审读,一致认为该书学术水平很高,社里已同意将其列入出版计划,表示他将尽快做好书稿的编辑工作,下厂发排。

多年的心愿,终于即将变为现实,我十分高兴。连忙将此好消息向一直关心该书出版的刘乃和先生做了汇报。癸酉年春节期间,刘先生在贺年客人甚多的间隙中,挤出时间,为我写出了约 3000 字的长篇学术序言。序言首先对谥法和谥号给予定义;然后分析了历代谥号用字的特点,并以明朝帝谥为例,探讨给谥与否及用字多少与褒贬的规律。又论说了谥法的作用及其影响,讨论了谥法学在古文献研究中的运用,指出"谥法学是古籍整理和研究的重要辅助学科,不能忽视"。序言对拙作予以充分肯定,说:"汪受宽教授钻研谥法学多年,《谥法研究》一书,几年前即已写成初稿,早就让我替他看过。今又数年,他不断修改、充实,较前更为完善。全书叙述面广,引证详实,不但有谥法的历史,且举凡帝后嫔妃、太子公主、外戚宦官、百官将相、圣贤、硕儒、隐逸、释道、妇女、少数民族等的有关谥法诸问题,都有涉及,并列举历代谥法的重要著作,加以考述,最后提出谥法的意义和谥法学的应用,所举例证,既有意义,又有深度。多年盼望的《谥法研究》终得面世,欣喜之余,谨为此序,就正方家。"

在拙著排版的同时,国家古籍整理出版规划小组学术委员会发出通知,称"拟每年从全国范围内推选十种左右未曾出版的优秀学术专著,编入'中国传统文化研究丛书',并拨出专款支持该丛书的出版"。上海古籍出版社领导认为拙书稿完全符合要求,建议我请两位本学科专家写出推荐书。我不得不又一次致函刘乃和先生,刘先生不厌其烦,很快给我寄来了推荐书,称:"汪受宽同志著《谥法研究》一书,是研究我国历史上传统文化谥法学的一部力作。不但选题好,而且内容覆盖面广,有关谥法问题,面面俱到。既有一个朝代的谥法变化和特例,又有历朝历代谥法不同的发展史实,横向纵向,叙述详尽。该书引用资料丰富,结构合理,布局得当,论证详实,系统分明。既有学术性、实用性,又有可读性,不但可证可查,而且文笔流畅。中国的谥法文化,延续了二千多年,过去虽有人写过文章,但像这样几十万字的专著,此书尚为首创,实际是填补了史学专著的空白,增添了学术界的论述领域,有学术价值,是优秀论著。"经过刘乃和先生和赵俪生先生的大力推荐,《谥法研究》一书被国家古籍整理出版规划小组列入"中国传统文化研究丛书"第一辑书目之中。看到1995年4月21日《光明日报》刊登的消息,我感到无比荣幸,而这一荣誉的获得,刘乃和先生的帮助和提携实在太重要了。

1995年10月,中国历史文献研究会第16届年会在贵阳举行,与会的上海古籍出版社编审江建忠先生给我带来了刚刚装订出厂的几本《谥法研究》样书。我马上赶到明珠宾馆刘乃和先生的住处,敬呈一册,以表达对刘先生多年无私帮助的感激之情。刘先生拿起书,脸上露出欣慰的笑容。

光阴荏苒,一晃又是十几年。刘乃和先生早已驾鹤仙逝,但她那大学者的风范和乐于提携后进的泱泱师德,时时清晰地浮现在我的眼前。我想,几十年来,刘先生春风化雨温煦所及的,又何止我汪某一人?

应北京师范大学古籍研究所之约,撰于2008年4月8日

大师写作的史学专业入门书
——读张舜徽先生著《中国历史要籍介绍》

张舜徽先生著述等身,其中多为遍及经史子集的专门学术论著,却也有几种普及性的学术读物。张先生撰写的普及读物文字通俗,不讲什么高深的大道理,但其内容的学术性、思想的深刻性和观点的独创性,与专门的学术著作相比毫不逊色。

学习和研究历史,史料是前提和基础。没有史料,就无从研究;不会查找和搜集史料,就无法产生观点、形成论说。古代社会进展较慢,学者可以两耳不闻窗外事,专心熟读万卷书,有所感悟,去做学问、著论说。现代社会千变万化,各种政治和社会因素严重影响着学术环境,一般学者很难全身心投入学问。面对浩如烟海的典籍,初学者更往往如老虎吃天,不知从何处下爪。在此情况下,专业的入门指导就成为现代学术之必须。张舜徽先生撰写的《中国历史要籍介绍》(湖北人民出版社,1955 年版)①,就是新中国建立后第一部学术性、独创性极为突出的经典史学入门书。

张先生在《中国历史要籍介绍·序言》中指出:"本书的任务,是在介绍学习中国历史的重要书籍,以帮助读者如何去选择它和运用它。"(《序》页 1)明确该书着重介绍学习中国历史的重要典籍,还将教给读者选择和运用史籍的方法。该书编排科学、内容丰富、思想深刻,处处匠心独具,尤以通识观和创新观贯穿始终,凝聚了张先生长期从事历史研究的独特学术真谛,对读者极多引领和启示。我于 20 世纪 60 年代初购得该书,半个世纪间,本人将该书作为案头常用书,在从事史学研究的过程中,时时参照,得益甚巨。

全书共 10 章 25 节,14 万余字。

---

①该书修订后更名为《中国古代史籍举要》,湖北人民出版社 1980 年 5 月出版,后又以此名收入《张舜徽集》第一辑,华中师范大学出版社 2004 年 3 月版。

第一章"历史书籍的范围",就贯穿了张老的史料通识观和学术创新精神。该章从马克思主义经典作家关于历史科学的概念出发,面对历代学者关于《说文解字》中"史,记事者也"的诸种解释,提出"'史'字的本义是指文字"(页1)这一独特见解。他进而认为:"用文字记录下来的材料,可以称为史料。"并说:"史的范围既很广泛,不独一切书籍、报章、档案、信札、艺术品以及金石刻辞等,是宝贵的文献;即如老药铺里的药物价格表、流水账簿,大地主家里的田亩契约、收租和高利贷的簿据,可从其中考察若干年前的物价和一般生活水平,以及农民受压迫剥削的实际情况,也都是我们今天研究历史的重要对象和可靠依据,值得人们重视。"(页3)这一观点,将人们从史料限于书籍的狭窄思维中解放出来,把从来被视为废物的各种档案、文书、报章、信件,以及金石刻辞,甚至商店的价格表和地主家的账簿票据等都归入史料的范畴,真是化腐朽为神奇!张老还教导我们,史籍以外的其他许多书籍都值得重视。在论及章学诚《文史通义》的特点时,张老指出,章氏从六个方面"扩大了史学的范围",这六个方面是"古代经典""州郡方志""金石图谱""诗文歌谣""官府簿牍""家谱传状"(页189-191),让读者在了解基本史籍的同时,将对史料的搜寻眼光扩大了许多倍,使他们更加关注考古文献、档案文献和社会流传的各种未经学者整理的零星文字材料,从而更能触摸到历史的真谛,发现许多一般历史典籍中未载的资料。我们在赞扬20世纪前半期某些学者二重证据法和以诗证史的功绩时,不应忘记张舜徽先生对大史料范围的定性和搜集大史料经验的指导。

基于以上认识,书的第二章标题为"研究中国古代史的基本书籍"。张先生所说的古代,实际上指的是先秦历史阶段。第二章以专节介绍了"地下发现的书籍"和"纸上已有的书籍",指出"研究(中国)远古的历史,无疑地必须依仗地下发掘为主要材料的来源"(页8),这就将研究先秦史的史料由传统的书籍扩展到地下的考古新发现。与一般史籍介绍的路数不同,张先生在约略介绍甲骨文发现的历史及刊载甲骨文字的资料书以后,专门评介了数十年间甲骨文研究的著述,每一种著述的评介都充满了张老的个性。如评介胡厚宣所著《甲骨学商史论丛》时,称:"近人治甲骨者,以胡氏最勤,而搜访亦最富。此编系综合其在齐鲁大学所编讲义印成,议论有精到处,亦有偏激处,学者可分别观之。"这就不仅评介了书籍,而且教给青年读书的方法,不能盲从,而应该在肯定和学习其精华的同时,亦注意区别其不当之处。在介绍金石刻辞的同时,张老总结了古人开辟的金石研究道路:一是根据金文以证明经义,二是根据金文以解释文字,三是根据实物形制,以纠正古代传说之谬,四是根据铜器刻辞,以校订古书记载之误(页20-21)。从中我们知道,不仅金石文字,甚至其形制都是研史证史的

301

重要资料。在介绍了石刻文字的资料书以后，还专门介绍了《周秦金石文选评注》和《两汉碑文选评注》这两本入门书，以为初学者"开示途径"（页26），极为周到。对典籍的论说，充分彰显了张老作为一位经史子集皆通的学问大家的贯通学识。例如论介《老子》《庄子》时，书中说："汉以上称'黄、老'，魏晋以来始称'老、庄'。黄、老并称，本以施之政治，至于老、庄，便专趋重旷逸，范围本有广狭的不同，断不可并为一谈。"（页54－55）短短数语，就揭破了一个千百年无数人都被蒙蔽了的根本问题。

根据用文字记录下来的材料都是史料的见解，张舜徽先生批评了人们将史料的范围限于传统史籍的错误。他指出，四部分类的方法，"都是由于编订图书目录的人们，斟酌书籍多少，从而进退分合，来标立名目的。就书籍的发展情况来说，分类惟恐其不细密；但从书籍的本身来说，都无非是文字记载宇宙事物和社会变化的一切现象而已，用不着此疆彼界，来加以区别"（页4），这就将古代学者"六经皆史"的论断向前推进了一大步，为一切文字资料都是史料的说法奠定了坚实的理论依据。第二章第三节"纸上已有的书籍"，一反四部分类法的窠臼，另辟路径，从其内容来区分先秦典籍，分为"政事方面的""礼制方面的""思想方面的"，附以"关于中国古代经济方面的史料问题"，将20世纪50年代在新理论指引下最关注的历史研究领域都涉及了。

本书名为历史要籍介绍，一般的作者往往会依据传统四部分类法中史部的分类，予以一一介绍。张先生没有这样做，而是高屋建瓴，另辟蹊径，在第三章至第九章，对《史记》以来的传统史籍，从新史学工作者历史研究的实际需要出发，择要介绍了百科全书式的通史，仿效《史记》写作形式编成的断代史，专详治乱兴衰的政事史，专详文物典章的制度史，以地域为记载中心的方志，和研究历史有密切关系的沿革地理与地图，史评书籍的代表作品。在这些章节中，按照"中国历史书籍的性质和体例，作了概括的评述，指出了每一类书籍的源流得失，介绍了应读的书籍，并且就其中更为重要的著作，分别阐明其作者生平、撰述过程、编写义例，及其在史学上的地位"（页200）。仅用全书六成的篇幅，就将传统史籍中与当代历史研究最密切的内容和知识展现给读者，不仅充实了读者的史籍知识，更教给了他们史料学的基本知识和方法。使他们在从事历史研究时，不必再皓首穷经，而是抓大抓经，从要害处着手，"取得入门的途径和下手的方法"（页200）。

面对当时国内学界受苏联史学界的影响，提倡断代史而不注重通史、通识的潮流，张先生如中流砥柱，坚持治史必须具备通识，治史更要治通史的见解。张舜徽先生认为《史记》是古往今来记史的典范，为学者撰写"百科全书式的通史"树立了样板。他赞扬司马迁"所写的一百三十篇《史记》,简直上而天文,下而地理,以及人类活动,社会变化,无所不包,成为一部百科全书式的通史,充分发挥了'史'的伟大作用"(页4-5)。张老总结《史记》的四大特点:一是"善于综合过去一切旧资料,经过改造制作功夫,成为有系统的新的东西"。二是"对于叙述史事,采取详近略远的原则,绝不纠缠于荒远无稽之谈"。三是"在取材方面,注意到全社会各阶层的活动,尽可能地反映出人类历史的真相,而不专为统治阶级服务"。四是"在叙事方面,不避权贵,不怕罪祸,敢于竭力揭发统治阶级的一切罪恶"(页74-80)。这些总结,在很长时间里成为治中国史学史家的共识。张先生转引郑樵、章学诚对《汉书》等"断代史的大弊"的批评,强调:"我们祖先,早在二千年前,为《通史》的写作开辟了道路,创造了条例;现在仍有待于学问渊博、识断精审的学者们运用马克思列宁主义的观点努力去做,以期能有合乎理想的通史出现。"(页69)

张老在书中大力提倡怀疑和创新精神,告诫治学者不要因循守旧。他说:"对学问的探讨,既事事从覈实出发,便很自然地富有怀疑的精神。"(页90)在评介章学诚《文史通义》的学术特点时,特别对其"开创学术新途径的几个大纲领"(页198)予以总结,包括"扩大了史学范围""明辨了史书编选工作中的不同功用""提高了方志在史学中的地位"(页189-198)。张先生怀疑和创新精神的观点和实践,永远激励着一代代学人勇攀学术创新的高峰。

本着学术创新的精神,书中突破传统史籍分类的藩篱,用31页的篇幅,将《史记》和《通志》的介绍合为一章,题为"百科全书式的通史"。在书的《序言》中,张先生解释这样做的原因,说:"封建社会的学者们,每每看到有些书外表上颇相类似,便加上一个笼统的大名,特别是统治阶级刻书的时候,把它们合刻在一起,如所谓'廿四史''九通'之类的大部书,便是这样出现的。其实,我们从内容实质来加分析,《史记》《通志》两部书,是通贯古今、无所不包的书籍,直可名之为'百科全书'式的通史。……本书特别抽出这两部书来写成第三章,详细加以介绍,一则使历来久被人们湮没或缩小了价值和作用的史学名著,得以恢复本来面目;二则打破了'廿四史''九通'的笼统名称,使读者不再为过去一般旧的看法所混淆,从原书的实际内容来重新估价。这从'辨章学术'的角度来说,是比较恰当的。"(《序》页2-3)这一看法,在我这个学习史学史的读者看来,简直是振聋发聩。多少年间,我们都是按照古人史籍分类的方法来区分《史记》《通志》的,现在看来,这只是皮相之见,从内容实质来划分,《通志》确实是完整继承《史记》体例的"百科全书式的通史"。

张先生对中国传统史书的缺陷有深刻的认识,他说:"在长期的封建社会里,绝大部分的历史书籍,是围绕着封建政权来编写的,而忽略了广大劳动人民的历史。另一方面,是以汉族为中心来编写的,而忽略了其他各族的历史。"(页6-7)由此开启了两个历史研究的新学术分支:一是以劳动人民为中心历史的研究,二是中国各民族的历史研究。当时农民战争史一枝独秀,张舜徽先生对此似乎并不赞同,因为这实际上是以农战史代替了农民史、以农战史代替了人民史,所以他在此后穷十数年,独立撰成了百余万言的《中华人民通史》,以舒胸襟。

在讨论《史记》《汉书》以后诸史的"表"体时,张老引出学术古为今用的问题,说:"列表的方法,仍然是我们祖先在几千年前的一种杰出创造,我们必须接受这种科学的方法,并加以改进,使之为人民服务,用以归纳社会变化的不同情况,和民生日用的复杂事物,以及学术思想、典章文物。这也是历史研究工作者们所应该掌握的方法和技术。"(页135)这对于侈谈新史学而忽视借鉴传统的风气来说,无疑是一棒喝。

在论及郑樵撰著《通志》的学术准备时,张先生特别赞赏其"重视实验,亲身考察的精神"(页89)。后来,张先生从中总结出读有字书和无字书的方法,说:"天地间有两种书:一是有字书,二是无字书,有字书即白纸黑字的书本;无字书,便是万事万物之理,以及自然界和社会上的许多实际知识。有许多的知识和疑难,是不可能从书本上取得解答的。"①这一教导,指引了无数学者在注重书本知识的同时,关注自然科学和社会实践,尤其是社会调查,从而解决了许多前人未曾解决的历史疑案。

张老从自己长期治史的经验中发现,学者必须掌握职官制度、沿革地理方法,说:"研究历史,有一件必须首先克服的困难,便是史书上的地名官名是远古的,又各随时代而改变,不了解历代地名官名的同异,无从彻底分析历史事件而得其真相。"(页163)所以在书中他专列"和研究历史有密切关系的沿革地理与地图"一章。在讨论因为好用古字《汉书》很难读的问题时,张老建议学者"必须依靠注解"(页97)。这些意见,对青年史学工作者都是十分有用的。

为了帮助青年学者尽快进入史学研究的殿堂,张先生认为"着手研究中国历史时,要准备好一些工具书、参考书和常用书"(页200),从而在有限时间内,做出更有成效的学术成果。张老在书中立专章,介绍研究中国历史的工具书、参考书和常用书籍。其中第一节"工具书",介绍了包括字书、辞典、图表、索引、书目、辨伪之书,极为精要。第二节"史部以外的参考书",则分别介绍了群经、

---

① 《学人谈治学》,浙江人民出版社,1982年,第240页。

诸子、文、诗、笔记、科学书籍、类书,引导青年学者拥有更为广博的学识和更为多样的治史途径。在张老的教导下,许多史学工作者按照书中所列,查找和阅读有关工具书和常用书籍,很快就走上了治史的道路。

《张舜徽百年诞辰纪念学术讨论会论集》,

华中师范大学出版社 2011 年 6 月

古籍整理史要略

在一定意义上说，有文献典籍，就开始有了文献典籍的整理。比如，商代卜官将同一类型的有辞卜骨搜集保存在一起，就是一种整理。商周史官把记事竹木简牍按时间顺序编连起来，也是一种整理。但是，中国历史上，最早有计划、有步骤、有系统地对前代文献典籍进行整理的，则是春秋后期的孔子。为了纠正社会风气、贯彻政治理想和教授学生的需要，孔子将前代遗留下来的文献，整理编订成为《诗》《书》《易》《礼》《春秋》《乐》六种教本。《诗》是一部诗歌选集。《书》又称《尚书》，是三代历史文献和部分追述古代事迹著作的汇编。《易》有占卜书之称，实际上是上古哲学思想的总结。《礼》是记录西周政治制度、宗教制度和社会风俗习惯的资料汇编。《乐》是对古代音乐理论及其社会作用的系统阐述。《春秋》是经过删定的鲁国编年史。孔子所编定的这六种教本，到西汉时被称为"经"。这些儒家经典，是中国最早的一批经过整理的文献材料，它不仅为以后的古籍整理提供了典范，开古籍整理之新河，而且为后人研究先秦历史提供了第一批传世珍贵典籍资料。

战国时代的学者，继承和发展了孔子整理文献典籍的优良传统，使文献典籍的整理呈现出新的面貌。这个时期，传释经典是文献典籍整理的大宗，流传至今的《春秋三传》(《左传》《公羊传》《穀梁传》)就产生于这一时期。三传从史实和义理上诠释《春秋》，固然是孔子及其后学讲学内容的记录，但对以后古籍注解方法有深远影响。此外，子夏对《诗》和《丧服》的传释，韩非对《老子》内容的解析，都属于这一范畴。整理和续写、抄集旧籍，是这一时期整理文献典籍的又一重要方面。《竹书纪年》是魏国史官整理夏商以来帝王事迹续写魏国史事的作品。《国语》据传是左丘明整理各国事语之书而成的国别史。《穆天子传》是民间所流传周穆王故事的文字整理。《世本》是前代帝王诸侯卿大夫谱牒的汇编。《师春》则是有关预言、谥法等资料的抄集。另外，子夏对文献的校勘，庄周、韩非等人对学术流派的分类,孟子、荀子、韩非对文献的怀疑和考辨,都是这一时期文献典籍整理的重要内容。

秦始皇焚书坑儒,使中国的文献典籍遭受第一次厄运。但是,并不能因此得出秦朝没有文献典籍整理的结论。首先,秦朝政府比较重视文献典籍的收藏和运用。秦有博士 70 人,专门负责收藏整理文献典籍,并据之以备皇帝顾问。后来,刘邦入咸阳,萧何马上将秦官府收藏的这些"律令图书"保存起来,据之"具知天下阨塞、人口多少强弱之处,民所疾苦者"(《史记·萧相国世家》),对汉统一天下起了重要作用。其次,秦人比较注意各种档案、文献的编辑整理。《汉书·艺文志》录有《奏事》20 篇,就是秦时大臣奏事和始皇巡行天下的刻石铭文的汇编。1975 年湖北云梦睡虎地秦墓出土的《南郡首腾文书》《为吏之道》及律文三种,也是这种性质的东西。当然,由于秦之国策主今而不师古,对前代文献破坏之罪是绝不可原谅的。

如果说先秦是我国历史文献整理的开创时期,那么两汉就是我国历史文献整理初具规模的时期。

"刘项原来不读书。"楚汉斗争的挫折和治国的需要,使刘邦改变了看法,由侮辱儒生到重视儒生。汉惠帝四年(前 191)除挟书令,"大收篇籍,广开献书之路";武帝建藏书之策,成帝又遣"谒者陈农求遗书于天下"(《汉书·艺文志》),采取多种措施,广泛搜求图书。到西汉后期,中秘藏书已达数万卷,为学者整理典籍提供了有利条件。汉代学者整理典籍,首先是对儒学经典的刊定诠释训诂,设立学官和博士弟子,为整理和研究儒学经典聚集了力量,培养了人才。章帝时的白虎观会议则是以政府的力量,统一今古文学术分歧,全面解释儒学观点,为汉政权服务。早在汉初,学者就纷纷用通行的隶书抄定经书。东汉灵帝时,更由蔡邕等人正定六经文字,刻熹平石经,这是古代第一个经过校刊并予以公布的六经定本。汉代学者讲经,严格遵循师说家传,故而每种经典都有数家之说。各家纷纷设馆讲学,著书立说,阐述自家学说,从而出现了故、训、章句、注、笺等多种注书方法。最有成就的,当推东汉郑玄,他推开今古文之争的壁垒,杂取众家之长,对《易》《诗》《礼》《论语》《孝经》广加校勘注释,把训诂与阐发文意有机地结合起来,奠定了古籍注释的模式,其著作流传甚广,影响很大。其次是西汉成帝时,在刘向、刘歆父子领导下,许多专家对中秘藏书进行大规模整理。他们校正旧本,比勘文字,确定书名,编写叙录,总结出一套整理古代文献典籍的原则、方法,还编出了中国历史上第一部系统的图书分类目录——《七略》,对保存和研究古代历史文献有着开创之功,被人们称为中国历史文献目录之祖。东汉班固据《七略》撰《汉书·艺文志》,开我国史志目录先河。

魏晋南北朝是分裂动荡的 360 年,政权更迭频繁,统治主为了争正统而注重学术;由于思想界突破了儒家经学的罗网,学术思想比较解放;由于私人修书风气的盛行和纸的广泛应用,这一时期的文献典籍整理却异乎寻常地发展起来。第一,图书目录学的发展。从魏郑默开始,学者编纂了许多种国家藏书总目,专科书目也开始出现。特别是东晋李充将典籍分为甲乙丙丁四部,图书目录的四部分类法正式确立。第二,古籍的注释经史并重,出现了许多总结前贤的高水平注释。如何晏《论语注》、韦昭《国语解》、范宁《穀梁注》、王弼《周易注》、杜预《左传注》、徐广《史记音义》、裴骃《史记集解》、裴松之《三国志注》、郦道元《水经注》等,都是流传至今的佳作。第三,公元 279 年晋汲郡古墓发现竹简数十车,学者进行了中国历史上第一次古代佚书的整理诠次,共得《竹书纪年》《穆天子传》《师春》《琐语》等古佚书 75 篇,是古籍整理史上的一个重大事件。第四是类书和文集的大量编定。类书的搜集,是对古籍内容分类抄集的综合性整理。曹魏初期的《皇览》开创了类书体例,后继者甚多,而且卷帙动辄数百。中国最早的文集应推《诗经》《楚辞》。但编定作者个人专集则始于六朝,如《陶渊明集》《诸葛亮集》《庾开府集》等。而《昭明文选》则是当时编成的现存最早的一部古代文章总集。第五是学术评论专著的勃兴。学术评论是对前人著作的高层次研究。六朝时期涉及各学科的高水平评论很多,其中以刘勰的《文心雕龙》最为著名。而蜀汉谯周的《古史考》则是用经典百家著述来考订《史记》中的史实,揭开了我国学术界古史考辨的序幕。

隋朝虽然短祚,但对文献典籍的搜集和整理却很有成绩。经重价搜求,隋代官府藏书达 200 余万卷。政府重视书籍的挑选、补缺、抄副和收藏,曾经编成《大业正御书》,内收图书精品 37000 余卷,缮写 50 套,分藏两京各宫、省、官府。这事实上是我国古代综合性丛书的第一次编选。隋代学者根据国家藏书,编成各种综合书目和专科书目,佛经目录尤甚。在书籍的校勘整理中,考订真伪,摒弃伪书;统一声韵,音释经史;考证群言,勘定文字;训诂经史,阐述文义;编纂类书,以广其用。出现了颜之推《颜氏家训》、王劭《读书记》这样的考辨校勘之书,陆法言《切韵》这样的音韵学专著,陆德明《经典释文》这样的音释群经的著作和虞世南《北堂书钞》这样的高质量类书。

唐代是文献典籍整理兴盛时期,成就巨大。第一是经书文字的最后勘定和注释的集大成。唐以科举取士,经书的勘定校正至为重要。从太宗开始组织学者校勘经书文字,代宗大历间曾经勘正,刊于论堂之壁。元和间再予壁书,雠校已精。其后颜传经撰《五经文字》、唐玄度撰《九经字样》,对经书文字详加刊正。文宗开成年间在国子监讲堂两廊创立石九经,使经书文字最后刊正而垂范

308

后世。唐太宗时,由国子祭酒孔颖达负责,组织一批学者,撰成《易》《尚书》《毛诗》《礼记》《左传》五种经书的义疏,总名《五经正义》。加上贾公彦的《周礼疏》《仪礼疏》,杨士勋的《穀梁疏》,徐彦的《公羊疏》,合为九经正义,是汉魏六朝经学的集大成,为唐以后明经取士的标准读本。第二是正史注解的兴盛。唐代所注正史数量多质量高。为《史记》作注的就有14种,最著名者为司马贞、张守节;为《汉书》作注的15种,最著名的是颜师古;为《后汉书》作注的有李贤;为《晋书》作注的有高希峤等。学者在注释史书的同时还对史书内容进行考订,为后人读史提供了方便。第三是政书的崛起。唐人编纂了如《艺文类聚》《初学记》《白孔六帖》等很有影响的类书,但从体例上讲,已没有什么创新。而政书则是唐人的创造。所谓政书,是分门别类记述典章文物制度沿革的专书。刘秩《政典》创此体例。杜佑《通典》采集前人著作中的典制内容,分为九门,汇编成书,完善了通纪历代的典志体政书体例。苏冕的《唐会要》,则开创了专详一朝一代各种典制的会要体政书体例。历代继作政书者颇多,成为史籍之大宗,也是一种关于古籍内容的综合性整理。第四是辨伪之风的初起。流传古籍中有伪托之作,不将伪书辨明,就真伪混杂,影响古籍的使用。在《五经正义》中已对《竹书纪年》《国语》《世本》《管子》《孔子家语》等书有所怀疑和议论。啖助、赵匡等更攻驳三传,考三家得失,以为《左传》非丘明所作(陆淳《春秋啖赵集传纂例卷一》)。柳宗元断定《鹖冠子》《亢仓子》《鬼谷子》《列子》是伪书。其结论正确与否,仍可争论,而其对学术的负责精神却是可贵的。韩愈识古书之真伪,也很有成绩。刘知几《史通》是一部史学评论的专著,但其中《疑古》《惑经》等篇,罗列大量证据,批评《尚书》《春秋》《论语》《孟子》等对于古史的妄测虚增,矛盾错谬,指出五经和上古之书真伪不分,对后人很有启发。第五是佛经的大量翻译。隋文帝时就大力提倡佛教,组织僧人译经。唐代,中外交通更为发达,佛经大量传入,译经工作有了更大的成绩。玄奘西行取回大量佛经,然后专门从事翻译,译成经论75部,1335卷。高宗时义净取经回国,又译出经论61部,239卷。佛经的翻译,不仅促进了佛学的发展,而且对古籍整理的内容与方法有了新的开拓。

宋代的文献典籍整理,在广度和深度上比唐代又有发展。第一表现在经史书籍的大量校勘印刷上。印刷术产生于隋,但到五代以后,才普遍运用于经史书籍的刊刻上。五代时,经冯道奏请,国子监雕印九经。宋代刻书,分官刻、家刻、坊刻三个系统。英宗治平二年(1065)完成了十二经的刊刻。而从公元994年到1093年又雕印了三史和《三国志》《晋书》《隋书》《通鉴》《唐律疏义》等史部书。此外,字书、医书、科技书、文集等都有刊刻,数量巨大,对古籍的保存和流传作用很大,也给学者研读提供了方便,故而公私藏书大量增加。为了刊印和使用,学者努力于经史的校勘。官校史书工程浩大,方法进步,都选请专家从事此项工作,著名学者杜镐、陈尧佐、宋祁、曾巩、刘敞、范祖禹等都曾从事校书工作,并著有一些校史专书。在此基础上,郑樵《通志·校雠略》对如何搜集储备资料、校勘史料,提出了许多可贵的方法和意见,是第一部校雠学专门著述。第二是辨伪学成为时尚。宋人疑古之风很盛,辨伪不墨守成规,能别出心裁地判断是非,虽难免疑古过甚,却提出不少精到的见解。欧阳修、王安石、苏轼、司马光都曾在辨伪上做出成绩。南宋朱熹更对《古文尚书》《周礼》和先秦诸子提出了许多疑问。叶适、陈振孙、王应麟、黄震等也都提出不少书的作伪之迹。第三是考史的勃兴。司马光在撰写《资治通鉴》的同时,博引350多种记载,对书中所述史实加以考证,说明去取原因,成《资治通鉴考异》,是学者对自己所写史著中的史实进行历史考证的第一部专书。吴缜的《新唐书纠谬》和《五代史记纂误》,吴仁杰的《两汉刊误补遗》,则是对他人史著中文字上的错误、事实上的伪谬、记载上的遗漏、文句上的含糊等进行详细考证和论述的专书。王应麟《困学纪闻》则杂考经史,水平很高。第四是类书、政书的编纂卷帙空前。宋代官修类书《太平御览》《太平广记》《文苑英华》《册府元龟》各1000卷。私撰的类书如王应麟《玉海》、祝穆《事文类聚》、高承《事物纪原》等亦很著名。宋代所编政书有郑樵《通志》、王溥《唐会要》和《五代会要》、徐天麟《两汉会要》、李攸《宋朝事实》、李心传《建炎以来朝野杂记》、官修《宋会要》等。第五是金石学的兴起为历史文献的整理开创了新途径。宋人对殷周彝器、石刻、泉布、简牍、陶器大量搜集、整理、鉴定、考释、著录,并用来考订历史记载。欧阳修《集古录》、吕大临《考古图》、王黼《宣和博古图》、赵明诚《金石录》、薛尚功《历代钟鼎彝器款识法帖》、洪遵《泉志》、郑文宝《玉玺记》等是宋代重要的金石学著述。第六是目录学的繁荣。宋代目录书,官修最著名的是《崇文总目》凡60卷。郑樵《通志·艺文略》创十二分类法,并对目录编撰方法进行了一系列理论探讨,对后代的目录编纂很有影响。宋代开创学者编写个人藏书目录之例,著名的如晁公武《郡斋读书志》、尤袤《遂初堂书目》、陈振孙《直斋书录解题》等。第七是辑佚学的发明。古书的辑佚工作,由宋代学者开其端,王应麟辑《三家诗》深受章学诚推崇。郑樵《通志·校雠略》总结辑佚的途径与方法,至今有指导意义。

金元两代的文献典籍整理自然不如宋代气象的博大,似亦有其特点。其一是金元二代都有其民族文字,所以两代整理典籍的一个重要方面是将汉文书籍译为其民族文字。如金人就将《尚书》《春秋》《左传》《史记》《汉书》《新唐书》《贞观政要》等翻译成女真文字颁行,供统治者阅读。其二是元人刻书之风较盛,由于元之刻书多由书院主持,故精于校雠,刊刻精美。其三,政书和文编书较有成绩。马端临《文献通考》和张暐《大金集礼》《元经世大典》《元典章》是著名的政书。苏天爵《元文类》、赵天麟《太平金镜策》是著名的文编。其四,史书注释,以胡三省《资治通鉴注》为佳作。其五,纪事本末史体的创造为改编旧史利于阅读打开了新的门径。

明人曾被清人讥为"学问空疏浅陋",但明代的文献典籍整理亦有不少成绩。第一,明代出版事业发达,私家藏书之风甚盛。藏书家不惜以重金求购珍本,故古已失传之书颇有所出。且藏书家多手抄精校,用功极勤,使许多古籍恢复或接近原貌。第二,由于版本较多,便于比较,明代辨伪之学成绩很大。宋濂《诸子辨》是第一部辨伪专书。胡应麟《四部正讹》,说明辨伪之重要,伪书的种类与由来,也总结了辨伪的方法和工具,还考辨了70多种古籍,"辨伪学到此成为一种学问"(梁启超《古书真伪及其年代》第三章)。梅鷟《尚书考异》认定伪《古文尚书》25篇出自皇甫谧,虽然结论错误,却开了后来辨伪的许多法门。第三,明修《永乐大典》是古代最大的一部类书,内容极为丰富,许多古籍因之得以保存和流传。第四,焦竑的目录学,朱明镐的《史纠》,王世贞的《明史考证》,冯从吾的《元儒考略》,魏显国的《儒林全传》都是各自领域中的佼佼者。第五,明人的辑佚也颇有成绩。如吴琯《古今逸史》,屠乔孙、项琳《十六国春秋》,孙珏《古微书》都很有影响,只是体例不尽完善。

清代是我国文献典籍整理的鼎盛时期。早在清初,学者痛感明代理学空谈性理和不读书却好著书的痼疾,从经世致用出发,注重考据实证之学。康熙中叶至雍正、乾隆、嘉庆间,清政权得到巩固,于是腾出手来抓经济发展和文化控制,大兴文字狱,严厉镇压对明政权念念不忘的知识分子,同时笼络收买一般知识分子,组织许多大型文化项目,提倡整理考订古典文献。许多知识分子埋头古籍中,大搞训诂名物,专力从事三代秦汉文献和历史书的整理与考订,形成了所谓乾嘉考据学派。惠栋、戴震、钱大昕、赵翼、王鸣盛是当时最杰出的考据学家。乾嘉及其以后的学者对古代文献典籍大都进行考证整理,学术价值很高,给我们留下了珍贵而又丰富的遗产。其中仅以史部书来说,有通考诸史的,如钱大昕《二十二史考异》、王鸣盛《十七史商榷》、赵翼《廿二史札记》、杭世骏《诸史然疑》等。有专辨一史的,有梁玉绳《史记志疑》、钱大昭《三国志辨疑》、汪辉祖《元史本证》等。在考据学的影响下,古籍的注解、校勘、版本、辑佚等都取得了前所未有的成绩。清儒经解作品收入《清经解》和《清经解续编》,就达700册之巨。此外,洪亮吉《春秋左传训》、刘宝楠《论语正义》、郝懿行《尔雅郭注义疏》等单行本都堪称佳注。清人训诂学的成就根植于文字音韵之学的发展。顾炎武《音学五书》奠定了古音学的基础。戴震《九经古义》等书以古音说古义，一扫前人之误。踵起者以高邮王氏父子成绩最著，王念孙《广雅疏证》由音义校勘讹误，极为精审。其他如段玉裁《说文解字注》、阮元《经籍纂诂》、朱骏声《说文通训定声》、王引之《经传释词》都是小学佳注。校勘方面的代表是王念孙《读书杂志》、卢文绍《群书拾补》以及顾广圻、黄丕烈等。辨伪方面成绩突出的是姚际恒《古今伪书考》、阎若璩《古文尚书疏证》、崔述《考信录》等。版本之学，本用以辨别真伪。钱大昕《竹汀日记》、黄丕烈《士礼居藏书题跋记》、顾广圻《思适斋集》、孙星衍《平津馆鉴藏书记》等，都以校勘而兼治版本。当时，一般私人藏书家和书商都精于此道。清末叶德辉《书林清话》、江标《宋元本行格表》，使版本之学正式从传统校雠学中独立出来。辑佚工作本起于惠栋等人治经。雍、乾之际李绂、全祖望等发现《永乐大典》中保存了很多失传之古籍，遂从中抄出一些佚书。乾隆三十八年朱筠奏请开四库馆，从此馆臣勤于此道，从中辑出 385 种 4926 卷佚书。其中如《东观汉记》《续资治通鉴长编》《旧五代史》，以及后来徐松辑出的《宋会要》等，都是惊人的成绩。以后学者向更早的类书、义疏、史注中挖掘，努力辑出那些在史志中著录过而后来又失传的书。成绩最突出的有：严可均所辑《全上古三代秦汉三国六朝文》，费时 27 年，全书达 746 卷；马国翰《玉函山房辑佚书》760 卷；王谟《汉魏遗书抄》等。清代目录工作，最突出的是《四库全书总目提要》的编纂。但目录之为学，则章学诚的贡献很大。其《校雠通义》阐明图书资料、学术研究与目录的关系，提出目录学要"辨章学术、考镜源流"，阐述目录的编制方法、理论和观点，解决了图书著录的辅助方法——互著和别裁。该书体现了清代目录学方法和理论的最高成就。清人所编丛书、类书，康雍乾间的大型项目《古今图书集成》和《四库全书》两者的编纂是很值得一说的。《古今图书集成》本为陈梦雷纂集，后来由蒋廷锡等修订，以铜活字刊印 64 部。全书 1 万卷，总字数约 1.6 亿，是现存分类最精、篇幅最巨的一部类书。《四库全书》的编纂与查禁销毁有反清内容图书的活动同时进行，共收图书 3400 余种，基本上包括了除戏曲、小说以外乾隆以前的重要著作，是现存最大的一部丛书。鸦片战争前后，在深重的民族危机面前，为了救亡图存，许多学者开始了边疆史地的研究，他们把文献考证和实际调查结合起来，风气一新。洪亮吉的《昆仑山释》《四海释》，徐松的《汉书西域传补注》《汉书地理志集释》，就是其中有代表性的作品。王先谦是这一时期校注旧史的杰出学者，其《汉书补注》《后汉书集解》，至今有益于学者。杨守敬的《水经注疏》也颇有水平。至于康有为的《孔子改制考》《新学伪经考》等名为考史治经，实则系以今文派的门户之见为变法造舆论，从文献典籍研究整理的角度看，价值并不高。

从 1919 年到 1949 年的 30 年是中国近代历史上政治动荡的时代。由于新史料的不断发现,资产阶级和马列主义研究方法的传入,这一时期的文献典籍整理也是有成绩的。第一,表现在古籍出版的数量大增。上海商务印书馆在张元济主持下影印了《四库珍本》《四部丛刊》及其续编、三编,《百衲本二十四史》,排印了《万有文库》和《丛书集成》;中华书局刊印《四部备要》,影印《古今图书集成》;开明书店出版《十三经》《二十五史》及《二十五史补编》,都是一些部头很大的书。第二,为了利用古籍,古籍书目与索引工作也取得了很大成绩。书目如孙殿起《贩书偶记》、朱士嘉《中国地方志综录》,以及王重民等 85 人合编的《四库全书提要续编》等。姚名达、余嘉锡等在总结与阐述古代目录学方面做出了贡献。运用现代科学方法编制古籍索引始于 20 世纪 20 年代,形成所谓"索引运动"。当时王云五创四角号码检字法,洪业(煨莲)创中国字庋撷法,随之各种"索引""引得"纷纷编撰出版,给学者使用古籍以很大的方便。其中参考价值大的有叶绍钧《十三经索引》(开明书店),《二十五史人名索引》(商务印书馆),《十通索引》(哈佛燕京学社引得编纂处的 64 种古籍引得),中法汉学研究所的 14 种通检。第三,对一些古籍进行了整理注释。如范文澜《文心雕龙讲疏》,王国维、胡适对《水经注》的研究整理,丁福保的《说文解字诂林》,汪原放校点《红楼梦》等旧小说,鲁迅《嵇康集》的校勘,闻一多的《楚辞校补》,许维遹的《吕氏春秋集释》和《管子校释》,顾颉刚整理和校点《崔东壁遗书》,陈垣的《元典章校勘补释例》《通鉴胡注表微》等。第四,是对新发现文献材料的著录与考证。对甲骨卜辞的著录与研究,主要是四堂(罗振玉、董作宾、王国维、郭沫若)。对金文的著录与研究,主要是罗振玉、刘体智、容庚、郭沫若、商承祚。对汉简和敦煌文书的搜集、著录与研究,主要是王国维、陈垣、向达。对内阁大库、军机处档案与太平天国史料的发现与研究,主要有罗振玉、陈寅恪、陈垣、肖一山、王重民等。第五,考证与辨伪之学有所发展。王国维以甲骨金文证史,岑仲勉以碑证史,孟森的明清史事考证,陈垣的宗教史和元史考证,陈寅恪的诗、史互证,吴晗的明史和《金瓶梅》考证,都极有深度。辨伪学有王国维、梁启超、马叙伦、张心澂对伪书的考辨,有胡适、顾颉刚和古史辨派对古史的辨伪。

中华人民共和国成立以后的 40 年,历史文献古籍的整理研究经历了新生、繁荣、挫折、兴旺这四个阶段。

从 1949 年 10 月到 1957 年底是第一阶段。当时,广大的知识分子面临着改造自我以适应新时代要求的任务,国家也忙于抓经济恢复和三大改造。这一时期的古籍整理、研究和出版工作处于零散、粗糙的状态。8 年中,共出版文史哲古籍,包括今人的有关研究专著和古籍工具书为 495 种。其中比较重要的,有影印的《十三经注疏》《明经世文编》《宋会要辑稿》等,点校的正续《资治通鉴》,整理出版的《二十五史补编》《诸子集成》,各种会要、笔记、文集,以及杨树达、许维遹、范祥雍、王伯祥、郭沫若、陈垣等人的古籍整理和研究专著等。

1958年2月,国务院科学规划委员会成立了以齐燕铭为首的古籍整理出版规划小组,从这时到"文化大革命"发生以前,是古籍整理研究的繁荣时期。为了有计划、有选择、有系统地整理出版我国古籍,制定了古籍整理的十年规划,计划包括重要古籍1450种,其中大部分项目在1966年"文革"发生前已经完成或落实。据统计,这8年间,共出版古籍680种,而且质量也有很大提高。比如在历史书籍方面,组织专家分头进行二十四史的整理工作,到1966年为止,出版了前四史,影印了《永乐大典》《全上古三代秦汉三国六朝文》《唐大诏令集》《宋大诏令集》和唐宋六大类书等卷帙很大的古籍,整理出版了几种史料笔记丛刊,资料丛书,以及岑仲勉、陈登原、周祖谟、王利器、杨伯峻等的古籍整理研究专著。

1966年6月至1976年的"文化大革命",给古籍整理和研究造成了严重的挫折。其间,绝大多数的知识分子为运动所苦,根本没有条件从事学术工作。"文革"头5年,全国没有出版一部古籍。在周恩来同志的直接干预下,1971年恢复了二十四史的点校工作。以后5年总共出版古籍73种。其中,除点校的二十四史19种以外,主要是配合"评法批儒"运动,出版了商鞅、晁错、王充、王安石、李贽、王夫之等所谓"法家"的著作以及个别新出土竹帛书。

粉碎"四人帮"以后,古籍的整理研究工作逐年恢复,在1977年至1981年这几年中,就整理了许多古籍,出书361种。除于1978年春出齐二十四史和《清史稿》以外,还出版了从《左传纪事本末》到《明史纪事本末》的诸纪事本末史书,以及许多新校新注的典籍。其中,最突出的是郭沫若主编的十三巨册《甲骨文合集》,上海师大和华东师大点校的《续资治通鉴长编》,湖南岳麓书社的《走向世界丛书》和中华书局的诸史《人名索引》等。1981年陈云同志做出指示以后,中共中央于同年9月发出了《关于整理我国古籍的指示》(37号文件),并重新组建了以李一氓为首的国务院古籍整理出版规划小组,国家每年拨出专款资助古籍整理和出版工作。现在全国有数十个古籍整理研究机构,十几家以出版古籍为主的专业出版社,每年出版千余种古籍,数量和质量都是前所未有的。古籍整理与研究走上了兴旺的新阶段。

《古籍整理》1990年第1期

史料的搜集、鉴别和运用

在历史研究中,史料的搜集、鉴别和运用是一项最基础最重要的工作。没有史料,犹如做饭没有米,盖楼没有砖木,历史研究就无从谈起。

一

从事史料的搜集整理研究工作,按照古代史学家的说法,必须具有才、学、识、德这四方面的品质才干。

史才,指的是搜集、整理、运用史料编纂史书的能力,这一点,我们在下边重点讲述。

史学,指的是渊博的知识学问。从事史料搜集,必须有丰富的历史知识。具体说到我们甘肃省新民主主义革命时期党史资料的征集研究,大体有中共地下党、西北红军和陕甘宁边区、长征和西路军这几条线,那么,除了对这三方面的历史要有一些基本的了解以外,对我们党的整个历史,对当时整个的中国社会,对于中国古代近代史、世界史、国际共运史都应该有一定的知识,这样才能使工作更上一层楼。因为,历史是极其复杂的社会现象的综合体现,有着广泛的内涵。任何一个特定的历史事件和历史人物,都与其他问题有着千丝万缕的联系。比如研究西路军,若不知道毛泽东与张国焘的路线斗争、不懂得中国共产党的武装斗争史、不认识当时中国社会经济文化发展的不平衡、不了解斯大林和共产国际、不注意西北王马步芳的特点,恐怕是很难搜集好有关资料,更难以对其中有关的问题做出科学分析评价的。

史识,指对历史上是非曲直的观察、鉴别和判断能力,用现在的话来说,就是理论思维能力。

史德,是指历史工作者必须具有高尚的职业道德。具体来讲,第一,要有高度的历史责任感。我们的工作,是为了给后代留下一部真实可靠全面系统的中国共产党史,要对几十年间无数的历史事件和人物做出翔实的记录和准确的评价,这是一项有重大责任的事情。司马迁为什么能写出《史记》,其中一条,就是他作为一名史官,有着一种不可推卸的崇高的历史责任感。他的父亲司马谈临死时对他说:"自获麟以来,四百有余岁,而诸侯相兼,史记放绝。今汉兴,海内一统,明主贤君忠臣死义之士,余为太史而弗论载,废天下之史文,余甚惧焉!汝其念哉!余死,汝必为太史。为太史,无忘吾所欲论著矣。"(《太史公自序》)正是出于这样的历史责任感,司马迁在遭受腐刑以后,忍受着人生的奇耻大辱,发愤努力,终于完成了《史记》这一伟大的历史著作。第二,要忠实于历史,不营私舞弊、溢美隐恶、歪曲事实。唐朝人韦安石认为,史官的权力,比宰相还大。他说:"宰相但能制生人,史官兼制生死,古之圣君贤臣,所以畏惧者也。"(《新唐书·朱敬则传》)这个权怎么用,在中国史学史上历来存在着斗争,就是直笔和曲笔的斗争。直笔,是据直写史,完全尊重事实的本来面目。曲笔,是对有些事要隐讳不说甚至颠倒是非黑白。直笔是历史资料真实性的保证,是中国古代正直史学家的优良传统。唐朝的宰相张说,请求把国史中有关他的记载改动几个字,遭到史官吴兢的拒绝,说:"若取人情,何名为直笔!"清初戴名世,为了保存南明史实,著《南山集》,竟被凌迟!这些古代历史家,为了记载真实的历史,"宁为兰摧玉折,不作瓦砾长存",精神是非常可贵的。陈云同志说过,研究党史,首先要把资料核实。写党史的人要不怕杀头,不容许歪曲、掺假。党史一就是一,二就是二。今后谁要颠倒历史、篡党夺权就难了。这是要求我们从事党史资料工作,必须实事求是,写出真实的历史。

二

从事党史资料的征集研究,应该懂得一些史料学的知识。

那么,什么是史料呢?

史料,简单地说,就是研究和撰写历史所用的资料。大凡以往人类遗留的一切实物的、文字的、口头的材料,都可以归于史料的范畴。

实物史料,指以往历史遗留的各种实际物品,如陵庙、房屋、城邑、道路、器械、工具、器用、服饰、钱币、照片、录像等,它们以其直观、形象和不可篡改的特点,成为历史研究者非常重视的资料。古代实物史料的发现和研究,主要依赖于考古学和文物学。党史实物史料,则需要我们通过各种渠道,去进行搜集和鉴别。我们甘肃有着丰富的党史实物资料遗存,中共甘肃省委党史征集研究委员会编印的《甘肃党史资料目录》第五部分,就著录了200来件文物图像资料,应该说是很有成绩的。但是这些成绩,比起实际需要来看,差距还是很大的。实物资料的重要特点是不自言。红军长征至今已50余年,民主革命的胜利已将近40年,如果不能趁许多老同志尚健在时找出和辨认这些遗迹、用具、图录,加以妥善保护,那以后就很难搞清哪些是革命文物,哪些不是了。有些有价值的革命文物一旦在无意中毁坏,损失可能是无法估量的。

口头史料,指民歌、传说、故事、录音、回忆等,是我们必须认真注意搜集的材料。封建社会,许多有为的历史家,很注意口头史料的搜集。司马迁从20岁开始,用15年时间,到全国各地调查游历,一方面是熟悉风土人情地理形势,考察历史遗迹,另一方面,就是进行了广泛的口头史料搜集工作。《史记》这部书,之所以那样真实生动,与书中运用了不少作者亲自访问到的历史故事和传说有一定的关系。清朝前期,有个历史地理学家梁份,为了写成有关西北地理的《西陲今略》(又名《秦边纪略》)一书,曾两次来到甘、青一带,游历调查。第一次调查,用了6年时间,写成了书的初稿。第二次调查,他从西安出发,取道河州,经由西宁、古浪、凉州、甘州、肃州,转向东北,至靖远、宁夏,又用了半年多时间。在这次艰苦的考察中,梁份绘制出了河湟四郡、朔方、北地的山水城郭地图,访问各地民众和老将戍卒,了解各用兵之地的详情,给每幅图添加了文字说明,终于完成了这本著作,给我们留下了研究明代和清初西北地理的重要资料。口头史料,对于研究党史有着特殊的意义。党史人物的音容笑貌,在广大人民群众中传颂,党史上的事件经过,活现在经历者的脑海中。其中很多内容,可以补充文字史料的不足,丰富历史研究者的感性知识,帮助加深对文献的理解。所以,口头史料的搜集整理,是我们从事党史征集工作最为重要的一环。在这一方面,主要采用的是请有关同志撰写回忆录,召开经历人和知情人的专题座谈会,信函询问和调查访问等。毛泽东同志曾总结过他自己进行社会调查的方法,一是要开调查会做讨论式的调查,二是参加调查会的人要了解情况,三是参加的人至少要有三人,多则可以十几人二十几人,四是要事先准备好调查纲目,五是负责同志要亲自出马,六是要深入,七是要自己做记录(见《反对本本主义》)。这些方法,对于党史资料的调查,同样是适用的。当然,口头资料的基础是人的记忆力。人的记忆力很可能模糊或遗忘而发生差误,经过许多人的口耳相传,对事情的叙说更会离原样愈来愈远;有的人见闻片面;有的人为了个人目的而隐瞒或歪曲事实。因此,对于口头史料,包括亲历者的回忆,都应该慎重地对照文献资料或他人叙说,加以鉴别,决不可轻信盲从。

文字史料,是我们研究文明社会历史最主要的资料,也是党史研究的基本资料。文字史料的范畴很广。以书写材料分,有甲骨卜辞、金石文字、陶砖铭文、竹简木牍、缣帛文书、纸质书卷;以文字的种类分,有汉文、蒙文、藏文、维文甚至外国文的记述;以文书的性质分,除了各种书籍外,有档案、报刊、传记、日记、函电、手令、布告、契约、证券、账簿、报告、名册、决议、会议记录、作战方案等等一切过去留下的文字材料。这些材料,有的保存在各级档案馆中,有的收藏在图书馆里,有的留存在当事人及其后代手头。搜集的方法,可以查阅摘抄,或者复印照相,或者征集保存。

就一个地区、一个县的党史资料搜集来说,怎样才能知道哪些书、哪些档案、哪些报刊上有你所需要的资料呢? 我想,大致的途径有这几种。第一,学习党史史料学、目录学知识,知道国内和国际上,中共党史资料的基本状况和一些重要书籍、杂志、报纸、档案的内容、作者、资料特点等。各地编印的《党史资料目录》,可以说是这方面的工具书。而全面系统地阐述党史史料的来源、价值和利用,则是党史史料学的任务。据我所知,到目前为止,尚没有党史史料学的专书问世。但是,有两部主要介绍党史史料的书,其一是北京大学历史系张注洪的《中国现代革命史史料学概要》,由中央党史资料征集委员会编印的《党史资料征集通讯》1985 年第 7 期至 1986 年第 2 期连载。其二是南京大学张宪文的《中国现代史史料学》,由山东人民出版社于 1985 年出版。张注洪的《中国现代革命史史料学概要》是介绍有关中国现代革命史的文献史料知识及其利用的方法。张宪文的《中国现代史史料学》,是对 1919 年至 1949 年中国现代史基本史料的分类阐述。两部书在时代断限、章节划分、论述范围上都不尽相同,但其中都包含有相当多的中共党史资料介绍。第二,要靠自己多读书,勤做笔记,以便积累资料,在研究时利用。不仅要注意那些专门的有关的资料,还要注意那些似乎与你要收集和研究的专题无关的书籍或材料,因为,这些材料上,说不定也有一些你非常需要的材料。古人说,踏破铁鞋无觅处,得来全不费功夫。就是讲这种从似乎无关的书中发现重要材料的心情。第三,扩大视野,有些问题材料缺乏,可以从有关材料、回忆、谈话中,发现线索,深入查考追寻,说不定也能发现罕见珍贵的资料。

三

我们搜集了许多有关的资料,并非马上都可以拿来使用。因为各种资料的可信程度及其使用价值并不是完全一样的。

这首先要剔除伪造的史料。古代就有伪书,党史史料中也存在伪史料。伪史料的产生,有敌人为了攻击我党而故意伪造,有居心不良的人为了欺骗组织而编造,有为骗取钱财而伪造。比如,1932年2月,上海各大报刊登的《伍豪等脱离共党启事》,就是国民党反动派为了诬陷周恩来同志而伪造的。流传很广的《论态度问题》,经证实,也是有人假冒刘少奇同志的赝作。1927年张作霖为了镇压中国共产党、打击苏联,买通白俄记者米塔列夫斯基伪造了俄文《致驻华武官训令》的莫斯科文件。广西北海市有个23岁的工人,自称是辛亥革命的当事人,撰写了许多关于辛亥革命以及对陈嘉庚、朱德的历史回忆录,用毛笔抄写,寄往全国政协和许多省、市政协文史办公室。社科院的黎澍同志发生疑问,函请调查,才揭穿了这一骗局。古人把剔除伪造书籍文章称为辨伪。就党史资料来说,辨伪的方法不外有以下几种:第一,如果当事人尚健在,可以找当事人核对,这是最简捷有效的方法。第二,从党史资料和有关档案中检查。一般重要材料,都有案可查,如果突然冒出来一份重要材料,从哪儿也找不到根据,这份材料就很可疑。第三,从材料所叙述的事情或征引文件的内容上检查,如果所述事情的经过与当事人的回忆或档案的记载有重大出入,或者征引材料时引用了事后才有的文件内容,这一材料,就不可靠。第四,从文体、文字、习惯用语、纸张质量新旧程度以及行文格式上检查,这一类问题,凡亲历者或历史知识比较丰富的人,一看就会明白。第五,从思想渊源、党史常识、风俗习惯、时代背景等方面检查。当然,在进行辨伪时,应该综合运用多种方法,不能仅凭一点疑问,就断定为伪作。因为客观事实是极为复杂的,孤证定案,有可能误断,古代这样的例子很多。

其次,要区别直接史料和间接史料,审订史料的价值。所谓直接史料,是历史事件发生当时,或历史人物本人所遗留下来的材料。比如,各种档案、布告、批示、报告、誓约、文件、当事人的日记、笔录、诗文、书信、手稿、总结、自传等,这些材料的原件(或复印件),即原本史料,一般都有极高的价值。间接史料,就是非当事人或非历史事件当时所遗留的材料。各种书籍报刊的材料,多属于间接材料。间接材料,有的是作者采访调查的报道,有的是据直接材料的改写综述,有的是道听途说的记录,有的是据别人的著述辗转抄撮成书。有时,一般书报杂志的材料,很难判断哪篇哪条是来自直接材料还是辗转抄得。在这种情况下,可以从其写作的年代和作者当时所处的地理位置等方面,来判断其价值。通常时代愈早、距离事件发生地和当事人愈近的材料,其可信程度就愈强,而晚出的或远地、不相干者写的材料,史料价值相对较低。

最后,要进行史实考订,在广集史料的基础上,把错误的记载和正确的记载区别开来,为史学研究提供准确可靠的史料。

对于史书和材料中明显的、尽人皆知的或前人已考订清楚的错误，一般不必写文章考订，只需用一两句话加以说明就可以了。比如某人的回忆材料中讲"一九三八年卢沟桥事变爆发"。很明显是记忆错误，你没有必要考证卢沟桥事变发生于 1937 年 7 月 7 日，因为这是尽人皆知的事。又如，在一份材料中对同一个人的名字，有一处的某一字与其他地方写的不一致，这是笔误，也不必考证，直接注出来就是了。再比如，中国共产党一大召开的时间，前几年人家已考订清楚是 1921 年 7 月 23 日，那么，遇到有关的错误说法，你引用已有的考证成果加以纠正即可。

至于那些，同一史实，各书记载和说法互异，同一原文材料，彼此引述不同，或叙述史事明显有漏洞歪曲，以至造成事实讹谬、真伪混淆、众说纷纭，不仅使人无所适从，而且对一些问题的分析或评价产生影响，对这一类的史实就需要进行考证。

从来历史考证，必须具有丰富的知识和一定的理论逻辑修养，不仅要懂得历史，还要懂得历法、地理、礼俗、文书、金石、文字、语言、民族艺术等方面的学问，不仅要有一定的马列主义水平，还要善于进行逻辑思维、理论推导。因为重要的历史考证，一般都必须寻找很多证据、综合运用各种方法才能完成，而要这样做，没有丰富的知识和相当的理论水平是难以完成的。

考证的方法，大体有以下七种。

一是反证法。在判断某一史料的真伪正误时，如果能找出与此材料相反的确凿证据，就可以推翻伪误的说法。比如，1939 年 8 月，八路军一二〇师进行了著名的陈庄战役，残灭日寇 1000 余人，许多书籍和回忆录中都说，这次战斗还打死了敌旅长水原义重少将。张树昌在《党史研究》1985 年第 4 期发表文章说，他查考当时我方报纸对陈庄大捷的大量报道和其国民党各战区长官的贺电，都没有提到打死水原一事。5 年以后《晋察冀日报》的特稿《晋察冀边区七年来的军事战果》一文中，虽然增加了水原义重"亲自增援，又身负重伤，仅免于死"的内容，也没有说水原被打死。作者又查阅了《百团大战史料》下编《日军战史选译》，发现陈庄战斗一年以后，八路军发动百团大战时，水原还率领他的独立混成第八旅团驻防石家庄，负责石太线和井陉煤矿的防卫。这一确凿的反证，推翻了水原在陈庄战斗中被打死的误说。

二是推历法。在考证年月日记载差误时，可以通过时间的排比推算，得出正确的结论。例如关于中共一大的开会日期，过去一般认为是 7 月 1 日，还有 6月、7 月、7 月 20 日、7 月 27 日、7 月底等多种说法。邵维正在《中国社会科学》1980 年第 1 期上发表文章，从三个方面排比日期，考证出召开时间是 7 月 23

日。他首先将出席大会代表的行踪进行排列分析,13 个代表中,有 2 人原在上海,有 3 人较早到达上海。较晚到上海的,毛泽东、何叔衡于 6 月 29 日从长沙动身,途中如不停留,7 月 3 日左右到沪。刘仁静,7 月 4 日还在南京参加少年中国学会年会,会后在南京停留了两三天,才去上海参加一大。陈公博 7 月 14 日从广州动身,31 日夜离上海乘车往杭州,是 7 月 21 日左右到上海的。周佛海是 7 月初从日本鹿儿岛动身,下半月到上海。包惠僧 20 日左右从澳门到达上海……这些代表的行踪,说明开会绝不在 7 月 1 日,而在 20 日至 30 之间。然后,他根据两条间接材料推断出一大在上海的最后一次会是 7 月 30 日。一条是 7 月 31 日黎明,在代表住宿的大东旅社发生的谋杀案,一条是法国警察针对党的一大,于 31 日规定,在租界开会必须在 48 小时前取得警察的批准。一大开会地点被法国巡捕发现,只得改到嘉兴南湖举行最末一天的会议。最后,作者转引了苏共中央移交给我党的共产国际档案,俄文译件《中国共产党第一次代表大会》文件中说:"代表大会预定六月二十日召开,但是来自北京、汉口、广州、长沙、济南和日本的各地代表,直到七月二十三日才全部到达上海,于是代表大会开幕了。"文章根据这三方面的考证,得出了一大于 7 月 23 日召开,31 日闭幕的结论,并且详列了每天会议的日程。这一结论,现在已为大家所接受。

三是溯源法。就是对各种分歧的说法,追溯其本源,从而判定其是非。关于 1934 年 10 月,中央红军长征出发时的总人数,有两种说法,一说是 8 万余人,一说是 8.6 万余人。黄少群在《党史通讯》1985 年第 9 期上发表文章,查考出两种说法都来源于 1934 年 10 月 8 日长征出发前夕中央革命军事委员会公布的《野战军人员武器弹药供给统计表之一》。作者把原表所列的各项数字复核以后,发现这份表上有四个数字发生差错。其一是一军团的"小计"数,应为 19880,错成 19800;其二是军委纵队的"现有"人数为 4893,"小计"数错为 4693;其三是"现有"人数的"总计"数应为 77359,错为 77159;其四是"现有"人数加"拟补充"人数的"总计"数应为 87059,错为 86859。所谓 8.6 万余人,就是引用了这个错误的"总计"数。根据上述考订,中央红军长征出发时人数的正确说法,应该是 8.7 万人。

四是择优法。对同一问题,有多种不同的说法,可以分析各种说法的可靠程度,从中选择出最为可信的说法。比如,隋朝末年,在农民起义爆发以后,各地军阀也纷纷起兵,割据一方。其中金城府校尉薛举,自称西秦霸王,占据陇西之地,众至 13 万。薛举死后,长子继位,最后被唐太宗打败。薛举长子的名字,各种材料记载不一。司马光的《资治通鉴考异》卷 8,为了考订此人的名字,引了 15 种材料,《唐高祖实录》中先作"仁果",后作"仁杲"。《新唐书》和《旧唐书》的《高祖纪》《太宗纪》《薛举传》,柳芳《唐历》《柳宗元集》都作"仁杲"。《太宗实录》和吴兢《太宗勋史》《革命记》以及焦璐《唐朝年代记》、陈岳《唐统纪》皆作"仁果"。最后,司马光亲自跑到九嵕山顶的唐太宗昭陵,陵前的六匹石马中,有一匹马上刻有铭文:"白蹄乌,平薛仁果时所乘。"抄写的材料可能致误,陵前石刻的铭文却不容许出丝毫差错,由此,司马光认为,这一铭文材料最可靠,从而认定,薛举的长子叫薛仁果,在《资治通鉴》中一律照此书写。

五是推理法。有的材料中,文字或说法明显有误,却又没有证据可以直接否定它,这时就可以通过一些间接材料,据理推测其正误。比如方志敏与鲁迅究竟有没有见过面。《解放日报》1979 年 12 月 9 日发表的文章说:"方志敏早在一九二二年七月,就有幸结识了鲁迅先生,并结下了真挚的友谊。"有人找了四条间接材料来考证这一说法。第一,方志敏同缪敏于 1926 年结婚,共同生活了 10 年。缪也是文学爱好者,如果方志敏见过鲁迅,不可能不对缪说。但是缪敏肯定:"方志敏和鲁迅并不认识,生前也未通过信。"第二,鲁迅夫人许广平也没有谈到鲁迅见过方志敏。第三,鲁迅日记、书信集里没有关于他与方志敏见面的记载。第四,方志敏三次去上海的时间,鲁迅都在北京。而鲁迅在上海的时间,方志敏没去上海。通过这四条推理,可以肯定,方志敏与鲁迅没有见过面。

六是常识判断法。史料的说法,如果与常识相抵触,那么,虽然缺乏直接证据,也可以凭常识做定夺。七八年以前,我曾经研究过清代咸丰、同治年间的西北回民起义。其中,西宁回民起义的首领是马归源、马本源兄弟二人。他们还有个兄弟叫马真源。有人写书说,马真源是老大,马桂源为老二,马本源最小,历史材料中,对马桂源的名字,又有写作马归源的。我查找了许多材料,企图解决这两个问题。在《清文宗实录》卷 259 中,查到他们还有一个死于咸丰十年的弟兄叫马复源,此人曾任巴燕戎格厅和循化厅各庄回民总约。还有材料记载,马本源是马桂源的哥哥。就是找不到直接证明兄弟四人行次的材料。但是,我们知道,回民中有"复本归真"的说法,据此,我断定马氏兄弟四人,马复源为长,马本源为次,马桂源为三,马真源为四,否定了马真源为长,马桂源为次,马本源为老三的说法。同时,还据此断定马桂源的本名是马归源,桂是归字之音讹。看来,这两个判断都是正确的。

七是存疑法。就是有的分歧说法,凭现有材料无法定其是非,不妨经过一定的考证,两存其说,不做定论。比如,毛泽东在延安给哲学家艾思奇写过一封信约他面谈哲学问题,信的下款没有年月日。有人根据信中提到毛泽东把自己对艾思奇著作《哲学与生活》的摘录附在信内让艾思奇看一看,而摘录署的日期是 1937 年 9 月,因此判定此信写于 1937 年 9 月。《毛泽东书信选集》编辑小组认为,写信的时间不一定就是摘录的时间。他们考证了艾思奇到延安的时间,是 1937 年 10 月,而毛泽东的信是艾思奇到延安以后写给艾的,因而,该信绝不会写于 9 月。那么是不是 10 月写的呢? 也缺少直接的证据,于是,编者将这封信的时间写为 1937 年,而在目录上排到 1937 年 10 月 10 日《致雷经天》与 11 月 27 日《致文运昌》这两封信之间,表示这封信大体在此间所写。这样处理,应该说是很慎重的。这一考证文章,发表于《文献和研究》1985 年第 2 期。

四

搜集、鉴别史料并不是我们的最终目的,运用史料写出准确可考的历史,才是我们从事历史研究的根本归宿。清朝人章学诚说:"作史之功,当分三部:搜集材料,其始也;考订、整齐之,其中也;善用之,以成一书,其终也。"就是讲有了史料,还要善于运用,否则,就好像蚕吃了那么多的桑叶,却不会吐丝,那么,吃桑叶岂不是浪费。

运用史料编写史书,有著和述的区别。著,又称著作,是指前人所无,而为个人创造之书。述,又称编述,是指有所依凭,加以编次说明的书。著作的目的,在于发明见解,创立学说。编述的目的在于汇集资料,加以说明、叙述。从实际来看,纯粹的著或述都是没有的,只是体例不同,各有偏重,有的重见解议论,有的重纂集说明罢了。

编写史书,有一定的表述形式,这就是史书的体例。

中国古代的史书体例,在《四库全书》中被分为 15 类 34 门,就是:

1. 正史类

2. 编年类

3. 纪事本末类

4. 别史类

5. 杂史类

6. 诏令奏议类(下分诏令、奏议二门)

7. 传记类(下分圣贤、名人、总录、杂录四门)

8. 史抄类

9. 载记类

10. 时令类

11. 地理类(下分总志、都会郡县、河渠、边防、山川、古迹、杂记、游记、外纪

九门)

12. 职官类(下分官制、官箴二门)

13. 政书类(下分通制、典礼、邦计、军政、法令、考工六门)

14. 目录类(下分经籍、金石二门)

15. 史评类

现在通行的章节体,是 20 世纪初从西方学来的。

无论哪种体裁,都有其无法克服的弊病。但是,我认为,要反映一个时代、一个组织、一个地区、一段历史的全貌,纪传体大概是最适合的体裁了。

纪传体,由西汉司马迁创立体例,以后历代皆有写作。除《史记》为通史之外,其余多为断代史。自《史记》至《明史》的二十四部后朝写前朝的纪传史书,因得到历朝政府下令颁行,而被称为"正史"。

纪传体史书,以帝王为中心,以人物传记为主体,一般都由本纪、表、志、世家(载记)、列传这五种体例构成。

本纪,或称帝纪,用编年的形式,提纲挈领地写出一代帝王(或王室)的生平及在位时的大事。纪,是纲纪天下政治的意思。这种写法本身,固然是封建君主制度的产物。但是就其作用而言,却因其对全书历史内容纲要式的叙述,而把全书五种体例所述史实统了起来,一方面能给人一个总的印象,另一方面又为后边的各部分做了铺垫。这种体例,是司马迁吸收先秦编年史体的一种创造。从史学史来看,编年是产生最早的一种著史体裁,它以时间为中心,按年月日编排史事,对于人们了解一代兴亡大势,很为方便。所以这种体裁在古代曾很为流行。我们在写党史时,很强调大事记的编纂,其实,纪传史中的帝纪,大体就是大事记的形式。大事记宜粗不宜细,是按时间顺序,对历史大事,做一简要的概述,勾勒出总的线索。大事记要记下同一时间内发生的各种史事,而历史事件从发生到结束往往延及数月或多年,所以编年纪事难免造成记事杂乱、重要史事难稽本末的问题。为此,自《左传》起,就用追溯往事或带叙后事的手法来弥补这一缺陷。另外,这种体裁以时间为中心,对人物生平和典章制度源流内容的叙述,多过于简略而且割裂,年代不明的事件甚至无法写入书中,这些都影响了编年史书的使用价值。古代编年史书写人物时,往往在叙及某一重要人物在一件重要历史事件的活动时,顺带用一定的笔墨,略述此人的生平,像《明实录》一类的书,则是在叙某人死的时间,附一篇此人的别传。对时间不明的事件,古代史家采用的办法是,凡可判断为某一年的,则写在此年记事的最后,凡可判断为某一月的,则写在此月记事的最后,而且在前边写上是年、是月的字样,表示不明其月日。有些连年代也无法搞清的,就在叙及有关人物或事件时附叙。

表，或称谱，是按时间顺序，表列国家兴亡、帝王更代、制度演变和世系、官爵情况，在全书中起提要、汇总、省繁的作用。《史记》中表的容量是很大的，许多用文字说不清楚的事，一列表就明白了。我们今天写党史，也可以列许多表。比如，组织状况表、历届党委组成人员表、革命英烈表、西路军进军路线时间表、部队序列表、历次战斗一览表、党员人名或人数统计表、政治运动情况表等等。许多应该记录下来，而又在别处无法叙说的内容，都可以在表中加以反映。

志，或称书、考，是用来记载事物的一种体例。它分专题叙述历代的典章、制度、经济、天文、地理、宗教、经籍、水利等各种社会制度和自然现象的起源、发展、现状等系统的材料。其中的很多内容与人和时间都难以挂上钩。编党史，也有许多专题要写。如，组织志、统战志、军事志、青运志、妇运志、工运志、政法志、经济建设志、教育志、文物志、资料志等，它们分别系统地叙述党在某一方面的工作状况、重要文件制度的内容和资料情况，对于全面反映党的历史，是非常重要的。纪传体史书中的艺文志、经籍志，我们今天可称作文献志。文献志有两种形式，一种是文献目录，一种是文献汇编。文献目录可以按形式、性质、内容、作者等项来分类，著录的内容，至少要包括名称、作者、卷数、本数、页数、收藏处、出版处、发表的刊名刊期时间等项内容，最好对一些作者或文献的内容附带做一点介绍。这样，你再要查考此材料，从目录上就可以知道其价值。这样的目录，既是索引，又是提要，实用价值就更高一些。文献汇编是为了保存资料，不能将所有材料一股脑都编上，要选择那些重要的、说明问题的、有影响的材料编成书。文献汇编最好按性质和内容来编排，而不要按形式排。编入的文献，可以是全文，也可以摘录有关部分，但一定要保存其原貌，对文字绝不能改动润饰。另外，应该注明文献来源，以备别人使用时核对。

列传，是人物传记，记载各个时代不同阶层、不同类型的有一定代表性或影响人物的历史，一般都是在概略介绍基本生平的同时，选择其一生中比较典型的事迹写成。古代的列传，就其性质，有专门写一个人事迹的别传，有将两个以上历史人物的事迹写在一起的合传，有把事迹相似的人汇叙在一起的类传，有以简单事迹附载于他人别传之后的附传，有记少数民族或外国情况的族别、国别传。目前，党史人物传的写作，我以为有四点值得注意：第一点是应该重视为领导人物立传，也要注意其他代表人物（如英雄模范、工人、农民、妇女、知识分子等）事迹的搜集整理；第二点是既要重视正面人物，也应兼顾反面人物（如叛徒、犯严重错误者）；第三点是传记要歌颂，写优点贡献，又不要有意无意地掩饰传主的错误不足；第四点是可以写个人专传，也可以写类传、合传。

世家、载记,是记载贵族王侯或割据政权历史的。这种体例是特定历史时代的产物,在今天来说,已没有用处。

纪传体以上述五种体例相互配合、补充,而构成一个有机的整体,较好地表现了多层次多侧面的古代社会一个时代的全貌,所以为历代史家所仿效,形成了一套用统一体裁编写的,系统完整地记录了上下5000年历史的规模宏大的包括3249卷的二十四史,不但在我国是冠盖史坛的巨著,在世界上也是绝无仅有的。当然,历代纪传体正史的正统观点和讳饰都比较严重,而且,同一事件,往往在本纪、列传、志中重复记叙,难免繁芜。我们在借鉴纪传史体裁的时候,要根据实际需要,加以改进,同时尽量克服其缺点。

古代有另外一种著史体裁,即记事本末体,在这里也值得说一说。纪事本末体,是以事件为中心的著史体裁。这种体裁,每事一题,为一专篇,把分散的材料按时间先后加以集中叙述,兼有编年体和纪传体的优点,详于记事,方便阅读。在古代,编年体、纪传体和纪事本末体合称为三大史体。这种体裁的正式创立,是南宋袁枢编撰《通鉴纪事本末》,后来,用此体改编或创作的史书很多,贯通古今,自成一个系统。纪事本末体史书,以事为题,事与事之间缺乏联系,读者很难从中寻出历史发展的基本线索,是其不可忽视的缺点。我们在党史资料工作中的一些专题史料的编写,实际上就是运用纪事本末体裁,它对我们了解某一历史事件的前因后果、事实经过、历史教训等问题很有好处。

体例确定以后,如何编写?古今中外的历史学家编写史书各有自己的一套方法,很难找出统一不变的模式。但是,大体来说,可以从下边几个方面着手。

第一步,明确主导思想,就是为什么要编这部书,通过这部书的编写,要反映什么问题、达到什么目的。这个问题,关系到对史料的选择,中心内容的拟定,对有关问题的评价和具体的撰写方法,是至关重要的。比如中央党史资料征集委员会组织编纂《淮海战役》一书,就提出该书"应以全面、系统、完整、准确的文献资料和回忆资料来反映淮海战役的主要经过,回答淮海战役取得胜利的基本原因"(《"淮海战役"党史资料征集、整理、编纂工作会议纪要》,见《党史资料征集通讯》1985年第2期)。

第二步,拟出全书详细章节目录,以便分工撰写。当然,具体的章节名称、前后顺序,在写作过程中可能会有所变更。但一部篇幅较大的书或文章,没有事先拟好的章节目录作为写作提纲,是无法动手编写的。

第三步,排比史料。司马光修撰《资治通鉴》这部编年史时,有三位助手各负责一段。其编写程序就是先列丛目,由分修各人,按照历史事件的年月日的顺序,列出标题,围绕标题,将有关史料,剪贴排列起来,这就是丛目,丛目力求详细,尤其不能遗漏重要史料。

第四步,写初稿,司马光撰史的下一步是让各分修者把丛目中编排的史料进行初步整理,经过选择,决定取舍,然后重新组织,从文辞上加以修正,写成文从字顺的详细编年史。遇到年月事迹相抵触的地方,就加以考订,说明取舍的理由,作为附注。这样搞出来的初稿,司马光称为长编。长编"宁失于繁,毋失于略",以便于做进一步的修改。

第五步,删成定稿。《资治通鉴》的定稿是由司马光一手完成的。他对长编,一般先做粗削,再做细删,对于全书的体例、书法以及史料的考订、文章的剪裁、句法的锤炼,都严肃认真、一丝不苟,使来源于各种不同时代、不同文笔的史料,熔铸于一炉,浑然一体,自成一家。司马光写的是古代史,所以由他一手刊定。我们写党史,是现代史,不妨先写出征求意见稿,向各方面广泛征求意见,根据意见进行反复修改,然后定稿,那就更能保证质量。

1987 年 8 月 10 日在甘肃省党史资料征研干部培训班的讲稿

谥法之学与历史文献研究

谥法这一门学问,在 20 世纪五六十年代曾被有的学者斥为毫无意义的封建糟粕,予以摒弃。以至数十年间,从无研究者问津,成为海内外的"绝学"之一。

近年来,我们把谥法作为古代文化的一项重要内容予以梳理研究,才发现这一实行了将近 3000 年的礼法制度,不仅对中国古代社会的政治结构、人们的思想意识和道德观念产生过深刻的影响,于今天有借鉴作用;而且在历史文献的整理和研究中,也有着不容忽视的价值,谥法学和历史地理学、文字音韵学、历史年代学、姓名避讳学一样,是中国历史文献学的辅助学科。

古代学者很早就注意到谥法知识在文献研究中的运用。西晋太康初年,汲县(今属河南省)人不准盗发战国魏王墓冢,得古竹简书数十车。根据晋武帝之命,学者荀勖、和峤、束皙等从中整理出先秦古籍 75 篇。《竹书纪年》13 篇,是其中的一种。当时,学者就是根据谥法学原则来断定该书著作年代的。原来,《竹书纪年》所记内容,起自夏禹,继述夏、商、周之事,周平王以后,则着重记晋国史事,晋灭后,又着重记魏国的史事。每一王侯,皆书其谥号,魏王之谥书至魏惠成王,然后是今王元年、二年,直至二十年全书结束。古人习惯,凡著书,已薨逝的君主称谥,正在位之主因尚无谥号,故称"今王""今上"。根据魏国谱系,魏惠成王之子为襄王,又称哀王,"二十三年乃卒,故特不称谥,谓之今王"。据此,学者断定,该记事至魏襄王二十年的书乃"魏国之史记也"。[①] 隋唐以后,王劭、刘知几、王应麟、钱大昕等学者,更将谥法知识运用于分析史家的立场和校勘古籍辨别伪书上,从而使谥法从一般礼制之学,兼为研究工具了。

---

① 杜预:《春秋经传集解后序》。

谥法学知识有助于辨别伪书、
伪诗文和判别古籍的著作年代

谥号是人死后给予的特殊称号,每一个谥号都可以说是一个时间界标。任何一部书、一篇诗文,凡提及某人的谥号,一定写于此人死后,历代辨伪家,经常据此来辨别伪书、伪诗文和判别古籍的著作年代。以伪书来说,管仲死于齐桓公之前,自然不知道齐桓公的谥号。然而,署为管仲所作的《管子》一书中,却屡屡有"齐桓公"之谥号,故而,前人定"《管子》书当为孟子以后人杂凑诸家而成,必非管子所作"。[①]商鞅在秦孝公支持下进行变法,孝公一死,公子虔等诬告商鞅将反,发吏捕之。商鞅只得到处逃亡,终至被捕车裂而死。《商君书》称商鞅所作。《四库全书总目提要》卷101分析道:"孝公卒后,鞅即逃死不暇,安得著书?如为平日所著,必在孝公之世,又安得开卷第一篇即称孝公之谥?殆法家者流掇鞅余论,以成是编。"《史记·田敬仲完世家》记载田常以大斗出贷,以小斗收本,争得了民心,于是"齐人歌之曰:'妪乎采芑,归乎田成子'"。此歌谣亦见于《韩非子·外储右上》。古人从不以为非。但是,田常活着的时候,人们怎能知道他死后谥为成子呢!唐刘知几在《史通·暗惑》中发难,说:"夫人既从物故,然后加以易名。田常存,而遽呼以谥,此之不实,明然可知。"此一歌谣,显为后人伪造。

《六经奥论》旧题为宋人郑樵所作,但书中论《诗经》,皆从毛、郑之说,与郑氏所著《诗辨妄》观点相左。书中《天文总辨》论"鬼料窍"一条,又称"夹漈先生(郑樵之号)尝得是书而读之",书中还引用了朱熹《晦庵说诗》的内容。按,郑樵死于公元1162年,朱熹之书成于公元1175年,可见该书绝非郑樵所著。那么,《六经奥论》究竟作于何时呢?其"论书"一条,引用《朱子语录》,且称朱熹的谥号文公,查朱熹文公谥号,是宋宁宗嘉定二年(1209)追赐,那么,《六经奥论》一书,最早也应是嘉定二年以后所撰。

《左传》的作者,历来署为左丘明。左丘明是什么人,先秦文献只在《论语·公冶长》中提到。其文为:"子曰:'巧言、令色、足恭,左丘明耻之,丘亦耻之。匿怨而友其人,左丘明耻之,丘亦耻之。'"对这段话,前人议论纷纷。有人从左丘明这样受孔子尊重,而且又在孔子死后作《左传》,认为左丘明是孔子的高足弟子。有人从孔子在这段话中把左丘明放在自己之前,而且引以自重,认为左丘

---

① 黄云眉:《古今伪书考补证·子类》。

明是年长于孔子的贤者。《汉书·艺文志》则直称左丘明为"鲁太史"。历史上的左丘明究竟如何,由于史料的缺乏,恐怕是很难搞清楚的。我们根据《左传》中所书谥号,对分歧意见进行了探索。《左传》最末一段,标出了鲁哀公之子姬宁的谥号(悼公),写了晋国韩、魏、赵三家合谋攻杀智伯,共分其地的事情,其中又有"赵襄子"一谥。鲁悼公死于公元前431年,赵襄子死于公元前425年。既然《左传》中写到赵襄子的谥号,那么,作为其作者的左丘明至少应该在公元前425年仍在世。孔子死于公元前479年,享年73岁,下距公元前425年有54年。如果左丘明比孔子年长1岁,此时也127岁。如此年迈的老人还能著书,是令人难以置信的。由此,可以断定,左丘明不大可能是年长于孔子的贤者。据《史记·仲尼弟子列传》,孔子的3000学生中,有许多年龄很小。仅"颇有年名,及受业闻见于书传"的35名高足中,比孔子年幼42至53岁的就有10名。孔子逝世时,他们为18至39岁,赵襄子死时,他们中最年幼者为72岁。70余岁著书者在历史和现实中屡见不鲜,所以说,根据书中涉及赵襄子谥号,可以推定,左丘明可能是孔子的学生。

谥法学知识有助于古籍的校勘整理

长期的传抄刊刻,导致古籍中出现了许多不应有的错误和后人添续的文字。由于撰述者不谙典制、地理、年代等,古籍也会出现一些有违史实的问题,整理校勘古籍,必须指出或纠正这些错误和问题,使之恢复历史之真貌。隋代史家王劭就曾利用谥法学知识去订正古籍中的文字。《史记·吕不韦列传》中有"始皇十九年,太后薨,谥为帝太后,与庄襄王会葬芷阳",王劭在其《读书记》中指出:"秦不用谥法,此盖号耳,其义亦当然也。始皇称皇帝之后,故其母号为帝太后,岂谓列生时之行乎!"[1]秦始皇既然废除了谥法,当然不会给其母以谥号。况且,谥号乃据得谥者生平行为而定,"帝太后"一词分明与此义无关,所以,王劭判断此处"谥"字,乃是"号"字之误。

根据谥法学知识,可以发现古籍中的衍文。汉朝规定,有爵则有谥,无爵则无谥。诸侯以罪失国或不得令终者,亦不给谥。西汉杨虚侯刘将庐于孝文帝四年封侯,十六年为齐王,有罪而被除去封国。但《史记·惠景间侯者年表》却书为"四年五月甲寅,恭侯刘将庐元年",卢文弨《钟山札记》中指出,将庐有罪国除,不应有谥,当是杨丘之文误入于此,"恭"字应予删去。《史记·建元以来王

①《史记·吕不韦列传》索隐引。

子侯者年表》中有"元年十月辛卯,康侯刘国元年",《史记》作者司马迁死于公元前89年前后,据《汉书·王子侯表上》广饶侯刘国死于地节三年(前67),司马迁写《史记》时不应预知20多年以后才死的刘国的谥号,《年表》中的"康"字显然是后人增补,原文当为"侯刘国元年"。

《北齐书·后主幼主纪》末有"郑文贞公魏徵总而论之曰"一段。《北齐书》撰成于贞观十年(636),魏徵死于贞观十七年。在《北齐书》中怎么能写出魏徵的谥号文贞公呢?原来,《北齐书》从唐代中叶以后就逐渐残缺,到北宋初,只有17卷是李百药的原文,其余都是后人以《北史》和唐人史钞中相关纪传配补的。《北史》成书于唐高宗初年,《北齐书》中帝纪总论,经对照,就是从《北史》中抄补的,故而其中出现魏徵的谥号也就不足为怪了。钱大昕《廿二史考异》卷31指出,"百药书当依梁、陈《史》之例,称'史臣侍中郑国公魏徵'",才能符合原书通例。

谥法学知识也可以帮助我们发现古籍中的讹误。《宋史·神宗纪》开始书神宗庙谥为"神宗绍天法古运德建功英文烈武钦仁圣孝皇帝"。但南宋王偁所著《东都事略·神宗皇帝本纪》却书为"体元显道帝德王功英文烈武钦仁圣孝皇帝",两书不同,究竟何者为正?查《宋会要辑稿·礼五十八》,神宗之谥凡四上,初为"英文烈武圣孝皇帝",6字谥;绍圣二年,加为"绍天法古运德建功英文烈武钦仁圣孝皇帝",16字谥;崇宁三年,再改上"体元显道帝德王功英文烈武钦仁圣孝皇帝",16字谥;政和三年又再加上"体元显道法古立宪帝德王功英文烈武钦仁圣孝皇帝",20字谥。如此说来,《宋史》所录为绍圣间谥,《东都事略》所录为崇宁间谥。按照"谥法应以后定者为正"的原则,两书所写神宗谥号皆误,应该改录政和三年所上的20字谥号。《元史·张弘范传》言,张"端坐而卒,年四十三,赠银青荣禄大夫、平章政事,谥武略",凭谥法学知识,我们马上可以怀疑"武略"的谥号有问题,因为任何谥法书中都没有"略"字谥。查《道园学古录》卷14《张弘范庙堂碑》和《牧庵集》卷1《张弘范赠齐国忠武公制》才知道,张弘范初谥为武烈,《元史》误书烈为略。

谥法是一个专门的学问,前人几乎没有系统的研究。仅凭对谥法的一些不系统深入的了解,就用之于文献的考订研究,也难免出错。乾嘉历史考证学大师钱大昕是一位学问极为渊博的学者,他曾运用谥法知识,解决了一些历史疑难问题,但由于条件所限,所论亦不无偏颇。如《南史·徐陵传》有"后主衔之,至是谥曰章伪侯",钱氏在《廿二史考异》卷37中说道:"按《陈书》谥曰章,无伪字。《周书·谥法篇》亦无以伪为谥者,恐未足信。"其实,钱氏的立论是很成问题的。他说《周书·谥法篇》没有"伪"字谥,这是对的,但是该篇中也没有"章"

字谥。"章"谥首见于《后汉书·章帝纪》中,即后汉人始以之为谥。你何以不怀疑"章"谥呢?认真研究一下谥法史就会发现,历代谥号用字是不断增加的,《周书·谥法篇》只有100余谥字,战国人的谥号用字已有不见于该篇者。以后汉、梁、唐、宋、金、明、清陆续有所增添,到清末,各种谥号用字已400余个。不能因为该谥号用字不见于《周书·谥法篇》,就说此谥号有问题。况且,百官谥法中的下谥都是一些很特殊的事例,其中许多下谥用字不见于谥典,而是临时据其行事才找出的字眼。如郭赏的刻、萧子显的骄、周敷的脱、斛斯徵的阇、宇文士及的纵、萧瑀的褊、秦桧的狠,都是前无此谥,要给此公下谥,才新创的。岂可一概云其"未足信"呢?

谥法学知识有助于我们对文献内容和有关问题的深入理解

谥法实行了近3000年,其内容包罗万象,随着形势的不同和人们观念价值的变异,显现出绚烂陆离的色彩。这些材料,记载到文献内,也就纷纭复杂,蕴含了许多独特的内容,为我们的研究提供了难得的佐证。

古代学者就通过对帝王谥号的书写来分析史家的思想。比如三国时期,魏、蜀、吴分裂,史家撰史,往往只书某国帝王谥号,他国皆称名,从而反映出史家究竟以哪一国为正统。刘知几在《史通·称谓》中批评鱼豢、孙盛的三国史,凭地势而定统祚:"乃没吴、蜀号谥,呼权、备姓名,方于魏邦,悬隔顿尔,惩恶劝善,其义安归?"钱大昕也曾从《新唐书·哀帝纪》篇首李柷谥号,用后唐追上的昭宣光烈孝皇帝,而不用朱温所上的"哀帝"谥号,分析欧阳修是"恶(朱)温之篡弑也"。①

有许多文献上记载的给谥,只要稍加分析,就可以发现许多重要的问题。比如,《隋书·张衡传》记载,唐高祖李渊入长安,挟持隋炀帝的孙子杨侑为傀儡皇帝以后,很快就以隋臣张衡"死非其罪,赠大将军、南阳郡公,谥曰忠"。宋人王应麟一针见血地指出,此举是"奖弑君之贼也"②。李渊为什么如此迫不及待地"奖弑君之贼"为"忠"呢?王氏没有追究。我们从张衡的历史和李渊当时的政治动向分析,就可以知道这一追谥的用心了。张衡本是炀帝为藩王时的心腹旧臣,他给炀帝出谋划策夺得太子的桂冠。隋高祖病重时,得知炀帝调戏其宠妃,就决定召回废太子杨勇,不让炀帝继承皇位。炀帝探悉此信,马上与杨素合

①《廿二史考异》卷41《唐书一》。
②《困学纪闻》卷14。

谋,派张衡入寝殿,将隋高祖害死,以暴力夺得了帝位。事后,张衡自恃立帝有功,而骄傲放纵。炀帝于是捏造罪名,赐其自尽于家。张衡临死时后悔地大喊:"我为人作何物(什么)事,而望久活!"监刑者塞住自己的耳朵,下令立即将张衡杀死。按封建道德标准,弑君的"逆臣"如果给谥,应该是凶厉恶残等下谥。可李渊却给他一个最美的"忠"字谥,是根本违背谥法准则的。原来,李渊祭奠张衡的亡灵,是要为自己现实的政治目标服务。李渊扶植杨侑做皇帝,绝不是想延长隋祚,而是要在群雄林立之中拉大旗作虎皮,避免别人把斗争矛头集中指向自己。但他终有一天要推倒杨侑,建立李家政权的。褒奖张衡为忠,其目的难道不是要鼓励有人替他在必要时杀掉杨侑吗?果然,杨侑只当了6个多月的傀儡就"禅位"李唐,又过了年余,年仅15岁就被害死了。可惜任何史书中都没有关于杨侑被害的具体记述,否则,我们可以知道李渊如何学炀帝卸磨杀驴,害死替他杀了杨侑的刽子手,然后再谥之以忠的。李渊的手段比隋炀帝是高明得多了。

　　不同时代,时兴不同的谥号,这里面也大有名堂。以皇后嫔妃之谥为例。唐以前,多用德献昭穆宣文等表示个人能力、品质和贡献的谥字;明、清两代,却多用恭顺孝和惠安等表示服从、柔顺、安分的谥字。它表明,理学推行后,妇女社会地位的下降及其才能的受抑制。以臣谥来说,五代多谥忠、谥武,当是因为其时多篡弑,要以忠谥来引导臣僚忠诚于自己;同时又多战争,要以武谥来鼓励将士奋勇拼杀。宋、明爱用文谥,则表明统治者为了巩固政权而重文人倡儒学的时尚。东汉多私谥,是因为宦官外戚交相掌权,政治黑暗,正直之士羞与为伍,却又想顽强地表现自己,"病没世而不名"。唐、宋给许多僧侣、道士赐谥,表明统治者此时更为注重借助宗教来麻醉人民的伎俩。元末,给许多布衣死"节"者赐予谥号,则是要人们都起来与蓬勃兴起的农民起义军做斗争,以维护其即将崩溃的统治。

　　一些人谥号的予、追、加、改、夺也往往可以从中窥见时局的变化。以王安石和司马光的身后荣辱为例。北宋神宗,任用王安石变法,企图改变赵宋皇朝积贫积弱的局面,司马光则是反对派的主要首领。神宗死后,年方10岁的哲宗继位,其祖母宣仁太皇太后垂帘听政,任用司马光,全盘否定新法,被称为"元祐更化"。正在此时,王安石病逝,朝廷虽然诏令金陵官府给葬事,赠其太傅,却不给谥号,丧葬活动极为冷清。5个月后,司马光死,丧礼却非常热闹。太皇太后和哲宗皇帝都亲往吊丧,为之辍朝三日,赠其太师温国公的官爵,用一品礼服和龙脑水银装敛,赠给人臣极美的文正谥号,敕令苏轼撰神道碑文,皇帝亲自书碑额篆字曰"忠清粹德"。7年以后,宣仁太皇太后死去,哲宗亲政。他启用变法派章惇来树立个人的威信。章惇等人大肆攻击元祐党人,司马光首当其冲,被指为"奸邪误国",追夺其赠官与谥号,甚至提出挖其坟墓,斫棺暴尸,毁扑官修神道碑,磨去敕修碑文、篆额。同时,王安石却被追谥为文公,配享神宗庙庭。宋徽宗时,蔡京为相,又把行新政作为一根棍棒,借以打击那些不阿谀奉承的朝臣。王安石被追封舒王,配享孔庙,列于颜、孟之后。元祐党人遭到更残酷的镇压,各州县皆立有党人碑。宋徽宗和蔡京等人的腐朽统治,加速了北宋皇朝的危机。1125 年 12 月,金兵攻入中原,徽宗急忙禅位于其子钦宗。为了安抚民心,钦宗被迫将蔡京等贬官流放,停止王安石的孔庙配享,除元祐党籍学术之禁,恢复司马光的赠官和文正的谥号。这样,从哲宗元祐元年到钦宗靖康元年的 40 年间,王安石、司马光二人死后谥号的变化,竟是其间"新党""旧党"彼此倾轧的一个缩影。

谥法学知识有助于对历史人物的深层分析

"谥者,行之迹也;号者,功之表也。是以大行受大名,细行受细名,行出于己,名生于人。"谥法是盖棺论定的礼法制度,它根据谥主行为来评定褒贬。我们从其人的谥号,就可以窥知时人对其一生的评价,作为我们研究该人物的参考。一般帝王谥号,凡为武者,多有征战之功;凡为文者,则有兴文之举;若为炀、厉,则为残暴之君,这已是一般读者皆知的常识。但是,有一些谥号的理解却比较复杂。比如春秋时秦国君主嬴任好,在位 29 年,任用百里奚、蹇叔、由余为谋臣,击败晋国,俘虏晋惠公,灭梁、芮二国。崤之战以后,转而向西发展,攻灭十二国,称霸西戎,为秦国的兴盛,做出了重要贡献。但他死后却被予以下谥"缪"。《风俗通义·皇霸》指出:"缪公受郑甘言,置戍而去;违黄发之计,而遇崤之败;杀贤臣百里奚;以子车氏为殉,《诗·黄鸟》之所为作;故谥曰'缪'。"《史记·蒙恬列传》中也有类似说法。可见,公论对秦缪公刚愎自用、杀戮贤臣和用人殉葬这几点,是持严厉批评态度的。我们今天论秦缪公,在充分肯定其历史功绩的同时,恐怕也不能无视他的这些失误和残虐。

《史记·陈涉世家》有"其御庄贾杀以降秦,陈胜葬砀,谥曰隐王"一段,前人对此从来未置一词,我们以谥法学知识一分析,竟能发千古之覆。由于该篇后边有"高祖时,为陈涉置守冢三十家砀,至今血食"一句,可以肯定,陈胜之葬及谥都是秦二世二年十二月陈胜被杀不久的事。那么,是谁给陈胜谥号的?为什么要谥为隐?原来,秦皇朝的暴政,不仅引起了广大农民的激烈反抗,也使长期受压制的儒生忍无可忍。所以,陈胜起义不久,齐鲁的儒生们就"持孔氏之礼器,往归陈王"①。孔子八世孙孔甲,还担任了陈胜的博士官。当然这绝不是他们"革命觉悟"的表现,而是他们对秦朝焚书坑儒、毁灭文化的反抗。他们对农民起义的看法如何,史书没有记载,只是《盐铁论》中说:"陈王赫然奋爪牙为天下首事,道虽凶而儒墨或干之者,以为无王久矣,道拥遏不得行,故发愤于陈王也。庶几成汤、文、武之功,为百姓除残去贼,岂贪禄乐位哉?"②说他们是想借助农民起义来推翻残暴政权,建立王道新朝。我们从其给陈胜的谥号,却可以发现其深层的心态。当然,给陈胜谥号本身是他们承认陈胜政治地位的表现,也是他们否定秦始皇《废谥法诏》恢复儒学礼仪的实践行动。但更应注意他们给陈胜的谥号是隐王,这说明,他们并没有把陈胜看成是合法正统的政权首脑。这一判断的根据在"隐"谥的释义上。历史上最早谥隐的是鲁国第十三世君主息姑。原来,鲁惠公有过三个妻子,元妃名孟子,死得较早,没有子嗣。其后娶声子为继室,却没有立为夫人,所以《史记·鲁世家》中称"贱妾声子",生子息姑。息姑长大后,惠公给他与宋武公之女仲子定亲。娶来以后,惠公见仲子貌美异常,于是夺为自己的妻子,并且立为夫人,位在声子之上。仲子生子允,就是后来的鲁桓公。姬允出生不久,惠公去世。根据宗法,"立嫡以长不以贤,立子以贵不以长"③,姬息姑虽然年长,母亲却为贱妾,姬允虽然年幼,母亲却是夫人,当然应立姬允为君。可惜他年纪太小,所以惠公遗命姬息姑暂且摄代君位,等姬允成人后,再还位于他。隐公十一年,鲁卿羽父挑拨隐公弟兄的关系,杀死隐公而立姬允为国君,是为桓公。姬息姑被草草埋葬,谥为隐公。《谥法》"不尸其位曰隐",尸者,主持也。看来,鲁隐公之所以被谥为隐,是因为他本来就不该有其位,不过是为自己尊贵的弟弟摄代其政罢了。儒生们当然是熟悉鲁隐公故事的。他们给陈胜谥隐,几乎是公开表露出他们觉得雇农出身的陈胜虽然号为张楚王,不过像鲁隐公那样,是卑者摄位,早就应该让位给尊贵的六国旧贵族了。

岳飞的武穆谥号,也有一点隐情。岳飞于绍兴十二年底被以莫须有的罪名杀害。南宋孝宗时,才决定给其追谥。太常议谥为忠愍,据《谥法》"使民悲伤曰愍",言岳飞冤屈而死,使民悲伤。宋孝宗认为,用愍字是批评上皇(宋高宗)失政,不能接受,遂改定为武穆,只肯定其武功和品德。④

给谥对谥主来讲,是身后的莫大荣誉。许多人为了给先辈争得谥号和得到

①《史记·儒林列传》。
②《盐铁论·褒贤》。
③《公羊传》隐公元年。
④《建炎以来系年要录》甲集卷9《渡江后改谥》。

更美的谥号,动用了各种手段,使尽了浑身的解数。然而有些人却遗嘱不要请谥,有些人处于有利地位却不为父祖请谥。一正一反,我们可以了解到古人的人生态度和品德的差异。东汉明德马皇后在这方面是一位受后人赞赏的妇人。她以学问和德行,被立为明帝皇后,虽极受宠幸,却生活节俭,清介自守。明帝在云台为建武间名臣、列将绘像,马皇后不让画自己父亲马援的像,更不提给马援谥号的事。肃宗即位后,她被尊为皇太后,照例应该封爵外家,马皇后却列举西汉外戚宠贵横恣而导致倾覆大祸的教训,坚决予以制止。直到她临死前,肃宗才给外祖父马援赐谥忠成侯,封三位舅舅为列侯。《新唐书》作者之一的宋祁,官至工部尚书,翰林学士承旨,临终作《治戒》授其子,安排丧事从简,且言:"吾学不名家,文章仅及中人,不足垂后,为吏在良二千石下,勿请谥,勿受赠典。"①充分反映了他谦逊谨慎的学者之风。明人金幼孜,为建文二年进士,历仕建文、成祖、仁宗、宣宗,官至礼部尚书、武英殿大学士。金幼孜对明成祖杀侄夺权的靖难之变究竟是什么态度,人们无法了解。《明史》本传说他病危时,"家人嘱请身后恩,不听,曰:'此君子所耻也。'"耻什么? 是羞于开口请求谥号呢? 还是为自己在靖难之变时没有仗义成仁的行为表示懊悔呢? 史文没有明说,我们却从他的遗言中可以品味到他临终时的苦涩心理。

科学研究总是不断深入的,历史文献的研究手段也是不断地发展和完善的。谥法学作为历史文献研究的一个辅助学科,其真正的价值,还有待于我们大家共同探索。本文所述之粗浅的意见,聊作引玉之砖而已。

①《宋史·宋祁传》。